Die Haftung geschäftsführender Organe für Compliance-Verstöße in Tochtergesellschaften

Intradisziplinäre Forschung zur Compliance
Studien zur Rechtsentwicklung und -praxis
Herausgegeben von Andrea Lohse und Roman Seer

Band 4

Zur Qualitätssicherung und Peer Review der vorliegenden Publikation

Die Qualität der in dieser Reihe erscheinenden Arbeiten wird vor der Publikation durch Herausgeber der Reihe geprüft.

Notes on the quality assurance and peer review of this publication

Prior to publication, the quality of the work published in this series is reviewed by editors of the series.

André Frischemeier

Die Haftung geschäftsführender Organe für Compliance-Verstöße in Tochtergesellschaften

PL ACADEMIC RESEARCH

Bibliografische Information der Deutschen Nationalbibliothek
Die Deutsche Nationalbibliothek verzeichnet diese Publikation in der Deutschen Nationalbibliografie; detaillierte bibliografische Daten sind im Internet über http://dnb.d-nb.de abrufbar.

Zugl.: Bayreuth, Univ., Diss., 2013

D 703
ISSN 2196-9795
ISBN 978-3-631-64838-4 (Print)
E-ISBN 978-3-653-03815-6 (E-Book)
DOI 10.3726/978-3-653-03815-6

PL Academic Research ist ein Imprint der Peter Lang GmbH.

Peter Lang – Frankfurt am Main · Bern · Bruxelles · New York · Oxford · Warszawa · Wien

Dieses Buch erscheint in einer Herausgeberreihe bei PL Academic Research und wurde vor Erscheinen peer reviewed.

www.peterlang.com

Vorwort

Die vorliegende Arbeit wurde im Sommersemester 2013 von der Rechts- und Wirtschaftswissenschaftlichen Fakultät der Universität Bayreuth als Dissertation angenommen. Rechtsprechung und Literatur sind bis einschließlich Juli 2013 berücksichtigt.

Mein besonderer Dank gilt zunächst Herrn Prof. Dr. Karl-Georg Loritz, der diese Arbeit betreute und mir bei Fragen stets als hilfsbereiter Ansprechpartner zur Verfügung stand. Herrn Prof. Dr. Knut Werner Lange danke ich für die zügige Erstellung des Zweitgutachtens.

Bedanken möchte ich mich daneben auch bei Herrn Prof. Dr. Roman Seer und Frau Prof. Dr. Andrea Lohse für die Aufnahme dieser Arbeit in die Schriftenreihe Intradisziplinäre Forschung zur Compliance.

Ferner möchte ich mich bei Frau Verena Grollmann und Herrn David Jahn für die wertvolle Arbeit des Korrekturlesens herzlich bedanken. Ein besonderer Dank gilt abschließend meinen Eltern, die mich fortwährend bei der Erstellung und insbesondere Vollendung dieser Arbeit moralisch unterstützten.

Köln, 30. Oktober 2013 André Frischemeier

Literaturverzeichnis

Teil 1. Einführung

"If you think compliance is expensive, try non-compliance."
– Früherer U.S. Deputy Attorney General Paul McNulty –

§ 1. Untersuchungsgegenstand und Zielsetzungen

Das Themengebiet Compliance hat innerhalb der letzten Jahre einen rasanten Bedeutungszuwachs erfahren. Beleg für die gestiegene Sensibilisierung ist nicht zuletzt das im Dunstkreis von Compliance-Fragen immer wieder auftauchende Eingangszitat. Die aktuelle Bedeutung beschränkt sich nicht nur auf eine literarische Aufarbeitung, sondern beschäftigt sowohl Unternehmen als auch Gerichte. Es entbehrt nicht einer gewissen Ironie, dass die erste Seite dieser Untersuchung an einem Tag niedergeschrieben wurde, an welchem sich ein Gericht mit der Verantwortung eines ehemaligen Top-Manager des Siemens Konzerns im Zuge des Siemens Korruptionsskandals befassen musste.[1] Die innere Rechtfertigung der vorliegenden Arbeit stützt sich jedoch nicht auf diese zeitliche Koinzidenz, sondern darauf, dass Grenzen, Intensität und Ausgestaltung von Compliance-Systemen zwar in der Einzelgesellschaft mittlerweile hinreichend ausgeleuchtet sind, man im Konzern jedoch weitgehend Terra incognita betritt. Angesichts der Bedeutung von Konzernen ist dies überraschend. Insbesondere die Nationalität der Rechtsordnungen verlangt grenzüberschreitender unternehmerischer Tätigkeit häufig die Nutzung von Konzernstrukturen ab. Dies wirkt sich insbesondere auf nationale Unternehmen aus, die traditionell einen überproportionalen Exportanteil aufweisen. Die Verbindung von Unternehmen stellt vor diesem Hintergrund den Normalfall, das Einzelunternehmen dagegen den Sonderfall, dar. Umso schwerer wiegt die fehlerhafte – aber häufig vorgenommene – Verallgemeinerung von Compliance-Maßnahmen großer Konzerne. Diese haben sich zwar seit geraumer Zeit mit konzernweiten Compliance-Pflichten abgefunden,[2] doch sagt dies weder etwas über ihre allgemeine Geltung noch über ihre dogmatischen Grundlagen aus. Die fehlende Trennschärfe des Kriteriums „großer" Konzerne rundet diesen Befund ab.

Diese Untersuchung möchte daher einen Beitrag zur Konkretisierung der Compliance-Pflichten im Konzern leisten. Konkret soll der Frage nachgegangen werden, unter welchen Umständen das geschäftsführende Organ einer herrschenden Gesellschaft für Compliance-Verstöße in Tochtergesellschaften haftet. Ziel ist es, sowohl die rechtlich notwendigen als auch die rechtlich zulässigen Maßnahmen des geschäftsführenden Organs der herrschenden Ge-

---

1 Becklink 1013345, Meldung vom 20.05.2011.
2 Habersack, FS Möschel, S. 1175 (1175).

sellschaft einer Präzisierung zuzuführen. Dabei soll zunächst ein Mindeststandard der notwendigen Compliance-Maßnahmen gebildet werden. Darüber hinaus sind die rechtlichen Beschränkungen aufzuzeigen, welche sich im Konzern sowohl auf den gebildeten Compliance-Mindeststandard als auch auf weitergehende Compliance-Maßnahmen auswirken. Hierbei wird von der Prämisse ausgegangen, dass es sich bei der herrschenden Gesellschaft um eine GmbH oder eine AG handelt, welche eine einheitliche Leitung i.S.v. § 18 AktG ausübt. Angesichts der rechtstatsächlichen Bedeutung dieser Gesellschaftsformen erscheint diese Eingrenzung notwendig und zweckmäßig. Weiterhin wird die Untersuchung Fallkonstellationen ausgrenzen, in welchen den geschäftsführenden Organen der herrschenden Gesellschaft eine aktive Mitwirkung an den Zuwiderhandlungen innerhalb des Konzerns anzulasten ist. Die sich daraus ergebenden Folgen – auch im Sinne einer strafrechtlichen Beteiligung – sind weitgehend unproblematisch und werden an den jeweils relevanten Stellen kursorisch angesprochen. Abschließend sollen die weiteren Haftungsvoraussetzungen und Haftungsfolgen einer näheren Analyse unterzogen werden.

§ 2. Gang der Untersuchung

Den Ausgangspunkt der Untersuchung bildet die Herausarbeitung des aktuellen Compliance-Verständnisses. Trotz – oder vielleicht auch gerade wegen – der anhaltenden Begriffsdiskussion und der nahezu omnipräsenten Begriffsverwendung in Literatur und Praxis hat sich bisher keine allgemeingültige Definition herauskristallisiert. Das dieser Arbeit zugrunde liegende Verständnis bildet den Ausgangspunkt für die Erläuterung der organisatorischen Dimension des Compliance-Begriffs im ersten Teil der Untersuchung. Hierbei wird darzustellen sein, dass insbesondere Normen und Standards aus dem anglo-amerikanischen Rechtskreis die Triebfeder für die nationale Entwicklung von Compliance bildeten. Die Darstellung internationaler Anforderungen leitet über zur nationalen Rezeption der Standards, welche die primär unternehmensorganisatorische Bedeutung von Compliance belegt. Im Anschluss an diese Ausführungen widmet sich der dritte Teil der Untersuchung einer Analyse von Compliance in Einzelunternehmen. Klärungsbedürftig wird insbesondere sein, ob und welche compliance-spezifischen Pflichten den geschäftsführenden Organen de lege lata obliegen. Die Behandlung von Einzelgesellschaften ist zwingend notwendig, da der Konzern nichts anderes als eine Zusammenfügung von Einzelgesellschaften unter einer einheitlichen Leitung ist. Bestehen compliance-spezifische Pflichten in einer Einzelgesellschaft, so stellt sich die logische Folgefrage, ob diese ebenfalls Geltung in Konzernverhältnissen beanspruchen. Daneben wird die Untersuchung nachweisen, dass die geschäftsführenden Organe einer herrschenden Gesellschaft dazu verpflichtet sind, die Compliance-Maßnahmen einer Konzerngesellschaft zu überwachen. Einer Überwachungsaufgabe kann jedoch nur derjenige gerecht werden, der auch Kenntnis über das Überwachungsobjekt – die rechtlichen Anforderungen an Compliance-Maßnahmen einer Einzelgesellschaft – besitzt.

Auf Basis dieser Erkenntnisse wendet sich der vierte Teil der Untersuchung dem Konzern zu. Kernanliegen dieses vierten Teils ist die Analyse der Normen bzw. Normkomplexe, aus welchen eine Verantwortung der geschäftsführenden Organe für Compliance-Verstöße in Tochtergesellschaften folgt. Die Untersuchung wird verdeutlichen unter welchen Voraussetzungen Compliance-Verstöße auf einer unteren Konzernhierarchieebene zu einer Haftung der Konzernleitung führen können. Hierbei wird die Untersuchung u.a. auf die Bedeutung von spezialgesetzlichen Anforderungen des Aufsichtsrechts eingehen und die Frage beantworten, ob diese einer Verallgemeinerung und Übertragung auf nicht regulierte Branchen und Wirtschaftszweige zugänglich sind. Konnten damit die rechtlichen Anforderungen für den Konzern ausgelotet werden, so wird die Untersuchung im fünften Teil einen Mindeststandard konzernweiter Compliance-Maßnahmen entwickeln. Dieser soll die Basisanforderungen konkretisieren, welche die geschäftsführenden Organe der herrschenden Gesellschaft beachten müssen, um einer Haftung – resultierend aus Compliance-Verstößen in Tochtergesellschaft – vorzubeugen. Im Anschluss daran werden die rechtlichen Grenzen konzernweiter Compliance-Maßnahmen dargestellt. In Kombination mit dem Mindeststandard entsteht so ein Rahmen, welcher die rechtlich zulässigen und erforderlichen Compliance-Maßnahmen einkreist. Gleichzeitig stellt die Untersuchung der rechtlichen Grenzen die notwendige Gegenprobe zur Angemessenheit und Durchsetzbarkeit des Mindeststandards dar.

Vor dem Abschlusskapitel wird darzustellen sein, welche weiteren notwendigen Voraussetzungen für eine Haftung des geschäftsführenden Organs der herrschenden Gesellschaft erfüllt sein müssen und welche konkreten Fragestellung die Bezifferung des verursachten Schadens aufwirft. Insoweit verdient auch die Frage Beachtung, ob sich die reine Vorhaltung und Existenz eines unternehmerischen Compliance-Systems auf die Bemessung von Geldbußen auswirkt.

Teil 2. Begriffsverständnis und Grundlagen von Compliance

Eine Annäherung an den Untersuchungsgegenstand setzt denknotwendig eine klar konturierte Begriffsdefinition voraus. Die Untersuchung erarbeitet zunächst das dieser Arbeit zugrunde liegende Verständnis von Compliance. In diesem Zusammenhang ist eine kursorische Darstellung der internationalen Sichtweise von Compliance unumgänglich. Diese ist zum einen nötig da deutsche Konzerne mit multinationalem Tätigkeitsbereich häufig direkte Normadressaten sind zum anderen entwickelte sich aus Normierungen im anglo-amerikanischen Rechtskreis das heute dominierende organisatorische Verständnis von Compliance. § 2 widmet sich anschließend einer knappen Darstellung der nationalen Compliance-Entwicklung und spezifischer Rechtsgrundlagen. Abschließend werden die typischen Elemente eines Compliance-Systems sowie die damit verbundenen – und einem entsprechenden System beigemessenen – Funktionen erläutert.

§ 1. Definition und begriffliche Abgrenzungen von Compliance

A. Begriffsdefinition

I. Aktuelle Relevanz von Compliance in Literatur und Praxis

Compliance leitet sich vom dem englischen Begriff „to comply with" ab, was mit „einhalten", „übereinstimmen" oder „befolgen" übersetzt werden kann. Die Terminologie findet seit geraumer Zeit Verwendung in der rechts- und wirtschaftswissenschaftlichen Diskussion. Insbesondere die vergangenen Jahre haben zu einer intensiven Diskussion über verbundene rechtliche Fragestellungen geführt. Die anhaltende Diskussion wird von einer sprunghaft ansteigenden Zahl von Publikationen begleitet. Neben einer Flut von Aufsätzen[3] existiert mittlerweile eine Fachzeitschrift, die sich primär rechtlichen Fragestellungen im Zusammenhang mit Compliance widmet.[4] Handbücher untersuchen die rechtlichen Wechselwirkungen von Compliance und verschiedenen

---

3 Vgl. alleine aus der jüngsten Vergangenheit: Bauckhage-Hoffer/Katko, WM 2012, S. 486 ff.; Dück/Eufinger, CCZ 2012, S. 131 ff.; Göpfert/Drägert, CCZ 2011, S. 25 ff.; Gößwein/Hohmann, BB 2011, S. 963 ff.; Liese/Schulz, BB 2011, S. 1347 ff.; Schaefer/Baumann, NJW 2011, S. 3601 ff.; Schäfer, BKR 2011, S. 45 ff.; ders., BKR 2011, S. 187 ff.; Schulz, BB 2011, S. 629 ff.; Verse, ZHR (175) 2011, S. 401 ff.

4 Hierbei handelt es sich um die Corporate Compliance Zeitschrift – Zeitschrift zur Haftungsvermeidung im Unternehmen (CCZ), welche seit dem Jahr 2008 herausgegeben wird.

Rechtsmaterien[5] sowie die branchenspezifische Bedeutung des Themengebietes.[6] Der Bedeutungszuwachs beschränkt sich nicht nur auf das Schrifttum, sondern findet seine Fortsetzung in der Praxis. Spektakuläre Korruptionsskandale, Verstöße gegen das Kartellrecht und die damit zusammenhängenden Bußgelder sowie die strafrechtliche Verfolgung von geschäftsführenden Organen beschleunigten diese Entwicklung. Mittlerweile haben sich auf Ebene der an deutschen Börsen gelisteten Unternehmen Leitfäden für den Umgang mit Compliance etabliert. In den betrieblichen Organigrammen finden sich Compliance-Abteilungen, Compliance-Beauftragte oder Compliance Officer. Auf diese Weise sind neue Tätigkeitsbereiche entstanden, welche in der Praxis vornehmlich von Juristen besetzt werden.

Wendet man sich den rechtlichen Grundlagen von Compliance zu, so ist festzustellen, dass dem nationalen Recht – im Gegensatz zum angloamerikanischen Recht[7] – explizite Compliance Regelungen weitgehend fremd sind. Auf Gesetzesebene verwenden lediglich aufsichtsrechtliche Normen den Begriff.[8] Diese aufsichtsrechtliche Begriffsnormierung erfährt in zahlreichen konkretisierenden Verordnungen, Richtlinien und Rundschreiben[9] eine detaillierte Anforderungspräzisierung. Nicht im Range eines formellen Gesetzes, aber dennoch an dieser Stelle hervorzuheben ist Ziffer 4.1.3 des Deutschen Corporate Governance Kodexes (DCGK). Seit dem Jahr 2007 enthält der Kodex eine Compliance Definition,[10] die auch in der Literatur vornehmliche Verwendung findet.

---

5 Statt aller Mengel, Compliance u. ArbeitsR.; Thüsing, Arbeitnehmerdatenschutz und Compliance.

6 Drohmann in: Hauschka/Compliance, § 39 (Chemische Industrie); Gebauer/Niermann in: Hauschka/Compliance, § 36 (Banken- und Wertpapierdienstleistungsbranche); Greeve/von Grießenbeck in: Hauschka/Compliance, § 41 (Bauwesen); Leipold in: Hauschka/Compliance, § 38 (Pharmazeutische Industrie); Preusche in: Hauschka/Compliance, § 37 (Versicherungswirtschaft); Oexle in: Hauschka/Compliance, § 40 (Kreislauf- und Abfallwirtschaft); Partikel in: Hauschka/Compliance, § 45 (Presse- und Verlagswesen); Wojtek/Ettrich in: Hauschka/Compliance, § 44 (Transportgewerbe).

7 Vgl. hierzu sogleich S. 19 ff.

8 Vgl. § 33 Abs. 1 S. 2, Nr. 1 WpHG. § 64a VAG; § 25a Abs. 1 S. 1 KWG zielen in eine ähnliche Richtung, verwenden jedoch nicht explizit die Bezeichnung Compliance.

9 § 12 Verordnung zur Konkretisierung der Verhaltensregeln und Organisationsanforderungen für Wertpapierdienstleistungsunternehmen (WpDVerOV); Rundschreiben 4/2010 (WA) – Mindestanforderungen an die Compliance-Funktion und die weiteren Verhaltens-, Organisations- und Transparenzpflichten nach §§ 31 ff. WpHG für Wertpapierdienstleistungsunternehmen (MaComp); Rundschreiben 3/2009 (VA) – Aufsichtsrechtliche Mindestanforderungen an das Risikomanagement (MaRiskVA); Rundschreiben 11/2010 (BA) – Mindestanforderungen an das Risikomanagement (MaRiskBA).

10 Vgl. den Wortlaut von Ziffer 4.1.3 DCGK in der Fassung vom 13.06.2013: „Der Vorstand hat für die Einhaltung der gesetzlichen Bestimmungen und der unternehmensinternen Richtlinien zu sorgen und wirkt auf deren Beachtung durch die Konzernunternehmen hin (Compliance)“, abrufbar unter: http://www.corporate-governance-code.de/ger/kodex/4.html., letzter Abruf 01.08.2013.

Angesichts der Themenaktualität überrascht es, dass sich bisher keine allgemeingültige Definition herausbilden konnte. Die Verwendung des Begriffes lässt allerdings einen gemeinsamen Grundinhalt erkennen, welcher in seiner jeweiligen Reichweite und Ausformung Differenzierung ausweist. Kerninhalt ist jeweils die These, dass Unternehmen und ihre Mitarbeiter sowohl das geltende Recht als auch sonstige jeweils näher benannte Gebote als Grenze der unternehmerischen Tätigkeit beachten müssen. Da dem benannten Adressatenkreis bereits vergleichbare Verpflichtungen durch die Legalitätspflicht auferlegt werden, erschließt sich die aktuelle Relevanz und Popularität des Themenfeldes zunächst nicht unmittelbar. Die Tatsache, dass sich unternehmerische Betätigung innerhalb rechtlicher Rahmenbedingungen zu entfalten hat, wurde und wird berechtigterweise als „Binsenweisheit“ [11] bezeichnet. Zur Einordnung des Diskussionsstandes wird daher im Folgenden zunächst die inhaltliche Reichweite von Compliance sowie eine mit dem Begriff verbundene unternehmensorganisatorische Sichtweise herausgearbeitet.

II. Inhaltliche Reichweite von Compliance

1. Umfassendes Begriffsverständnis versus spezialgesetzliche Fokussierung

Erfordert Compliance die Beachtung und Wahrung von gewissen rechtlichen Schranken bzw. Rahmenbedingungen, so ist zunächst die inhaltliche Reichweite dieser Schranken zu identifizieren. Hiermit wird die Frage aufgeworfen, welche Verletzungshandlungen potentiell einen Verstoß gegen Compliance Grundsätze darstellen. Die Bewahrung von Compliance könnte zum einen nur einen sektoralen Gehalt aufweisen, welcher sich auf die Einhaltung von spezifischen rechtlichen Vorgaben bezieht, zum anderen kann der Begriff allgemein auf die Einhaltung von Normen der gesamten Rechtsordnung bezogen sein.

Vergegenwärtigt man sich die Tatsache, dass es sich bei Compliance um keinen gesetzlich konturierten Rechtsbegriff mit festen Bestandteilen handelt, so wird deutlich, dass die inhaltliche Reichweite des Begriffs in einem Abhängigkeitsverhältnis zum jeweiligen Betrachter und seinen Interessen steht. Eine Beschränkung auf die Einhaltung wertpapierhandelsrechtlicher Vorschriften könnte z.B. mit der Entstehungsgeschichte des Begriffs begründet werden. [12] Zumindest Unternehmen im Wertpapier- und Finanzdienstleistungssektor müssen diesem hochsensiblen Rechtsgebiet zwangsläufig eine erhöhte Aufmerksamkeit zukommen lassen. Insoweit wird auch zwischen einem weiten Compliance Begriff und einer Wertpapier- bzw. kapitalmarkt-

---

11 Schneider, U., ZIP 2003, S. 645 (646).

12 Zu den Begriffsursprüngen im Banken- und Finanzsektor siehe z.B. Buff, Compliance, S. 3; Fleischer, CCZ 2008, S. 1 (1); Eisele in: Schimansky/Bunte/Lwowski, Bankrechts-Handbuch, § 109 Rn. 3; Grundmeier, Compliance im Konzern, S. 4 f.; Lösler, NZG 2005, S. 104 (104); ders., Compliance, S. 13; Reichert/Ott, ZIP 2009, S. 2173 (2173).

rechtlichen Compliance differenziert.[13] In anderen Untersuchungen findet eine entsprechende Begriffsfokussierung auf die Kartellrechts-[14] oder Tax Compliance[15] statt. Die vorliegende Untersuchung verfolgt demgegenüber keinen sektoralen oder branchenspezifischen Ansatz. Daher ist von der Prämisse ausgehen, dass Compliance grundsätzlich die Einhaltung sämtlicher bindender Rechtsvorschriften verlangt. Diese Sichtweise entspricht auch der Definition des DCGK und dem gängigen Untersuchungsansatz sonstiger themenspezifischer Literatur.[16] Eine Unterscheidung nach Art des Verstoßes, etwa einer Differenzierung zwischen vorsätzlichen oder fahrlässigen Handlungen unterbleibt ebenfalls. Ein entsprechendes Verständnis geht auf die historischen Ursprünge der Compliance-Entwicklung zurück[17] und ist in dieser Form nicht mehr angezeigt.

2. Fehlende Notwendigkeit zur Einbeziehung von vertraglichen Verpflichtungen

Üblicherweise war die Einhaltung von vertraglichen Verpflichtungen nicht von den gängigen Compliance Definitionen erfasst. Dies änderte sich jedoch mit der Veröffentlichung des Prüfungsstandardentwurfs „Grundsätze ordnungsgemäßer Prüfung von Compliance Management Systemen" (IDW/EPS 980).[18] Der am 11.03.2010 durch den Hauptfachausschuss des Institutes der Wirtschaftsprüfer e.V (IDW) veröffentlichte Entwurf, geht von einem erheblich erweiterten Verständnis aus und bezieht Compliance auch auf die Einhaltung vertraglicher Pflichten.[19] Der Vorstoß ist zumeist auf Ablehnung gestoßen. So wird darauf hingewiesen, dass vertragliche Pflichtverletzungen im Gegensatz zu klassischen Compliance-Verstößen nicht zwingend pflichtwidrig seien.[20] Daneben führe die Einbeziehung vertraglicher Verpflichtungen zu einer Vermischung von Komponenten mit unterschiedlicher Zielrichtung und

13 Eisele in: Schimansky/Bunte/Lwowski, Bankrechts-Handbuch, § 109 Rn. 3; Gebauer/Niermann in: Hauschka/Compliance, § 36 Rn. 1; Lippe, Compliance, S. 7 f.; Lösler, NZG 2005, S. 104 (104).

14 Statt vieler Dreher, ZWeR 2004, S. 75 ff.

15 Statt vieler Streck/Binnewies, DStR 2009, S. 229 ff.

16 Cauers u.a., DB 2008, S. 2717 (2717); Dreher, FS Hüffer, S. 161 (174); Fett/Theusinger, BB Special 4, 2010, S. 6 (7); Hauschka, ZIP 2004, S. 877 (877); v. Hehn/Hartung, DB 2006, S. 1909 (1909 f.); Klindt, NJW 2006, S. 3399 (3399); Koch, WM 2009, S. 1013 (1013); Kort, NZG 2008, S. 81 (81); Kremer/Klahold, ZGR 2010, S. 113 (116); Passarge, NZI 2009, S. 86 (86); Reichert/Ott, ZIP 2009, S. 2173 (2173); Sidhu, ZCG 2008, 13 (13); Schmidt, B., Compliance in KapG, S. 18 f.; Schneider, U., ZIP 2003, S. 645 (646); Spindler, WM 2008, S. 905 (905).

17 Schneider, S., Informationspflichten, S. 272.

18 Ausführliche Darstellung des Standards bei Görtz, CCZ 2010, S. 127 ff.; Horney/Kuhlmann, CCZ 2010, S. 192 ff.

19 Vgl. Textziffer 5 (IDW EPS 980) „Unter dem Begriff *Compliance* ist allgemein die Einhaltung von Regeln zu verstehen (z.B. Gesetze, vertragliche Verpflichtungen und interne Regelungen oder Richtlinien)".

20 Fett/Theusinger, BB Special 4, 2010, S. 6 (7), ablehnend auch Willems/Schreiner, CCZ 2010, S. 214 (214).

Bedeutung[21] sowie Rechtsunsicherheit und einer Arbitrage zwischen vorhandenen Compliance Standards.[22]

Zwei wesentliche Gründe bestärken die vorgebrachte Kritik. Zunächst ist richtig, dass die Verletzung vertraglicher Verpflichtungen nicht zwangsläufig pflichtwidrig sein muss, da der Unternehmensleitung bei der Erfüllung vertraglicher Pflichten – nach überwiegender Ansicht – ein unternehmerischer Handlungsspielraum zusteht.[23] Dies ermöglicht eine Differenzierung zwischen gesetzlich auferlegten Verhaltenspflichten und Vertragspflichten, welche bei der Definition von Compliance zu berücksichtigen ist. Daneben überdehnt die vollständige Überwachung der unternehmerischen Vertragstreue den Zuständigkeitsbereich und die faktischen Möglichkeiten bisheriger Compliance-Systeme. Die Einhaltung vertraglicher Verpflichtungen ist primär der Kontrolle und dem Verantwortungsbereich der Vertragsparteien zuzuweisen.[24] Für den Zweck dieser Untersuchung ist daher von der Einbeziehung vertraglicher Verpflichtungen abzusehen.

3. Einbeziehung von Selbstverpflichtungen und „soft law"?

Ausgehend von der ursprünglichen rechtlichen Betrachtungsweise zeichnet sich zunehmend ein Trend ab, welcher die Einhaltung non–legislativer, gesellschaftspolitischer und ethischer Standards in den Mittelpunkt der Begriffsdiskussion rückt.[25] Compliance sei demnach nicht nur auf eine rein rechtliche Ebene zu reduzieren, sondern verlange als ganzheitlicher Managementansatz die Beachtung eines umfassenderen Kreises von Interessen und Standards.[26] Die hierzu vertretenen Definitionen weichen voneinander ab und lassen den konkreten Schutzumfang nicht immer klar erkennen. So wird Compliance teilweise allgemein als die Befolgung und Einhaltung von bestimmten Geboten umschrieben.[27] Für andere wiederum steht Compliance für die Einhaltung gesetzlicher Anforderungen und regulatorischer Standards und die Erfüllung weiterer wesentlicher Anforderungen der Stakeholder.[28] Noch weitergehender wird eine Verbindung von ethischen Grundsätzen im Denken und Handeln – in der Literatur häufig mit dem Begriff „Integrity" umschrie-

---

21 Horney/Kuhlmann, CCZ 2010, S. 192 (193).

22 Fett/Theusinger, BB Special 4, 2010, S. 6 (7); Horney/Kuhlmann, CCZ 2010, S. 192 (193).

23 Fleischer in: Spindler/Stilz, § 93 Rn. 30; Haas/Ziemons in: Michalski/GmbHG, § 43 Rn. 51a; Lutter, ZIP 2007, S. 841 (843); Paefgen in: Ulmer/GmbHG, § 43 Rn. 34; Schneider, U. in: Scholz/GmbHG, § 43 Rn. 79 jeweils m.w.N. A.A. Ihrig, WM 2004, S. 2098 (2104 f.); Schneider, S., DB 2005, S. 707 (711); Zöllner/Noack in: Baumbach/Hueck, § 43 Rn. 23a.

24 So z.B. Willems/Schreiner, CCZ 2010, S. 214 (214).

25 Klindt, NJW 2006, S. 3399 (3399).

26 Vgl. hierzu auch die Darstellung bei Lang, Corporate Compliance, S. 12 f.

27 Hauschka in: Hauschka/Compliance, § 1 Rn. 2.

28 Menzies, Sarbanes-Oxley, S. 2 ff.; Wolf, DStR 2006, S. 1995 (1995); in diese Richtung auch Zimmermann, R. in: Wieland/Wertemanagement, S. 203 f.

ben – und Compliance gesehen.[29] Compliance beziehe sich demnach auch auf Werte wie Integrität, Respekt, Vielfalt und Qualität.[30] Für die Herausarbeitung des dieser Arbeit zugrunde liegenden Begriffsverständnisses ist es zweckmäßig zunächst zwischen der Einhaltung von Selbstverpflichtungen und darüber hinausgehenden Pflichten zu differenzieren, welche zusammenfassend auch als „soft law" bezeichnet werden.[31]

(a) Relevanz von Selbstverpflichtungen

Sowohl der Definitionsansatz des DCGK als auch zahlreiche Definitionsvorschläge der Literatur sehen – neben normativen Geboten – die Einhaltung unternehmensinterner Richtlinien als vom Compliance Begriff umfasst an.[32] Zu diesen unternehmensinternen selbstverpflichtenden Richtlinien zählen insbesondere Regelungen in Satzung, Geschäftsordnung, Arbeitsanweisungen oder Verhaltenskodizes. Der erweiterte Ansatz verdient Zustimmung. Die Gewährleistung von Rechtskonformität im Unternehmen und ein effektives Compliance-System basieren zu einem wesentlichen Teil auf unternehmensinternen Richtlinien. Eine Nichtbeachtung dieser Vorgaben untergräbt die Effektivität von Compliance-Bemühungen. Es ist daher nur folgerichtig, dass effektive Compliance auch die Einhaltung selbstverpflichtender Vorgaben erfordert. Konkrete haftungsrechtliche Relevanz erlangt dies spätestens, wenn die mehrfache Tolerierung von Verstößen gegen unternehmensinterne Richtlinien als Beleg für die mangelnde Effizienz des gesamten Compliance-Systems herangezogen wird. Dies kann durchaus ein Haftungsrisiko für die geschäftsführenden Organe begründen bzw. erhöhen. Es ist daher sachgerecht Compliance auf die Einhaltung von Selbstverpflichtungen zu erstrecken.[33]

---

29 Buff, Compliance, S. 2; Bussmann/Matschke, CCZ 2009, S. 132 (137 f.); Grundmeier, Compliance im Konzern, S. 116; Thielemann, zfwu 2005, S. 31 (31 ff.); Wieland, CCZ 2008, S. 15 (17); Wolf, DStR 2006, S. 1995 (1995).

30 Silverman, Compliance Management, S. 56.

31 Zimmermann, R. in: Wieland/Wertemanagement, S. 203 f.

32 Bürkle, BB 2007, S. 1797 (1797); Cauers u.a., DB 2008, S. 2717 (2717); Buff, Compliance, S. 10 f.; Fett/Theusinger, BB Special 4, 2010, S. 6 (7); Koch, WM 2009, S. 1013 (1013); Kort, NZG 2008, S. 81 (83); Passarge, DStR 2010, S. 1675 (1675); ders., NZI 2009, S. 86 (86); Powilleit, GWR 2010, S. 28 (28); Ringleb in: Ringleb/DCGK, Rn. 615; Schneider, U./Schneider, S., ZIP 2007, S. 2061 Steinmeyer/Späth in: Wieland/Steinmeyer/Grüninger, S. 173; Thüsing, Arbeitnehmerdatenschutz und Compliance, S. 8; Vetter, DB 2007, S. 1963 (1963); Wolf, DStR 2006, S. 1995 (1995); Zingel, BKR 2010, S. 500 (500); einschränkend auf gesetzeskonkretisierende Richtlinien Sidhu, ZCG 2008, S. 13 (14).

33 Relativierend sei an dieser Stelle darauf hingewiesen, dass diese Weichenstellung nur geringe Auswirkungen auf den Zweck dieser Untersuchung zeigt. Entsprechende Konstellationen, in denen die Haftung allein auf einen einzelnen innerhalb einer Tochtergesellschaft zu lokalisierenden Verstoß gegen eine selbstverpflichtende Regelung beruht, sind schwerlich zu konstruieren und dürften eher den Ausnahme- als den Regelfall darstellen. Selbstverpflichtungen weisen ihre wesentliche Relevanz eher als Mittel zur Erzielung von Compliance im Unternehmen auf.

(b) Relevanz von „soft law“

Nach extensiver Auslegung soll Compliance die Einhaltung von moralischen und ethischen Werten sowie sonstigen Anforderungen von Stakeholdern erfassen.[34] Für eine entsprechende Ausweitung der inhaltlichen Dimension des Compliance-Begriffes könnte die Feststellung streiten, dass effektive Compliance mehr verlangt als die Umsetzung des geltenden Rechts. Die Effektivität geht mit einem an moralischen und ethischen Werten ausgerichteten Führungsstil einher. Untersuchungen haben gezeigt, dass die Wirksamkeit von Maßnahmen eng mit der herrschenden Unternehmenskultur zusammenhängt.[35] Demnach entfalten Verhaltensrichtlinien, Schulungen, und andere Compliance-Instrumente ausschließlich dann ihre volle Wirkung, wenn das Bekenntnis zur Befolgung von Regeln auch im Unternehmen gelebt wird und Bestandteil der Unternehmenskultur ist.[36] Kommunizieren Führungskräfte unternehmenseigne ethische Ziele und richten auch ihr eigenes Handeln nach diesen Vorgaben aus, so beeinflusst dies maßgeblich die Regelkonformität der Mitarbeiter.

Diese Untersuchung schließt sich jedoch aus zwei wesentlichen Gründen nicht der extensiven Auslegung an und legt ein engeres Begriffsverständnis zugrunde. Der erste Grund ist darin zu sehen, dass die Einbeziehung von „soft law“ die Grenzen zum benachbarten Themengebiet der „Corporate Social Responsibility“ verwässert.[37] Unter diesem Begriff werden in Maßnahmen diskutiert, welche ein Unternehmen ergreift um auf freiwilliger Basis soziale Belange oder Umweltbelange in ihre Unternehmenstätigkeit und in die Wechselbeziehung mit den Stakeholdern zu integrieren.[38] Den auf vielschichtigen Motiven beruhenden Handlungen ist jeweils gemeinsam, dass sie über den unternehmerischen Pflichtenrahmen hinausgehen und als überobligatorische „Kür“ nicht vom Compliance Begriff erfasst sind.[39] Die mit dem Oberbegriff „soft law“ kategorisierten Werte entziehen sich häufig einer rechtlichen Bewertung. Eine Einbeziehung würde daher negative Rückwirkungen auf die Präzisierung und rechtliche Erfassung von Compliance entfalten.[40]

Zum anderen wirkt sich die Verletzung von „soft law“ nicht direkt im Sinne eines rechtlichen Nachteiles aus. Die negativen Folgen können zwar den

---

34 Siehe hierzu die Nachweise in den obigen Fn. 28, 29, 30.

35 Nachweise zu verschiedenen Studien bei Pape, CCZ 2009, S. 233 (233 ff.).

36 Bürkle, BB 2007, S. 1797 (1799); Dieners/Lembeck in: Dieners/Compliance im Gesundheitswesen, Kap. 7 Rn. 9; Grüninger, Der Aufsichtsrat 2008, S. 4 (6); Klindt/Pelz/Theusinger, NJW 2010, S. 2385 (2385); Pape, CCZ 2009, S. 233 (235 f.); Wieland, CCZ 2008, S. 15 (17).

37 Schmidt, B., Compliance in KapG, S. 22 f.; Streck/Binnewies, DStR 2009, S. 229 (230). Siehe zu diesem Aspekt auch Lang, Corporate Compliance, S. 22 f.

38 Birk, GRUR 2011, S. 196 (196); Hauschka in: Compliance im Kreditgeschäft, S. 103 (112); Kreikebaum, Unternehmensethik, S. 145 ff.; Maak/Ulrich, Unternehmensführung, S. 25; Steinmeyer/Späth in: Wieland/Steinmeyer/Grüninger, S. 172 f.

39 So auch Steinmeyer/Späth in: Wieland/Steinmeyer/Grüninger, S. 172 f.

40 Anders mag dies sein, wenn das „soft law“ Teil einer unternehmensinternen Richtlinie ist.

Fortbestand der Gesellschaft ebenfalls gefährden, sind aber wesentlich komplexer und kaum quantifizierbar, da sie sich z.B. in einem Image- bzw. Reputationsverlust oder Schwierigkeiten bei der Anwerbung neuer Mitarbeiter zeigen können. Hiermit soll nicht die These aufgestellt werden, dass die mit Reputationseinbußen verbundenen Risiken gegenüber direkten monetären Nachteilen zu vernachlässigen sind. Gerade der gute Ruf ist häufig ein wesentliches unternehmerisches Kapital. Die Verletzung von „soft law" dürfte allerdings nur in seltenen Fällen einen konkreten Haftungsanspruch gegen ein geschäftsführendes Organ begründen, da die nötige Feststellung von Kausalität und Schaden nur selten gelingen wird. Für den Zweck dieser Untersuchung ist daher von der Einbeziehung abzusehen.

III. Organisatorisches Verständnis von Compliance

1. Maßgeblichkeit des anglo-amerikanischen Begriffsverständnisses

Der inhaltliche Reichweite des Compliance Begriffes konnten damit Konturen verliehen werden. Gleichwohl steht noch eine Rechtfertigung der Begriffsaktualität aus, da vollkommen einsichtig ist, dass Organe für die Einhaltung der soeben benannten Gebote Sorge zu tragen haben. Aus diesem Grund ist die Aufmerksamkeit nunmehr auf den zentralen Aspekt der aktuellen rechts- und wirtschaftswissenschaftlichen Diskussion zu lenken. Hierbei handelt es sich um die Auswirkungen auf und Wechselwirkungen zwischen Compliance und Unternehmensorganisation. Wirtschaftliche Tätigkeit erfolgt in einem Umfeld zunehmender normativer Anforderungen. Die Fülle relevanter Vorschriften hat in einzelnen Tätigkeitsbereichen schwer zu überblickende Dimensionen erreicht. Als Reaktion auf die gestiegenen Haftungsrisiken gingen Unternehmen vielfach dazu über, die Befolgung der rechtlichen Vorgaben durch organisatorische Maßnahmen zu überwachen und Verstößen präventiv entgegenzuwirken. Insbesondere das US-amerikanische Begriffsverständnis von Compliance umfasst stets diese primär unternehmensorganisatorische Perspektive.[41] Will man sich diesem Verständnis annähern, so ist ein kursorischer Überblick über die internationale Ausformung und das Verständnis von Compliance unerlässlich.

2. Compliance in den USA

(a) Ursprung und Entwicklung von Compliance

Das heutige nationale und internationale Verständnis von Compliance und die damit verbundenen unternehmensorganisatorische Ausprägung wurden wesentlich durch Entwicklungen im Rechtssystem der USA geprägt.[42] Ausgangspunkt der Entwicklung ist die im US-amerikanischen Recht anerkannte

---

41 Bürkle, BB 2005, S. 565 (565); Eisele in: Schimansky/Bunte/Lwowski, Bankrechts-Handbuch, § 109 Rn. 3; v. Hehn/Hartung, DB 2006, S. 1909 (1910); Kremer/Klahold, ZGR 2010, S. 113 (117).

42 Lang, Corporate Compliance, S. 2 ff.; Ringleb in: Ringleb/DCGK, Rn. 622 f.

strafrechtliche Verantwortlichkeit von Unternehmen für kriminelle Handlungen ihrer Angestellten. Diese als „respondeat superior" bezeichnete Doktrin wurde aus dem Zivilrecht abgeleitet und sanktioniert die Unternehmen für schuldhaftes Verhalten von Angestellten. Zur Vermeidung der drohender Haftungsfolgen schützten sich die Unternehmen durch die Einführung sog. Compliance Codes. Diese sollten potentiellen Straftaten von Unternehmensangehörigen vorbeugen. Aufgrund dieser Tradition verfügt das US-amerikanische Rechtssystem – im Vergleich zum nationalen Recht – über wesentlich konkretere Anforderungen an Compliance und deren konkrete Ausgestaltung.

(b) Gesetzes- und Aufsichtsrecht

(aa) US Sentencing Guidelines (USSG)

(aaa) Grundkonzeption

Als wesentliche normative Grundlage für Compliance in den USA gelten die USSG. Die Guidelines sollen eine einheitliche Strafbemessungspraxis der Bundesgerichte sicherstellen.[43] Der Anwendungsbereich bezieht sich dabei sowohl auf natürliche als auch juristische Personen. Die für die juristischen Personen maßgeblichen Organizational Sentencing Guidelines traten am 01.11.1991 in Kraft und wurden in der Vergangenheit – zumeist als Reaktion auf Wirtschaftsskandale – wesentlich verschärft. Unter Anwendung der Guidelines vollzieht sich die Festsetzung einer konkreten Strafe in mehreren aufeinander folgenden Schritten. Zunächst wird einer Straftat eine in der United States Sentencing Guidelines Manual festgelegte Zahl zugeordnet. Diese, als „base offense level" bezeichnete Zahl, repräsentiert eine Strafe von bis zu maximal 72,5 Millionen USD. Im Anschluss ist zu ermitteln, ob Anhaltspunkte eine Verschärfung oder Milderung der Strafe rechtfertigen. Wesentlich ist, dass eine Milderung insbesondere dann in Betracht kommt, wenn das Unternehmen zum Zeitpunkt des Gesetzesverstoßes über ein effektives Programm zur Sicherstellung von Compliance und Unternehmensethik verfügt.[44] In Extremfällen kann diese Milderung zu einer Herabsetzung der Geldstrafe um bis zu 95 Prozent führen.[45] Unternehmen trifft somit eine Obliegenheit geeignete organisatorische Strukturen zur Aufdeckung und Prävention von Gesetzesverstößen einzuführen.

(bbb) Compliance-spezifischer Gehalt

Der Aussagegehalt der Guidelines erschöpft sich jedoch nicht nur in der Forderung nach einem effektiven Programm zur Sicherstellung von Compliance

---

43 Einen Kurzüberblick über den Inhalt der USSG bietet Lang, Corporate Compliance, S. 3; Ringleb in: Ringleb/DCGK, Rn. 619 ff.

44 § 8 C 2.5. (f) (1) USSG. Vgl. hierzu auch: Bergmoser/Theusinger/Gushurst, BB Special 5, 2008, S. 1 (2); Geiser, Leitungspflichten, S. 20; Hauschka in: Hauschka/Compliance, § 1 Rn. 40 ff.; Schneider, U., ZIP 2003, S. 645 (648).

45 Hopson/Koehler, CCZ 2008, S. 208 (208).

und Unternehmensethik. Wesentlich wichtiger ist die in den Guidelines vorgenommene Präzisierung der inhaltlichen Anforderungen, welche dieses System zu erfüllen hat.[46] Im Kern handelt es sich hierbei um sieben Punkte.

Unternehmen sind zunächst dazu aufgefordert, Standards und Richtlinien einzuführen, um ein ordnungsgemäßes Verhaltens auf allen Unternehmensebenen sicherzustellen.[47] In der Praxis erfolgt dies zumeist im Wege eines Verhaltenskodexes bzw. Ethikrichtlinien. Die Punkte zwei und drei befassen sich mit der personellen Verantwortung für das Compliance-System. Neben dem Führungsgremium des Unternehmens, welches eine angemessene Aufsicht über Implementierung und Effektivität ausübt, soll die Gesamtverantwortung für das System Mitgliedern des gehobenen Managements übertragen – und damit zugleich eine Delegation von substantiellen Aufgaben an ungeeignete Mitarbeiter verhindert – werden.[48] Die Zuweisung der Gesamtverantwortung an einzelne Personen führte zu der Schaffung neuer organisatorischer Stellen, für die sich die Begrifflichkeit des Compliance Officer durchgesetzt hat.

Die Punkte vier und fünf halten Unternehmen dazu an die Funktionsfähigkeit und Wirksamkeit des Compliance-Systems sicherzustellen. Insoweit ist die regelmäßige Information aller Mitarbeiter des Unternehmens über die betrieblichen Standards, Richtlinien und Prozeduren erforderlich.[49] Daneben erfordern die Guidelines eine begleitende Analyse durch Prüf- und Revisionssysteme, welche zur Aufdeckung von Gesetzesverstößen führen sollen und eine regelmäßige Evaluation der vorgefundenen Ergebnisse ermöglichen. Abgerundet werden die Maßnahmen durch die Obliegenheit zur Einführung eines Berichtsystems, welches Unternehmensangehörigen eine anonyme und vertrauliche Möglichkeit bietet, tatsächliche oder vermeintliche Gesetzesverstöße innerhalb des Unternehmens zu melden.[50] Derartige Systeme werden gemeinhin mit dem Begriff „Whistleblowing“ bezeichnet. Insbesondere die konkreten Anforderungen hinsichtlich des Berichts- und Meldesystems verdeutlichen die besondere Bedeutung der Guidelines, da diese insoweit unmittelbar in die Entscheidungsfreiheit des Managements eingreifen.

Abschließend normieren die Punkte sechs und sieben den Umgang mit aufgetretenen Gesetzesverstößen. Unternehmen werden insoweit zur betrieblichen Sanktionierung von Compliance-Verstößen angehalten.[51] Das implementierte Compliance-System ist sowohl nach Aufdeckung von Zuwiderhandlungen[52] als auch verdachtsunabhängig[53] auf einen möglichen Verbesserungsbedarf zu untersuchen, um Verstößen präventiv entgegenzuwirken.

46 Ausführliche Darstellung der Anforderungen bei Hauschka in: Hauschka/Compliance, § 1 Rn. 42; Hopson/Koehler, CCZ 2008, S. 208 (208 ff.).
47 § 8 B 2.1. (b) (1) USSG.
48 §§ 8 B 2.1. (b) (2) (A), (B); 8 B 2.1. (b) (3) USSG.
49 § 8 B 2.1. (b) (4) USSG.
50 § 8 B 2.1. (b) (5) USSG.
51 § 8 B 2.1. (b) (6) USSG.
52 § 8 B 2.1. (b) (7) USSG.
53 § 8 B 2.1. (b) (5) USSG.

(bb) Sarbanes-Oxley Act of 2002 (SOX)[54]

Finanzskandale in den USA führten im Jahr 2002 zum Erlass des SOX. Das Gesetz bildet seitdem die zentrale Normierung des Kapitalmarktrechts in den USA. Der SOX verfolgt das Ziel, verlorenes Vertrauen in die Funktionsfähigkeit der Kapitalmärkte wiederherzustellen. Vom Anwendungsbereich des Gesetzes sind inländische und ausländische Unternehmen erfasst, die an einer US-amerikanischen Börse notiert sind oder deren Wertpapiere anderweitig in den USA öffentlich angeboten werden und damit der Aufsicht der U.S. Securities and Exchange Commission (SEC) unterliegen.[55] Die Bedeutung dieses weiten Anwendungsbereiches für zahlreiche nationale Konzerne muss an dieser Stelle nicht besonders hervorgehoben werden.

Der SOX widmet sich schwerpunktmäßig der internen Überwachung von Unternehmen. Kernanliegen ist die Gewährleistung einer ordnungsgemäßen Finanzberichterstattung. Zur Erreichung dieses Zieles wurden die Verantwortungsbereiche von Management und Abschlussprüfern erweitert und die Unternehmen zur Einrichtung interner Kontrollsysteme verpflichtet. Wesentlicher Regelungskomplex sind insoweit die Vorschriften, die sich mit den Aufgaben des „Audit Committees" auseinandersetzen.[56] Das Committee bestellt und überwacht die Arbeit der Wirtschaftsprüfer und ist somit für die Ordnungsmäßigkeit von Rechnungslegung und Abschlussprüfung verantwortlich. Den Unternehmen werden zudem erweiterte Offenlegungspflichten, der Erlass einer Ethikrichtlinie sowie die Einrichtung von Whistleblowing-Systemen zur Meldung fragwürdiger Buchführungs- und Buchprüfungsvorgänge auferlegt.[57] Das Bewusstsein und die Beachtung von Compliance haben durch den Erlass des Gesetzes einen beträchtlichen Bedeutungszuwachs erfahren, da die gesteigerte Verantwortung des Managements für interne Kontrollsysteme bestätigt wurde.[58]

(cc) Sonstige Vorschriften

Zahlreiche weitere gesetzliche und aufsichtsrechtliche Normen enthalten weitere Regelungen, die unter dem Gesichtspunkt von Compliance Bedeutung erlangen. Anforderungen der SEC und Zulassungsbedingungen von verschiedenen Börsen stellen eigene Anforderungen an interne Überwachungs- und Kontrollsysteme auf oder präzisieren gesetzliche Vorgaben.[59] Als relevanter gesetzlicher Normkomplex ist zudem der Foreign Corrupt Practices Act (FCPA) hervorzuheben, der Korruption auch außerhalb der USA unter Strafe stellt. Der FCPA kann ebenfalls direkte Auswirkungen auf die strafrechtliche

---

54 Bei der Bezeichnung Sarbanes-Oxley Act of 2002 handelt es sich um den Kurztitel des nach seinen zwei maßgeblichen Verfassern benannten Public Company Accounting Reform and Investor Protection Act of 2002.

55 Behrendt/Kaufmann, CR 2006, S. 642 (643); Hütten/Stromann, BB 2003, S. 2223 (2223); Schlachter, FS Richardi, S. 1067 (1067).

56 § 301 SOX.

57 §§ 401 ff. SOX.

58 Bergmoser/Theusinger/Gushurst, BB Special 5, 2008, S. 1 (3).

59 Schneider, S., Informationspflichten, S. 289 f.

Verantwortung deutscher Unternehmen entwickeln, sofern deren Aktien an einer Börse in den USA gehandelt werden.[60]

3. Compliance in Großbritannien

(a) UK Bribery Act of 2010 (Bribery Act)

Der Bribery Act ist ein Antikorruptionsgesetz, welches am 01.07.2011 in Kraft getreten ist.[61] Es verfügt über einen weltweiten Anwendungsbereich und sanktioniert die zivil- und strafrechtliche Verantwortung von natürlichen und juristischen Personen. Vom Anwendungsbereich sind auch nationale Unternehmen erfasst, die ihre Geschäftstätigkeit – etwa durch eine Niederlassung – im Vereinigten Königreich ausüben. Insgesamt ist das Gesetz deutlich restriktiver gefasst als der vergleichbare FCPA. Unternehmen trifft insbesondere eine verschuldensunabhängige Haftung, sofern diese über keine geeigneten Maßnahmen zur Verhinderung eines Korruptionsdeliktes verfügen.[62]

Compliance-spezifische Regelungen enthält das Gesetz selbst nicht. Diese ergeben sich erst aus Hinweisen, die vom Secretary of State for Justice erlassen werden und der Konkretisierung geeigneter Maßnahmen dienen.[63] Die aktuellen Hinweise stellen insgesamt sechs Anforderungen an die Geeignetheit.[64] Unternehmen sollten demnach über ein angemessenes Risikomanagement und eine – das Thema Korruption behandelnde – Verhaltensrichtlinie verfügen. Als weitere konkrete Maßnahme wird empfohlen, neue und bestehende Geschäftsbeziehungen im Hinblick auf ihr Korruptionsrisiko zu kontrollieren und zu überwachen. Der Vorstand soll zudem für eine Kultur der Rechtmäßigkeit im Unternehmen sorgen und ein Compliance-Systems implementieren. Die Verantwortung für die Implementierung und Überwachung des Systems ist dabei einem leitenden Angestellten zuzuweisen. Abschließend sollen die getroffenen Maßnahmen durch ein Überwachungssystem ständig auf ihre Wirksamkeit und Effektivität kontrolliert werden.

(b) Richtlinien des Office of Fair Trading (OFT)

Das britische OFT ist in Großbritannien für die Durchsetzung des Verbraucherschutzes und des Wettbewerbsrechts zuständig. Im Rahmen der kartellrechtlichen Tätigkeit veröffentlicht das OFT regelmäßig Reports und Richtlinien, welche die Anforderungen an eine Compliance-Organisation präzisieren. Dies ist bedeutsam, da ein Compliance-Programm bei der Bemessung des

60 Wysong/Pinto/Hugger, CCZ 2011, S. 30 (31).
61 Übersicht über die gesamte Neuregelung bei Pörnbacher/Mark, NZG 2010, S. 1372 ff.
62 § 7 (2) Bribery Act: But it is a defense for C (a relevant commercial organisation) to prove that C had in place adequate procedures designed to prevent persons associated with C from undertaking such conduct.
63 § 9 Bribery Act.
64 Consultation on guidance about commercial organisations preventing bribery (section 9 of the Bribery Act 2010), abrufbar unter: www.justice.gov.uk, letzter Abruf 21.08.2012.

Bußgeldes sowohl positive als auch in besonderen Ausnahmefällen negative Berücksichtigung finden kann. Der aktuellste Richtlinienentwurf wurde aufgrund vielfältiger Nachfragen der Unternehmen überarbeitet und im Oktober 2010 veröffentlicht.[65]

Basis eines erfolgreichen Compliance-Programms ist demnach zunächst ein eindeutige Bekenntnis zur Gesetzeskonformität, welches sich auf sämtliche Hierarchieebenen der Unternehmensorganisation bezieht. An das Bekenntnis schließt sich eine an die Unternehmensgröße angepasste Risikoidentifikation und Risikobewertung an. Den so klassifizierten Risiken sind entsprechende Geschäftspraktiken und Prozesse – insbesondere Mitarbeiterschulungen – entgegenzusetzen. Die unternommen Schritte sind im laufenden Geschäftsprozess einer kontinuierlichen Wirksamkeitsprüfung zu unterziehen. Für den Fall wiederholter Zuwiderhandlungen umfasst dies auch die Ergreifung personeller Konsequenzen.[66]

4. Compliance in Australien

Im australischen Recht wurde der Australian Standard on Compliance-Programs (AS 3806–2006) entwickelt um einen organisatorischen Rahmen für die Einführung und Umsetzung wirksamer Compliance-Programme zu schaffen.[67] Der Standard gilt als eine der weltweit erfolgreichsten Anleitungen für die Erstellung und Implementierung von Compliance-Programmen. Wesentlicher Inhalt ist die Beschreibung der essentiellen Elemente effektiver Compliance.[68] Unternehmen sollen auf diese Weise klare Leitlinien für die Entwicklung eigener Programme erhalten. Die essentiellen Elemente sind in insgesamt zwölf Compliance-Prinzipien niedergelegt, die sich wiederum in vier Unterkategorien unterteilen.

Die Unterkategorie „Bekenntnis" sieht unter anderem ein eindeutiges Bekenntnis zur Rechtstreue des gehobenen Managements und die Vorhaltung angemessener Mittel für die Aufstellung, Einrichtung und Pflege eines Compliance-Programms vor. Dabei sollen die Ziele und Strategien der jeweiligen Compliance-Maßnahmen durch die Unternehmensführung bekräftigt und befürwortet werden. Die Kategorie „Implementierung" empfiehlt eine klar definierte Zuständigkeitsverteilung, wobei die Gesamtverantwortung für das Compliance-System bei einer Person auf höherer Unternehmensebene liegen soll. Daneben ist der Schulungsbedarf der Mitarbeiter zur Bewältigung der potentiellen Risiken zu ermitteln und zu erfüllen. Erkannte Verstöße sind

---

65 How Your Business Can Achieve Compliance Guidance, abrufbar unter: http://www.oft.gov.uk, letzter Abruf 21.08.2012; Drivers of Compliance and Non-compliance with Competition Law, abrufbar unter: http://www.oft.gov.uk, letzter Abruf 21.08.2012.

66 How Your Business Can Achieve Compliance Guidance, S. 14 ff.

67 Der vollständige Standard kann per Lizenz gegen Entgelt ausschließlich über SAI Global Distributors of Australian Standards bezogen werden (www.standards.com.au).

68 Übersicht zu den folgenden Inhalten bei Hauschka in: Hauschka/Compliance, § 1 Rn. 44 ff.; Bergmoser/Theusinger/Gushurst, BB Special 5, 2008, S. 1 (3).

nicht zu tolerieren. Die Unterkategorie „Überwachung und Revision“ widmet sich der Überwachung und Beurteilung der Leistungsfähigkeit des Compliance-Systems. Verlangt wird unter anderem die Einrichtung eines entsprechenden Berichtswesens. Unternehmen obliegt zudem eine angemessene Dokumentation ihres Compliance-Systems. Abschließend befasst sich die vierte Kategorie mit der ständigen „Überprüfung und Verbesserung“ des Compliance-Systems.[69]

5. Nationale Rezeption des anglo-amerikanischen Verständnisses

Die soeben dargelegte Sichtweise des Compliance Begriffes hat nicht nur Eingang in die nationale Diskussion gefunden, sondern sich auch hierzulande allgemein durchgesetzt. Nach gängiger Lesart ist dem Begriff damit ein weit über die Legalitätspflicht hinausgehenden Bedeutungsgehalt zuzumessen. Compliance ist umfassender zu definieren als die Gesamtheit aller Maßnahmen, um das rechtmäßige Verhalten sämtlicher Angehörigen des Unternehmens zu gewährleisten.[70]

Compliance umfasst damit – neben der den geschäftsführenden Organen obliegenden Legalitätspflicht – eine zusätzliche und relevantere Komponente. Die aktuellere Diskussion fokussiert sich mittlerweile auf die unternehmensorganisatorische Ausprägung des Begriffs und ihre unternehmensinterne Ausgestaltung. Versteht man Compliance nicht nur als persönliche Verhaltenspflicht, sondern auch als wesentlichen Bestandteil der Unternehmensorganisation, so erschließt sich der sprunghafte Bedeutungszuwachs. Die damit angesprochenen Organisationsmodelle werden typischerweise als Compliance-Programm, -System oder -Organisation bezeichnet. Ausgehend von der Prädominanz des englischen Fachvokabulars wird unter Einnahme eines auf ein Gesamtunternehmen bezogenen integrativen Begriffsverständnisses auch von „Corporate Compliance“ gesprochen.[71]

---

69 Für kleinere Unternehmen existiert zudem ein Anhang, welcher abgemilderte Empfehlungen ausspricht. Erleichterungen sind unter anderem bei der personellen Verantwortung für das System und der unternehmensinternen Kommunikation vorgesehen.

70 Bürkle, BB 2005, S. 565 (565); v. Hehn/Hartung, DB 2006, S. 1909 (1910); Kiethe, GmbHR 2007, S. 393 (394); Kremer/Klahold, ZGR 2010, S. 113 (117); Lang, Corporate Compliance, S. 33; Lösler, WM 2008, S. 1098 (1100); Reichert/Ott, ZIP 2009, S. 2173 (2174), Schneider, U., ZIP 2003, S. 645 (646); Schneider, U./Schneider, S., ZIP 2007, S. 2061 (2061 f.); Schneider, S., Informationspflichten, S. 272 f. jeweils m.w.N.

71 Bürkle, BB 2007, S. 1797 (1797); Lang, Corporate Compliance, S. 11 f.; Passarge, NZI 2009, S. 86 (87); Menzies, Sarbanes-Oxley, S. 2; Passarge, NZI 2009, S. 86 (87).

B. Begriffliche Abgrenzung zu verwandten Themengebieten

I. Corporate Governance

1. Inhalt und Bedeutung von Corporate Governance

Der Begriff „Corporate Governance" hat ebenfalls ohne Übersetzung Eingang in die nationale juristische Literatur gefunden. Ursprünglich bezog sich die Bezeichnung auf Maßnahmen zur Bewältigung von Informationsasymmetrien, die als Folge des so genannten „Principal-Agenten-Konfliktes" identifiziert wurden.[72] Aufgrund der unüberschaubaren Fülle von juristischen und wirtschaftswissenschaftlichen Stellungnahmen fällt eine allgemeingültige Definition schwer.[73] Im Kern bezeichnet Corporate Governance das Zusammenspiel von normativen Regelungen und Selbstverpflichtungen, welches die effiziente und verantwortungsbewusste Leitung und Überwachung eines Unternehmens ermöglicht.[74] Dabei ist zwischen interner und externer Corporate Governance zu differenzieren.[75] Während sich die interne Corporate Governance auf das Zusammenwirken, die Kompetenzen und Verantwortungsbereiche der Unternehmensorgane bezieht, richtet sich die externe auf das Verhältnis zwischen Unternehmungsleitung und außenstehenden Interessengruppen.[76]

2. Unterscheidungskriterien von Compliance und Corporate Governance

Zum Teil wird der Unterschied zwischen Compliance und Corporate Governance primär auf eine unterschiedliche Perspektive zurückgeführt. Compliance beschreibt demnach die Sichtweise der Regulierten, Corporate Governance soll dagegen die Sichtweise der Regulierer darstellen.[77] Angesichts des Wortlauts von Ziffer 4.1.3. DCGK ist diese Differenzierung jedoch nicht überzeugend. Der DCGK setzt effektive Compliance-Maßnahmen voraus. Diese sind notwendiger Bestandteil einer effizienten und verantwortungsbewussten Unternehmensleitung und -überwachung. Die Sichtweise der Regulierer kann diesen Aspekt nicht vernachlässigen und muss sich daher auch auf Gesichtspunkte von Compliance beziehen.[78] Versteht man Compliance im Kern als Beachtung und Befolgung staatlicher Rechtsnormen und vergleicht dies mit der Zielrichtung und Systematik des DCGK, welcher Unternehmen

---

72 Grüninger in: Wieland/Steinmeyer/Grüninger, S. 47; Hefendehl, JZ 2006, S. 119 (121 f.); Pellens/Hillebrandt/Ulmer, BB 2001, S. 1243 (1243 f.); Teichmann, ZGR 2001, S. 645 (646).
73 Übersicht bei Hopt, ZGR 2000, S. 779 (782 f.).
74 Statt vieler Berndt/Hoppler, BB 2005, S. 2623 (2627); Buff, Compliance, S. 66; v. Werder in: Ringleb/DCGK, Vorbem. Rn. 1 jeweils m.w.N.
75 Hopt, ZGR 2000, S. 779 (782 ff.); v. Werder in: Ringleb/DCGK, Vorbem. Rn. 1; Teichmann, ZGR 2001, S. 645 (647 f.).
76 v. Werder in: Ringleb/DCGK, Vorbem. Rn. 1.
77 Hauschka in: Hauschka/Compliance, § 1 Rn. 2.
78 Sidhu, ZCG 2008, S. 13 (16).

zu einer eigenständigen Befolgung von Regeln anhalten soll, so kann die Perspektive von Regulierern und Regulierten exakt entgegengesetzt definiert werden.[79] Der gegenteiligen Ansicht ist allerdings zuzugestehen, dass die Begriffe „Corporate Governance“ und „Compliance“ exemplarisch für eine durch unterschiedliche Hintergründe und Interessen geprägte Diskussion stehen.[80] Dies ermöglicht allerdings keine eindeutige und abschließende Differenzierung anhand einer unterschiedlichen Perspektive, da eine verantwortungsvolle und effektive Überwachung und Leitung von Unternehmen vielmehr auch die Einhaltung von Regularien und Normen zwingend voraussetzt.

Corporate Governance ist allerdings weiter gefasst als der Compliance Begriff. Ausgehend von den Motiven für den Erlass des DCGK – der Beseitigung von Informationsasymmetrien – stellt z.B. die Transparenz der Unternehmensführung eine wesentliche Komponente der verantwortungsbewussten Führung von Unternehmen dar.[81] Die Anforderungen des Kodexes hinsichtlich einer transparenten Unternehmensführung gehen bewusst weiter als die gesetzlichen Bestimmungen, welche ohnehin verpflichtend zu beachten sind.[82] Dieses Beispiel verdeutlicht, dass Compliance insoweit ein Teilbereich der Corporate Governance ist.[83] Die Sichtweise von Compliance als Bestandteil einer ordnungsgemäßen Corporate Governance wird auch durch Teile der Betriebswirtschaftslehre und Beratungsliteratur bestätigt. Governance, Risikomanagement und Compliance werden insoweit als eng verbundene Begriffe gewertet und unter einem gemeinsamen Management Ansatz zusammengefasst, welcher als GRC Management bezeichnet wird.[84] Da Corporate Governance sämtliche das Unternehmen betreffende Normen und Regularien zu beachten hat, determiniert Compliance andererseits den Umfang und die Inten-

---

79 Kort, NZG 2008, S. 81 (81).

80 Hauschka in: Hauschka/Compliance, § 1 Rn. 3 f. sieht die Hintergründe und Interessen der Diskussion um Corporate Governance unter anderem begründet durch Firmenzusammenbrüche, Korruptionsskandale sowie Bilanzfälschungs- und Betrugsfälle. Befürchtete Nachteile für Investorenkreise und eine rudimentäre Regulierung hätten insoweit zum Erlass von freiwilligen Kodizes geführt. Die Diskussion um Compliance setze dagegen eine vorhandene Überregulierung als Ausgangsposition voraus und erfasse durch Mitarbeiter und Organe begangene Regelverstöße als wirtschaftliches Risiko für das Unternehmen, welches zum Teil durch eine vorbeugende Unternehmensorganisation vermeidbar sei.

81 Vgl. Ziffer 6 DCGK.

82 So z.B. explizit Ziffer 6.6. DCGK in der Fassung vom 13.06.2013, abrufbar unter: http://www.corporate-governance-code.de/ger/kodex/4.html., letzter Abruf 01.08.2013.

83 Berndt/Hoppler, BB 2005, S. 2623 (2627); Buff, Compliance, S. 66; Hefendehl, JZ 2006, S. 119 (122); Kort, NZG 2008, S. 81 (84); Schmidt, B. Compliance in KapG, S. 20; Schneider, U., ZIP 2003, S. 645 (647); Sidhu, ZCG 2008, S. 13 (16); Wecker/Galla in: Compliance in der Unternehmenspraxis, S. 49 (50); Wolf, DStR 2006, S. 1995 (1995).

84 Goll/Haupt in: Best Practice in Einkauf und Logistik, S. 149 (150 f.); Grüninger in: Wieland/Steinmeyer/Grüninger, S. 55; Menzies, Sarbanes-Oxley, S. 63.

sität einer zulässigen Leitung und Überwachung. Teilweise wird daher auch von einer Wechselwirkung zwischen den Begriffen gesprochen.[85]

II. Interne Revision

Begriffsverständnis und Aufgaben der internen Revision unterlagen im Laufe der letzten Jahre einem wesentlichen Wandel. Umfasste der Tätigkeitsbereich nach traditionellem Verständnis lediglich die laufende Durchführung von unternehmensinternen Untersuchungs- und Prüfungstätigkeiten, so hat sich das Bild zu einer Beratungsinstanz weiterentwickelt, die einen maßgeblichen Beitrag zur Wertsteigerung des Unternehmens leisten soll.[86] Damit einhergehend erweiterte sich die bisherige vergangenheits- um eine zusätzliche zukunftsorientierte Arbeitsperspektive. Als Beschreibung des Aufgabenspektrums der internen Revision hat sich die weltweit anerkannte Definition des amerikanischen Institute of Internal Auditors (IIA) durchgesetzt,[87] welche den Tätigkeitsbereich folgendermaßen definiert: „Die interne Revision erbringt unabhängige und objektive Prüfungs- und Beratungsleistungen, welche darauf ausgerichtet sind, Mehrwerte zu schaffen und die Geschäftsprozesse zu verbessern. Sie unterstützt die Organisation bei der Erreichung ihrer Ziele, indem sie mit einem systematischen und zielgerichteten Ansatz die Effektivität des Risikomanagements, der Kontrollen und der Führungs- und Überwachungsprozesse bewertet und diese verbessern hilft.“ [88] Kernaufgabe der internen Revision ist damit neben der Effizienzsteigerung, die Sicherstellung der Ordnungsmäßigkeit von formellen und sachlichen Prozessen.[89] Teil dieser Aufgabe ist es die Einhaltung von verbindlichen Vorgaben – gleich ob gesetzlicher oder unternehmensinterner Art – zu gewährleisten.

Compliance und interne Revision überschneiden sich teilweise in ihren Tätigkeitsbereichen.[90] Hinsichtlich ihrer Integration in die betrieblichen Abläufe bestehen jedoch Unterschiede. Compliance verlangt regelmäßig eine Integration in die betrieblichen Prozesse und Abläufe.[91] Die interne Revision agiert

---

85 Sidhu, ZCG 2008, S. 13 (16). Compliance und Corporate Governance beschreiben somit keine isolierten Themenfelder, sondern stehen in enger Verbindung und wirken sich aufeinander aus. Die Entstehung der Begriffe kann zwar auf unterschiedliche Hintergründe und Interessen zurückgeführt werden, ermöglicht allerdings keine trennscharfe Abgrenzung. Die These, dass Compliance etwas völlig anderes sei als Corporate Governance, Business Ethics, Codes of Conduct etc. ist daher zumindest teilweise abzulehnen. A.A. Seibert in: Hauschka/Compliance, S. VI.

86 Peemöller in: Freidank/Peemöller, S. 3.

87 Amling/Bantleon, DStR 2008, S. 1300 (1301); Peemöller in: Freidank/Peemöller, S. 3.

88 Gemeinsame Übersetzung des amerikanische Standards durch das Deutsche Institut für Interne Revision e.V.; das Österreische Institut für Interne Revision sowie den Schweizerischen Verband für Interne Revision.

89 Huber, Compliance-Pflichten, S. 47 m.w.N.

90 Bürkle in: Hauschka/Compliance, § 8 Rn. 54; Dreher, FS Hüffer, S. 161 (176); Huber, Compliance-Pflichten, S. 54.

91 Grüninger in: Wieland/Steinmeyer/Grüninger, S. 55 ff.

dagegen prozessunabhängig.[92] Ein weiterer entscheidender Unterschied besteht darin, dass der internen Revision die Prüfung der Ordnungsmäßigkeit und Funktionsfähigkeit des gesamten Compliance-Systems obliegt.[93] Trotz charakteristischer Gemeinsamkeiten und Aufgabenüberschneidungen ist zwischen interner Revision und Compliance zu differenzieren.

§ 2. Nationale Entwicklung und Ausgestaltung von Compliance-Systemen

A. Entwicklung und Normierung von Compliance

I. Grundlinien und Triebfedern der geschichtlichen Entwicklung

Die nationale Entwicklung von Compliance nahm ihren Ausgangpunkt im Kreditgewerbe. Compliance-Organisationen wurden dort ab 1992 eingerichtet, um Rechtskonformität im Hinblick auf kapitalmarktrechtliche Verhaltensregeln zu gewährleisten und Interessenkonflikten im Wertpapiergeschäft vorzubeugen.[94] Die wachsende Anzahl von gesetzlichen, aufsichtsrechtlichen und sonstigen Vorgaben führte im weiteren Verlauf dazu, dass das Compliance Konzept zunehmend generalisiert und auf andere Rechtsgebiete erstreckt wurde. Ebenso konnte eine Adaption der organisatorischen Grundlagen in anderen Branchen und Industriezweigen beobachtet werden. Triebfeder dieser Entwicklung war dabei auch ein – von den soeben erläuterten internationale Vorgaben ausgehender – Anpassungsdruck.

Gesetzesänderungen und eine zunehmend restriktivere Rechtsprechung verschärften in jüngerer Vergangenheit das Haftungsrisiko von geschäftsführenden Organen zusätzlich. Dies stellte einen weiteren wesentlichen Beitrag zur Etablierung von Compliance-Systemen dar. Neben dem Erlass des KonTraG und des Transparenz- und Publizitätsgesetzes (TransPuG) wirkte sich insbesondere die ARAG-Garmenbeck-Entscheidung[95] des BGH nachhaltig

---

92 Bürkle in: Hauschka/Compliance, § 8 Rn. 54; Kießling/Kießling, WM 2003, S. 513 (515); Lang, Corporate Compliance, S. 27 f.; Wundenberg, Compliance und Aufsicht, S. 114.

93 Berwanger/Kullmann, Interne Revision, S. 82; Bürkle in: Hauschka/Compliance, § 8 Rn. 54; Cauers u.a., DB 2008, S. 2717 (2718); Dreher, FS Hüffer, S. 161 (176); ders., VersR 2008, S. 998 (1005); Pauthner-Seidel/Stephan in: Hauschka/Compliance, § 27 Rn. 43. Der Prüfungsauftrag spricht zudem gegen eine aufbauorganisatorische Kombinierung von Compliance Verantwortung und interner Revision. Aufgrund der teilweisen Aufgabenüberschneidung ist jedoch die Koordinierung und ein Informationsaustausch zwischen den Unternehmenseinheiten angezeigt. Siehe hierzu auch Huber, Compliance-Pflichten, S. 55 ff.

94 Eisele in: Schimansky/Bunte/Lwowski, Bankrechts-Handbuch, § 109 Rn. 2.

95 BGHZ 135, S. 244 ff. Kerninhalt der Entscheidung war die grundsätzliche Verpflichtung des Aufsichtsrats zur Geltendmachung von Schadensersatzansprüchen gegen Vorstandsmitglieder, in Konstellationen in denen hinreichende Aussicht auf

aus. Mittelbar förderte dies die nationale Entwicklung von Compliance.[96] Ergebnis dieser Entwicklung ist mittlerweile eine breite Begriffsinstrumentalisierung über Rechtsgebiete, Branchen und Unternehmen hinweg, die auch vor – vermeintlich von dem Begriff losgelösten – Institutionen wie der Kirche nicht Halt macht.[97]

II. Compliance-spezifische Normen

1. § 25a KWG und § 64a VAG

Eine im internationalen Vergleich ähnliche und ausdrückliche Präzisierung des Begriffes und seiner möglichen Ausgestaltung erfolgte bisher nur im Aufsichtsrecht. Insbesondere das KWG und WpHG beziehen sich konkret auf Compliance und formulieren zudem konkrete organisatorische Anforderungen.

Im Kreditwesen wird § 25a KWG als „Paradenorm" der Compliance bezeichnet.[98] Nach § 25a Abs. 1 Satz 1 KWG müssen Institute über eine ordnungsgemäße Organisation verfügen, welche die Erfüllung der vom Institut zu beachtenden gesetzlichen Vorschriften gewährleistet. Inhaltlich umfasst der Schutzumfang in erster Linie einschlägige aufsichtsrechtliche Anforderungen.[99] Die organisatorische Verantwortung trifft die Geschäftsleiter des Instituts.[100] Gefordert wird insbesondere die Einrichtung eines angemessenen und wirksamen Risikomanagements und einer internen Revision. Rundschreiben der Bundesanstalt für Finanzdienstleistungsaufsicht (BaFin) führen zu einer eingehenden Präzisierung der Mindestanforderungen.[101] Der Normbefehl weist gewisse Parallelen zu § 91 Abs. 2 AktG auf. Die konkrete Ausgestaltung, Präzisierung und inhaltlichen Anforderungen gehen aber über die aktienrechtliche Normierung hinaus. Im Versicherungsaufsichtsgesetz vollzieht sich eine parallele Entwicklung. Inhaltlich weisen der neu eingeführte § 64a VAG und § 25a KWG eine teilweise Deckungsgleichheit auf. § 64a VAG geht aber im Rahmen der Anforderungen an das Risikomanagement über § 25a KWG hinaus.[102]

---

eine erfolgreiche Durchsetzung des Anspruchs besteht. Siehe hierzu die Besprechung der Entscheidung bei Götz, NJW 1997, S. 3275 ff.

96 Hauschka, NJW 2004, S. 257 (257); Mengel, Compliance u. ArbeitsR., S. 3.

97 Zur Thematik der „Kirchen Compliance" Rieble, CCZ 2010, S. 107 ff.

98 Bachmann, GesR in der Disk., S. 69.

99 BT-Drucks. 15/3614, S. 47 erwähnt hier: „[...] insbesondere das Kreditwesengesetz, das Wertpapierhandelsgesetz, das Investmentgesetz, das Gesetz über Bausparkassen, das Gesetz über die Pfandbriefe und verwandten Schuldverschreibungen öffentlich-rechtlicher Kreditinstitute, das Schiffbankgesetz, das Hypothekenbankgesetz und die zur Durchführung dieser Gesetz erlassenen Rechtsverordnungen".

100 § 25a Abs. 1 S. 2 i.V.m. § 1 Abs. 2 S. 1 KWG.

101 Braun/Wolfgarten in: Boos/Fischer/Schulte-Mattler, § 25a Rn. 87 ff.

102 Umfassend zum Themengebiet Compliance in der Versicherungsbranche Bürkle, Compliance in Versicherungsunternehmen, S. 1 ff. Zu den Anforderungen des § 64a VAG vgl. Dreher, VersR 2008, S. 998 ff. sowie Wirth/Paul, CCZ 2010, S. 95 ff.

2. § 33 WpHG

Im Finanzwesen hat sich die Bedeutung der Compliance Diskussion durch die Umsetzung der Richtlinie über Märkte für Finanzinstrumente (MiFID)[103] erhöht. Die Richtlinie führte zu einer ausdrücklichen Normierung des Begriffes Compliance in § 33 Abs. 1 S. 2, Nr. 1WpHG. Wertpapierdienstleistungsunternehmen trifft demnach die Pflicht angemessene Grundsätze aufzustellen, Mittel vorzuhalten und Verfahren einzurichten, die darauf ausgerichtet sind, sicherzustellen, dass das Unternehmen selbst und seine Mitarbeiter den Verpflichtungen des WpHG nachkommen, wobei insbesondere eine dauerhafte und wirksame Compliance-Funktion einzurichten ist. Eine weitere Konkretisierung der gesetzlichen Organisationspflichten erfolgt durch § 12 WpDVerOV. Dem Anwendungsbereich unterliegende Unternehmen müssen angemessene Kontroll- und Überwachungsmaßnahmen durchführen, um die Gefahr einer Verletzung relevanter Verpflichtungen sowie die mit einer solchen Verletzung verbundenen Risiken aufzudecken.[104] Aufgabe der Compliance-Funktion ist die Überwachung der Angemessenheit und Wirksamkeit von getroffenen Maßnahmen und die Beratung und Unterstützung der Mitarbeiter im Hinblick auf die zu erreichende Regelkonformität.[105] Ausdrücklich vorgesehen ist auch die Benennung eines systemverantwortlichen Compliance Officer.[106] Die Vorgaben wurden durch die BaFin mit der Veröffentlichung der MaComp wesentlich erweitert. Die Richtlinie, deren Rechtscharakter als norminterpretierend bzw. –konkretisierend bewertet wird,[107] identifiziert sektorspezifische Risikobereiche und gibt den Unternehmen detaillierte organisatorische Vorgaben.[108] Im nationalen Recht stellen die aufsichtsrechtlichen Anforderungen und zugehörigen Ausführungsanleitungen damit die präzisesten Rechtsgrundlagen für Compliance dar. Die Intensität der Normen ist im Hinblick auf ihren organisatorischen Regelungsgehalt durchaus mit den bereits aufgezeigten internationalen Regelungen vergleichbar.

Bei der Analyse und Bewertung der Normen ist jedoch stets der sektor- bzw. branchenspezifische Hintergrund zu beachten. Dies gilt nicht nur für die soeben dargestellten Vorschriften des Aufsichtsrechts, sondern auch für andere bereichsspezifischen Regelungen, die ebenfalls Anforderungen an die Unternehmensorganisation formulieren.[109] Die Normen weisen insgesamt einen auf die konkreten und besonderen Anforderungen zugeschnittenen Regelungsgehalt auf, der maßgeblich durch branchenspezifische Risikoprägungen

---

103 Richtlinie 2004/39/EG des Europäischen Parlaments und des Rates vom 21. April 2004 über Märkte für Finanzinstrumente.

104 § 12 Abs. 1 Satz 1, 2 WpDVerOV.

105 § 12 Abs. 3 WpDVerOV.

106 § 12 Abs. 4 Satz 1 WpDVerOV.

107 Nachweise zum diesbezüglichen Streitstand bei Schäfer, BKR 2011, S. 45 (46).

108 Zum Regelungsgehalt der MaComp vgl. Schäfer, BKR 2011, S. 45 ff.; Zingel, BKR 2010, S. 500 ff.

109 Vgl. z.B. § 14 GwG; § 53 KrW/AbfG; § 52a Abs. 2 BimSchG.

bestimmt wird. Ausfluss dieses Zuschnittes ist es, dass Spezialnormen nicht unbesehen auf nicht regulierte Sektoren übertragen werden können.[110] Damit ist noch nicht gesagt, dass die Normen keinerlei Einfluss auf die Bestimmung der Anforderungen in nicht regulierten Branchen haben. Inwieweit sie bei der Auslegung von grundsätzlicheren Normen heranzuziehen sind, wird noch zu untersuchen sein.

B. Ausgestaltung und Funktionen von Compliance-Systemen

I. Typische Elemente eines Compliance-Systems einer Einzelgesellschaft

1. Unternehmensindividuelle Grenzen einer Anforderungskonkretisierung

Auch wenn dem nationalen Recht – abgesehen von partiellen Konkretisierungen im Aufsichtsrecht – Vorgaben für die organisatorische Ausgestaltung von Compliance-Systemen fremd sind, haben sich in Literatur und unternehmerischer Praxis Leitlinien und typische Bestandteile eines umfassenden unternehmerischen Compliance-Systems herausgebildet.[111] Diese weisen eine weitgehende Übereinstimmung mit den soeben erläuterten Präzisierungen im anglo-amerikanischen Rechtskreis auf. Im Vorfeld einer Darstellung der Bestandteile ist jedoch darauf hinzuweisen, dass – entgegen eines teilweise erweckten Eindruckes – kein „one fits all"-Ansatz existiert.[112] Eine unbesehene Generalisierung und Übertragung von Anforderungen auf sämtliche Unternehmen kann daher nicht gelingen. Angesichts der Vielgestaltigkeit unternehmerischer Organisationsformen ist daher bei der Darstellung von typischen Elementen, eine notwendige Sensibilität für unternehmensindividuelle Belange zu wahren.

2. Anforderungen im Einzelnen

(a) Laufende Bestimmung des unternehmerischen Risikoprofils

Den Ausgangspunkt unternehmerischer Bemühungen bildet demnach zunächst eine Analyse des konkreten unternehmerischen Risikopotentials.[113] Diese status-quo-Analyse wird auch als „Standortbestimmung" bezeichnet.

---

110 Fett in: Schwark/Zimmer, § 33 Rn. 2; Spindler, WM 2008, S. 905 (908 f.) jeweils m.w.N.

111 Siehe zum Folgenden z.B.: Bürkle, BB 2005, S. 565 ff.; Fett/Theusinger, BB Special 4, 2010, S. 6 ff.; Liese, BB Special 5, 2008, S. 17 ff.; Mengel/Hagemeister, BB 2007, S. 1386 ff.; Winter, FS Hüffer, S. 1103 ff.; Schneider, U., ZIP 2003, S. 645 ff.; Schneider, U./Schneider, S., ZIP 2007, S. 2061 ff. Umfassend zu Ausgestaltungen in der Einzelgesellschaft auch Lang, Corporate Compliance, S. 115 ff.

112 Zutreffend Ringleb in: Ringleb/DCGK, Rn. 628d.

113 So z.B. Bürkle, BB 2005, S. 565 (566); Lampert in: Hauschka/Compliance, § 9 Rn. 8; Lang, Corporate Compliance, S. 122 ff.; Liese, BB Special 5, 2008, S. 17 (21); Winter, FS Hüffer, S. 1103 (1106 f.).

Die Kenntnis relevanter Risikofelder soll die Basis für die Planung und Ergreifung von effizienten Gegen- und Schutzmaßnahmen bilden, da letztlich nur bekannten bzw. identifizierten Gefahren und Risiken entgegengewirkt werden könne. Bedingt durch die Dynamik der operativen Tätigkeit sei darüber hinaus eine kontinuierliche Identifizierung von Veränderungen des Risikoprofils notwendig.

(b) Festlegung von Verantwortungsbereichen

Die Verantwortung für die Einrichtung und Überwachung der Compliance ist grundsätzlich auf Ebene der geschäftsleitenden Organe angesiedelt.[114] In der Praxis erfolgt jedoch regelmäßig eine vertikale – bei Kollegialorganen zusätzlich eine horizontale – Aufgabendelegation.[115] Der Delegationsprozess kann unter anderem mit der Ernennung eines Compliance Officer oder der Einrichtung einer eigenständigen Abteilung verbunden sein.[116] Wesentlich für das Compliance-System sei in diesem Zusammenhang eine überschneidungsfreie Organisation der Tätigkeitsbereiche, welche die Entstehung entscheidungs- und verantwortungsfreie Räume verhindere.[117] Daneben setze die Delegation eine ordnungsgemäße Auswahl und Instruktion des Delegaten voraus.

(c) Verhaltenskodex und policy statement

Gefordert wird daneben die – bereits in der Praxis häufig zu beobachtende – begleitende Einführung interner Richtlinien.[118] Ziel dieser Richtlinien ist es zumeist die Aufstellung und unternehmensweite Kommunikation von Verhaltensstandards. In der Praxis können sich die Standards in der Wiederholung gesetzlicher Pflichten erschöpfen oder weitergehend die Art und Weise der Arbeitsleistung konkretisieren bzw. eigenständige Verhaltensgebote begründen.[119] Sowohl rechtliche als auch gesellschaftspolitische und ethische Vorgaben können auf diese Weise zu eigenständigen Pflichten der Unternehmensmitarbeiter transformiert werden. In der Praxis beschränken sich die internen Richtlinien nicht nur auf die Formulierung von Geboten, sondern sehen darüber hinaus Schulungspflichten und -angebote zu compliance-

114 Fett/Theusinger, BB Special 4, 2010, S. 6 (14); Lampert in: Hauschka/Compliance, § 9 Rn. 9; Liese, BB Special 5, 2008, S. 17 (21); Schneider, U., ZIP 2003, S. 645 (647).

115 Gößwein/Hohmann, BB 2011, S. 963 (964 f.); Hauschka in: Hauschka/Compliance, § 1 Rn. 30; Lang, Corporate Compliance, S. 117.

116 Bürkle, DB 2004, S. 2158 (2160); Lang, Corporate Compliance, S. 117; Mengel/Hagemeister, BB 2007, S. 1386 (1386); weitergehend Schneider, U., ZIP 2003, S. 645 (650), der eine Ernennungspflicht annimmt.

117 Fett/Theusinger, BB Special 4, 2010, S. 6 (14); Lampert in: Hauschka/Compliance, § 9 Rn. 9; Liese, BB Special 5, 2008, S. 17 (21); Schneider, U., ZIP 2003, S. 645 (647).

118 Bürkle, BB 2005, S. 565 (565); Hauschka, DB 2006, S. 1143 (1144 f.); ders., BB 2004, S. 1178 (1179); Liese, BB Special 5, 2008, S. 17 (21); Schneider, U., ZIP 2003, S. 645 (649); Winter, FS Hüffer, S. 1103 (1106 f.).

119 Lang, Corporate Compliance, S. 129 ff.; Schreiber, NZA-RR 2010, S. 617 ff.

relevanten Fragen, mögliche arbeitsrechtliche Konsequenzen bei Zuwiderhandlungen sowie Vorgaben für das Verhalten nach beobachteten Verstößen vor.[120] Typischerweise enthält die Richtlinie auch ein Bekenntnis der Geschäftsleitung zu einem rechtkonformen Verhalten. Hierfür haben sich Begriffe wie „policy statement" oder „mission statement" eingebürgert.[121]

(d) Sorgfältige Auswahl und Schulung von Mitarbeitern

Verstöße werden häufig nicht vorsätzlich begangen, sondern basieren auf der fehlenden Kenntnis von rechtlichen Rahmenbedingungen bzw. einer mangelnden Sensibilisierung. Grundlage für ein erfolgreiches Compliance-Programm sei daher – neben der grundsätzlich gebotenen Sorgfalt bei der Personalauswahl – eine bedarfsgerechte Information und Schulung der Mitarbeiter über relevante gesetzliche Anforderungen ihres Tätigkeitsbereiches.[122] Trainings- und Informationskomponenten sollen nicht nur die Implementierung eines Compliance-Systems begleiten, sondern gerade in sensiblen Bereichen eine durchgehende Beratungsfunktion erfüllen. Gestaltung und Ablauf der Schulungen dürften dabei auf unterschiedliche Art und Weise erfolgen. In Betracht zu ziehen seien z.B. einmalige oder laufende Programme sowie die Bereitstellung elektronischer Schulungsmethoden.[123]

(e) Compliance-Überwachungsprogramme

Die Einhaltung gesetzlicher und unternehmerischer Vorgaben sei zudem durch geeignete Prozeduren zu überwachen.[124] Dies umfasse auch die stetige Verbesserung des Compliance-Systems, insbesondere nach Aufdeckung von begangenen Zuwiderhandlungen. Abhängig vom individuellen Risikoprofil und betroffenen Geschäftsbereich könne die Kontrolle sich auf die Durchführung von Stichproben beschränken oder im Wege einer umfassenden Geschäftsprüfung erfolgen.

(f) Disziplinarische Konsequenzen

Eine weitere Anforderung bezieht sich auf die Glaubwürdigkeit und dauerhafte Effizienz eines Compliance-Systems vor dem Hintergrund von aufgetretenen Zuwiderhandlungen. Diese seien unter Ausnutzung der vorhandenen ar-

---

120 Bürkle, BB 2005, S. 565 (565 f.); Mengel/Hagemeister, BB 2007, S. 1386 (1386) m.w.N.

121 Hauschka, DB 2006, S. 1143 (1144 f.); Liese, BB Special 5, 2008, S. 17 (21) m.w.N.

122 Bürkle, BB 2005, S. 565 (566); ders., DB 2004, S. 2158 (2160); Lampert in: Hauschka/Compliance, § 9 Rn. 27 ff.; Lang, Corporate Compliance, S. 133 ff.; Liese, BB Special 5, 2008, S. 17 (21 f.); Schneider, U., ZIP 2003, S. 645 (649).

123 Lampert in: Hauschka/Compliance, § 9 Rn. 27 ff. mit Beispielen und Vorschlägen für die Gestaltung von Schulungen und Beratungsangeboten.

124 Bürkle, BB 2005, S. 565 (566); Dendorfer in: Münchener/Anwaltshandbuch/Arbeitsrecht, § 35 Rn. 23; Lampert in: Hauschka/Compliance, § 9 Rn. 34; Liese, BB Special 5, 2008, S. 17 (21 f.); Schneider, ZIP 2003, U., S. 645 (649 f.).

beitsrechtlichen Möglichkeiten angemessen zu ahnden.[125] Dies sei notwendig, da die Glaubwürdigkeit eines Compliance-Systems in direkter Abhängigkeit zu der Reaktion auf festgestellte Verstöße stehe.[126]

(g) Sonstige Maßnahmen

Die dargestellten Maßnahmen weisen keinen abschließenden Charakter auf. Teile des Schrifttums bezeichnen sie – mit geringen Abweichungen hinsichtlich einzelner Bestandteile – jedoch als Mindestanforderung an ein angemessenes Compliance-System,[127] welches bei entsprechendem Bedarf durch weitere organisatorische Sicherungsmechanismen zu ergänzen sei. Als zusätzliche Maßnahme wird z.B. die Erstellung eines so genannten „internal control report" entsprechend Art. 404, 406, 407 SOX[128] oder die Ausarbeitung einer Verhaltens- bzw. Ethikrichtlinie empfohlen. Eine häufige Forderung bezieht sich daneben auf die verpflichtende Einrichtung einer Whistleblowing Hotline.[129] Diese soll Mitarbeitern die Möglichkeit geben, beobachtetes Fehlverhalten von Unternehmensangehörigen anonym und diskret zu melden.[130] Daneben ist das Organ zu einer angemessenen Dokumentation sämtlicher relevanter Entscheidungsprozesse sowie der maßgeblichen Erwägungen und Entscheidungsgrundlagen angehalten.[131]

II. Moderne funktionelle Sichtweise

Compliance – verstanden als ganzheitliches, in die Betriebsstruktur integriertes System – dient verschiedenen Funktionen im Unternehmen. Die moderne Sichtweise differenziert bisweilen zwischen fünf Funktionen, welche mit der Implementierung eines Systems verfolgt werden.[132] Compliance erfüllt demnach zunächst eine Schutzfunktion, welche sich sowohl auf das Unternehmen als auch auf die Mitarbeiter bezieht. Das Risiko von Rechtsverletzungen und einer daraus resultierenden Haftung soll durch vorbeugende Maßnahmen verringert werden. Die Tatsache, dass es sich bei der Haftungsvermeidung und

125 Hauschka, DB 2006, S. 1143 (1145); Lampert in: Hauschka/Compliance, § 9 Rn. 33; Liese, BB Special 5, 2008, S. 17 (22); Schneider, U., ZIP 2003, S. 645 (650); Winter, FS Hüffer, S. 1103 (1106 f.).

126 Siehe z.B. Hölters in: Hölters/AktG, § 93 Rn. 109 m.w.N.

127 So z.B. Bürkle, DB 2004, S. 2158 (2160); Liese, BB Special 5, 2008, S. 17 (22); Schneider, U., ZIP 2003, S. 645 (650).

128 Schneider, U., ZIP 2003, S. 645 (650); zum Anwendungsbereich und Regelungsgehalt des Sarbanes-Oxley Act of 2002 vgl. Teil 2.§ 1.A.III.2(b)(bb).

129 Bürkle, BB 2005, S. 565 (566); ders., DB 2004, S. 2158 (2160); Schneider, U., ZIP 2003, S. 645 (650); Schneider, U./Schneider, S., ZIP 2007, S. 2061 (2064).

130 Z.B. Dendorfer in: Münchener/Anwaltshandbuch/Arbeitsrecht, § 35 Rn. 2. Umfassend insbesondere im Hinblick auf arbeitsrechtliche Aspekte Schulz, Ethikrichtlinien und Whistleblowing, S. 141 ff.; ders., BB 2011, S. 629 ff.

131 Dendorfer in: Münchener/Anwaltshandbuch/Arbeitsrecht, § 35 Rn. 23; Hölters in: Hölters/AktG, § 93 Rn. 108.

132 Zu den folgenden Funktionen Bergmoser/Theusinger/Gushurst, BB Special 5, 2008, S. 1 (2); Kort, NZG 2008, S. 81 (81); Lang, Corporate Compliance, S. 16 ff.; Lösler, NZG 2005, S. 104 (104 f.).

Bewahrung von Reputation und Integrität um eines der wesentlichen unternehmerischen Ziele handelt, welches mit Compliance assoziiert wird, findet ihre Bestätigung auch in der themenspezifischen Literatur.[133]

Neben einer retroperspektivischen analytischen Komponente enthält Compliance eine präventive Ausrichtung. Diese unterteilt sich wiederum in eine sog. Beratung- und Informationsfunktion sowie eine Qualitätssicherungsfunktion.[134] Erstere richtet sich insbesondere an den operativen Teil des Unternehmens. Kontinuierliche Aufklärung und Informationen sollen Unternehmensangehörige dazu befähigen, relevante Compliance-Risiken zu erkennen und Verstößen vorzubeugen. Die Qualitätssicherungsfunktion ist die zwangsläufige Folge der kontinuierlich vorzunehmenden Analyse der bestehenden unternehmerischen Risiken. Gerade dieser Aspekt verdeutlicht die bestehenden Wechselwirkungen zwischen Compliance und Risikomanagementsystemen.[135]

Die Implementierung eines organisatorischen Systems zur Sicherstellung der Regelkonformität stellt nur den Ausgangspunkt eines Prozesses dar und bedarf einer konstanten Überwachung. Die durch Compliance erfüllte Überwachungsfunktion sorgt für eine zeitnahe und laufende Effektivitätskontrolle der organisatorischen Maßnahmen. Abschließend kommt einem integrierten Compliance-Programm auch eine Marketing-Funktion zu. Aktuelle Korruptionsskandale verdeutlichen, dass effiziente Systeme Reputationsschäden präventiv entgegenwirken. Dies beugt nicht nur Vertrauensverlusten bei Stakeholdern und Mitbewerbern und kaum quantifizierbaren finanziellen Folgen vor, sondern stärkt gleichzeitig das Vertrauen in die unternehmerische Integrität.

§ 3. Zusammenfassung wesentlicher Erkenntnisse

Der ursprünglich dem anglo-amerikanischen Rechtskreis entstammende Rechtsimport Compliance ist mittlerweile sowohl in der nationalen wirtschaftlichen Praxis als auch in der Rechtstheorie angekommen. In Ermangelung einer allgemeingültigen normativen Begriffsdefinition steht die inhaltliche Weite des Begriffs in einem Abhängigkeitsverhältnis zum jeweiligen Betrachter und seinen Interessenschwerpunkten. Sofern in der Literatur teilweise eine extensive Sichtweise befürwortet wird, welche z.B. moralische und ethische Gebote als vom Begriff erfasst ansieht, ist dies daher nicht falsch. Das dieser Arbeit zugrunde liegende Verständnis fokussiert sich jedoch auf die – dem Begriff innewohnende – unternehmensorganisatorische Komponente. Die Einhaltung der gesetzlichen Bestimmungen und unternehmensinternen

---

133 Berndt/Hoppler, BB 2005, S. 2623 (2627); Buff, Compliance, S. 7; Eisele in: Schimansky/Bunte/Lwowski, Bankrechts-Handbuch, § 109 Rn. 3; Grüninger in: Wieland/Steinmeyer/Grüninger, S. 49; Kort, NZG 2008, S. 81 (81); Lang, Corporate Compliance, S. 16; Passarge, NZI 2009, S. 86 (87); Theisen, Information und Berichterstattung, S. 87.

134 Siehe hierzu die Nachweise in Fn. 132.

135 Statt vieler Kort, NZG 2008, S. 81 (81) m.w.N.

Richtlinien ist daher als von Compliance erfasst anzusehen. Verschiedene Rechtsquellen im anglo-amerikanischen Rechtskreis haben mittlerweile zu einer weitergehenden Präzisierung dieser organisatorischen Voraussetzungen von Compliance-Systemen geführt. Das nationale Schrifttum hat diese Anforderungen weitgehend unverändert rezipiert. Unabhängig von den nationalen Normierungen von Compliance im Aufsichtsrecht – insbesondere in den §§ 25a KWG, 64a VAG, 33 WpHG – wird mit dem Begriff auch hierzulande ein organisatorischer Standard verbunden, welcher personelle und sachliche Kapazitäten voraussetzt. Wesentliche Merkmale sind insoweit die Bestimmung von Risiken – im Sinne einer Status quo-Analyse, die Festlegung von Verantwortungsbereichen, die Implementierung von Verhaltenskodizes, die sorgfältige Auswahl und Schulung von Mitarbeitern, die Überwachung des Compliance-Systems sowie die Ergreifung disziplinarischer Konsequenzen im Falle von Zuwiderhandlungen.

Teil 3. Compliance in konzernfreien Unternehmen

Der Konzern ist die Zusammenfassung von Unternehmen unter der einheitlichen Leitung eines anderen Unternehmens. Will man sich der Bedeutung von Compliance im Konzern zuwenden, so ist eine vorherige Betrachtung der Einzelgesellschaft unumgänglich. Aus diesem Grund sollen im Folgenden die maßgeblichen Rechtspflichten dargestellt werden, welche sich an die Unternehmensführung von Einzelunternehmen wenden und Bezüge zum Themengebiet Compliance aufweisen. Ist einer Norm ein themenspezifischer Gehalt beizumessen, so ist anschließend die Frage zu beantworten, ob aus der Norm eine Rechtspflicht zur Einrichtung eines Compliance-Systems folgt. Dies erfolgt unter Einbeziehung des aktuellen Diskussionsstandes, welcher sich ohnehin vornehmlich auf Einzelunternehmen fokussiert. Zur Gewährleistung einer strukturierten Betrachtungsweise ist es angebracht, zwischen Pflichten im Innen- und Außenverhältnis zu differenzieren. Dabei sollen die compliance-spezifischen Regelungen im Versicherungs- und Finanzaufsichtsrecht zunächst außer Betracht bleiben, da diese nur einen eingeschränkten Anwendungsbereich aufweisen. Die Untersuchung wird abschließend – im Wege einer normübergreifenden Extraktion der vorgefundenen Anforderungen – belegen, dass sich die Frage einer Rechtspflicht praktisch nicht stellt.

§ 1. Pflichten im Innenverhältnis

A. Leitungs- und Sorgfaltspflicht nach §§ 76 Abs. 1, 93 AktG

I. Regelungssystematik

§ 76 Abs. 1 AktG weist dem Vorstand als Kollegialorgan die originäre und alleinige Leitungsverantwortung über die Geschicke der Gesellschaft zu. Vorstandsmitglieder sind nach § 93 Abs. 2 S. 1 AktG verpflichtet, bei ihrer Geschäftsführung die Sorgfalt eines ordentlichen und gewissenhaften Geschäftsleiters anzuwenden. Im Rahmen ihrer Geschäftsführung kommt ihnen dabei ein Entscheidungsprivileg zu, welches an das US-amerikanische Konzept der Business Judgment Rule angelehnt ist.[136] Verletzen Vorstandsmitglieder ihre Pflichten durch pflichtwidriges, schuldhaftes Handeln, so sind sie gemäß § 93 Abs. 2 AktG der Gesellschaft gegenüber als Gesamtschuldner zum Ersatz des entstandenen Schadens verpflichtet. Will man sich der Frage annähern, inwieweit die Leitungs- und Sorgfaltspflicht des Vorstandes[137] Rück-

136 Statt aller Hüffer in: Hüffer/AktG, § 93 Rn. 4a.

137 Im Sinne einer begrifflichen und sprachlichen Vereinfachung steht der Begriff "Vorstand" im Rahmen dieser Untersuchung synonym auch für einzelne "Mitglieder des Vorstandes", welche grundsätzlich definitorisch nicht mit dem Kollegialorgan "Vorstand" gleichzusetzen sind.

schlüsse auf die Relevanz von Compliance erlaubt, so sind beide Normen zu analysieren. § 76 Abs. 1 AktG umrahmt zunächst das Aufgabenspektrum, welches § 93 AktG – neben der Funktion als zentraler Schadensersatznorm – anschließend mit einem allgemeinen Verhaltensstandard präzisiert und ausfüllt.

II. Compliance-spezifische Ausprägungen der Leitungs- und Sorgfaltspflicht

1. Leitungsverantwortung nach § 76 Abs. 1 AktG

Die materiellen Pflichten, welche sich aus dem Begriff der Leitung ergeben, werden vom Aktiengesetz nur rudimentär vorgegeben. Umfasst sind jedenfalls die Aufgaben, welche bereits ausweislich des Gesetzeswortlautes in die Zuständigkeit des Vorstandes fallen.[138] Daneben besteht ein Katalog ungeschriebener Leitungsaufgaben, welcher nur in Abhängigkeit vom konkreten Charakter des Unternehmens konkretisierbar ist. Einen gewissen Anhaltspunkt für eine nähere Präzisierung bieten jedoch betriebswirtschaftliche Erkenntnisse. Verbreitet wird daher unter Leitung die Verantwortung für die Unternehmensplanung, Unternehmenskoordinierung, Unternehmenskontrolle sowie die Besetzung von Führungspositionen verstanden.[139] Mit dem Begriff der „Unternehmensplanung“ wird die Festlegung von Unternehmenszielen, der Geschäftspolitik sowie einer Strategie zu deren Umsetzung umschrieben.[140] Unternehmenskoordinierung umfasst dagegen die Einrichtung und Koordinierung der zentralen Unternehmensbereiche.[141] Die Besetzung von Führungspositionen ist selbsterklärend. Insoweit gebietet bereits die Sorgfalt eines ordentlichen und gewissenhaften Geschäftsleiters, dass vakante Posten nur mit geeigneten – insbesondere rechtstreuen – Personen besetzt werden dürfen.

Vor dem Hintergrund dieser Untersuchung ist der dritte Bereich – die Unternehmenskontrolle – von herausgehobener Relevanz. Zur Vermeidung von Missverständnissen ist voranzustellen, dass der Begriff in diesem Zusammen-

---

138 §§ 83, 90, 91, 92, 110 Abs. 1, 118 Abs. 2, 121 Abs. 2, 170, 245 Nr. 4 AktG.

139 Götz, AG 1995, S. 337 (338 f.); Grundmeier, Compliance im Konzern, S. 26; Henze, BB 2000, S. 209 (210); Huber, Compliance-Pflichten, S. 127 f.; Hüffer in: Hüffer/AktG, § 76 Rn. 8; Kort in: GroßK/AktG, § 76 Rn. 36; Lang, Corporate Compliance, S. 36; mit leicht abweichender Bezeichnung: Lösler, Compliance, S. 296; Mertens/Cahn in: KK/AktG, § 76 Rn. 5; Reuter, DB 1999, S. 2250 (2250); Seibt in: Schmidt/Lutter, § 76 Rn. 9; Spindler in: MüKo/AktG, § 93 Rn. 16; Winter, FS Hüffer, S. 1103 (1108). Fleischer, ZIP 2003, S. 1 (5 f.); ders. in: Spindler/Stilz, § 76 Rn. 18; ders., NZG 2003, S. 449 (450) versteht unter dem Leitungsbegriff die Planungs- und Steuerungsverantwortung, die Organisations-, die Finanz- und die Informationsverantwortung. Für den Zweck der Untersuchung wirkt sich dieses abweichende Verständnis jedoch nicht aus. Insbesondere zum Teilaspekt Unternehmensplanung siehe auch Feddersen, ZGR 1993, S. 114 (114 ff.).

140 Götz, ZGR 1998, S. 524 (528); Huber, Compliance-Pflichten, S. 128 f.; Löbbe, Unternehmenskontrolle, S. 79; Fleischer in: Spindler/Stilz, § 76 Rn. 18.

141 Fleischer in: Spindler/Stilz, § 76 Rn. 18; Huber, Compliance-Pflichten, S. 129 f.

hang sowohl für eine prozessintegrierte- als auch für eine prozessunabhängige Überwachung, welche in der Betriebswirtschaftslehre als Prüfung bezeichnet wird[142], Verwendung findet. Inhalt des Kontrollauftrages ist die Überwachung der Unternehmensentwicklung unter Wirtschaftlichkeits- und Zweckmäßigkeitsaspekten.[143] Die Perspektive der Überwachung ist auf die Vergangenheit und die Antizipierung künftiger Entwicklungen gerichtet. Neben diese primär wirtschaftliche Perspektive tritt die zweite Dimension des Kontrollauftrages, welche sich auf die Überwachung der Rechtmäßigkeit des unternehmerischen Handelns bezieht. Dem zweiten Aspekt des Kontrollauftrages wird sich die Untersuchung sogleich unter dem Stichwort der „Legalitätskontrollpflicht" zuwenden. Zur Erfüllung des Kontrollauftrages bieten sich verschiedene Instrumente an. Prinzipiell ist zunächst ein funktionierendes Berichts- und Informationswesen notwendig, welches dem Vorstand die notwendige Tatsachenkenntnis vermittelt. Parallel dazu wird zumindest für größere Unternehmen eine Rechtspflicht zur Implementierung einer Controlling-Stelle bzw. einer internen Revision erwogen.[144] Beide Unternehmenseinheiten, bei denen es sich typischerweise um Stabsstellen handelt, unterstützen das Organ bei seiner Leitungsaufgabe. Dem Controlling kommt insoweit primär eine Informationsvermittlungs- und Aufbereitungsfunktion zu,[145] während sich die Revision durch eine Beratungs- und Kontrollfunktion auszeichnet. Ob die Implementierung dieser beiden Organisationseinheiten bereits verbindlich aus der Leitungsverantwortung folgt, sei an dieser Stelle zunächst dahingestellt. Eine generelle Rechtspflicht ist angesichts des unternehmerischen Ermessens wohl abzulehnen. Gleichwohl wird sich das unternehmerische Ermessen, ab Überschreitung einer geringfügigen betrieblichen Komplexitätsschwelle, regelmäßig zu einer Handlungspflicht verdichten. Im Kontext dieser Untersuchung ist jedoch zunächst lediglich wesentlich, dass die Leitungsverantwortung den Vorstand zu einer Kontrolle und Überwachung der wirtschaftlichen Entwicklung nachgeordneter Unternehmensebenen – unabhängig von der konkreten organisatorischen Ausgestaltung – verpflichtet. Als abschließendes Kontrollinstrument ist zudem das betriebliche Risikomanagement von hervorgehobener Bedeutung. Aufgrund des engen Sachzusammenhanges wird sich die Untersuchung diesem Aspekt im Rahmen des Risikofrüherkennungssystems widmen.[146]

---

142 Kleindiek, Hommelhoff/Hopt/Werder, S 797.

143 Fleischer in: Spindler/Stilz, § 76 Rn. 93; Huber, Compliance-Pflichten, S. 133 f.; Löbbe, Unternehmenskontrolle, S. 180 f.

144 Götz, AG 1995, S. 337 (338); Hopt in: GroßK/AktG, § 93 Rn. 84; Preußner/Becker, NZG 2002, S. 846 (847); in diese Richtung auch Gernoth, DStR 2001, S. 299 (300), der aber in Abhängigkeit von Komplexität und Geschäftsfeld § 91 Abs. 2 AktG als Grundlage heranzieht. Daneben setzt die Regierungsbegründung zum Gesetz zur Kontrolle und Transparenz im Unternehmensbereich (KonTraG) ebenfalls eine angemessene interne Revision voraus. Vgl. hierzu BT-Drucks. 13/9712, S. 15.

145 Götz, AG 1995, S. 337 (338); Löbbe, Unternehmenskontrolle, S. 199 ff.

146 Siehe hierzu S. 50 ff.

2. Sorgfaltspflicht nach § 93 AktG

(a) Legalitätspflicht

Organe unterliegen im Rahmen ihrer Tätigkeit einer grundsätzlichen Legalitätspflicht. § 93 AktG normiert dies nicht expressis verbis. Ein entsprechender Rückschluss ergibt sich aber bereits mittelbar aus § 93 Abs. 4 S. 1 AktG, der einen gesetzmäßigen Beschluss voraussetzt.[147] Der Pflichtenrahmen setzt sich sowohl aus sämtlichen Normen zusammen, welche die Gesellschaft und das Organ im Außenverhältnis einzuhalten haben, als auch Satzungen, Geschäftsordnungen und Beschlüssen der Gesellschafter- bzw. der Hauptversammlung.[148] Die Wahrung der Pflichtenbindung ist dem Gesellschaftsinteresse vorgeordnet.[149] Daraus folgt, dass die Beachtung der Legalitätspflicht keinen Raum für unternehmerisches Ermessen lässt oder eine Differenzierung zwischen unterschiedlichen Verhaltensgeboten – etwa denen des Strafrechts und des Rechts der Ordnungswidrigkeiten – ermöglich.[150] Der strenge Pflichtenrahmen umfasst allerdings nach überwiegender und zutreffender Ansicht weder die Einhaltung von anerkannten Grundsätzen der Geschäftsmoral[151] noch von vertraglichen Verpflichtungen.[152] Rechtswidriges Organhandeln im Außenverhältnis begründet regelmäßig eine Innenhaftung gemäß § 93 Abs. 1 AktG gegenüber der Gesellschaft.[153] Entgegen der überwiegenden Meinung ist hiermit jedoch kein vollständiger Automatismus verbunden, da Fälle denkbar sind, in welchen das Organ die im Innenverhältnis bestehende Pflicht zur sorgfältigen Unternehmensleitung wahrt und dennoch einen Ge-

---

147 Dreher, FS Konzen, S. 85 (92); Paefgen, Unternehmerische Entscheidung, S. 17; Spindler in: MüKo/AktG, § 93 Rn. 64.

148 Ausführlich zu Umfang und Ausprägungen des Legalitätsprinzips: Fleischer in: Spindler/Stilz, § 93 Rn. 14 ff.

149 Ihrig, WM 2004, S. 2098 (2105); Fleischer, ZIP 2005, S. 141 (142); Schneider, U. in: Scholz/GmbHG, § 43 Rn. 74; Spindler in: MüKo/AktG, § 93 Rn. 64 a.A. Bachmann, GesR in der Disk., S. 77; Roth, Unternehmerisches Ermessen, S. 132.

150 Ausführlich zu dieser Fragestellung Fleischer, ZIP 2005, S. 141 ff. Eine Ausnahme von diesem Grundsatz ist allerdings bei unklaren oder umstrittenen Rechtslagen gerechtfertigt. In derartigen Fällen muss das Organ die Chancen und Risiken für das Unternehmen pflichtgemäß abwägen. Dies setzt eine Würdigung der rechtlichen Grundlagen voraus, welche im Einzelfall die Einholung von fachkundigem Rechtsrat umfasst. Vgl. hierzu Fleischer in: Spindler/Stilz, § 93 Rn. 29; Mertens/Cahn in: KK/AktG, § 93 Rn. 75.

151 Fleischer in: Fleischer/HdbVorstR, § 7 Rn. 15; ders. in: Spindler/Stilz, § 93 Rn. 25; ders., ZIP 2005, S. 141 (144 f.); Paefgen in: Ulmer/GmbHG, § 43 Rn. 23 jeweils m.w.N.; a.A. Mertens/Cahn in: KK/AktG, § 93 Rn. 71 m.w.N. Die Gegenansicht lässt jedoch unberücksichtigt, dass anerkannte Grundsätze der Geschäftsmoral nur selten ausformuliert sind und über keine rechtliche Verbindlichkeit verfügen. Als "inhaltlich kaum fassbar" bewertet bei Fleischer in: Spindler/Stilz, § 93 Rn. 25 m.w.N.

152 Haas/Ziemons in: Michalski/GmbHG, § 43 Rn. 51a; Fleischer, ZIP 2005, S. 141 (144); Paefgen in: Ulmer/GmbHG, § 43 Rn. 34; Windbichler, ZGR 1989, S. 434 (437); Zöllner, ZGR 1988, S. 392 (414); a.A. Abeltshauser, Leitungshaftung, S. 214.

153 Vgl.statt vieler Fleischer, ZIP 2005, S. 141 (144); Huber, Compliance-Pflichten, S. 84; Ihrig, WM 2004, S. 2098 (2104) jeweils m.w.N.

setzesverstoß begeht. Namentlich kommt dies bei unklaren oder umstrittenen Rechtslagen in Betracht. Geboten ist somit eine Einschränkung dahingehend, dass rechtswidriges Handeln im Außenverhältnis eine Pflichtverletzung und damit grundsätzlich ein Haftungsrisiko im Innenverhältnisses indiziert.[154]

Diskutiert wird daneben, ob eine Haftung gemäß § 93 AktG auch dann eintritt, wenn der Gesetzesverstoß subjektiv oder objektiv im Interesse der Gesellschaft erfolgte. Entsprechende Handlungen werden mit dem Begriff der „nützlichen Pflichtverletzung" beschrieben.[155] Die Relevanz dieser Frage für das Themengebiet Compliance bedarf keiner besonderen Hervorhebung, da Schmiergeldzahlungen oder Verstöße gegen das Wettbewerbsrecht insoweit paradigmatisch sind. Eine vergleichende Einbeziehung der Literatur zum US-amerikanischen Kapitalgesellschaftsrecht könnte den grundsätzlichen Vorrang der Legalitätspflicht für nützliche Pflichtverletzungen in Zweifel ziehen. Im Sinne einer law as price Doktrin[156] wird insoweit die Haftung der Organe teilweise abgelehnt, sofern sich der Verstoß profitabel für das Unternehmen auswirkt.[157] Im nationalen Schrifttum hat diese Auffassung berechtigterweise keinen Widerhall gefunden.[158] Die Legalitätspflicht gibt einen Rahmen für die unternehmerische Tätigkeit vor. Ob sich ein Verstoß positiv für die Gesellschaft auswirkt, kann daher keinen Einfluss auf die Feststellung einer Pflichtverletzung haben. Der Gesetzgeber wollte ausweislich der Regierungsbegründung keinen sicheren Hafen im – Sinne einer haftungsrechtlichen Freistellung – für illegales Verhalten schaffen.[159]

(b) Kontroll- bzw. Legalitätskontrollpflicht

Unternehmerische Betätigung vollzieht sich im Regelfall in einem arbeitsteiligen Ablauf. Eine auf die Unternehmensleitung beschränkte Legalitätspflicht liefe weitestgehend ins Leere. Es ist daher anerkannt, dass sich die Legalitätspflicht der Organe nicht in der eigenen Rechtstreue erschöpft, sondern eine Pflicht zur Legalitätskontrolle umfasst.[160] Inhalt dieser Pflicht ist es – im

---

154 Siehe zum vorstehenden Dreher, FS Konzen, S. 85 (94).

155 Ausführlich zu diesem Begriff Thole, ZHR (173) 2009, S. 504 (512 ff.).

156 Begriffsprägend Williams, N.C.L.Rev. 1997-1998, S. 1265 (1266).

157 Cooter, Colum. L. Rev. 1984, S. 1523 ff.; Easterbrook/Fischel, Mich.L.Rev. 1982, S. 1155 (1168). Nachweise auch bei Fleischer, ZIP 2005, S. 141 (146 f.) mit einem weiteren Überblick über das Meinungsspektrum im US-amerikanischen Schrifttum.

158 BGH, NJW 2011, S. 3458 (3460); ders., NJW 2011, S. 88 (92); Berg, AG 2007, S. 271 (273); Fleischer in: Fleischer/HdbVorstR, § 7 Rn. 22; ders., ZIP 2005, S. 141 (145 f.); Haas/Ziemons in: Michalski/GmbHG, § 43 Rn. 51; Hölters in: Hölters/AktG, § 93 Rn. 75; Hopt in: GroßK/AktG, § 93 Rn. 99; Oltmanns, Geschäftsleiterhaftung, S. 224; Ziemons in: Oppenländer/Trölitzsch, § 22 Rn. 25; differenzierend dagegen Roth, Unternehmerisches Ermessen, S. 132.

159 BT-Drucks. 15/5092, S. 15.

160 Hopt in: GroßK/AktG, § 93 Rn. 98 ff.; Huber, Compliance-Pflichten, S. 70; Fleischer in: Spindler/Stilz, § 91 Rn. 47; ders., CCZ 2008, S. 1 (2); Krieger/Sailer-Coceani in: Schmidt/Lutter, § 93 Rn. 6; Lang, Corporate Compliance, S. 99; Mertens/Cahn, KK/AktG, § 93 Rn. 67 ff.; Semler, ZGR 2004, S. 631 (646); Verse, ZHR (175) 2011, S. 401 (403).

Rahmen des Erforderlichen und Zumutbaren – für ein rechtmäßiges Verhalten der für die Gesellschaft handelnden Personen Sorge zu tragen.[161] Im Kern handelt es sich hierbei um eine Fortsetzung der Legalitätspflicht, die als „Legalitätskontrollpflicht“ bezeichnet werden kann.[162] Die innere Rechtfertigung hierfür beruht auf der Tatsache, dass aus einer Aufgabendelegation eine Überwachungs- und Kontrollverantwortung erwächst. In Falle einer vertikalen[163] Aufgabendelegation, untergliedert sich diese Verantwortung in eine Auswahl-, Einweisungs- und laufende Überwachungssorgfalt.[164] Der Vorstand hat für eine überschneidungsfreie Organisation der Zuständigkeiten sowie eine klare Definition der jeweiligen Verantwortungsbereiche Sorge zu tragen. Im Zentrum steht die Delegation konkreter Aufgaben auf einen abgegrenzten Personenkreis bzw. Einzelpersonen. Insoweit unterscheidet sich diese individual geprägte Verpflichtung von einem generellen unternehmensweiten Compliance-System.[165]

Parallel zur Legalitätspflicht gilt auch für die Legalitätskontrollpflicht das Verbot einer Anrechnung von nützlichen Pflichtverletzung.[166] Die mit den notwendigen Aufsichts- und Kontrollmaßnahmen verbundenen Kosten sind daher zur Rechtfertigung von Zuwiderhandlungen grundsätzlich nicht in Anrechnung zu bringen.[167] Eine Einschränkung besteht lediglich dahingehend,

---

161 Neben der Legalitätskontrollpflicht besteht zudem die Pflicht für die Rechtmäßigkeit der Organisation und der Entscheidungsprozesse innerhalb der Gesellschaft Sorge zu tragen. Zwischen diesen beiden Pflichtenkreisen ist jedoch zu differenzieren. Streng nach dem Wortlaut bezieht sich die Sorge um die Rechtmäßigkeit der Organisation nur auf die Anforderungen an die Unternehmensorganisation. Dies betrifft z.B. die gesetzmäßige Zusammensetzung der Gesellschaftsorgane. Auch wenn die Pflichtenbezeichnung den Eindruck einer Parallelität zur Compliance Verantwortung erweckt, ist ihr Fokus daher auf einen anderen Verantwortungsbereich gerichtet. Siehe hierzu: Hopt in: GroßK/AktG, § 93 Rn. 89; Mertens/Cahn in: KK/AktG, § 93 Rn. 67 ff.; Oltmanns, Geschäftsleiterhaftung, S. 224.

162 Fleischer in: Spindler/Stilz, § 91 Rn. 47; Verse, ZHR (175) 2011, S. 401 (408).

163 Eine teilweise ähnlich gelagerte Überwachungsverantwortung besteht ebenfalls bei horizontalen Aufgabendelegationen. Diese haben jedoch grundsätzlich keine Auswirkungen auf die Frage der Existenz oder des Umfanges von gebotenen Compliance-Maßnahmen. Insoweit wird primär die interne Überwachung von Mitgliedern eines Kollegialorgans untereinander angesprochen. Diese wirkt sich aber weder auf die Frage aus, ob die Leitungs- und Sorgfaltspflicht die Implementierung eines Compliance-System verlangt noch auf dessen mögliche Reichweite, Umfang oder Ausgestaltung.

164 Statt vieler Fleischer in: Spindler/Stilz, § 93 Rn. 84 ff.; Spindler in: MüKo/AktG, § 93 Rn. 82.

165 Kremer/Klahold, ZGR 2010, S. 113 (119 f.).

166 Fleischer in: Fleischer/HdbVorstR, § 7 Rn. 22; ders., ZIP 2005, S. 141 (145 f.); Haas/Ziemons in: Michalski/GmbHG, § 43 Rn. 51; Hölters in: Hölters/AktG, § 93 Rn. 75; Hopt in: GroßK/AktG, § 93 Rn. 99; Oltmanns, Geschäftsleiterhaftung, S. 224; Ziemons in: Oppenländer/Trölitzsch, § 22 Rn. 25.

167 Selbstverständlich sind auch insoweit nur zumutbare und erforderliche Aufsichtsmaßnahmen geschuldet. Dies gestattet gleichwohl keine strikte Orientierung an einem wirtschaftlichen Kalkül. Eine mathematische Gegenüberstellung von Schadenserwartungswerten und Aufsichts- bzw. Überwachungskosten scheidet daher aus. Vgl. BGH, NJW 1984, S. 801 (802).

dass die Legalitätskontrollpflicht im Vergleich zur Legalitätspflicht auf einem differierenden Anknüpfungspunkt beruht. Bezieht sich die Pflicht des Vorstands nicht auf die Legalität des eigenen Handelns, sondern auf die Überwachung von Mitarbeitern, so ergibt sich daraus eine Abstufung hinsichtlich des Anforderungsumfanges. Im Rahmen der persönlichen Legalitätspflicht ist einem Vorstand durchaus zuzumuten, sämtliche rechtlichen Ge- und Verbote als Grenzen seines Handelns zu respektieren. Verlagert sich die Betrachtung auf die Überwachung von Mitarbeitern, so überdehnen derart extensive Anforderungen den Pflichtenumfang.[168] Eine durchgehende Mitarbeiterüberwachung – in Bezug auf die Einhaltung sämtlicher Rechtsvorschriften – kann einem Organ nicht abverlangt werden und bewegt sich außerhalb der Grenzen von Zumutbarkeit und Erforderlichkeit. Ihre Fortsetzung findet die Kontroll- in einer Handlungspflicht die eingreift, wenn Zuwiderhandlungen die fehlende Effizienz des Organisationssystems indizieren.[169] Die Handlungspflicht besteht darin, andauernde Verstöße zu beenden bzw. drohenden entgegenzuwirken sowie das Organisationssystem auf einen Verbesserungsbedarf zu untersuchen.[170]

III. Rechtspflicht zur Einrichtung eines Compliance-Systems?

1. Diskussionsstand

Im Schrifttum wird teilweise die Auffassung vertreten, dass ein Vorstand seiner Leitungs- und Sorgfaltspflicht nur durch die Implementierung eines Compliance-Systems genügen könne.[171] Gerechtfertigt wird diese Annahme zumeist mit der Vielzahl und Dichte von gesetzlichen, aufsichtsrechtlichen und sonstigen Anforderungen denen sich Unternehmen ausgesetzt sehen. Pflichtendichte und -umfang seien angesichts ihrer schieren Zahl nur durch die Einrichtung von organisatorischen Kontroll- und Sicherungssystemen zu bewältigen. Ein Entschließungsermessen im Hinblick auf das „Ob“ eines Systems sei dem Vorstand daher verwehrt.[172] Diese Pflicht erfährt teilweise eine Erweiterung dahingehend, dass es sich hierbei um ein umfassendes Compliance-System handeln müsse, welches in seinen Grundzügen den oben dargestellten

168 Bachmann, GesR in der Disk., S. 77; Oltmanns, Geschäftsleiterhaftung, S. 225 f.; Thole, ZHR (173) 2009, S. 504 (510).

169 Hölters in: Hölters/AktG, § 93 Rn. 109 m.w.N.

170 Statt aller Liese/Schulz, BB 2011, S. 1347 (1349).

171 Bachmann, GesR in der Disk., S. 68, 73 f.; Bürkle, BB 2005, S. 565 (569); Fleischer, BB 2008, S. 1070 (1072); ders., AG 2003, S. 291 (299); Goette, ZHR (175) 2011, S. 388 (392 f.); Grundmeier, Compliance im Konzern, S. 30 f.; Huber, Compliance-Pflichten, S. 68 ff.; Hüffer in: Hüffer/AktG, § 76 Rn. 9a; Immenga, FS Schwark, S. 199 (202 f.); Grohnert, Rechtl. Grundlagen Compliance, S. 87; Krieger/Sailer-Coceani in: Schmidt/Lutter, § 93 Rn. 6; Meier-Greve, BB 2009, S. 2555 (2555); Vetter, DB 2007, S. 1963 (1964); Wolf, DStR 2006, S. 1995 (1995).

172 Bürkle, BB 2005, S. 565 (569); Goette, ZHR (175) 2011, S. 388 (392 f.); Huber, Compliance-Pflichten, S. 71; Immenga, FS Schwark, S. 199 (202 f.); Ziemons in: Oppenländer/Trölitzsch, § 22 Rn. 27 vgl. hierzu auch die weiteren Nachweise in der vorherigen Fn. sowie die Nachweise bei Huber, Compliance-Pflichten, S. 68 f.

typischen Elementen[173] weitestgehend entspricht.[174] Der überwiegende Teil des Schrifttums lehnt dagegen die Existenz einer rechtlichen Verpflichtung ab und stellt damit das „Ob" der Einrichtung in das Ermessen des Vorstandes.[175] Erforderlich sei demnach eine Abwägung unter Berücksichtigung des individuellen unternehmerischen Risikoprofils im konkreten Einzelfall. Die Entscheidung, ob die Rechtskonformität eines Unternehmens lediglich durch die Implementierung umfassender organisatorischer Maßnahmen zu bewältigen sei, gebühre damit letztlich dem Vorstand, welcher letztlich auch die haftungsrechtlichen Konsequenzen seiner Entscheidung tragen müsse.[176] Die direkte Gegenüberstellung der Ansichten verdeutlicht, dass keine fundamentalen Unterschiede zwischen den vertretenen Positionen bestehen. Stellt man die Implementierung eines Compliance-Systems in das Ermessen der Organe, steht fest, dass sich das Ermessen zu einer Handlungspflicht verdichten kann, wenn die unternehmerische Tätigkeit mit einem nicht unerheblichen Schadenspotential bzw. einer Schadenswahrscheinlichkeit verbunden ist. Spätestens bei dem Auftreten von erhöhten Schadensrisiken ist demnach eine Annäherung der Positionen festzustellen.[177]

173 Vgl. Teil 2.§ 2.B.I.

174 So etwa Bachmann, GesR in der Disk., S. 68, 73 f., der aber darauf hinweist, dass die Pflichten erst bei Erreichen einer Risikoklasse akut werden; Bürkle, BB 2005, S. 565 (569) fordert „[…] (irgend-) ein[…]" System; Immenga, FS Schwark, S. 199 (202 f.) relativiert die Pflicht dahingehend, dass die Einrichtungspflicht nur gelte, „soweit die Leitung des Unternehmens zur Erfüllung der Legalitätspflicht eine Organisation erfordert."; Grohnert, Rechtl. Grundlagen Compliance, S. 87 schränkt die Anwendung auf börsennotierte Unternehmen ein; Grundmeier, Compliance im Konzern, S. 30 fordert dies für "größere Unternehmen"; Krieger/Sailer-Coceani in: Schmidt/Lutter, § 93 Rn. 6; Lang, Corporate Compliance, S. 113 unter Heranziehung der Größenklassen des § 267 Abs. 3 HGB; Vetter, DB 2007, S. 1963 (1964): „Die organschaftliche Pflicht des Vorstands zur unternehmensweiten Compliance ist jedoch bereits in §§ 76 Abs. 1 und 93 Abs. 1 AktG angelegt, ohne dass daraus konkrete Aussagen über Umfang, Reichweite, Standards oder Wirkungsmechanismen eines spezifischen Compliance-Systems abgeleitet werden könnten"; abgeschwächt Wolf, DStR 2006, S. 1995 (1995), der eine faktische Organisationspflicht annimmt.

175 Bachmann/Prüfer, ZRP 2005, S. 109 (111); Geiser, Leitungspflichten, S. 42 ff.; Hauschka in: Hauschka/Compliance, § 1 Rn. 22 f.; ders., ZIP 2004, S. 877 (878 ff.); Lang, Corporate Compliance, S. 106; Sieg/Zeidler in: Hauschka/Compliance, § 3 Rn. 24; Winter, FS Hüffer, S. 1103 (1104 f.); in diese Richtung auch Ringleb in: Ringleb/DCGK, Rn. 618 und Liese, BB Special 5, 2008, S. 17 (22). Letzerer verweist als Stütze seiner Argumentation auf die ausdifferenzierten gesetzlichen normierten und richterlich entwickelten Organisationspflichten. Das dichte Normen- und Anforderungsgefüge entspreche bereits den Grundanforderungen eines Corporate Compliance-Systems, womit sich die Diskussion um eine besondere rechtliche Verpflichtung erübrige.

176 Hauschka in: Hauschka/Compliance, § 1 Rn. 23 listet zahlreiche Beispiele für Faktoren auf, welche sich auf das unternehmerische Risikoprofil auswirken und somit die Implementierung organisatorischer Maßnahmen erfordern können.

177 Im Ergebnis ebenso Bachmann, GesR in der Disk., S. 68.

2. Stellungnahme

Unterzieht man die Stellungnahmen des Schrifttums einer eingehenden Analyse, so schwächt sich die Bedeutung des vermeintlichen „Streits" weiter ab. Maßstab des § 93 Abs. 1 AktG ist die Sorgfalt eines ordentlichen und gewissenhaften Geschäftsleiters. Der Maßstab verdeutlicht, dass der Norm keinesfalls die generelle Verpflichtung zur Implementierung eines umfassenden Compliance-Systems entnommen werden kann. Organisatorische Sicherungssysteme bestehen nicht um ihrer selbst willen, sondern dienen der Gewährleistung und Sicherung der Legalität des unternehmerischen Handelns. Wird dieses Ziel gleichermaßen durch andere Maßnahmen erreicht, so entspricht die kostenintensive Einführung und Unterhaltung eines umfassenden organisatorischen Gesamtkonzepts gerade nicht dem Sorgfaltsmaßstab des § 93 Abs. 1 AktG und ist zu unterlassen. Dieser Aspekt wird bei der Diskussion um Compliance regelmäßig vernachlässigt, da sich die Diskussion auf börsennotierte und organisatorisch komplexe Aktiengesellschaften fokussiert. Dabei wird der Eindruck erweckt, dass aus der kaufmännischen Sorgfaltspflicht eine generelle Rechtspflicht zur Implementierung eines umfassenden Compliance-Systems folge. Überträgt man dies auf Gesellschaften mit niedrigem Risikopotential, so sind kostenintensive und wenig sachgerechte Ergebnisse vorprogrammiert.[178]

Dieses Risiko sehen letztlich aber auch die Vertreter im Schrifttum, welche dem Vorstand das Entschließungsermessen in Bezug auf die Einrichtung eines Compliance-Systems absprechen. Regelmäßig finden sich daher – mehr oder minder versteckt – Einschränkungen, welche die Rechtspflicht z.B. von dem Erreichen einer bestimmten Risikoklasse abhängig machen.[179] Entsprechende Vorbehalte sind berechtigt und bewegen sich auf einer Linie mit der herrschenden Meinung, da auch diese anerkennt, dass sich das Organisationsermessen in Abhängigkeit von individuellen Risikofaktoren zu einer Handlungspflicht verdichten kann. Fehlen bei den Vertretern einer umfassenden Pflicht dagegen die genannten Einschränkungen, Risikoschwellen oder sonstige Vorbehalte, so ist die Ursache hierfür in einer abweichenden Verständnis von einem Compliance-Systems zu suchen.[180] Veröffentlichungen sowie nationale und insbesondere internationale Normierungen haben zu einer Begriffskonturierung geführt, die einen organisatorischen Mindeststandard und personelle Kapazitäten voraussetzt.[181] Wird dem geschäftsführenden Organ dagegen teilweise das Entschließungsermessen abgesprochen, so basiert dies auf einem abweichenden Begriffsverständnis der Systeme. Insoweit wird unter der Rechtspflicht zur Implementierung eines Compliance-Systems die Ergreifung von Maßnahmen verstanden, die nach Umfang und organisatorischer

178 Lang, Corporate Compliance, S. 145.

179 So Bachmann, GesR in der Disk., S. 68; vgl. im Übrigen die Hinweise in Fußnote 174.

180 Lippe, Compliance, S. 27.

181 Siehe hierzu bereits Teil 2.§ 1.A.III.1 und Teil 2.§ 2.B.I.

Einbindung vollkommen unbestimmt sind und erst durch die Ermessensbetätigung des Organs näher präzisiert werden müssen.[182] Die weite Ausdehnung des Auswahlermessens führt dazu, dass diese Stellungnahmen nur graduell vom Standpunkt der herrschenden Meinung abweichen. Eine Differenzierung kann sich lediglich vor dem Hintergrund ergeben, dass auf Basis der herrschenden Meinung – und der Zubilligung des Entschließungsermessens – eine Reduktion der Pflicht auf Null begründbar wäre. Eine entsprechende Auffassung wird aber soweit ersichtlich nicht vertreten, da bereits aus der Legalitätskontrollpflicht eine grundlegende Verantwortung für Compliance folgt.

Geht man mit dieser Untersuchung davon aus, dass es sich bei der Legalitätskontrollpflicht um eine logische Weiterführung der Legalitätspflicht handelt, so besteht kein Raum für unternehmerisches Ermessen. Der Vorstand hat durch geeignete, erforderliche und zumutbare Maßnahmen die Rechtskonformität der Gesellschaft zu gewährleisten. Es handelt sich hierbei um eine zielorientierte Anforderung. Die Ergreifung von konkreten Maßnahmen zur Zielerreichung ist dagegen eine durch § 93 Abs. 1 S. 2 AktG privilegierte unternehmerische Entscheidung. Teilweise wird – abhängig vom unternehmerischen Risikoprofil – nur die Einrichtung eines umfassenden Compliance-Systems den notwendigen Anforderungen genügen. Eine generelle Rechtspflicht zur Implementierung eines umfassenden Compliance-Systems kann aus der Leitungs- und Sorgfaltspflicht jedoch nicht abgeleitet werden. Weist das Unternehmen dagegen ein niedriges Risikoprofil auf, so schränkt sich die Handlungspflicht des Vorstandes merklich ein. Hieraus folgt allerdings kein vollständiger Wegfall der Pflichten. Die unternehmerische Leitungs- und Sorgfaltspflicht, insbesondere in ihrer Ausprägung als Legalitätskontrollpflicht, verlangt ein Minimum an organisatorischen Maßnahmen zur Sicherstellung der Rechtskonformität. So setzt z.B. eine Privilegierung unternehmerischer Entscheidungsprozesse die sorgfältige Ermittlung der Tatsachengrundlage voraus.[183] Will der Vorstand die angemessene Erfüllung seiner Legalitätskontrollpflicht überprüfen, so setzt dies eine laufende Kontrolle und Überwachung des unternehmerischen Compliance-Risikopotential voraus. Daneben ist er zu einer überschneidungsfreien und klaren Zuordnung von Verantwortungsbereichen angehalten, welche ihre Fortsetzung in einer sachgerechten Auswahl, Einweisung und laufenden Mitarbeiterüberwachung findet. All diese Maßnahmen sind Grundausprägungen eines Compliance-Systems. Ob man die Bündelung dieser Pflichten als Compliance-System bezeichnen will oder nicht, ist dagegen eine rein terminologische Frage.

---

182 Vgl. hierzu statt vieler Bauckhage-Hoffer/Katko, WM 2012, S. 486 (486 f.); Bergmoser/Theusinger/Gushurst, BB Special 5, 2008, S. 1 (3 f.); Bürkle, BB 2005, S. 565 (569); Fleischer, CCZ 2008, S. 1 (2 f.); Goette, ZHR (175) 2011, S. 388 (392 f.); Huber, Compliance-Pflichten, S. 71 m.w.N.; Hüffer in: Hüffer/AktG, § 76 Rn. 9b; wohl auch Vetter, DB 2007, S. 1963 (1964) jeweils m.w.N.

183 Diese Einschränkung ist bereits im Wortlaut von § 93 Abs. 1 S. 2 AktG angelegt. Siehe zu den weitern Voraussetzungen der Privilegierung Mertens/Cahn in: KK/AktG, § 93 Rn. 17 ff.

B. Leitungs- und Sorgfaltspflicht nach §§ 35, 43 GmbHG

Parallele Anforderungen hält § 43 Abs. 1, 2 GmbHG für den Geschäftsführer einer GmbH bereit. Die Norm ist grundlegende Bestimmung für Schadensersatzansprüche und zugleich Verhaltensstandard. Inhaltlich lassen sich die für § 93 Abs. 1 AktG entwickelten Ergebnisse weitestgehend übertragen.[184] Auch der Geschäftsführer hat im Rahmen seiner Tätigkeit die Sorgfalt eines ordentlichen Geschäftsmannes anzuwenden und ist mithin zur Wahrung der Legalitätspflicht gehalten. Eine Einschränkung ergibt sich lediglich insofern, dass Raum für ein eigenes Leitungsermessen nur besteht, sofern die Gesellschafter nicht im Wege eines Beschlusses Einfluss auf die Geschäftsführung nehmen.[185] Erteilen die Gesellschafter keine Weisung zur Einrichtung eines Compliance-Systems, so entbindet dies den Geschäftsführer allerdings nicht davon – unter Beachtung des § 43 Abs. 1 GmbHG – über die Notwendigkeit von entsprechenden organisatorischen Maßnahmen zu entscheiden.

Auch im GmbH-Recht verlaufen scheinbare Trennlinien zwischen den Vertretern, welche dem Geschäftsführer ein Entschließungsermessen im Hinblick auf die Einrichtung eines Systems zubilligen[186] und denen, die ein solches ablehnen.[187] Wie bereits im Aktienrecht ist diese Differenzierung aber aus den oben genannten Gründen zu relativieren und entsprechend aufzulösen. Die Schaffung eines umfassenden Compliance-Systems – unabhängig vom konkreten unternehmerischen Risikopotential – ist in § 43 Abs. 1 GmbHG richtigerweise nicht angelegt. Andererseits setzt die Wahrung der Sorgfalt eines ordentlichen Geschäftsmannes wiederum voraus, dass zumindest die soeben dargestellten Grundausprägungen eines Compliance-Systems gewahrt werden.

C. Risikofrüherkennungssystem nach § 91 Abs. 2 AktG

I. Regelungsgegenstand und Normanwendungsbereich

Die Normierung des Früherkennungs- und Überwachungssystems, welche durch das Gesetz zur Kontrolle und Transparenz im Unternehmensbereich (KonTraG) eingefügt wurde,[188] ist eine gesetzliche Konkretisierung der Leitungsaufgaben des Vorstandes. Nach herrschender und zutreffender Auffas-

184 Statt aller Zöllner/Noack in: Baumbach/Hueck, § 43 Rn. 7 m.w.N.

185 Altmeppen in: Roth/Altmeppen, § 37 Rn. 3 ff.; Lippe, Compliance, S. 37; Paefgen in: Ulmer/GmbHG, § 37 Rn. 18; Zöllner/Noack in: Baumbach/Hueck, § 37 Rn. 20.

186 Campos Nave/Bonenberger, BB 2008, S. 734 (735); Kiethe, GmbHR 2007, S. 393 (397) „bei Erreichen eines gewissen Risikogrades"; Lippe, Compliance, S. 37; Schneider, U./Schneider, S., GmbHR 2005, S. 1229 (1231): "bei größeren Unternehmen"; Zöllner/Noack in: Baumbach/Hueck, § 43 Rn. 17.

187 Schneider, U. in: Scholz/GmbHG, § 43 Rn. 361; ders., ZIP 2003, S. 645 (649) stellt jedoch den entwickelten Mindeststandard unter dem Vorbehalt der Branche, Größe des Unternehmens sowie dessen nationaler und internationaler Ausrichtung etc.; Haas/Ziemons in: Ziemons/Jaeger, § 43 Rn. 124 m.w.N.

188 Vgl. den Gesetzeswortlaut von § 91 Abs. 2 AktG: Der Vorstand hat geeignete Maßnahmen zu treffen, insbesondere ein Überwachungssystem einzurichten, damit den Fortbestand der Gesellschaft gefährdende Entwicklungen früh erkannt werden.

sung im Schrifttum kommt der Norm damit lediglich eine Präzisierungsfunktion zu, welche darin besteht, die bereits in der allgemeinen Leitungsaufgabe des Vorstandes liegende Pflicht, zur Einrichtung eines Risikofrüherkennungssystems hervorzuheben.[189]

Vom direkten Anwendungsbereich der Norm sind Aktiengesellschaften, Kommanditgesellschaften auf Aktien sowie Versicherungsvereine auf Gegenseitigkeit erfasst.[190] Auf die Normierung einer Parallelvorschrift im GmbHG wurde verzichtet. Die Gesetzesbegründung geht jedoch von einer Ausstrahlungswirkung auf andere Gesellschaftsformen – in Abhängigkeit von Größe und Komplexität der konkreten Gesellschaftsstruktur – aus.[191] Verschiedentlich wird auch eine generelle Erstreckung des Anwendungsbereiches auf die GmbH gefordert.[192] Hierzu ist anzumerken, dass trotz der bestehenden strukturellen Unterschiede zwischen den Gesellschaftsformen, welche unter anderem im Handlungsspielraum der geschäftsführenden Organe zu Tage treten, eine vergleichbare Interessenlage besteht. Die generelle Anwendung von § 91 Abs. 2 AktG bei kleinen, personalistisch strukturierten Aktiengesellschaften legt nahe, dass es sich bei dem Risikofrüherkennungssystem um eine grundsätzliche Ausprägung der kaufmännischen Sorgfaltspflicht handelt. Dieser Maßstab gilt gleichermaßen für den Vorstand und den Geschäftsführer. Die Übertragung der Anforderungen auf die GmbH entspricht jedenfalls ab einer bestimmten Größenklasse[193] dem erklärten Willen des Gesetzgebers. Eine abschließende Entscheidung dieses Streits ist jedoch entbehrlich. Diese Untersuchung konzentriert sich auf die Verantwortung der Unternehmensleitung einer herrschenden Gesellschaft im Konzernverbund. Bezogen auf diesen Sonderfall ist die Übertragung des Anforderungsmaßstabes von § 91 Abs. 2 AktG auf die GmbH jedoch unbestritten.[194]

II. Konkretisierung des Pflichtenrahmens

Der Normenwortlaut offenbart den Telos bereits recht eindeutig. Sinn und Zweck ist die Bestandssicherung der Gesellschaft, durch die Früherkennung von wesentlichen Risiken zu gewährleisten. Trotz des klaren Normbefehles, ist die Regelung Quelle anhaltender Auslegungszweifel. Umstritten sind im Wesentlichen zwei Fragen. Zum einen ist fraglich, welche Anforderungen, an das Merkmal der „bestandsgefährdenden Entwicklungen“ zu stellen sind und

---

189 Hoffmann-Becking, ZGR 1998, S. 497 (513 f.); Hommelhoff/Mattheus, AG 1998, S. 249 (251); Kleindiek, Hommelhoff/Hopt/Werder, S 797; Preußner/Becker, NZG 2002, S. 846 (847).

190 Vgl. § 278 Abs 3 HGB, § 34 S. 2 VAG i.V.m. § 91 Abs. 2 AktG.

191 BT-Drucks. 13/9712, S. 15.

192 Altmeppen, ZGR 1999, S. 291 (300 ff.); Kießling, A./Kießling, E., WM 2003, S. 513 (523); Lensdorf, CR 2007, S. 413 (414); Scharpf, DB 1997, S. 737 (737 ff.); Spindler, MüKo/AktG, § 93 Rn. 42; ders. in: Fleischer/HdbVorstR, § 19 Rn. 4; Schneider, U. in: Scholz/GmbHG, § 43 Rn. 96; differenzierend Hommelhoff, FS Sandrock, S. 373 (376 ff.); a.A. Mertens/Cahn in: KK/AktG, § 91 Rn. 17.

193 Drygala, T./Drygala, A., ZIP 2000, S. 297 (302 ff.) verbinden die Notwendigkeit des Risikomanagements mit den Kategorisierungen des § 267 Abs. 3 HGB.

194 Vgl. hierzu später S. 129 f.

zum anderen steht im Streit, ob die Norm eine Pflicht zur Etablierung eines allgemeinen Risikomanagements intendiert.

Bei der Diskussion um den Grad der Gefährdung – und damit der ersten Frage – handelt es sich faktisch um l'art pour l'art. Nach einer verbreiteten Auffassung, erfasst die Norm auch solche Risiken, welche dazu geeignet sind, die dauerhafte Rentabilität der Gesellschaft zu beeinträchtigen.[195] Angesichts des eindeutigen Wortlauts der Norm, sind aber richtigerweise nur solche Risiken erfasst, welche sich auf die Vermögens- und Ertragslage des Unternehmens so wesentlich auswirken, dass sie ein Insolvenzrisiko erheblich steigern oder hervorrufen können.[196] Praktisch kommt dieser Unterscheidung jedoch keine Bedeutung zu. Die geeigneten Maßnahmen können sich nicht auf die Früherkennung von Insolvenzrisiken reduzieren, da die Identifizierung von bestandsgefährdenden Risiken eine systematische Erfassung und Analyse von Einzelrisiken – auch unterhalb dieser Schwelle – voraussetzt, um die Gefahr von Risikokumulierungen und Wechselwirkungen angemessen beurteilen zu können.[197]

Der genaue Umfang und die Reichweite des Überwachungssystems sind dagegen Gegenstand einer umfangreicheren Auseinandersetzung. Eine weite Auslegung – insbesondere von Vertretern der Betriebswirtschaftslehre und Prüfungspraxis – entnimmt der Norm eine Pflicht zur Einrichtung eines umfassenden Risikomanagementsystems.[198] Da das Gesetz keine weitergehenden Hinweise zu dessen Ausgestaltung vorsehe, sollen sich Umfang und Ausgestaltung des Systems nach betriebswirtschaftlichen Aspekten richten. Zusammengefasst und ohne auf die zahlreichen Differenzierungen in Detailfragen einzugehen, bedeutet dies, dass organisatorische Maßnahmen zur Erkennung, Analyse und Bewältigung von sämtlichen Risiken aus den verschiedenen Unternehmensbereichen umfasst sind.[199] Dieses grob skizzierte Anforderungsspektrum weist durchaus strukturelle Parallelen zu einem Compliance-System im oben dargestellten Sinne auf. Demgegenüber erkennt die überwiegende gesellschaftsrechtlich geprägte Gegenansicht nur einen eingeschränk-

---

195 So z.B. Hillebrandt, Früherkennungs- u. Überwachungssystem, S. 19; Hüffer in: Hüffer/AktG, § 91 Rn. 8; Huth, Risikoüberwachung, S. 89 f.

196 Becker/Janker/Müller, DStR 2004, S. 1578 (1579); Fleischer in: Spindler/Stilz, § 91 Rn. 32; Krieger/Sailer-Coceani in: Schmidt/Lutter, § 91 Rn. 9; Lang, Corporate Compliance, S. 86; Seibert, FS Bezzenberger, S. 427 (437); Spindler in: MüKo/AktG, § 91 Rn. 21; a.A. Hüffer in: Hüffer/AktG, § 91 Rn. 6, der auf eine Relevanz nach § 264 Abs. 2 HGB abstellt; Picot in: Lange/Wall, § 1 Rn. 182; Zimmer/Sonneborn in: Lange/Wall, § 1 Rn. 182.

197 Statt vieler Liese, BB Special 5, 2008, S. 17 (22); Mertens/Cahn in: KK/AktG, § 91 Rn. 21 mit zahlreichen weiteren Nachweisen.

198 Eggemann/Konradt, BB 2000, S. 503 ff.; Gernoth, DStR 2001, S. 299 (299); Hommelhoff/Mattheus, BB 2007, S. 2787 (2788); Lück, DB 2000, S. 1473 (1473); Oltmanns in: Heidel/AktG, § 91 Rn. 6; Pollanz, DB 1999, S. 393 ff.; Preußner/Becker, NZG 2002, S. 846 (847); Preußner/Zimmermann, AG 2002, S. 657 (659); Vogler/Gundert, DB 1998, S. 2377 ff.

199 Pahlke, NJW 2002, S. 1680 (1681) mit ausführlicher Beschreibung der gestellten Mindestanforderungen; Pampel/Krolak in: Hauschka/Compliance, § 16 Rn. 37.

ten Pflichtengehalt an.[200] § 91 Abs. 2 AktG verlange demnach auf einer ersten Stufe lediglich die Früherkennung bestandsgefährdender Entwicklungen durch geeignete Maßnahmen zu gewährleisten. Auf der zweiten Stufe seien anschließend die Einhaltung der geeigneter Maßnahmen bzw. die risikoträchtigen Entwicklungen zu überwachen.[201] Letztlich sprechen die besseren Argumente für die restriktivere Auffassung. Sie entspricht dem Willen des Gesetzgebers, welcher in den Gesetzesmaterialien zum Ausdruck kommt. § 91 Abs. 2 AktG sollte demnach die bereits innerhalb der Leitungsverantwortung angelegte Pflicht des Vorstandes präzisieren und hervorheben.[202] Ein Eingriff in das Leitungsermessen und Erweiterung der Pflichten intendiert die Norm dagegen nicht.[203] Für die Einrichtung eines betriebswirtschaftlich fundierten Systems mag zwar im Einzelfall das unternehmerische Ermessen streiten, zu berücksichtigen ist dies jedoch im Bereich der Unternehmenskontrolle als Unterfall der unternehmerischen Leitungsverantwortung. Die Änderung des § 289 Abs. 5 HGB und § 107 Abs. 3 S. 2 AktG im Zuge der Umsetzung der Änderungs- und Prüferrichtlinie,[204] führte in gewissem Umfang zu einer Renaissance der Diskussion.[205] An der restriktiven Auslegung der Norm, ist jedoch auch weiterhin festzuhalten. Gestützt wird diese Sichtweise durch die Regierungsbegründung zu beiden Normen, welche die rechtliche Verpflichtung zum Ausbau bisheriger Systeme zu Risikomanagementsystemen

---

200 Fleischer in: Spindler/Stilz, § 91 Rn. 34; Huber, Compliance-Pflichten, S. 30 ff.; Hüffer in: Hüffer/AktG, § 91 Rn. 6 ff.; Kleindiek, Hommelhoff/Hopt/Werder, S 797; Koch, WM 2009, S. 1013 (1014); Kort, in GroßK/AktG, § 91 Rn. 51; Krieger/Sailer-Coceani in: Schmidt/Lutter, § 91 Rn. 14; Lang, Corporate Compliance, S. 89 f.; Liese, BB Special 5, 2008, S. 17 (19); Pahlke, NJW 2002, S. 1680 (1681 ff.); Schmidt, B., Compliance in KapG, S. 67; Spindler in: MüKo/AktG, § 91 Rn. 25; Theusinger/Liese, NZG 2008, S. 289 (290); Zimmermann, M., WM 2008, S. 433 (435); jeweils m.w.N.; differenzierend Drygala, T./Drygala, A., ZIP 2000, S. 297 (298 f.).

201 Im Hinblick auf die Anforderungen der zweiten Stufe bestehen Differenzen, ob sich die Überwachung auf die Maßnahmen und ihre Eignung oder auf die bestandsgefährdenden Entwicklungen selbst beziehe. Letztlich hat dieser Streit keine praktischen Auswirkungen, da erst nach einer Analyse der Risiken deutlich wird, ob die getroffenen Maßnahmen zur Identifizierung geeignet sind. Siehe hierzu mit Nachweisen zum Streitstand Kort in: GroßK/AktG, § 91 Rn. 28.

202 BT-Drucks. 13/9712, S. 15. Sowie die Nachweise in Fn. 200.

203 Vgl. anstelle vieler Huber, Compliance-Pflichten, S. 33.

204 Vgl. Richtlinie 2006/46/EG bzw. 2006/43/EG.

205 Kapitalmarktorientierte Kapitalgesellschaften müssen gemäß § 289 Abs. 5 HGB im Lagebericht „die wesentlichen Merkmale des internen Kontroll- und Risikomanagementsystems" beschreiben. Aus dieser Formulierung wird teilweise eine implizite Bestätigung der Pflicht zur Einführung eines umfassenden Risikomanagementsystems gelesen. Vgl. hierzu Spindler, WM 2008, S. 905 (907); Lang, Corporate Compliance, S. 87 f.; Hommelhoff/Mattheus, BB 2007, S. 2787 (2788) die mit einem Risiko der Irreführung argumentieren, sofern entsprechende Systeme nicht implementiert werden. Die Grundlinie der Argumentation ist übertragbar auf § 107 Abs. 3 S. 2 AktG, welcher dem Aufsichtsrat die Möglichkeit gewährt, die Überwachung des Risikomanagements auf einen Prüfungsausschuss zu übertragen. Offen gelassen dagegen bei: Bachmann, GesR in der Disk., S. 75.

ausdrücklich ablehnen.[206] Nicht zu unterschätzen ist zwar der von den Neuregelungen ausgehende faktische Zwang zum Ausbau bestehender Früherkennungssysteme und der zu erwartender Rechtfertigungsdruck im Falle des Unterlassens. Doch wirkt sich dieser nicht auf den Umfang der rechtlichen Verpflichtung aus.

Inhaltlich konkretisiert sich der Pflichtenumfang somit darauf, durch geeignete Maßnahmen eine Risikoidentifizierung zu gewährleisten. Abhängig von der unternehmerischen Organisationsstruktur kann dies z.B. die Schaffung von einer Controlling- und bzw. oder Revisionsabteilung bedingen.[207] Die Identifizierung von bestandsgefährdenden Entwicklungen setzt bereits implizit eine status-quo-Analyse des Risikopotentials voraus, da Entwicklungen denknotwendig auf einen Ausgangspunkt zurückgeführt werden müssen.[208] Weitere Anforderung ist darüber hinaus, dass identifizierte Risiken zur zeitnahen Kenntnis der Unternehmensleitung gelangen. Dies setzt eine klare und lückenlose Verteilung von Zuständigkeiten sowie ein funktionierendes Berichtswesen voraus.[209] Umstritten ist insoweit lediglich, ob auch eine angemessene Dokumentation der ergriffenen Maßnahmen zum Pflichtenkanon zählt. [210] Mit Verweis auf den Referentenentwurf, welcher von einer entsprechenden Notwendigkeit ausging, die lediglich keinen Eingang in die sprachlich abgekürzte Fassung der jetzigen Norm gefunden hat, ist diese Frage zu bejahen. [211] Nicht zuletzt bildet eine ordnungsgemäße Dokumentation die notwendige Grundlage für die in § 317 Abs. 4 HGB vorgesehene Prüfung des Risikofrüherkennungssystems durch den Abschlussprüfer.

III. Rechtspflicht zur Einrichtung eines Compliance-Systems?

Zahlreiche Vertreter der Literatur entnehmen § 91 Abs. 2 AktG eine Rechtspflicht zur Einrichtung eines umfassenden Compliance-Systems.[212] Richtig

---

206 BT-Drucks. 16/10067, S. 76, 102; Vgl. hierzu auch: Fleischer in: Spindler/Stilz, § 91, Rn. 35; Müller-Michaels in: Hölters/AktG, § 91 Rn. 10, sowie mit weiteren Argumenten Huber, Compliance-Pflichten, S. 34 ff.; a.A. siehe die Nachweise in Fn. 205.

207 Fleischer in: Spindler/Stilz, § 91, Rn. 36; Müller-Michaels in: Hölters/AktG, § 91 Rn. 9; Spindler in: MüKo/AktG, § 91 Rn. 28. Aus der Perspektive des Rechts der Ordnungswidrigkeiten vgl. OLG Köln, wistra 1994, S. 315 (315).

208 Explizit in dieser Hinsicht z.B. Spindler in: Müko/AktG, § 91 Rn. 20.

209 LG München, BB 2007, S. 2171 (2172); LG Berlin, BKR 2002, S. 969 (970); Fleischer in: Spindler/Stilz, § 91, Rn. 35; Hüffer in: Hüffer/AktG, § 91 Rn. 8; Kleindiek, Hommelhoff/Hopt/Werder, S 801 f.; Mertens/Cahn in: KK/AktG, § 91 Rn. 22 ff.; Müller-Michaels in: Hölters/AktG, § 91 Rn. 10, Spindler in: MüKo/AktG, § 91 Rn. 25.

210 Dies fordernd LG München, BB 2007, S. 2171 (2172); LG Berlin, BKR 2002, S. 969 (970); Blasche, CCZ 2009, S. 62 (67); Hüffer in: Hüffer/AktG, § 91 Rn. 8; Mertens/Cahn in: KK/AktG, § 91 Rn. 25; a.A. Theusinger/Liese, NZG 2008, S. 289 (290 f.); Wolf, DStR 2002, S. 466 (466).

211 Auf die Gesetzeshistorie abstellend Hüffer in: Hüffer/AktG, § 91 Rn. 8.

212 Berg, AG 2007, S. 271 (274 ff.) am Beispiel von Schmiergeldzahlungen; Deutscher, WM 2010, S. 1387 (1389); Dreher, ZGR 2010, S. 496 (519 f.); ders., FS Hüffer,

daran ist, dass beide Regelungsgebiete teilweise Ähnlichkeit und Zielübereinstimmung aufweisen. Zunehmend werden Compliance-Verstöße und die daraus resultierenden Haftungsfolgen – einschließlich ihrer möglichen staatlichen oder aufsichtsrechtlichen Sanktionierung – als existenzbedrohendes Risiko wahrgenommen. Eine ordnungsgemäße Wahrnehmung der Bestandsicherungspflicht bezieht die Identifikation und Analyse dieser Risiken ein. Im Hinblick auf bestandsgefährdende Zuwiderhandlungen überschneiden sich daher die Anwendungsbereiche von § 91 Abs. 2 AktG und Compliance.[213] Die Norm setzt zudem die Analyse des Status quo im Sinne einer Standortbestimmung[214] sowie die schriftliche Fixierung der getroffenen Maßnahmen voraus.[215] Ausgehend von dem dargestellten Meinungsspektrum im Schrifttum sind dies zugleich Grundlagen eines Compliance-Systems.

Gleichwohl unterscheiden sich die Anwendungsbereiche von Compliance und § 91 Abs. 2 AktG. Compliance ist weiter gefasst und verlangt neben der Erfassung und Analyse von Risiken auch Maßnahmen zu deren Beseitigung.[216] Die Risikobewältigung oder -beseitigung ist nur dann Bestandteil von § 91 Abs. 2 AktG, wenn der Norm eine Pflicht zur Einrichtung eines umfassenden Risikomanagementsystems zu entnehmen ist. Die besseren Gründe sprechen allerdings gerade gegen ein derart weitgehendes Verständnis. Eine weitere Differenzierung ist auf den Untersuchungsauftrag von Compliance zurückzuführen. Gegenstand der Compliance Betrachtung ist unter anderen die Rechtskonformität des Risikofrüherkennungssystems.[217] Wenn dies Prüfungsgegenstand des Compliance-Systems ist, so kann § 91 Abs. 2 AktG folglich nicht zugleich als Rechtsgrundlage eines Compliance-Systems dienen.[218] Abschließend beschränkt sich der Normbefehl von § 91 Abs. 2 AktG auf die Erfassung mehr oder minder wesentlicher Risiken. Auch wenn sich diese praktisch nicht separat extrahieren lassen, ist eine konzeptionelle Differenz zu Compliance-Systemen offensichtlich.[219] § 91 Abs. 2 AktG enthält somit nicht die Verpflichtung zur Implementierung eines umfassenden Compliance-Systems.

S. 161 (171); Passarge, DStR 2010, S. 1675 (1676); ders., NZI 2009, S. 86 (89 f.); Schwintowsky, NZG 2005 S. 200 (201); Spindler, WM 2008, S. 905 (906 f.).

213 Fleischer in: Spindler/Stilz, § 91 Rn. 43; Lang, Corporate Compliance, S. 91; Mertens/Cahn in: KK/AktG, § 91 Rn. 34.

214 Liese, BB Special 5, 2008, S. 17 (21); Mertens/Cahn in: KK/AktG, § 91 Rn. 22.

215 Statt vieler Mertens/Cahn in: KK/AktG, § 91 Rn. 25 m.w.N.

216 Lang, Corporate Compliance, S. 92 m.w.N.

217 Dreher, FS Hüffer, S. 161 (174 f.); ders., VersR 2008, S. 998 (1004).

218 Diese Erkenntnis spricht zudem gegen eine Zusammenlegung der beiden Unternehmenseinheiten, welche der Realisierung von Synergieeffekten dient. Vgl. hierzu Dreher, VersR 2008, S. 998 (1004).

219 Statt vieler Grundmeier, Compliance im Konzern, S. 26; Huber, Compliance-Pflichten, S. 68; Koch, WM 2009, S. 1013 (1014); Schneider, NZG 2009, S. 1321 (1323) jeweils m.w.N.

§ 2. Pflichten im Außenverhältnis

A. Anreizcharakter des Strafrechts

I. Die strafrechtliche Verantwortung geschäftsführender Organe

1. Vorüberlegungen und Eingrenzung der Untersuchung

Dem nationalen Strafrecht sind unternehmensorganisatorische Pflichten fremd. Staatliche Sanktionen begründen aufgrund ihrer einschneidenden Wirkung jedoch zwangsläufig einen Anreiz sein Verhalten an den geltenden Normen auszurichten. Dementsprechend wird argumentiert, dass prinzipiell sämtliche Straftatbestände als rechtliche Grundlage von Compliance-Organisationspflichten in Betracht kommen.[220] Dies ist insofern unzutreffend, da sich die Verurteilung nicht auf eine mangelhafte Organisation, sondern lediglich auf die Verletzung eines strafrechtlich geschützten Rechtsgutes stützen kann. Es steht damit bereits an dieser Stelle fest, dass das Strafrecht keine taugliche Rechtsgrundlage für die Pflicht zur Implementierung von Compliance-Systemen bietet.[221] Im Folgenden werden aber Anreize für die Ergreifung organisatorischer Maßnahmen identifiziert. Die Anreize verdichten sich zu einer faktischen Pflicht, da geschäftsführende Organe die Notwendigkeit organisatorischer Maßnahmen aus einer ex-ante-Perspektive beurteilen müssen.

Der Fokus dieser Untersuchung ist hierbei nicht auf Konstellationen gerichtet, in denen das Organ die Tatbestandsmerkmale in eigener Person verwirklicht, oder sich an kriminellen Handlungen im Unternehmen beteiligt. Insoweit sind die rechtlichen Folgen weitestgehend unproblematisch.[222] Im Zentrum des Interesses steht dagegen die strafrechtliche Verantwortung von redlich handelnden Organen, deren eigenes Verhalten maximal als fahrlässig bewertet werden kann. Ausgehend von dieser Prämisse entfällt z.B. eine eingehende Untersuchung des praktisch relevanten Untreuetatbestandes, da dieser Vorsatz hinsichtlich der objektiven Tatbestandsmerkmale voraussetzt.[223]

---

220 Bock, Criminal Compliance, S. 280.

221 Schneider, U., NZG 2009, S. 1321 (1322).

222 Begründen besondere persönliche Merkmale die Strafbarkeit, so findet eine Zurechnung über § 14 StGB statt. So wendet sich z.B. § 329 Abs. 1 StGB nur an den Betreiber einer Anlage oder § 266a StGB nur an den Arbeitgeber.

223 Diese Einschränkung ist auch vor dem Hintergrund der bisweilen schwierigen Abgrenzung von vorsätzlichen und fahrlässigen Handeln berechtigt. Nach ständiger Rechtsprechung sind – aufgrund der verfassungsrechtlich bedenklichen Weite des Untreuetatbestandes – an den Untreuevorsatz strenge Anforderungen zu stellen, wenn nur bedingter Vorsatz in Frage steht und der Täter nicht eigennützig handelte. Vgl. hierzu statt vieler BVerfG, NJW 2009, S. 2370 (2373); BGH, NStZ 2002, S. 648 (650). Aufgrund der extensiven Anforderungen soll an dieser Stelle auf die schwierige Abgrenzung von bedingtem Vorsatz und bewusster Fahrlässigkeit verzichtet werden.

2. Verantwortung im Rahmen von Unterlassungsdelikten

(a) Abgrenzung von Handeln und Unterlassen

Die Prüfung eines Unterlassungsdelikts setzt zunächst voraus, dass kein Begehungsdelikt zur Last gelegt werden kann. Primär ist daher zunächst das Verhalten des Organs in die Kategorien von Handeln und Unterlassen einzuordnen. Als Abgrenzungskriterium ist auf den Schwerpunkt des Täterverhaltens abzustellen.[224] Der Vorwurf in compliance-relevanten Sachverhalten konzentriert sich regelmäßig darauf, dass das Organ keine oder nur unzureichende organisatorischen Aufsichts- und Kontrollmaßnahmen ergriffen hat, um strafrechtlich relevante Geschehnisse zu unterbinden. Schwerpunkt der Vorwerfbarkeit ist somit das Unterlassen von notwendigen Aufsichts- und Organisationsmaßnahmen.[225] Eine andere Beurteilung ist gerechtfertigt, wenn ein unredlich handelndes Mitglied der Unternehmensleitung bewusst ein ungeeignetes Organisationssystem einrichtet, welchem das Risiko eines Gesetzesverstoßes zwangsläufig innewohnt.[226] In diesen Fällen überwiegt die aktive Entschlussfassung. Lässt sich ein entsprechender Vorsatz nachweisen, so kommt in diesem Fall auch eine Strafbarkeit wegen Untreue in Betracht.[227]

(b) Überblick über Begründungsansätze der Garantenstellung

Konstitutives Erfordernis unechter Unterlassungsdelikte ist die Garantenstellung des Täters. Widmet man sich diesem Aspekt näher, so ist eine eindeutige Differenzierung zwischen den verschiedenen Verantwortungsebenen unumgänglich. Gegenüber der Gesellschaft kommt dem Organ unstreitig eine Funktion als Beschützergarant, durch Einrücken in eine besondere Pflichtenstellung, zu. Im Falle einer Schädigung der Gesellschaft liegt jedoch kein Anwendungsfall des § 13 StGB vor, sondern um eine Verletzung fremder Vermögensinteressen i.S.v. § 266 Abs. 1 Alt. 2 StGB.[228]

Die Garantenstellung lässt sich zudem auf die Funktion als Überwachergarant zurückführen. Dies betrifft insbesondere Konstellationen, in welchen das

---

224 BGHSt 6, S. 46 (59); OLG Saarbrücken, NJW 1991, S. 3045 (3046).

225 Bock, Criminal Compliance, S. 308 f.

226 LG Nürnberg-Fürth, NJW 2006, S. 1824 (1825); Bock, Criminal Compliance, S. 309; Hellmann/Beckemper, Wirtschaftsstrafrecht, S. 350.

227 Insoweit ist auf die oben vorgenommene Einschränkung der Untersuchung hinzuweisen. Das Risiko einer strafrechtlichen Verantwortung geschäftsführender Organe ist insoweit überschaubar. Die Rechtsprechung schränkt die vorschnelle Bejahung des Tatbestandes mit dem berechtigten Einwand ein, dass nicht jede gesellschaftsrechtliche Pflichtverletzung zu einer strafrechtlichen Untreue führen dürfe. Vgl hierzu: BGH, NStZ 2002, S. 322 (324) mit der Forderung eines gravierenden Pflichtenverstoß; vgl. zu dieser Entscheidung auch Mosiek, wistra 2003, S. 370 (374). Nach Dierlamm in: MüKo/StGB, § 266 Rn. 152 m.w.N. muss die verletzte Pflicht zudem „klar, eindeutig und vorhersehbar“ bestimmt werden können. Angesichts des gesellschaftsrechtlichen Ermessensspielraumes und der mangelnden Präzisierung gesellschaftsrechtlicher Compliance Anforderungen sind der Untreuestrafbarkeit daher enge Grenzen gesetzt.

228 Statt vieler Perron in: Schönke/Schröder, § 266 Rn. 35 m.w.N.

Unternehmen Ausgangspunkt für sog. sachlichen bzw. räumlichen Gefahren ist.[229] So folgt aus dem Merkmal der Inhaberschaft eines Betriebes, welches über § 14 StGB Anwendung auf die Unternehmensleitung findet, die Pflicht zur Kontrolle von Gefahren, die aus der Betriebsgefahr resultieren. Eine weitere Fallgruppe ist die Garantenstellung aus Ingerenz. Unter diese Kategorie kann die Verantwortlichkeit im Rahmen der strafrechtlichen Produkthaftung subsumiert werden. „Leading case" [230] ist insoweit die Lederspray-Entscheidung des BGH.[231] Folge der Entscheidung ist die Statuierung einer primären Verantwortung, die Gefahren der betrieblichen Tätigkeit durch organisatorische und betriebliche Maßnahmen nach Möglichkeit zu minimieren.[232] Der BGH stützte die Verurteilung auf Ingerenz, ließ jedoch eine mögliche Ableitung der Garantenstellung aus zivilrechtlichen Verkehrspflichten ausdrücklich offen. [233] Aus den Entscheidungsgründen der Lederspray-Entscheidung ist zudem abzuleiten, dass die Garantenstellung auch anzunehmen ist, sofern geschäftsführende Organe sich bestimmte Entscheidungen für ihren Verantwortungsbereich „zu eigen" machen.[234] Wann dies der Fall sein soll, bleibt weitestgehend im Dunkeln.

(c) Sonderfall der Geschäftsherrenhaftung

Ein Sonderfall der Überwachergarantenstellung wird unter dem Begriff der Geschäftsherrenhaftung kontrovers diskutiert.[235] Aus dieser Stellung soll eine Straftatverhinderungspflicht der Unternehmensleitung für betriebsbezogene[236] Straftaten Untergebener folgen. Der Begriff erweist sich als wenig geglückt, da er teilweise zur Vermengung der soeben dargestellten Fallgruppen der Garantenstellung führt. Im Folgenden bezieht sich der Begriff ausschließlich auf – von Unternehmensangehörigen – begangene betriebsbezogene Straftaten.

229 Stree/Bosch in: Schönke/Schröder, § 13 Rn. 43 m.w.N.
230 Spindler in: Fleischer/HdbVorstR, § 15 Rn. 68.
231 BGHSt 37, S. 106 ff.
232 Die Entscheidung beruht dabei unter anderem auf der Erkenntnis, dass sich in arbeitsteilig geprägten Unternehmensstrukturen aufgrund der Vervielfältigung der Verantwortung die Identifizierung eines individuell Schuldigen als schwierig erweist.
233 BGHSt 37, S. 106 (115). Auf die Brisanz einer ungefilterten Übertragung zivilrechtlicher Verkehrspflichten in das Strafrecht kann an dieser Stelle nur hingewiesen werden. In den Entscheidungsgründen setzt sich der BGH nur am Rande mit diesem Risiko auseinander. BGHSt 37, S. 106 (115): „Andererseits dürfen die schadensersatzorientierten Haftungsprinzipien des Zivilrechts nicht unbesehen zur Bestimmung strafrechtlicher Verantwortung benutzt werden".
234 BGHSt 37, S. 106 (129 f.).
235 Siehe hierzu mit umfangreichen Nachweise zum Streitstand Dannecker, G./Dannecker, C., JZ 2010, S. 981 (989); Rönnau/Schneider, ZIP 2010, S. 53 (54 f.).
236 Darunter sind Taten zu verstehen, die unter Ausnutzung der tatsächlichen und rechtlichen Wirkungsmöglichkeiten des Betriebes begangen werden. Vgl. hierzu die Darstellungen bei Rönnau/Schneider, ZIP 2010, S. 53 (56).

Im Grundsatz erkennen weite Teile der Literatur die Existenz einer entsprechenden Verantwortung seit längerer Zeit an.[237] Die Befürworter stützen dies entweder auf die Befehls- und Organisationsherrschaft des Organs, welche zu einem Eingreifen verpflichte,[238] oder auf die Herrschaft über eine im eigenen Herrschaftsbereich liegende Gefahrenquelle.[239] Die unternehmerische Freiheit und Ausnutzung von erweiterten arbeitsteiligen Handlungsmöglichkeiten ziehe als Kehrseite die Verantwortung nach sich, betriebsbezogenen Straftaten durch Anweisungen und Kontrollen entgegenzuwirken.[240] Eine entsprechende Verantwortung ist für Erziehungsberechtigte, Lehrer oder militärischen Vorgesetzte anerkannt.[241] Es erscheint zweifelhaft, ob – vor dem Hintergrund der nicht zu leugnenden Eigenverantwortung der Untergebenen – das arbeitsrechtliche Direktionsrecht eine vergleichbare Autoritätsstellung vermittelt.[242] Bedenklich ist daneben die Gleichsetzung von Sach- und Personengefahren.

Da einem jüngeren Urteil des BGH eine implizite Bestätigung der Geschäftsherrenhaftung zu entnehmen ist, sollen die Bedenken nicht weiter zu vertieft werden. Gegenstand war der Schuldspruch gegen einen Compliance-Beauftragten wegen Beihilfe zum Betrug durch Unterlassen.[243] Obiter dicta führte das Gericht aus, dass Compliance-Beauftragte regelmäßig eine strafrechtliche Garantenpflicht treffe, Verstöße von Mitarbeitern zu verhindern, welche im Zusammenhang mit der Tätigkeit des Unternehmens stehen.[244] Geht man richtigerweise davon aus, dass die primäre Verantwortlichkeit für die unternehmerische Rechtskonformität den geschäftsführenden Organen obliegt, so findet diese Argumentation direkte Übertragung auf die Unternehmensleitung. Weiterhin lässt die allgemeine Begründung einer Verantwortung für jegliches strafrechtlich relevantes Handeln keine Differenzierung zwischen sog. sachlich-räumlichen Gefahren und betriebsbezogenen personellen Gefahren erkennen. Eine Differenzierung ist dementsprechend nicht angezeigt.[245]

---

237 Statt vieler Dannecker, G./Dannecker, C., JZ 2010, S. 981 (988 ff.); Rönnau/Schneider, ZIP 2010, S. 53 (54 f.) jeweils m.w.N.; a.A. Bock, Criminal Compliance, S. 308 ff.; Bosch, Organisationsverschulden, S. 146 ff.

238 Dannecker, G./Dannecker, C., JZ 2010, S. 981 (989); Rogall, ZStW, (98) 1986, S. 573 (616 ff.).

239 Heine, Verantwortlichkeit von Unternehmen, S. 118 ff.; Ransiek, ZGR 1999, S. 613 (615 ff.); Schall, FS Rudolphi, S. 267 (269).

240 Dannecker, G./Dannecker, C., JZ 2010, S. 981 (989); Rönnau/Schneider, ZIP 2010, S. 53 (56); Schall, FS Rudolphi, S. 267 (272).

241 Bei den genannten Autoritätspersonen ist die grundsätzliche Pflicht zur Verhinderung von Straftaten der jeweiligen Personen, welche sich in ihrer Obhut befinden, anerkannt.

242 Anerkannt ist ein vergleichbares personales Gewaltverhältnis bei Erziehungsberechtigten, Lehrern oder militärischen Vorgesetzten. Vgl. hierzu Schall, FS Rudolphi, S. 267 (271).

243 BGH, NJW 2009, S. 3173 ff.

244 BGH, NJW 2009, S. 3173 (3175 ff.).

245 Im Hinblick auf den haftungsrechtlichen Fokus dieser Untersuchung und die zu beachtenden Risiken für geschäftsführende Organe ist noch zu ergänzen, dass die

II. Anreize für die Einrichtung eines Compliance-Systems

Akzeptiert man die grundlegende Verantwortung und Garantenstellung von Organen, so ist nur von untergeordneter Relevanz, ob das Verhalten des Organs täterschaftlicher Natur ist oder nur die Voraussetzungen der Beteiligung erfüllt. Bedeutsamer ist hingegen die Konkretisierung der zur Erfolgsabwendung objektiv notwendigen und zumutbaren Aufsichts- und Organisationspflichten. Insbesondere im Angesicht fahrlässiger Begehungsweisen birgt die Konkretisierung Schwierigkeiten und läuft Gefahr eine Vorverlagerung der strafrechtlichen Verantwortung nach sich zu ziehen.

Die einschlägigen Rechtsprechung zur strafrechtlichen Produkthaftung, dem Umweltstrafrecht sowie produkthaftungsspezifische Publikationen lassen insoweit den wohl größten Konkretisierungsgrad erkennen. Demnach besteht z.B. eine Pflicht zur Erstellung detaillierter Organisationspläne sowie zur Implementierung von Melde- und Informationswegen für die Weiterleitung von erkannten Fehlern und Gefahren.[246] Parallel zum Zivilrecht ist der Delegat – im Falle einer Aufgabendelegation – bezüglich seines Vertrauens in eine ordnungsgemäße Aufgabenerfüllung durch den Delegationsempfänger geschützt. Voraussetzung hierfür ist allerdings die Vorgabe und Umsetzung von inhaltlich richtigen organisatorischen Maßnahmen sowie die Einrichtung laufender Plausibilitätskontrollen[247] und Überwachungsmechanismen.[248] Allgemein gilt der Grundsatz, dass die Vielzahl von Delegationsebenen zu einer Verallgemeinerung der Aufsichtspflicht an der Unternehmensspitze führt. Lediglich besondere Risikosituationen ziehen eine Intensivierung der Kontroll- und Überwachungspflicht nach sich.[249] Implizit setzt dies die Existenz eines Berichtswesens bzw. Informationsflusses voraus, welcher ab einer gewissen Un-

---

praktische Relevanz der Rechtsprechung dadurch abgeschwächt wird, dass der subjektive Tatbestand häufig ein vorsätzliches Handeln erfordert. Ein unechtes Unterlassungsdelikt kann zwar grundsätzlich auch fahrlässig begangen werden, allerdings ist im Wirtschaftsstrafrecht die fahrlässige Tatbegehung häufig nicht strafbar. Redlich handelnde Organe sind damit zwar nicht gänzlich von strafrechtlichen Risiken befreit, wie insbesondere die §§ 222, 229 StGB z.B. im Bereich des Arbeitschutzes oder die in den §§ 324 ff. StGB normierten Umweltschutzdelikte verdeutlichen. Es ergibt sich jedoch ein wesentlich abgemildertes Gesamtbild. Vgl. hierzu auch Wittig, Wirtschaftsstrafrecht, S. 51. Vor diesem Hintergrund ist jedoch ebenfalls darauf hinzuweisen, dass gerade im Bereich der Beihilfe die Grenzziehung zwischen bedingtem Vorsatz und bewusster Fahrlässigkeit nicht immer trennscharf gezogen werden kann. Die Rechtsprechung bejaht den Vorsatz z.B. bereits, wenn der Gehilfe weiß, dass sein Verhalten dem Haupttäter eine noch zu konkretisierende Tat erleichtert oder ermöglicht. Von den Einzelheiten der Tat sind dagegen keine genaueren Vorstellungen erforderlich. Siehe hierzu z.B. BGH, BB 1996, S. 1997 ff.

246 Spindler in: Fleischer/HdbVorstR, § 15 Rn. 75 m.w.N.

247 Schmidt-Salzer, NJW 1990, S. 2966 (2970); Spindler in: Fleischer/HdbVorstR, § 15 Rn. 75.

248 Ransiek, ZGR 1999, S. 613 (621); Schmidt-Salzer, NJW 1996, S. 1 (2 f.); Spindler in: Fleischer/HdbVorstR, § 15 Rn. 75; Turiaux/Knigge, DB 2004, S. 2199 (2205 f.).

249 BGH, NJW 1964, S. 1283 (1284); Kassebohm/Malorny, BB 1994, S. 1361 (1365); Ransiek, ZGR 1999, S. 613 (621); Schmidt-Salzer, NJW 1990, S. 2966 (2970); Spindler in: Fleischer/HdbVorstR, § 15 Rn. 75.

ternehmensgröße ebenfalls einer Organisation bedarf. Im gewissen Umfang sollen Qualitätssicherungsstandards daneben für die Konturierung eines Mindeststandards fruchtbar gemacht werden.[250]

Für die Präzisierung der Organisations- und Verhaltenspflichten im Rahmen der Geschäftsherrenhaftung fehlen dagegen entsprechende Vorgaben. Rechtsprechung und Literatur können nur beschränkt fruchtbar gemacht werden, da sie sich regelmäßig in der Begründung und Feststellung einer Garantenstellung erschöpfen. Das „Wie" der notwendigen Maßnahmen – im Sinne einer konkreten Handlungsempfehlung – bleibt dagegen weitestgehend im Dunkeln, da sich die Präzisierungen häufig auf eine allgemeine Leerformel von möglichen, erforderlichen und zumutbaren Aufsichts- und Kontrollmaßnahmen zurückziehen.[251] Eine pauschale Übertragung der soeben dargestellten Organisationsanforderungen zur Kontrolle von sachlich-räumlichen Gefahren ist nur beschränkt möglich, da diesen ein strukturell abweichender Anknüpfungspunkt für die Aufsichts- und Kontrollmaßnahmen zu Grunde liegt. Die strafrechtliche Produkthaftung knüpft z.B. an das Inverkehrbringen eines Produktes – und damit der Schaffung einer sachlichen Gefahr – an. Von Fällen des Auswahlverschuldens abgesehen fehlt ein entsprechender Anknüpfungspunkt bei betriebsbezogenen Straftaten.[252] Diese Bewertung darf allerdings nicht darüber hinwegtäuschen, dass das Strafrecht hinreichende Anreize für die Implementierung eines anforderungsgerechten und effizienten Compliance-Systems bietet, da es sich hierbei um ein geeignetes Mittel zur Widerlegung einer Sorgfaltspflichtverletzung handelt.

B. Recht der Ordnungswidrigkeiten

I. Grundsätzliche Verantwortung geschäftsführender Organe

Im Zuge der allgemeinen Diskussion über Compliance hat insbesondere § 130 OWiG einen Bedeutungszuwachs erfahren. Angesichts des normimmanenten Subsidiaritätscharakters[253] ist dies zunächst erstaunlich. Die Begründung hierfür liegt wohl an der Präferenz der Rechtsprechung, einen konkreten Tatbestand anzuwenden, als sich auf die Unwägbarkeiten von Unterlassungsdelikten einzulassen.[254] Die Ausgestaltung als Auffangtatbestand gebietet gleichwohl die vorrangige Prüfung einer Verantwortung als Täter oder Teilnehmer. Im Hinblick auf den Fokus dieser Untersuchung ist dennoch von einer eingehenden Analyse abzusehen. Parallel zum Strafrecht kommt im Wesentlichen eine Verantwortung als Unterlassungstäter in Betracht. Eine Abweichung ergibt sich jedoch vor dem Hintergrund, dass eine Verantwortung

250 Kassebohm/Malorny, BB 1994, S. 1361 (1368); kritisch hierzu und mit zahlreichen weiteren Nachweisen: Spindler in: Fleischer/HdbVorstR, § 15 Rn. 76 ff.
251 BGH, NStZ 1997, S. 545 (546); OLG Koblenz, MDR 1973, S. 606 (606); OLG Düsseldorf, wistra 1999, S. 115 (116).
252 Bosch, Organisationsverschulden, S. 165.
253 Hierzu Rogall in: KK/OWiG, § 130 Rn. 108 f.
254 Koch, ZHR (171) 2007, S. 554 (569) m.w.N.

aufgrund fahrlässiger Beteiligung nach absolut herrschender Meinung nicht in Betracht kommt.[255] Anhaltspunkte für organisationsspezifische Pflichten lassen sich daher insoweit nicht gewinnen.

II. Organisationspflichten nach §§ 130, 30 OWiG

1. Regelungsgegenstand und Anwendungsbereich

Komprimiert dargestellt sanktioniert § 130 OWiG die Inhaber eines Unternehmens, die vorsätzlich oder fahrlässig Aufsichtsmaßnahmen unterlassen, welche erforderlich sind, um eine Zuwiderhandlung gegen betriebsbezogene Pflichten zu verhindern, sofern deren Verletzung mit Geldbuße oder Strafe bedroht ist.[256] Geschäftsführende Organe trifft damit rechtsformübergreifend die Pflicht die nötigen Aufsichtsmaßnahmen vorzunehmen, um einen Verstoß gegen betriebsbezogene Pflichten zu verhindern. Zu den betriebsbezogenen Pflichten zählen neben Sonderdelikten, welche gerade nur den Inhaber als solchen treffen, auch sog. Allgemeindelikte, sofern die Pflichtverletzung nur im Zusammenhang mit der Betriebs- oder Unternehmensführung steht.[257]

Adressat von § 130 OWiG ist der Inhaber des Betriebes bzw. Unternehmens. Wesentliches Kennzeichen des Betriebs ist die von einem arbeitstechnischen Zweck bestimmte räumlich organisatorische Zusammenfassung von Personal- und Sachmitteln unter einheitlicher Leitung.[258] Eine trennscharfe Abgrenzung zum Unternehmensbegriff bereitet Schwierigkeiten. Als Faustformel wird jedoch überwiegend angenommen, dass das Unternehmen auf eine kaufmännische, der Betrieb dagegen eher technische Tätigkeit gerichtet sei.[259] Eine weitergehende Differenzierung kann angesichts der fehlenden Durchführbarkeit und praktischen Relevanz unterbleiben.

Der Begriff des „Inhabers" wird von § 130 OWiG vorausgesetzt und nicht eigenständig definiert. In der Literatur zum Recht der Ordnungswidrigkeiten

---

255 BGH, NJW 1983, S. 2272 (2272); OLG Koblenz, NStZ 1982, S. (472 (472); BayObLG, NJW 1977, S. 2323 (2324); Rengnier in: KK/OWiG, § 14 Rn. 5 ff.

256 Vgl. den Originalwortlaut von § 130 Abs. 1 OWiG: Wer als Inhaber eines Betriebes oder Unternehmens vorsätzlich oder fahrlässig die Aufsichtsmaßnahmen unterlässt, die erforderlich sind, um in dem Betrieb oder Unternehmen Zuwiderhandlungen gegen Pflichten zu verhindern, die den Inhaber treffen und deren Verletzung mit Strafe oder Geldbuße bedroht ist, handelt ordnungswidrig, wenn eine solche Zuwiderhandlung begangen wird, die durch gehörige Aufsicht verhindert oder wesentlich erschwert worden wäre. Zu den erforderlichen Aufsichtsmaßnahmen gehören auch die Bestellung, sorgfältige Auswahl und Überwachung von Aufsichtspersonen.

257 Bohnert in: Bohnert/OWiG, § 130 Rn. 29; Gürtler in: Göhler/OWiG, § 130 Rn. 18; Spindler in: Fleischer/HdbVorstR, § 15 Rn. 100; Többens, NStZ 1999, S. 1 (5). Eine Beschränkung auf Sonderdelikte ist nach Streichung der Wörter „als che" durch das 41. StrÄndG vom 07.08.2007 nicht mehr angezeigt a.A. Bachmann, GesR in der Disk., S. 71 f.; sowie Rogall in: KK/OWiG, § 130 Rn. 77 ff. mit Nachweisen zur vorherigen Rechtslage.

258 Bohnert in: Bohnert/OWiG, § 130 Rn. 4; Rogall in: KK/OWiG, § 9 Rn. 67.

259 Grundmeier, Compliance im Konzern, S. 40; Rogall in: KK/OWiG, § 9 Rn. 68; Vogt, Verbandsgeldbuße, S. 284; die Notwendigkeit einer Abgrenzung verneinend Bohnert in: Bohnert/OwiG, § 9 Rn. 19.

ist anerkannt, dass derjenige als Inhaber anzusehen ist, dem die Erfüllung der Pflichten obliegt, welche das Unternehmen bzw. den Betrieb treffen.[260] Unbeachtlich sind dagegen Aspekte der Eigentümer- oder Kapitalbeteiligungsstellung.[261] Bestimmt sich jedoch der Begriff des Inhabers nach dem Adressaten der betriebs- bzw. unternehmensbezogenen Pflichten, so ist dies bei juristischen Personen problematisch. Adressat ist in diesem Fall ein Personenverband, der im Sanktionsrecht weder handlungs- noch schuldfähig ist. Das Haftungsrisiko für die unternehmerische Leitungsebene ergibt sich in diesem Fall aus § 9 Abs. 1 Nr. 1 OWiG, der die vertretungsberechtigten Organe einer juristischen Person – sowie die Mitglieder eines solchen Organs – in die Haftung einbezieht. Der Umweg über § 9 OWiG führt letztlich dazu, dass Pflichtverletzungen dieser Organe haftungsrechtlich nach den Maßstäben des § 130 OWiG geahndet werden. Das Zusammenspiel von § 130 OWiG und § 9 OWiG bewirkt zudem eine weitere wesentliche haftungsrechtliche Konsequenz. Über § 30 OWiG kommt im Falle unzureichender oder fehlender Aufsichtsmaßnahmen die Verhängung einer Geldbuße gegen die juristische Person in Betracht,[262] was im diametralen Gegensatz zur ansonsten fehlenden Unternehmensstrafbarkeit des StGB steht.

2. Das Tatbestandsmerkmal der „erforderlichen Aufsichtsmaßnahmen"

Eine Konkretisierung des Haftungsrisikos von § 130 OWiG setzt eine der Präzisierung der erforderlichen Aufsichtsmaßnahmen voraus. Der Aussagegehalt der Norm selbst ist gering, da offen bleibt, welche Aufsichtsmaßnahmen zur Erfüllung der Anforderung nötig sind. Zu einer beschränkten Präzisierung hat allerdings die zu § 130 OWiG ergangene Rechtsprechung geführt. Einschlägige Urteile stellen regelmäßig zunächst heraus, dass die Intensität der Aufsichtsmaßnahmen in erster Linie durch Art, Größe und Organisation des Betriebes, die Vielfalt und Bedeutung der zu beachtenden Vorschriften sowie das Vorhandensein von Fehlern in der Vergangenheit bestimmt wird.[263] Die konkret zu ergreifenden Maßnahmen sollen sich im Rahmen des Erforderlichen und Zumutbaren halten und so beschaffen sein, dass sie voraussichtlich zur Einhaltung der betriebsbezogenen Pflichten führen.[264] Der konkrete Umfang steht in Abhängigkeit zu den tatsächlichen Überwachungsmög-

---

260 Bohnert in: Bohnert/OWiG, § 130 Rn. 8; Rogall in: KK/OWiG, § 130 Rn. 23.

261 Rogall in: KK/OWiG, § 130 Rn. 23; Theile/Petermann, JuS 2011, S. 496 (498) jeweils m.w.N.

262 Zu den hierzu nötigen Voraussetzungen Theile/Petermann, JuS 2011, S. 496 (499 ff.).

263 BGH, NStZ 1986, S. 34 (34); OLG Düsseldorf, wistra 1999, S. 115 (116); OLG Zweibrücken, NStZ–RR 1998, S. 311 (312); OLG Köln, wistra 1994, S. 315 (315).

264 BGH, NJW 1973, S. 1511 (1513); OLG Düsseldorf, wistra 1999, S. 115 (116); OLG Zweibrücken, NStZ–RR 1998, S. 311 (312); OLG Stuttgart, NJW 1977, S. 1410 (1410).

lichkeiten.[265] Verständlicherweise unterlässt die Rechtsprechung eine weitergehende Konkretisierung, sondern belässt es im jeweiligen Einzelfall bei der Feststellung, dass die konkret getroffenen Maßnahmen nicht ausreichend waren.[266] Diese Spruchpraxis birgt damit allerdings das Risiko einer ex-post-Betrachtung der erforderlichen Aufsichtsmaßnahmen. Dies ist problematisch, da Organe den Umfang ihrer Handlungspflicht aus einer ex-ante-Perspektive beurteilen müssen. Folgerichtig ist diese Perspektive auch bei der Beurteilung der Verantwortung nach dem Recht der Ordnungswidrigkeiten einzunehmen.[267]

Eine Zusammenschau von Rechtsprechung und Literatur lässt bisweilen jedoch konkretere Grundlinien einer anforderungsgerechten Ausgestaltung der Aufsichtsmaßnahmen erkennen, die über allgemeine Leerformeln hinausgehen. Zentrale Voraussetzung ist demnach zunächst die sorgfältige Auswahl der Mitarbeiter, welche mit einer klar definierten Zuweisung der Zuständigkeiten und einer den jeweiligen Vorkenntnissen entsprechenden Aufgabeninstruktion zu verbinden ist.[268] Der Aufsichtspflichtige muss seine Mitarbeiter wiederholt und nachdrücklich unterrichten, dass Rechtsverletzungen zu unterbleiben haben.[269] Die Aufsichtspflicht setzt sich in der Pflicht zur laufenden Kontrolle und Überwachung der Mitarbeiter fort. Dies schließt auch die Durchführung von Stichproben, welche das regelkonforme Verhalten der Mitarbeiter sicherstellen sollen, ein.[270] Ab einer entsprechenden Größe, oder fehlenden Befähigung des Unternehmensinhabers, bedingt dies die Notwendigkeit eine Sicherheitsstelle bzw. Revisionsabteilung einzurichten.[271] Aber auch unterhalb der genannten Schwelle ist eine angemessene Organisation der Aufsicht notwendig. Dies umfasst die Auswahl zuverlässiger Personen zur Überwachung der betrieblichen Pflichtenkontrolle sowie die Bereitstellung der notwendigen personellen Kapazitäten.[272] Nicht abschließend geklärt ist, ob § 130 OWiG auch die Androhung – bzw. im Fall von begangenen Verstö-

265 OLG Zweibrücken, NStZ-RR 1998, S. 311 (311 f.); sowie Grundmeier, Compliance im Konzern, S. 50 mit weiteren Nachweisen zur Zumutbarkeit.

266 Adam, wistra 2003, S. 285 (289); Bussmann/Matschke, CCZ 2009, S. 132 (133); Hauschka in: Hauschka/Compliance, § 1 Rn. 21; Rogall in: KK/OWiG, § 130 Rn. 41.

267 Bachmann, GesR in der Disk., S. 83; Fleischer, AG 2003, S. 291 (300); Gürtler in: Göhler/OWiG, § 130 Rn. 10.

268 BGH, wistra 1982, S. 34 (34); OLG Düsseldorf, wistra 1999, S. 115 (116); OLG Stuttgart, NJW 1977, S. 1410 (1410); Bohnert in: Bohnert/OWiG, § 130 Rn. 20; Grundmeier, Compliance im Konzern, S. 48; Pampel, BB 2007, S. 1636 (1637); Rogall in: KK/OWiG, § 130 Rn. 40 ff.

269 Grundmeier, Compliance im Konzern, S. 48 f.; Raum in: Langen/Bunte, § 81 Rn. 26 am Beispiel von Submissionsabsprachen.

270 BGH, NJW 1973, S. 1511 (1513); BayObLG, NJW 2002, S. 766 (767); OLG Köln, wistra 1994, S. 315 (315); OLG Stuttgart, NJW 1977, S. 1410 (1410) m.w.N.; Grundmeier, Compliance im Konzern, S. 49.

271 OLG Köln, wistra 1994, S. 315 (315).

272 KG Berlin, WuW/E, S. 2330 (2332).

ßen auch die Verhängung – von betrieblichen Sanktionen verlangt.[273] Die neuere Rechtsprechung tendiert zu einer Bejahung dieser Frage.[274] Mit steigendem Risikograd – z.B. aufgrund von früheren Verstößen oder der Beschäftigung neuer Mitarbeiter – verdichten sich die Aufsichtsmaßnahmen zu detaillierten Anordnungen und Überprüfungen in engeren zeitlichen Intervallen. Zu berücksichtigen sind hierbei jedoch immer Aspekte der Zumutbarkeit sowie die Eigenverantwortung der Mitarbeiter.[275]

3. Rechtspflicht zur Einrichtung eines Compliance-Systems?

Compliance und § 130 OWiG befassen sich zentral mit Fragen der notwendiger Organisation und Aufsicht. Teilweise wird daher bereits dem Recht der Ordnungswidrigkeiten die Pflicht zur Schaffung eines umfassenden Compliance-Systems entnommen.[276] Dieser Auffassung kann indes nur teilweise zugestimmt werden.

Gegen diese Ansicht könnte zunächst sprechen, dass § 130 OWiG den Eintritt einer mit Strafe oder Geldbuße bedrohten Rechtsverletzung voraussetzt. Unabhängig davon, ob man die Begehung von Allgemeindelikten als vom Wortlaut umfasst ansieht,[277] ist der Verstoß objektive Bedingung der Ahndung.[278] Daraus folgt zugleich, dass unterlassene oder unzureichende Aufsichtsmaßnahmen nicht unabhängig von der Existenz eines Verstoßes geahndet werden können. Es wird daher argumentiert, dass § 130 OWiG konstruktiv keine dauerhafte – und von der objektiven Bedingung der Ahndung losgelöste – Aufsichtspflicht begründen kann.[279] Diese Ansicht ist aber weder rechtlich noch faktisch überzeugend. Der objektiven Bedingung der Ahndung kommt lediglich eine sanktionseinschränkende Wirkung zu. Vergegenwärtigt man sich, dass die objektive Bedingung kein Verschulden des Organs voraussetzt, so wird vor dem Hintergrund des Verantwortungsprinzips deutlich, dass die Pflicht zur Vornahme der erforderlichen Aufsichtsmaßnahmen unabhängig von einer hinzutretenden Rechtsverletzung besteht.[280] Neben dieser rein rechtlichen Überlegung geht von § 130 OWiG zumindest ein faktischer Zwang zur Ergreifung von Aufsichtsmaßnahmen aus.[281] Haftungsnormen ist

---

273 Dies bejahen Bock, Criminal Compliance, S. 666 f.; Bussmann/Matschke, CCZ 2009, S. 132 (136.); Bohnert in: Bohnert/OWiG, § 130 Rn. 20; Göpfert/Drägert, CCZ 2011, S. 25 (25); Kolbe, NZA 2009, S. 228 (231); Pampel, BB 2007, S. 1636 (1637); Rogall in: KK/OWiG, § 130 Rn. 61; Voigt, NJW 2009, S. 3755 (3755); Ziemons in: Oppenländer/Trölitzsch, § 22 Rn. 20; ablehnend dagegen: BGH, wistra 1982, S. 34; Hüneröder, Aufsichtspflichtverletzung, S. 108.

274 OLG Düsseldorf, NJW 2008, S. 930 (931).

275 Es besteht daher z.B. keine Pflicht zur Verhinderung vorsätzlicher Exzesstaten.

276 Bachmann, GesR in der Disk., S. 70; Moosmayer, Moosmayer/Compliance, S. 5; Spindler in: Fleischer/HdbVorstR, § 15 Rn. 94; in diese Ruchtung auch Grundmeier, Compliance im Konzern, S. 31 sowie die Nachweise dort auf S. 24 f.

277 Siehe hierzu oben Teil 3.§ 2.B.II.1.

278 Allgemeine Ansicht vgl: Rogall in: KK/OWiG, § 130 Rn. 36.

279 Lösler, Compliance, S. 132 f.; Pananis, Insidertatsache, S. 145.

280 Vogt, Verbandsgeldbuße, S. 282 f.

281 So auch Gößwein/Hohmann, BB 2011, S. 963 (964).

immanent, dass sie erst mit Eintritt eines Schadens Relevanz erlangen. Geschäftsführende Organe müssen jedoch den Umfang und die Notwendigkeit der Aufsicht aus einer ex-ante-Perspektive beurteilen. Wird Ihnen empfohlen, dass Aufsichtsmaßnahmen nicht notwendig sind, sofern Zuwiderhandlungen ausbleiben, so werden ihnen Steine statt Brot gereicht.

Dennoch scheidet § 130 OWiG als umfassende Rechtsgrundlage für die Implementierung eines Compliance-Systems aus. Der Normanwendungsbereich erfasst nicht die gesamte inhaltliche Reichweite des Begriffes. Objektive Bedingung der Ahndung ist eine in dem Betrieb oder Unternehmen begangene Zuwiderhandlung, deren Verletzung mit Strafe oder Geldbuße bedroht ist. In zahlreichen Fällen wird die Verletzung von compliance-relevanten Pflichten mit Strafe oder Bußgeld geahndet.[282] Der Normanwendungsbereich von § 130 OWiG wird jedoch spätestens bei der Verletzung von Selbstverpflichtungen – oder nach extensivster Auffassung auch „soft law" – verlassen.[283] Das Recht der Ordnungswidrigkeiten begründet insoweit keinerlei rechtliche Verpflichtungen. Der Gegenauffassung, welche das Recht der Ordnungswidrigkeiten als Rechtsgrundlage heranzieht, ist jedoch zuzugestehen, dass die wenigen vorhandenen Präzisierungen im Nebenstrafrecht gewisse Basisanforderungen formulieren, welche auch im internationalen Umfeld an Compliance-Systeme gestellt bzw. von ihnen bereits vorausgesetzt werden. Demnach bilden Auswahl, Instruktion und Überwachung von Mitarbeitern einen Kernbestandteil der erforderlichen Aufsichtsmaßnahmen.[284] Der Erkenntnisgewinn ist freilich gering, da das Recht der Ordnungswidrigkeiten und die es konkretisierende Rechtsprechung – im Gegensatz zu internationalen Gesetzen und Richtlinien – nicht darauf abzielen, präzise Mindestanforderungen an ein System zu formulieren.[285] Angesichts der Tatsache, dass Inhalt und Umfang der erforderlichen Aufsichtsmaßnahmen jeweils vom konkreten Einzelfall abhängen und für eine kleine GmbH gänzlich andere Anforderungen als für eine kapitalmarktorientierte AG begründen, ist dies allerdings auch sachgerecht.

C. Allgemeines Deliktsrecht

I. Organisationspflichten nach § 831 BGB

Zwischen § 831 BGB und § 130 OWiG besteht eine strukturelle Ähnlichkeit, da beide Normen das Ziel verfolgen den Risiken arbeitsteiligen Zusammen-

---

282 In wesentlichen Punkten, wie z.B. dem Kartellrecht oder der Berücksichtigung von Korruptionsdelikten, decken sich der Normanwendungsbereich und die inhaltliche Reichweite des Compliance Begriffes. Vgl. Liese, BB Special 5, 2008, S. 17 (22); Spindler in: Fleischer/HdbVorstR, § 15 Rn. 94.

283 Huber, Compliance-Pflichten, S. 83.

284 Huber, Compliance-Pflichten, S. 85 m.w.N.

285 Huber, Compliance-Pflichten, S. 85 ff. weist in diesem Zusammenhang richtigerweise darauf hin, dass aufgrund der Unbestimmtheit der Anforderungen ein unmittelbarer Einfluss auf die Pflichten im Innenverhältnis – im Wege der dem Organ gegeüber der Gesellschaft obliegenden Legalitätspflicht – Bedenken ausgesetzt ist.

wirkens eine Organisationsverantwortung entgegenzusetzen. Die Pflicht zur Implementierung eines Compliance-Systems wird daher teilweise durch einen Verweis auf § 831 BGB untermauert.[286] Für die im Fokus dieser Bearbeitung stehende Frage der Haftung von geschäftsführenden Organen bietet § 831 BGB jedoch keine tragfähige Grundlage. Die unternehmerische Leitungsebene ist kein Geschäftsherr im Sinne von § 831 Abs. 1 BGB.[287] Vor dem Hintergrund der vertikalen Arbeitsteilung in Unternehmen ist der Rechtsträger als Geschäftsherr zu qualifizieren.[288] Dies ist sachgerecht, da dieser auch Nutznießer der arbeitsteiligen Unternehmenstätigkeit ist. Ein Haftungsrisiko für geschäftsführende Organe könnte daher nur bei Vorliegen der Voraussetzung des § 831 Abs. 2 BGB bestehen. Als Ansatzpunkt für die vertragliche Übernahme der Geschäftsherrenpflichten kommen die Organbestellung sowie die regelmäßig parallele Vereinbarung eines Anstellungsverhältnisses in Betracht. Beide Alternativen erfüllen allerdings nicht die nötigen Tatbestandsvoraussetzungen der Norm. Zunächst ist die Organbestellung ein körperschaftlicher Akt, welcher lediglich der Annahme durch den Bestellten bedarf.[289] Somit entspricht bereits die Rechtsnatur des Bestellungsvorganges nicht den Voraussetzungen von § 831 Abs. 2 BGB.[290] Der Anstellungsvertrag bietet ebenfalls keine hinreichende Grundlage, da das Organ dem Unternehmen nicht die Zuständigkeit für die Mitarbeiter abnimmt, sondern aufgrund des Vertrages originär für den Geschäftsherrn handelt.[291] Eine Zurechnung von Versäumnissen findet über § 31 BGB statt. Abschließend spricht der Telos gegen die Begründung von Compliance-Pflichten. Dieser zielt nicht auf die Pflicht zur Einrichtung eines umfassenden Organisationssystems ab, sondern ist grundsätzlich auf Einzelfälle ausgerichtet und bezieht sich auf individualisierbare Gehilfen[292] und nicht auf das Kollektiv der Unternehmensmitarbeiter.

II. Compliance-spezifische Relevanz von § 823 Abs. 1 BGB

1. Überblick über mögliche Haftungskonstellationen

Neben der gesellschaftsrechtlichen Binnenhaftung sind die Mitglieder unternehmerischer Leitungsorgane dem Risiko einer allgemeinen Deliktshaftung gemäß § 823 Abs. 1 BGB ausgesetzt. Unstreitig haftet das Organ im Falle

286 Schneider, U./Schneider, S., ZIP 2007, S. 2061 (2061).
287 BGHZ 109, S. 297 (304); BGH, NJW 1994, S. 1801 (1802).
288 BGHZ 109, S. 297 (304); Matusche-Beckmann, Organisationsverschulden, S. 229; Spindler in: Bamberger/Roth, § 831 Rn. 15; Sprau in: Palandt, § 831 Rn. 3.
289 Exemplarisch für die AG: Hüffer in: Hüffer/AktG, § 84 Rn. 4 m.w.N.
290 Matusche-Beckmann, Organisationsverschulden, S. 230; Spindler in: Bamberger/Roth, § 831 Rn. 46 mit zahlreichen Nachweisen zum Streitstand; a.A. insoweit Haas, Geschäftsführerhaftung und Gläubigerschutz, S. 229 f.
291 Spindler in: Bamberger/Roth, § 831 Rn. 46; Sprau in: Palandt, § 831 Rn. 17; Wagner in: MüKo/BGB, § 831 Rn. 50; a.A. Will, BB 1975, S. 588 (588 f.); Altmeppen, ZIP 1995, S. 881 (888 f.).
292 Grundmeier, Compliance im Konzern, S. 35; Koch, WM 2009, S. 1013 (1016); Matusche-Beckmann, Organisationsverschulden, S. 108.

einer rechtswidrigen und schuldhaften Verletzung eines absolut geschützten Rechtsgutes. Ob die Verletzung im Zusammenhang mit der unternehmerischen Tätigkeit steht, ist für die Haftungsfrage irrelevant. Eine weitere Fallgruppe betrifft die deliktsrechtliche Haftung gegenüber den Aktionären. Unstreitig genießt das Mitgliedschaftsrecht eines Gesellschafters den Schutz des § 823 Abs. 1 BGB.[293] Dies gilt zumindest für solche Eingriffe, welche sich unmittelbar gegen Bestand des Rechts oder die verkörperten Mitgliedschaftsrecht richten.[294] Im Hinblick auf Compliance-Verstöße stehen allerdings nicht die vorstehend genannten direkten deliktsrechtlichen Handlungsweisen im Brennpunkt, sondern primär mittelbare Vermögensschäden. Führen Compliance-Verstöße zu einem Bußgeld oder einem Reputationsschaden, so wirkt sich dies negativ auf den Wert der Beteiligung aus. Die Schädigung der Gesellschaft stellt insoweit nur einen Reflexschaden des Gesellschafters dar. Es herrscht daher Einigkeit, dass Wertminderungen des Anteils allein einen Schaden der Gesellschaft darstellen.[295] Aus der Verbindung von Deliktsrecht und Schutzgesetzen resultieren zudem – insbesondere aus einer Compliance-Perspektive – Haftungsrisiken aus § 823 Abs. 2 BGB, deren Darstellung separat erfolgt.[296]

Diese Tour d'Horizon soll auf ein wesentlich ungesichertes Terrain deliktsrechtlicher Verantwortung überleiten. Für die Diskussion sind so genannte mittelbare Rechtsgutsverletzungen bedeutsam. Der Begriff beschreibt Fälle, in denen Verletzungshandlungen durch einen weisungsabhängigen Angestellten bzw. Mitarbeiter des Unternehmens begangen werden. Kann dem Organ keine Täterschaft oder Teilnahme zur Last gelegt werden, so reduziert sich der Vorwurf auf eine fahrlässige Nichtverhinderung, der aus dem Unternehmen heraus begangenen Pflichtverletzung, welche sich ggfs. auf eine mangelhafte Organisation der Gesellschaft zurückführen lässt. Ob dieser Vorwurf eine Haftung begründet ist umstritten.

2. Haftung für mittelbare Rechtsgutsverletzungen

(a) Meinungsstand zur persönlichen Haftung von Organmitgliedern für Organisationsverschulden

Die Rechtsprechung begegnet vermeintlichen Schwächen im Rahmen des § 831 BGB seit einiger Zeit mit der Entwicklung von deliktsrechtlichen Organisationspflichten. Auslöser der Diskussion war das Baustoff-Urteil des BGH.[297] Der VI. Zivilsenat bejahte in dieser Entscheidung die unmittelbare

293 Spindler in: Fleischer/HdbVorstR, § 13 Rn. 35.
294 Statt aller BGH, NJW 1990, S. 2877 (2878); OLG München, ZIP 1990, S. 1552 (1553); Spindler in: Müko/AktG, § 93 Rn. 267 mit zahlreichen weiteren Nachweisen.
295 BGH, NJW 1995, S. 1739 (1746); Holzborn/Foelsch, NJW 2003, S. 932 (940); Hopt in: GroßK/AktG, § 93 Rn. 471; Landwehrmann in: Heidel/AktG, § 93 Rn. 171; Spindler in: Müko/AktG, § 93 Rn. 268 jeweils m.w.N.
296 Siehe hierzu Teil 3.§ 2.C.III.
297 BGHZ 109, S. 297 ff.; zweifelnd dagegen BGHZ 125, S. 366 (375 ff.).

Außenhaftung des Geschäftsführers einer GmbH, welcher es unterlassen hatte, organisatorische Vorkehrungen zur Vermeidung einer Kollision zwischen dem verlängerten Eigentumsvorbehalt eines Lieferanten mit dem Abtretungsverbot eines Auftraggebers der Gesellschaft, zu treffen. Grundsätzlich soll die Pflicht zur ordnungsgemäßen Geschäftsführung nur der Gesellschaft gegenüber bestehen. Etwas anderes soll aber gelten, wenn dem Organ aus besonderen Gründen Pflichten gegenüber Dritten treffen. Im außervertraglichen Bereich könne eine solche Verantwortung insbesondere aus einer dem Organ als Aufgabe zugewiesenen oder von ihm jedenfalls in Anspruch genommenen Garantenstellung zum Schutz fremder Schutzgüter der Fall sein, die ihre Träger der Einflusssphäre der Gesellschaft anvertraut haben.[298] Die Haftung basiert damit auf der Nichterfüllung einer Organisationspflicht. Die Grundlinien der Entscheidung wurden durch Folgeurteile bestätigt.[299] Auch in der Literatur finden sich Befürworter der Rechtsprechung.[300] Diese verweisen im Rahmen ihrer Argumentation regelmäßig auf andere Fallkonstellationen, in welchen die deliktische Außenhaftung der Organe zweifelsfrei anerkannt ist.[301] Zudem wird die Ansicht vertreten, dass die Anwendung des § 31 BGB und damit die Haftung der Gesellschaft begrifflich eine zurechenbare Anknüpfungstat des Organs voraussetze.[302]

Im Übrigen dominiert im Schrifttum die Kritik an der gerichtlichen Entscheidungspraxis.[303] Im Wesentlichen wird der Rechtsprechung das Risiko einer ausufernden Organhaftung vorgeworfen. Eine unmittelbare Außenhaftung sprenge demnach das gesellschaftsrechtliche System der Binnenhaftung.[304] Der BGH habe es versäumt, geeignete Kriterien für die notwendigen Voraussetzungen der Haftung zu schaffen.[305] Dies berge die Gefahr, dass sich das Risiko einer Außenhaftung – entgegen dem gesetzlichen Regelungsmodell – zum Regelfall entwickele.[306] Daneben bedürfe es keiner Postulierung einer Verkehrspflicht des Organs um eine Haftung der Gesellschaft zu be-

298 BGHZ 109, S. 297 (304).

299 BGH, ZIP 1996, S. 780 (780); OLG Stuttgart, NJW 2008, S. 2514 (2515); OLG Hamburg, GmbHR 2002, S. 912 (912).

300 Altmeppen, ZIP 1995, S. 881 (887 f.); ders. in: Roth/Altmeppen, § 43 Rn. 59 ff.; Brüggemeier, ZIP 2001, S. 381 (382); Matusche-Beckmann, Organisationsverschulden, S. 282 ff.; Schneider, U. in: Scholz/GmbHG, § 43 Rn. 327; im Grundstz auch Teichmann in: Jauernig, § 823 Rn. 32; mit Einschränkungen Grunewald, ZHR (157) 1993, S. 451 (456 ff.).

301 Nachweise bei Matusche-Beckmann, Organisationsverschulden, S. 249 ff.

302 Altmeppen, ZIP 1995, S. 881 (887 f.); ders. in: Roth/Altmeppen, § 43 Rn. 59; Foerste, VersR 2002, S. 1 (2 f.).

303 Statt vieler Lutter, DB 1994, S. 129 (131 ff.); Paefgen in: Ulmer/GmbHG, § 43 Rn. 203 ff. mit umfangreichen Nachweisen.

304 Dreher, ZGR 1992, S. 22 (33 f.); Lutter, GmbHR 2000, S. 301 (310); Medicus, FS Lorenz, S. 155 (160); Reese, DStR 1995, S. 688 (689); in diese Richtung auch BGHZ 125, S. 366 (375 f.).

305 Matusche-Beckmann, Organisationsverschulden, S. 235; Medicus, GmbHR 1993, S. 533 (540); Mertens/Cahn in: KK/AktG, § 93 Rn. 224.

306 Götting, GRUR 1994, S. 6 (11 f.); Mertens/Mertens, JZ 1990, S. 488 (489); Medicus, GmbHR 2002, S. 809 (814 ff.).

gründen. Nach Auslegung des § 31 BGB begründe dieser die Haftung, auch ohne Existenz einer zwingenden Anknüpfungstat des Organs.[307] Grundsätzlich sei demnach allein die GmbH Trägerin der Verkehrspflichten, so dass nur unter engen Voraussetzungen Raum für eine Organhaftung bestehe.[308] An Vorschlägen zur Präzisierung dieser Ausnahmen vom Grundsatz der Binnenhaftung mangelt es ebenfalls nicht. Als maßgeblich für die Haftung werden z.B. die Inanspruchnahme von persönlichem Vertrauen,[309] eine persönliche Verantwortungsübernahme durch das Organ,[310] die Bedrohung von Leib oder Leben,[311] das Subjekt, welchem die Organisationspflicht zugutekommen soll[312] ein Missverhältnis zwischen Organisationsstruktur und Gefahrenlage[313] oder der Verschuldensgrad des Verstoßes genannt.

(b) Stellungnahme

Die an der Rechtsprechung geäußerte Kritik ist in der Sache berechtigt. Nach Argumentation des BGH soll die Haftung des Geschäftsführers aus der Verletzung einer Organisationspflicht resultieren. Organisationspflichten bestehen nicht um ihrer selbst willen, sondern sind akzessorisch mit einer primären Verkehrspflicht verbunden.[314] Verkehrspflichten wiederum entstehen für denjenigen, welcher in seinem Herrschaftsbereich eine Gefahrenquelle schafft oder betreibt.[315] Das bedeutet, dass Organisationspflichten die Existenz einer Gefahrenquelle voraussetzen. Eine Organisationspflicht, unabhängig von bestehenden Verkehrspflichten ist wenig sachgerecht, da eine Organisation nur dann verpflichtend eingefordert werden kann, wenn sie zu einer Minimierung des Schadensrisikos für gefährdete Rechtsgüter anderer führt. Nach richtiger Ansicht ist das Unternehmen zunächst selbst originärer Träger der Verkehrspflichten.[316] Die bestehenden Haftungsbeschränkungen bei juristischen Personen sind ebenfalls kein schlagkräftiges Argument für die Annahme einer persönlichen Verantwortung, da diese primär dem Schutz der Gesellschafter

---

307 Statt vieler Paefgen in: Ulmer/GmbHG, § 43 Rn. 207 m.w.N. ; a.A. Altmeppen, ZIP 1995, S. 881 (887 f.); ders. in: Roth/Altmeppen, § 43 Rn. 59.

308 Haas in: Michalski/GmbhG, § 43 Rn. 341 ff.; Kleindiek in: Lutter/Hommelhoff, GmbHG § 43 Rn. 87 ff.; Mertens/Cahn in: KK/AktG, § 93 Rn. 224; Paefgen in: Ulmer/GmbHG, § 43 Rn. 207; Spindler in: Bamberger/Roth, § 823 Rn. 272; ders. in: MüKo/AktG, § 93 Rn. 287; Zöllner/Noack in: Baumbach/Hueck, § 43 Rn. 76 ff. jeweis m.w.N.

309 Dreher, ZGR 1992, S. 22 (39).

310 Medicus, FS Lorenz, S. 155 (160); Mertens/Mertens, JZ 1990, S. 488 (489 f.); Spindler, Unternehmensorganisationspflichten, S. 866 f.

311 Zöllner/Noack in: Baumbach/Hueck, § 43 Rn. 76 ff.

312 Grunewald, ZHR (157) 1993, S. 451 (458).

313 Haas in: Michalski/GmbhG, § 43 Rn. 339 ff., der als konkretisierendes Kriterium auf die Versicherungswürdigkeit der Gesellschaft abstellt.

314 Koch, WM 2009, S. 1013 (1016 f.); Matusche-Beckmann, Organisationsverschulden, S. 92, 96; Spindler, Unternehmensorganisationspflichten, S. 781 ff.; a.A. Grunewald, ZHR (157) 1993, S. 451 (452 f.).

315 Statt vieler BGHZ 5, S. 378 (380 f.); ders., NJW 2004, S. 1449 (1450).

316 Spindler in: Fleischer/HdbVorstR, § 13 Rn. 22 f. m.w.N.

dienen. Das Organ hat im Zweifelsfall keinen oder nur sehr beschränkten Einfluss auf die Summe des Haftungskapitals. Die gesellschaftsrechtliche Risikoverteilung legt daher gerade keine Haftung nahe. Abschließend befreien auch anerkannte Ausnahmen vom Primat der Binnenhaftung nicht von einem Begründungszwang bei der Statuierung weiterer Ausnahmen.[317]

Fraglich bleibt damit der Ursprung einer eigenen Pflicht des Organs gegenüber Dritten. Die Pflichten im Innenverhältnis können nicht ohne Begründung zu eigenständigen Pflichten im Außenverhältnis erstarken, da dies die Binnenhaftungssystematik ad absurdum führen würde. Berechtigterweise wird insoweit die Unbestimmtheit der Rechtsprechung kritisiert. Die vom BGH im Baustoff-Urteil propagierte Ableitung der Garantenstellung knüpft – soweit ersichtlich – lediglich an die Organstellung an.[318] Dies ist jedoch unzureichend, da das Organ nur intern die Handlungsfähigkeit der Gesellschaft herstellt. Die Schaffung einer Gefahr – und daraus resultierenden Verkehrspflichten – erfolgt aber allein auf Rechnung der Gesellschaft. Der BGH hat insgesamt die Gelegenheit ausgelassen, die Voraussetzungen der Haftung näher zu präzisieren. Dies gilt sowohl für die Begründung der Haftung als auch für die notwendigen Organisationsmaßnahmen, da eine ex-post-Berücksichtigung aller denkbaren theoretischen Überwachungsmöglichkeiten das Haftungsrisiko überdehnt. Ob ein angemessener gerichtlicher Haftungsmaßstab dieses – dem Grundsatz der Haftungskonzentration diametral zuwider laufende – Risiko auszugleichen vermag, ist zweifelhaft.

Konnte die Argumentation der Rechtsprechung damit nicht vollends überzeugen, so ist fraglich, ob wenigstens die in der Literatur formulierten Ausnahmen vom Primat der Binnenhaftung zutreffend sind. Diese Arbeit verfolgt dabei weder den Anspruch einer abschließenden und dezidierten Auseinandersetzung mit sämtlichen Vorstößen der Literatur noch ist dies für die Darstellung der Relevanz des Deliktsrechts notwendig. Bereits ein kursorischer Überblick verdeutlicht, dass sich die meisten Begründungsversuche dem Vorwurf der Ergebnisgerechtigkeit aussetzen. Letztlich verfolgen die Ansätze zwar das berechtigte Anliegen, eine ausufernde Organhaftung zu beschränken, verstellen dabei aber ebenfalls den Blick auf die Kernproblematik – die Begründung einer eigenständigen Verpflichtung des Organs gegenüber Dritten. Dem Deliktsrecht sind Differenzierung zwischen den verschiedenen geschützten Rechtsgütern[319] oder eine Beschränkung auf vorsätzliche Verstöße fremd. Ebenso wenig vermag die Bestimmung eines Missverhältnisses zwischen Organisationsstruktur und Gefahrenlage überzeugen.[320] Dies würde die

---

317 Matusche-Beckmann, Organisationsverschulden, S. 283 berücksichtigt diesen Faktor im Rahmen einer Gesamtabwägung der Gründe, welche für und gegen die Inanspruchnahme des Organs sprechen.

318 BGHZ 109, S. 297 (304).

319 So aber z.B. Zöllner/Noack in: Baumbach/Hueck, § 43 Rn. 78.

320 So aber Haas in: Michalski/GmbhG, § 43 Rn. 341 ff., der als konkretisierendes Kriterium auf die Versicherungswürdigkeit der Gesellschaft abstellt.

Risikobewertung von Organisation im konkreten Einzelfall voraussetzen.[321] Es besteht letztendlich aber auch kein besonderes Bedürfnis nach einer Verbreiterung der Haftungsbasis. Im Raum steht nicht die Frage, ob Organisationspflichten überhaupt bestehen, sondern nur wer Träger dieser Pflichten ist. Dies ist das Unternehmen, welches als Schuldner ohnehin zur Verfügung steht. Sachgerechter dürfte es daher sein, von dem Grundsatz der internen Haftungskonzentration auszugehen, die ihre Grenzen in der Stellung als Mit- oder Nebentäter findet. Etwas anderes mag gelten, wenn das Organ konkreten Anlass für eine persönliche Verantwortungsübernahme gegeben hat.[322] In diesen Fällen existiert eine eigenständige Pflichtengrundlage.[323] Zudem sind Fallkonstellationen erfasst, in welchen das Organ Kenntnis von bevorstehenden Rechtsgutsverletzungen hatte. Von diesem Standpunkt geht auch die Rechtsprechung ersichtlich aus, die aus der verantwortlichen Organstellung eine Rechtspflicht zum Einschreiten ableitete.[324]

(c) Anforderungen der deliktischen Organisationspflichten

Eine eigenständige deliktsrechtliche Verantwortung der geschäftsführenden Organe ist daher grundsätzlich abzulehnen. Gleichwohl erfordern sowohl die bestehenden Haftungsrisiken als auch die einschlägige Rechtsprechung eine Auseinandersetzung mit den notwendigen Organisationspflichten. Zudem können die Verkehrspflichten, welche der Gesellschaft obliegen, mittelbare Relevanz für den Pflichtenrahmen der §§ 76 Abs. 1, 93 AktG und § 43 GmbHG erlangen. Als Leitlinie sind die dem Unternehmen obliegenden Pflichten heranzuziehen.[325] Eine uneingeschränkte Projizierung der unternehmerischen Pflichtenkreise auf das Organ begegnet zwar gewichtigen Bedenken,[326] gleichwohl lassen sich Anhaltspunkte für eine konkrete Anforderungen gewinnen.

---

321 Im besten Fall – unter Annahme der Messbarkeit von Gefahr und Effizienz einer unternehmerischen Organisation – hätte dies eine unüberschaubare Kasuistik zur Folge. Vgl. hierzu Spindler, Unternehmensorganisationspflichten, S. 856 f.

322 Lutter, ZHR (157) 1993, S. 464 (480 f.); Medicus, FS Lorenz, S. 155 (160); Mertens/Mertens, JZ 1990, S. 488 (489 f.); Spindler, Unternehmensorganisationspflichten, S. 866 f.

323 Dieses wird regelmäßig einen Kontakt zwischen Deliktsgläubiger und Organ voraussetzen und eine Garantenstellung aus Ingerenz oder geschaffenen Vertrauen begründen. Siehe hierzu m.w.N. u.a. Lutter, ZHR (157) 1993, S. 464 (480 f.).

324 BGH, NJW 1987, S. 127 (129); OLG Koblenz, GmbHR 1992, S. 378 (378); OLG Düsseldorf, wistra 1989, S. 358 (359).

325 Das OLG Stuttgart, NJW 2008, S. 2514 (2515) verweist für die Konkretisierung der dem Organ obliegenden Organisationspflichten auf Kommentarliteratur zu den betrieblichen Organisationspflichten. Erforderlich sei demnach eine Organisation der innerbetrieblichen Abläufe dahingehend, dass Schädigungen Dritter vermieden werden. Zu diesem Zweck seinen nicht nur nachgeordnete Mitarbeiter sorgfältig auszuwählen, sondern diese auch in dem gebotenen Umfang zu instruieren und die sorgfältige Ausführung der übertragenen Tätigkeiten zu überwachen.

326 Spindler in: Fleischer/HdbVorstR, § 13 Rn. 22 f. Vgl. hierzu auch Spindler in: Bamberger/Roth, § 823 Rn. 272.

Demnach konkretisiert sich die Pflicht in einer geeigneten Anweisung und fortlaufenden Aufsicht der Mitarbeiter. In arbeitsteiligen Organisationen erweitert sich diese Pflicht zu einer notwendigen Implementierung einer geeigneten Betriebsorganisation.[327] Geboten ist eine zumutbare Organisation der betrieblichen Abläufe, welche Schädigungen Dritter in dem gebotenen Umfang vermeidet.[328] Ausmaß und Umfang der konkreten Pflichten stehen dabei im direkten Verhältnis zur Bedeutung des jeweils zu schützenden Rechtsgutes.[329] Die Rechtsprechung weist dabei gewisse Parallelen zu den erforderlichen Aufsichtsmaßnahmen im Rahmen des § 130 OWiG auf. So stehen wiederum das Gebot einer sachgerechten Mitarbeiterauswahl, sorgfältigen Instruktion[330] und Tätigkeitsüberwachung[331] im Zentrum. Grundbedingung ist weiterhin die Bereitstellung der notwendigen Ausstattung sowohl in gegenständlich technischer als auch personeller Hinsicht.[332] Im Übrigen enthält sich die Rechtsprechung konkreter Organisationsempfehlung und belässt das unternehmerische Organisationsermessen der Unternehmensleitung.[333]

3. Folgerungen zu Compliance-Pflichten aus dem allgemeinen Deliktsrecht

In der themenspezifischen Literatur finden die Organisationspflichten des allgemeinen Deliktsrechts nur sehr vereinzelt Berücksichtigung.[334] Dessen ungeachtet illustriert die Rechtsprechung des VI. Zivilsenats des BGH, dass die Vernachlässigung von Organisationspflichten eine Außenhaftung des Organs nach sich ziehen kann. Ausgehend vom Charakter der Organisationspflicht – als Gegenpart einer Verkehrspflicht – kommen insbesondere sog. sachlich-räumliche Gefahren als Pflichtenauslöser in Betracht.[335] Diese kann z.B. durch die Produktion gefährlicher Güter oder die Öffnung von Räumen für den Rechtsverkehr eintreten. Diese Prädominanz spiegelt sich in der einschlägigen Rechtsprechung.[336]

Offensichtlich stellt sich damit die Frage, ob die Rechtsprechung zum deliktischen Organisationsverschulden auf weitere Fallkonstellationen übertrag-

327 Kleindiek, Deliktshaftung, S. 292 ff. mit Nachweisen der Rechtssprechung.
328 BGH, VersR 1964, S. 297 (297).
329 BGH, VersR 1978, S. 538 (540).
330 BGHZ 109, S. 297 (305); bereits konkret auf den Geschäftsführer bezogen: BGHZ 24, S. 200 (213 f.); BGH, NJW 1988, S. 48 (49); OLG Stuttgart, NJW 2008, S. 2514 (2515).
331 BGH, VersR 1978, S. 538 (540); ders., NJW 1965, S. 815 (816); OLG Stuttgart, NJW 2008, S. 2514 (2515); OLG Düsseldorf, NJW 1992, S. 2972 (2972).
332 BGH, NJW 1968, S. 247 (249).
333 Kleindiek, Deliktshaftung, S. 296 ff. mit Überblick über die relevante BGH-Rechtsprechung.
334 Goette, ZHR (175) 2011, S. 388 (398); Koch, WM 2009, S. 1013 (1016 f.).
335 Siehe hierzu Grundmeier, Compliance im Konzern, S. 36; Koch, WM 2009, S. 1013 (1017); Vogt, Verbandsgeldbuße, S. 120 ff. m.w.N.
336 BGH, NJW 1984, S. 233 (234); ders., NJW 1973, S. 615 (616); OLG Stuttgart, NJW 2008, S. 2514 (2514); Kleindiek, Deliktshaftung, S. 292 ff.; Vogt, Verbandsgeldbuße, S. 120 ff. m.w.N.

bar ist. Virulent wird dies bei typischen Zuwiderhandlungen, wie Bestechungen oder Kartellabsprachen, welche in keinem Zusammenhang mit sachlich räumlichen Gefahren stehen. Einschlägige zivilrechtliche Rechtsprechung hierzu existiert bislang nicht.[337] Parallelwertungen sind aber dem Strafrecht bzw. dem Recht der Ordnungswidrigkeiten zu entnehmen. Die Analyse der Rechtsprechung zur Geschäftsherrenhaftung verdeutlichte, dass der BGH die Garantenstellung des Organs nicht auf sachliche Gefahren beschränkt, sondern von einem erweiterten Ansatz ausgeht.[338] Dies lässt den Rückschluss zu, dass bereits der Betrieb an sich als „Quelle von Gefahren" anzusehen ist.[339] Eine Parallelwertung kann § 130 OWiG entnommen werden.[340] Übertragen auf das Zivilrecht bedeutet dies, dass sich die deliktsrechtlichen organisationspflichten nicht auf die Überwachung sachlich bzw. räumlicher Gefahren beschränken.[341] Bei dieser Erwägung ist jedoch zu berücksichtigen, dass strafrechtlich Wertungen und Rechtsprechung keine unbesehene Übertragung auf das zivilrechtliche Deliktsrecht finden dürfen. So stützte der BGH die Haftung in der Baustoff-Entscheidung insbesondere darauf, dass Dritte der Gesellschaft fremde Rechtsgüter anvertraut hätten. Ein Anvertrauensakt kann z.B. bei Produkthaftungsfällen unproblematisch entstehen. Es ist jedoch mehr als fraglich, ob der Gesellschaft z.B. das Schutzgut des freien Wettbewerbes i.S.v. § 299 StGB anvertraut ist. Insgesamt erweist sich die Rechtsprechung zur deliktischen Organaußenhaftung daher als wenig gefestigt und bietet in dieser Form kein sicheres Fundament für die Begründung einer Rechtspflicht zur Ergreifung von Compliance-Maßnahmen.[342]

III. Organisationspflichten nach § 823 Abs. 2 BGB

Ein im Wesentlichen sicheres rechtliches Terrain betritt man mit der Analyse von § 823 Abs. 2 BGB. Insbesondere strafrechtliche Gebote und Schutzgesetzverletzung im Zivilrecht weisen eine Wechselwirkungen auf. Darüber hinaus bilden u.a. Verstöße gegen Bilanzierungspflichten sowie Insolvenzverschleppungsdelikte relevante Schutzgesetze. Verwirklicht das Organ einen entsprechenden Tatbestand, ist die kumulative zivilrechtliche Haftung häufig direkte Konsequenz. Branchenstandards, private Rechtsregeln und DIN-

---

337 Die Begründung mag darin liegen, dass nicht gegenständliche Gefahren tendenziell eher zu Vermögensschäden führen und damit keinen Anspruch aus § 823 Abs. 1 BGB begründen.

338 BGH, NJW 2009, S. 3173 ff.

339 Rönnau/Schneider, ZIP 2010, S. 53 (56).

340 Vgl. BGH, NJW 1994, S. 1801 (1803). Demnach beschränkt sich der Schutzzweck der Norm nicht nur auf die Verhinderung von Sachgefahren, sondern soll gerade auch der Gefahr kriminellen Verhaltens der im Unternehmen tätigen Menschen begegnen, da der Mensch unter den Bedingungen des arbeitsteiligen Zusammenwirkens im Betrieb zu einem Risikofaktor werde.

341 Zur Instrumentalisierung und Aussagekraft dieser Ansätze für das Zivilrecht vgl. auch: Koch, WM 2009, S. 1013 (1017).

342 Grundmeier, Compliance im Konzern, S. 35 f.; Koch, WM 2009, S. 1013 (1017); die mangelnde Konturierung der Rechtsprechung ebenfalls attestierend Hopt in: GroßK/AktG, § 93 Rn. 505.

Normen weisen dagegen den Charakter einer Empfehlung auf und sind nicht als Schutzgesetz zu qualifizieren.[343] Dieses Ergebnis teilt auch der im Kontext dieser Untersuchung bedeutsame § 130 OWiG. Die Ziele der Norm werden im zivilen Deliktsrecht bereits durch § 831 BGB und § 31 BGB erreicht.[344] Im Lichte des haftungsrechtlichen Normgefüges besteht demnach kein Bedürfnis für die Schaffung eines weiteren Haftungstatbestands.[345] § 823 Abs. 2 BGB selbst bietet jedoch weder Anhaltspunkte für eine notwendige organisatorische Ausgestaltung von Compliance noch lässt sich aus der Norm eine Rechtspflicht zur Ergreifung von Maßnahmen ableiten. Das Erfordernis einer Schutzgesetzverletzung gebietet es, die nötigen Grundlagen in den einzelnen Schutzgesetzen zu suchen.

D. Ziffer 4.1.3 DCGK

Der Begriff Compliance wird seit einer Neufassung des Kodexes im Jahr 2007 nicht nur in Ziffer 4.1.3 DCGK definiert, sondern findet auch in weiteren Ziffern Verwendung.[346] Von einer weitergehenden Detaillierung und Beschreibung des Pflichteninhalts sieht der Kodex allerdings bewusst ab. Leitende Organe einer Gesellschaft sollen weiterhin über einen Freiraum bei der Identifizierung, Auswahl und Einrichtung von nötigen organisatorischen Vorkehrungen zur Erreichung von Compliance verfügen. Konkrete Hinweise und Anregungen für die Ausgestaltung von Compliance-Systemen – dem „Wie" eines solchen Systems – sind dem DCGK daher nicht zu entnehmen.

Insbesondere aus der Formulierung in Ziffer 4.1.3 DCGK könnte jedoch der Rückschluss gezogen werden, dass die Kommission von einer Rechtspflicht zur Einrichtung von Systemen ausgegangen ist und damit eine Aussage zum „Ob" getroffen hat.[347] Dies ist aufgrund des rechtsbeschreibenden Charakters der Regelung jedoch abzulehnen. Nach der Systematik und Diktion des DCGK handelt es sich bei Ziffer 4.1.3 um keine Anregung oder Emp-

343 Spindler in: Bamberger/Roth, § 823 Rn. 152 m.w.N.

344 BGH, NJW 1994, S. 1801 (1803 f.)

345 Bisson, GmbHR 2005, S. 1453 (1455 f.); Spindler in: Bamberger/Roth, § 823 Rn. 179; Wimmer, NJW 1996, S. 2546 (2549); KG Berlin, AG 2003, S. 324 (325) für den Vorstand einer AG; kritisch dagegen Schmidt, K.,ZIP 1994, S. 837 (841 f.), der eine hinreichende Begründung in Bezug auf die Frage vermisst, ob § 130 OWiG den Schutzgesetzcharakter der jeweiligen verletzten Norm in das Deliktsrecht transferiert.

346 Vgl. Ziffer 3.4 Satz 2 DCGK in der Fassung vom 13.06.2013: „Der Vorstand informiert den Aufsichtsrat regelmäßig, zeitnah und umfassend über alle für das Unternehmen relevanten Fragen der Planung der Geschäftsentwicklung, der Risikolage, des Risikomanagements und der Compliance"; sowie Ziffer 5.3.2 Satz 1 DCGK „Der Aufsichtrat soll einen Prüfungsausschuss (Audit Committee) einrichten, der sich insbesondere mit Fragen der Rechnungslegung, des Risikomanagements und der Compliance […] befasst", abrufbar unter: http://www.corporate-governance-code.de/ger/kodex/4.html., letzter Abruf 01.08.2013.

347 Vgl. hierzu den Wortlaut der Ziffer oben in Fn. 10.

fehlung, sondern um die Wiedergabe geltenden Rechts.[348] Daraus folgt zunächst, dass Ziffer 4.1.3 DCGK selbst unter Berücksichtigung der in § 161 AktG normierten Entsprechungserklärung keine mittelbare rechtliche Bedeutung erlangen kann. Diese bezieht sich ausschließlich auf die Empfehlungen des Kodexes.[349] Daneben kommt dem Kodex jedoch weder eine eigenständige Normqualität zu noch kann er in seinem rechtsbeschreibenden Bestandteilen von der Gesetzeslage abweichende Verpflichtungen begründen.[350] Scheidet Ziffer 4.1.3 DCGK damit als Grundlage einer rechtlichen Verpflichtung aus, so muss diese im sonstigen Gesetzesrecht zu verorten sein. Die isolierte Heranziehung des DCGK ist dagegen unergiebig.

§ 3. Ergebnis zur Bedeutung von Compliance in konzernfreien Unternehmen

A. Fehlen einer allgemeinen Rechtspflicht zur Implementierung eines umfassenden Compliance-Systems

Im Gegensatz zu anglo-amerikanischen Normen verzichtet das nationale Recht – abgesehen von Spezialregelungen des Aufsichtsrecht und den diese konkretisierenden Verordnungen, Richtlinien und Rundschreiben – auf eine zentrale und umfassende Normierung von Compliance-Systemen. Das Petitum eines umfassenden Compliance-Systems folgt damit weder aus §§ 76 Abs. 1, 93 AktG [351] bzw. § 43 GmbHG, § 91 Abs. 2 AktG [352] oder § 130 OWiG.[353]

Ebenfalls erheblichen Zweifeln ist eine Ansicht ausgesetzt, welche die Einrichtung einer Compliance-Organisation aus Vorschriften des Gesellschaftsrechts, mittelbar aus § 130 OWiG sowie einer Gesamtanalogie zu einer Reihe von Spezialnormen – zu denen unter anderem die § 52a Abs. 2 BImSchG, § 53 KrW/AbfG und § 33 WpHG zählen – ableitet. Hinter den genannten Normen soll ein verallgemeinerungsfähiger Gedanke stehen, welcher grundsätzlich auf Unternehmen übertragen werden könne, die nicht vom direkten Anwendungsbereich der Normen erfasst sind.[354] Die weit überwiegende Mei-

---

348 Laut der Präambel unterscheidet der Kodex zwischen Empfehlungen, welche durch die Verwendung des Worts „soll" gekennzeichnet sind und Anregungen für die Begriffe wie „sollte" oder „kann" verwendet werden.

349 Statt vieler Hüffer in: Hüffer/AktG, § 161 Rn. 3.

350 Bachmann, GesR in der Disk., S. 72; Huber, Compliance-Pflichten, S. 66 f.; Lang, Corporate Compliance, S. 77; Ringleb in: Ringleb/DCGK, Vorbem. Rn. 42; Sidhu, ZCG 2008, S. 13 (14).

351 Vgl. Teil 3.§ 1.A.III.

352 Vgl. Teil 3.§ 1.C.III.

353 Vgl. Teil 3.§ 2.B.II.3.

354 Kießling, A./Kießling, E., WM 2003, S. 513 (515); Schneider, U., NZG 2009, S. 1321 (1323); ders., ZIP 2004, S. 1621 (1622); ders., ZIP 2003, S.645 (648 f.); zurückhaltender Passarge, DStR 2010, S. 1675 (1676); Preußner, NZG 2004, S. 303

nung tritt einer entsprechenden Gesamtanalogie und Übertragung aufsichtsrechtlicher Anforderungen grundsätzlich entschieden entgegen.[355] Der herrschenden Meinung ist zuzustimmen. Voraussetzung für die Bildung einer Analogie ist zunächst das Vorliegen einer Gesetzeslücke, die sich als planwidrige Unvollständigkeit des Gesetzgebers darstellt.[356] Bereits die Erfüllung dieses Erfordernisses erscheint zweifelhaft, da Unternehmen zahlreiche organisationsspezifische Normen als Grundlage ihrer Tätigkeit zu beachten haben. Die bereits vorhandenen Anforderungen verdichten sich mit steigendem Risikopotential zur Implementierungspflicht eines Compliance-Systems. Das abgestufte Anforderungsprofil und die damit verbundene Flexibilität sind einer schrankenlosen Übertragung von aufsichtsrechtlichen Maßstäben überlegen. Es fehlt daher bereits schon am Merkmal der planwidrigen Unvollständigkeit.[357] Darüber hinaus müsste eine vergleichbare Interessenlage bestehen, welche die Übertragung von spezialgesetzlichen Standards auf das allgemeine Gesellschaftsrecht rechtfertigen könnte.[358] Nach überwiegender Ansicht ist dieses Kriterium aufgrund des branchenspezifischen Normhintergrundes nicht erfüllt.[359] Diese berechtigte Feststellung bildet das Kernargument gegen die Analogiefähigkeit sowohl der §§ 25a Abs. 1 KWG, 33 Abs. 1 WpHG als auch sonstiger spezialgesetzlicher Bestimmungen. Ein – die Übertragung der besonderen Anforderungen in das allgemeine Gesellschaftsrecht indizierender – gesetzgeberischer Wille ist nicht ersichtlich.[360] Die gesteigerte Aufsichtspflicht resultiert aus dem hohen Risikopotential besonderer hochsensibler Wirtschaftszweige, was entscheidend gegen die Annahme einer vergleichbaren Interessenlage spricht.

---

(305); ders., NZG 2004, S. 57 (57 ff.); Preußner/Zimmermann, AG 2002, S. 657 (660); für den Sonderfall der Übertragung auf das Versicherungsrecht VG Frankfurt, WM 2004, S. 2158 (2160 f.); vermittelnd und eine Parallelität von Gesamtanalogie und Sorgfaltspflichten Lösler, WM 2007, S. 676 (681).

355 OLG Celle, WM 2008, S. 1745 (1746);) Blasche, CCZ 2009, S. 62 (64); Bihr/Kalinowsky, DStR 2008, S. 620 (623); Bürkle, WM 2005, S. 1496 ff.; Grohnert, Rechtl. Grundlagen Compliance, S. 37 ff.; Grundmeier, Compliance im Konzern, S. 33 f.; Huber, Compliance-Pflichten, S. 89 f.; Hüffer in: Hüffer/AktG, § 91 Rn. 8; Kort, GroßK/AktG, § 91 Rn. 60 f.; Krieger/Sailer-Coceani in: Schmidt/Lutter, § 91 Rn. 15; Lang, Corporate Compliance, S. 72 ff.; Lippe, Compliance, S. 57 ff.; Weber-Rey, AG 2008, S. 345 (358). Lediglich im Einzelfall soll den Normen ein Konkretisierungspotential für die Auslegung gesellschaftsrechtlicher Anforderungen, wie z.B. § 91 Abs. 2 AktG, zukommen. Vgl. hierzu Endres, ZHR (163) 1999, S. 441 (452); Fleischer in: Spindler/Stilz, § 91 Rn. 43; Spindler in: Fleischer/HdbVorstR, § 19 Rn. 19 ff.; ders. in: MüKo/AktG, § 91 Rn. 31.

356 Larenz, Methodenlehre, S. 358.

357 Im Ergebnis ebenso Lang, Corporate Compliance, S. 73; Huber, Compliance-Pflichten, S. 91.

358 Larenz, Methodenlehre, S. 365 f.

359 Siehe hierzu die Nachweise in Fn. 355.

360 Bürkle, WM 2005, S. 1496 (1497 f.); a.A. VG Frankfurt, WM 2004, S. 2158 (2160 f.), welches von einer Gesamtintention des Gesetzgebers einer einheitlichen Anwendung von § 91 Abs. 2 AktG und § 25a Abs. 1 S. 1 KWG ausgeht.

B. Praktische und rechtstatsächliche Bedeutung

I. Vorüberlegung

Die praktischen Auswirkungen dieser Erkenntnis werden durch eine normübergreifende Betrachtung nivelliert. Diese verdeutlicht, dass das geltende Recht die Unternehmensleitung mit einer Vielzahl von organisatorischen Anforderungen konfrontiert, welche den typischen Mindestanforderungen an ein ordnungsgemäßes Compliance-System[361] weitgehend entsprechen.[362] Diese teilweise Deckungsgleichheit von Mindest- und bereits normierten Gesetzesanforderungen erfährt eine Ergänzung durch die unternehmerische Leitungs- und Sorgfaltspflicht. Bildhaft ausgedrückt kann man sich dies so vorstellen, dass die bereits vorhandene Schnittmenge von typischen Mindestanforderungen an Compliance-Systeme und gesetzlichen Pflichten durch die §§ 76, 93 Abs. 1 AktG bzw. § 43 GmbHG überlagert – und in besonderen Risikokonstellationen ergänzt – wird. Richtigerweise wurzelt die rechtliche Grundlage von Compliance somit in Übereinstimmung mit der herrschenden Meinung[363] in der unternehmerische Leitungs- und Sorgfaltspflicht. Diese kann sich in Abhängigkeit von der unternehmerischen Risikostruktur zu einer Rechtspflicht zur Implementierung eines umfassenden Compliance-Systems verdichten. Rechtstatsächlich führt dies dazu, dass sich die Frage einer Rechtspflicht für Großunternehmen, welche typischerweise einem erhöhtem Risiko ausgesetzt sind, gar nicht erst stellt.

II. Deckungsgrad von gesetzlichen Pflichten und typischen Anforderungen an Compliance-Systeme

1. Laufende Bestimmung des unternehmerischen Risikoprofils

Eine erstmalige status-quo-Analyse und laufende Standortbestimmung des individuellen unternehmerischen Risikopotentials schreibt bereits § 91 Abs. 2 AktG – als konkretisierende Ausprägung der unternehmerischen Leitungs- und Sorgfaltspflicht – vor. Die Tatsache, dass der Normbefehl kein Risikomanagementsystem und damit auch keine Risikobewältigungsmaßnahmen umfasst, ist von untergeordneter Relevanz. Entscheidend ist, dass die Norm eine konstante Risikoermittlung sowie die anschließende Weiterleitung gewonnener Erkenntnisse an die relevanten Entscheidungsträger verlangt. Zwar beschränkt sich die Norm auf bestandsgefährdende Entwicklungen,

---

361 Siehe hierzu bereits oben Teil 3.§ 3.B.II.

362 So auch Liese, BB Special 5, 2008, S. 17 (21 f.).

363 Siehe hierzu bereits die Nachweise in Fn. 171 und 175 sowie statt vieler Huber, Compliance-Pflichten, S. 91. A.A. Berg, AG 2007, S. 271 (274 ff.); Deutscher, WM 2010, S. 1387 (1389); Dreher, ZGR 2010, S. 496 (519 f.); ders., FS Hüffer, S. 161 (171); Passarge, DStR 2010, S. 1675 (1676); ders., NZI 2009, S. 86 (89 f.); Spindler, WM 2008, S. 905 (906 f.).

doch setzt ein effizientes System i.S.d. § 91 Abs. 2 AktG faktisch auch die Identifizierung von Risiken unterhalb dieser Schwelle voraus.[364]

2. Festlegung von Verantwortungsbereichen

Die überschneidungsfreie Organisation von Zuständigkeitsbereichen bildet die Kehrseite der Delegationsfreiheit. Bereits aus faktischen Zwängen und praktischen Erwägungen sind geschäftsführende Organe regelmäßig zu einer horizontalen und vertikalen Aufgabendelegation gezwungen. Der Delegationsakt darf jedoch nicht zur Entstehung von „verantwortungsfreien Räume" führen. Von diesem Grundsatz gehen sowohl die Aufsichtsmaßnahmen i.S.d. § 130 OWiG[365] als auch die gesellschaftsrechtliche Leitungs- und Sorgfaltspflicht aus. Bezogen auf das Recht der Ordnungswidrigkeiten ist jedoch darauf hinzuweisen, dass die Gebote des § 130 OWiG nicht für sämtliche Zuwiderhandlungen Relevanz erlangen. Die obigen Ausführungen zum eingeschränkten Anwendungsbereich gelten insoweit entsprechend.[366]

3. Verhaltenskodex und policy statement

Die Aufstellung von Verhaltenskodizes oder eines policy statements der Geschäftsleitung wird weder von der unternehmerischen Leitungs- und Sorgfaltspflicht noch von sonstigen gesetzlich normierten Organisationspflichten verlangt. Außerhalb von spezialgesetzlichen Anforderungen – zu denen auch § 12 AGG zu zählen ist, welcher eine rudimentäre und partielle Bekanntmachungspflicht enthält[367] – besteht keine allgemeine Rechtspflicht zur Schaffung von entsprechenden Richtlinien.[368] Rechtstatsächlich hat jedoch die in der Praxis zu beobachtende Etablierung entsprechender Leitlinien dazu geführt, dass es sich hierbei um eine unternehmerische Best Practice handelt. Ein faktischer Zwang ist daher nicht zu verleugnen.

4. Sorgfältige Auswahl und Schulung von Mitarbeitern

Die Pflicht zur bedarfsgerechten Auswahl, Instruktion und laufender Information von Unternehmensmitarbeitern folgt nicht nur aus der unternehmerischen Leitungs- und Sorgfaltspflicht, sondern kann auch der Rechtsprechung zum Recht der Ordnungswidrigkeiten zu entnommen werden.[369] Mitarbeiter sind demnach – im Sinne einer bedarfsgerechten – Anleitung über die relevanten

---

364 Liese, BB Special 5, 2008, S. 17 (22).

365 OLG Düsseldorf, wistra 1999, S. 115 (116); Liese, BB Special 5, 2008, S. 17 (21); Rogall in: KK/OWiG, § 130 Rn. 53; Ziemons in: Oppenländer/Trölitzsch, § 22 Rn. 20.

366 Siehe hierzu Teil 3.§ 2.B.II.3.

367 Schneider/Sittard, NZA 2007, S. 654 ff.

368 Kuhlen in: Maschmann/Compliance, S. 29; Wagner in: Maschmann/Compliance, S. 69.

369 BGH, wistra 1982, S. 34 (34); OLG Düsseldorf, wistra 1999, S. 115 (116); OLG Stuttgart, NJW 1977, S. 1410 (1410); Bohnert in: Bohnert/OWiG, § 130 Rn. 20; Liese, BB Special 5, 2008, S. 17 (21 f.); Pampel, BB 2007, S. 1636 (1637); Raum in: Langen/Bunte, § 81 Rn. 26; Rogall in: KK/OWiG, § 130 Rn. 40 ff.

gesetzlichen Anforderungen ihres Tätigkeitsbereiches zu unterrichten. Die konkrete Ausformung der Anleitung ist dagegen in das unternehmerische Ermessen der Organe gestellt.

5. Compliance-Überwachungsprogramme

Parallel zur soeben dargestellten Anforderung einer sorgfältigen Auswahl und Schulung von Mitarbeitern, ist die Pflicht zur Vornahme von institutionalisierten Überwachungsmaßnahmen ebenfalls sowohl im Gesellschaftsrecht – konkret wiederum in der unternehmerischen Leitungs- und Sorgfaltspflicht[370] – als auch im Recht der Ordnungswidrigkeiten angelegt.[371] Beide Regelkomplexe verlangen eine laufende Kontrolle der Regelkonformität und sind damit Gradmesser für die Effektivität eines implementierten Systems. Innerhalb eines Rahmens, welcher durch die Kriterien der Zumutbarkeit und Erforderlichkeit gezogen wird, sind geschäftsführende Organe daher zu einer Kontrolle gehalten, welche zu einer Aufdeckung von Unregelmäßigkeiten geeignet ist.

6. Disziplinarische Konsequenzen

Die Androhung und – im Falle von Zuwiderhandlungen – Ergreifung disziplinarischer Konsequenzen in Gestalt von arbeitsrechtlich zulässigen Sanktionierungen, stellt eine regelmäßige Teilanforderung an Compliance-Systeme dar und folgt bereits aus dem Recht der Ordnungswidrigkeiten. Wie bereits ausgeführt befinden sich Literatur und Rechtsprechung hierzu noch im Fluss,[372] doch zeichnet sich berechtigterweise eine Tendenz zur Bejahung einer entsprechenden Verpflichtung ab.[373]

7. Sonstige Maßnahmen

Verschiedentlich verpflichtend geforderte zusätzliche Maßnahmen – hervorzuheben ist insoweit die Einrichtung einer Whistleblowing. Hotline[374] – können bisweilen eine sinnvolle Ergänzung des Compliance-Instrumentariums darstellen. Es ist jedoch an dieser Stelle zu betonen, dass hierfür grundsätzlich keine allgemeingültigen gesetzlichen Verpflichtungen bestehen. Insoweit gebührt der Unternehmensleitung ein weitgehender Ermessensspielraum als

370 Statt vieler Fleischer in Sindler/Stilz, § 93 Rn. 104–111 mit zahlreichen weiteren Nachweisen.

371 BGH, NJW 1973, S. 1511 (1513); BayObLG, NJW 2002, S. 766 (767); OLG Köln, wistra 1994, S. 315 (315); OLG Stuttgart, NJW 1977, S. 1410 (1410).

372 Für eine Androhung und Sanktionierung etwa Bock, Criminal Compliance, S. 666 f.; Bussmann/Matschke, CCZ 2009, S. 132 (136.); Bohnert in: Bohnert/OWiG, § 130 Rn. 20; Göpfert/Drägert, CCZ 2011, S. 25 (25); Kolbe, NZA 2009, S. 228 (231); Pampel, BB 2007, S. 1636 (1637); Rogall in: KK/OWiG, § 130 Rn. 61; Voigt, NJW 2009, S. 3755 (3755); Ziemons in: Oppenländer/Trölitzsch, § 22 Rn. 20. A.A. dagegen: BGH, wistra 1982, S. 34; Hüneröder, Aufsichtspflichtverletzung, S. 108.

373 Statt vieler OLG Düsseldorf, NJW 2008, S. 930 (931) sowie die Nachweise in der vorherigen Fn.

374 Bürkle, BB 2005, S. 565 (566); ders., DB 2004, S. 2158 (2160); Schneider, U., ZIP 2003, S. 645 (650); Schneider, U./Schneider, S., ZIP 2007, S. 2061 (2064).

Charakteristikum der unternehmerischen Leitungs- und Sorgfaltspflicht. Eine Ausnahme mag für solche Unternehmen gelten, die Spezialvorschriften des Aufsichtsrechts oder internationalen Rechtsvorschriften mit exterritorialem Anwendungsbereich unterliegen, welche zum Teil weitergehende organisatorische Anforderungen an Compliance-Systeme aufstellen.

C. Folgerungen für den weiteren Verlauf der Untersuchung

Die in diesem Kapitel zur Einzelgesellschaft gewonnenen Erkenntnisse wirken sich in verschiedener Hinsicht auf die Bewertung von Konzernierungssachverhalten aus. Zunächst ist den Überlegungen voranzustellen, dass das geschäftsführende Organ einer herrschenden Konzerngesellschaft in einer Pflichtenbeziehung zu "seiner" – der herrschenden Gesellschaft – steht, welche zumindest den rechtlichen Gegebenheiten und Anforderungen in einer Einzelgesellschaft entspricht. Die Richtigkeit dieser Aussage folgt ungezwungen aus der Tatsache, dass es sich auch bei der herrschenden Gesellschaft eines Konzernverbundes primär um eine eigenständige Gesellschaft handelt, bei deren Leitung und Überwachung die soeben herausgearbeiteten Compliance-spezifischen Pflichten ebenfalls Beachtung finden müssen. Diese Überlegung entspricht insoweit jedoch nur einer isolierten Sichtweise der herrschenden Gesellschaft – unter Ausblendung der Konzernverbundenheit. In Literatur und Rechtsprechung ist jedoch allgemein anerkannt, das die Tatsache der Konzernierung Auswirkungen auf die Leitungs- und Überwachungspflichten der geschäftsführenden Organe entfaltet. Dies lässt die Verantwortung für Compliance bzw. die Compliance-spezifischen Pflichten nicht unberührt.

Wendet sich die Untersuchung im Folgenden der konzernspezifischen Verantwortung für Compliance zu, so ist – auf Basis der zur Einzelgesellschaft gewonnenen Erkenntnisse – ebenfalls von der Prämisse auszugehen, dass sich die Pflichten grundsätzlich aus verschiedenen normativen Anforderungen ergeben, welche ihre Konkretisierung im Einzelfall durch die unternehmerische Leitungs- und Sorgfaltspflicht erfahren. Intensität und Reichweite konkreter Pflichten sowie die normative Grundlage von Compliance werden sich parallel zur Einzelgesellschaft auch auf Konzernebene primär aus der unternehmerischen Leitungs- und Sorgfaltspflicht ergeben. Dies gilt selbstverständlich unter dem Vorbehalt, dass besondere (z.B. aufsichtsrechtliche) Normkomplexe besondere konzernspezifische Compliance-Anforderungen aufstellen. Im Übrigen folgt aber bereits aus den Erkenntnissen zur Einzelgesellschaft, dass sich aus der unternehmerischen Leitungs- und Sorgfaltspflicht im Konzern ebenfalls keine Pflicht zur Einrichtung eins umfassenden organisatorischen Compliance-Systems entnehmen lassen wird. Im weiteren Verlauf der Untersuchung wird daher primär zu untersuchen sein, ob sich in Konzernsachverhalten aus einer Gesamtschau verschiedener Normen organisatorische Anforderungen ergeben, welche den Mindestanforderungen an ein ordnungsgemäßes Compliance-System weitgehend entsprechen.

Teil 4. Rechtliche Rahmenbedingungen von Compliance im Konzern

Eine Annäherung an Compliance-Pflichten im Konzernverbund setzt sowohl eine Erläuterung des Konzernbegriffs als auch die rechtliche Einordnung des zugrunde liegenden Regelungsobjektes und der bestehenden Verantwortungsbeziehungen voraus. Dieser Aufgabe wird sich der folgende § 1 widmen. Die Existenz von Pflichten hängt maßgeblich von der organisationsrechtlichen Pflichtenverfassung und davon ab, ob sich Konzerne in bereits normierte Gesellschaftsstrukturen einordnen lassen. Die Untersuchung wird belegen, dass dies nicht der Fall ist und anschließend unter § 2 – auf Basis der Erkenntnisse zur Einzelgesellschaft – eine Analyse der Normen und Normkomplexe vornehmen, welche Konzerne als Normadressaten einbeziehen und zugleich einen compliance-spezifischen Gehalt aufweisen. Parallel zum Vorgehen im vorherigen Untersuchungsabschnitt differenziert die Untersuchung zwischen Pflichten im Außen- und Innenverhältnis. Untersuchungsgegenstand ist dabei sowohl das Pflichtengefüge zwischen geschäftsführenden Organ und herrschender Gesellschaft als auch die rechtliche Verantwortung gegenüber abhängigen Konzerngesellschaften und Dritten. Sofern eine Norm oder ein Normkomplex einen compliance-spezifischen Gehalt aufweist, werden die wesentlichen Erkenntnisse anschließend jeweils kurz zusammengefasst.

§ 1. Rechtssubjektivität von Konzernen?

A. Erscheinungsformen von Konzernen

I. Normierte Konzernbegriffe

1. Konzernbegriff nach § 18 AktG

Der allgemeine und rechtsformneutrale Teil des Rechts der verbundenen Unternehmen ist in den §§ 15 ff. AktG normiert und weist einen vornehmlich definitorischen Charakter auf. Im engeren Sinne bezieht sich lediglich § 18 AktG auf den Konzern. Gleichwohl werden die Normen übergreifend als allgemeiner Teil des Konzernrechts bezeichnet.[375] Nähert man sich dem Konzernbegriff, so ist zunächst der Aussagegehalt von § 15 AktG zu untersuchen. Dieser bildet die einleitende Definitionsnorm des Konzernrechts. Die Systematik der angrenzenden Normen bildet ein Stufenverhältnis, welches über die Mehrheitsbeteiligung[376] und die Beherrschung[377] hin zum engeren Konzern-

375 Kritisch hierzu Schall in: Spindler/Stilz, vor. § 15 ff. Rn. 1 m.w.N.
376 Vgl. § 16 AktG.
377 Vgl. § 17 AktG.

begriff des § 18 AktG führt. Begleitet wird das Stufenverhältnis von einer Kette widerleglicher Vermutungen, welche einen zunehmenden Einfluss auf die Geschicke einer anderen Gesellschaft voraussetzen. Von in Mehrheitsbesitz stehenden Unternehmen wird vermutet, dass diese von einem mit Mehrheit beteiligten Unternehmen abhängig sind. § 18 AktG wiederum definiert den Konzern als Zusammenfassung eines oder mehrerer abhängiger Unternehmen unter einheitlicher Leitung eines herrschenden Unternehmens.

Welche Anforderungen an das konstitutive Merkmal der „einheitlichen Leitung“ zu stellen sind, ist im Schrifttum nicht abschließend bestimmt. Nicht immer klar konturierte Trennlinien verlaufen zwischen den Vertretern eines weiten Konzernbegriffs und solchen, die einen engen Konzernbegriff favorisieren.[378] Ursache der Differenzen ist die Frage des Mindestumfanges einer einheitlichen Leitung. Sofern die herrschende Gesellschaft eine konzernweite einheitlich Finanzplanung vornimmt – dies wird regelmäßig bei Holdingstrukturen der Fall sein –[379] ist das Merkmal nach allen vertretenen Ansichten erfüllt.[380] Für den Zweck dieser Untersuchung ist eine letztendliche Entscheidung nicht erforderlich, da die Existenz eines Konzerns vorausgesetzt wird. Gleichwohl spricht einiges für die Annahme des weiten Konzernbegriffs, da dieser auch für die Auslegung des Konzernbegriffs im Mitbestimmungsrecht Verwendung findet.[381] In der Praxis wird die Relevanz der Unterscheidung zudem durch die in den §§ 15 ff. AktG enthaltenen Vermutungsregeln nivelliert. Besteht zwischen den Unternehmen ein Beherrschungsvertrag oder liegt eine Eingliederung vor, so ist unwiderleglich von einer einheitlichen Leitung auszugehen.

In § 18 Abs. 2 AktG ist zudem die Differenzierung zwischen Unterordnungs- und Gleichordnungskonzernen angelegt, die durch das Kriterium der Abhängigkeit unterschieden werden, welches in § 17 AktG definiert ist und über eine Abhängigkeitsvermutung im Zusammenspiel mit § 16 AktG zu lesen ist. Dem Unterordnungskonzern wurde in der bisherigen Rechtsprechung

---

378 Siehe zum Diskussionsstand: Bayer in: MüKo/AktG, § 18 Rn. 33; v. Bünau, Beratungsverträge, S. 90 ff.; Emmerich in: Emmerich/Habersack, § 18 Rn. 14; Hommelhoff, Konzernleitungspflicht, S. 220 ff.; Hüffer in: Hüffer/AktG, § 18 Rn. 11; Kleindiek, Strukturvielfalt, S. 37 ff.; Koppensteiner in: KK/AktG, § 18 Rn. 26; Kuhlmann/Ahnis, Konzernrecht, S. 29 f.; Milde, Gleichordnungskonzern, S. 70 ff.; Schall in: Spindler/Stilz, § 18 Rn. 18; Vetter in: Schmidt/Lutter, § 18 Rn. 11; Windbichler in: GroßK/AktG, § 18 Rn. 19 ff.

379 Theisen, Der Konzern, S. 175.

380 Die Vertreter eines engen Konzernbegriffes verlangen, dass die Konzernobergesellschaft eine einheitliche Planung in den wesentlichen zentralen unternehmerischen Bereichen aufstellt und diese auch gegenüber den Tochtergesellschaften durchsetzt. Als wesentliche Bereiche kommen das Personalwesen und insbesondere die Finanzplanung in Betracht. Der weite Konzernbegriff lässt demgegenüber die einheitliche Planung in einem der anderen zentralen Unternehmensbereiche genügen. Siehe zum Streitstand mit zahlreichen weiteren Nachweisen: Emmerich in: Emmerich/Habersack, § 18 Rn. 9 ff.

381 So z.B. Emmerich in: Emmerich/Habersack, § 18 Rn. 14. Demnach stellt das Mitbestimmungsrecht den wichtigsten Anwendungsbereich des Konzernbegriffes dar.

und Literatur wesentlich mehr Aufmerksamkeit zuteil, als seinem in § 18 Abs. 2 AktG angelegten Gegenpart – dem Gleichordnungskonzern. Wie auch alle anderen Formen der Konzernierung zeichnet sich der Gleichordnungskonzern durch eine Zusammenfassung von einem oder mehreren Unternehmen unter einheitlicher Leitung aus. Prägendes Differenzierungsmerkmal ist das Fehlen eines Abhängigkeits- oder Beherrschungsverhältnisses.

2. Ausweitungstendenzen in anderen Rechtsgebieten

Das Merkmal der einheitlichen Leitung, welches § 18 AktG zugrunde liegt, wird in anderen Rechtsgebieten zunehmend durch eigenständige Definitionen aufgeweicht. Dieser Prozess lässt sich insbesondere im HGB[382] sowie im bank- und kapitalmarktrechtlichen Aufsichtsrecht[383] beobachten. Im Kern liegt den Definitionen das Control Konzept bzw. das Kriterium des beherrschenden Einflusses zugrunde, welche nicht die tatsächliche Ausübung, sondern die rechtliche Möglichkeit zur Beeinflussung der Geschäftspolitik eines anderen Unternehmens genügen lassen.[384] Für den Zweck dieser Untersuchung wird jedoch der Konzernbegriff des § 18 AktG zugrunde gelegt.

II. Vertragskonzerne und faktische Konzerne

Eine weitere Kategorisierung leitet sich aus dem besonderen Teil des Konzernrechts ab, dessen direkter Anwendungsbereich auf die AG und KGaA beschränkt ist. Zu unterscheiden ist demnach zwischen Vertragskonzernen und faktischen Konzernen. Vertragskonzerne beruhen auf dem Abschluss eines Beherrschungs-vertrages gemäß § 291 Abs. 1 S. 1 AktG. Der Beherrschungsvertrag bewirkt im Kern eine Delegation der Unternehmensleitung auf die herrschende Gesellschaft, welche nunmehr zur Erteilung von nachteiligen Weisungen i.S.v. § 308 AktG berechtigt ist. Bei faktischen Konzernen fehlt es an einem entsprechenden Vertrag und einem daraus folgenden Weisungsrecht. Die Abhängigkeit gründet sich dagegen regelmäßig auf eine Mehrheitsbeteiligung an einem Unternehmen oder eine personelle Verflechtung der Leitungsorgane. Das sich daraus ergebende Spannungsverhältnis normieren die §§ 311 ff. AktG.

Eine Konzernierung der GmbH kann ebenfalls sowohl in vertraglicher als auch in faktischer Form erfolgen. Die §§ 291–310 AktG finden grundsätzlich Übertragung auf den GmbH-Vertragskonzern.[385] Für den faktischen GmbH-Konzern gilt es zu beachten, dass die §§ 311 ff. AktG nach vorherrschender Meinung keine analoge Anwendung finden.[386] Dies wirkt sich im Ergebnis

382 Vgl. § 290 Abs. 2 HGB.
383 Vgl. §§ 1 Abs. 6 f. KWG; 22 Abs. 3 WpHG; 2 Abs. 6 WpÜG.
384 Zu den Begriffen und der Entwicklung im HGB Küting/Seel, BB 2010, S. 1459 ff.
385 Statt aller BGH, NJW 1992, S. 1452 (1453 f.); ders., NJW 1989, S. 295 (298 f.); Altmeppen in: Roth/Altmeppen, Anh. § 13 Rn. 17; ders. in: MüKo/AktG, § 291 Rn. 17 jeweils m.w.N.
386 BGHZ 65, S. 15 (18); 95, S. 330 (340); Emmerich/Habersack, Konzernrecht, S. 467; Hüffer in: Hüffer/AktG, § 311 RN. 51; Konzen, NJW 1989, S. 2977 (2981); Müller in: Spindler/Stilz, vor §§ 311 ff. Rn. 21 jeweils m.w.N.

jedoch kaum aus, da vergleichbare Wirkungen über eine gesellschaftsrechtliche Treuepflicht des herrschenden Unternehmens hergeleitet werden. Eine weitere Kategorie betrifft den qualifiziert-faktischen Konzern. Dieser unterscheidet sich vom faktischen Konzern durch ein derart intensives Maß der Einflussnahme, welches die abhängige Gesellschaft als „unselbstständige Betriebsabteilung“[387] erscheinen lässt.[388] Der BGH hat die Rechtsfigur des qualifiziert-faktischen Konzerns mittlerweile für die GmbH zugunsten der Existenzvernichtungshaftung aufgegeben.[389] Für die AG besitzt diese Kategorisierung dagegen weiterhin eine gewisse Relevanz.[390]

III. Zentrale, dezentrale und divisionale Konzerne

Eine vornehmlich wirtschaftswissenschaftlich geprägte Unterscheidung von Konzerntypen beruht auf der konzerninternen organisatorischen Funktionsverteilung. Demnach wird zwischen zentral, dezentral oder divisional organisierten Konzernen unterschieden.[391]

Zentral organisierte Konzerne zeichnen sich durch eine Übertragung von Unternehmensfunktionen auf die herrschende Gesellschaft aus. Als besonders geeignet für eine Übertragung erweisen sich Funktionen, welche sämtliche Konzernunternehmen nutzen. Je mehr Funktionen und Aufgaben auf Ebene der herrschenden Gesellschaft angesiedelt sind, desto zentraler ist der Konzern strukturiert. Aus dieser Einteilung ergibt sich zugleich, dass eine trennscharfe Abgrenzung nicht immer möglich ist. Die Funktionsverlagerung kann jedoch Ausmaße erreichen, welche die rechtliche Selbstständigkeit der abhängigen Gesellschaft faktisch konterkariert. Dezentrale Organisationsstrukturen belassen dagegen weitreichende Funktionen, Befugnisse und Freiräume bei der bzw. den jeweiligen Tochtergesellschaften.

Divisional organisierte Konzerne zeichnen sich nicht durch eine Aufgliederung nach zentralen Funktionsbereichen –z.B. Einkauf, Verkauf, Finanzen, Recht – aus, sondern teilen sich in Geschäftsbereiche, sog. „Sparten“, auf.[392] Die Sparten beziehen sich häufig auf den Vertrieb eines bestimmten Produktes oder auf den gesamten Vertrieb in ein bestimmtes Land oder eine Region. Die organisatorische Fokussierung richtet sich dabei häufig nicht an der rechtlichen Selbstständigkeit der Konzernunternehmen aus, sondern geht darüber hinweg. Der Matrixkonzern ist demgegenüber lediglich eine aufbauor-

---

387 Lutter/Timm, NJW 1982, S. 409 (412).

388 Bayer in: MüKo/AktG, § 18 Rn. 11 mit zahlreichen Nachweisen zu den Voraussetzung und Rechtsfolgen des qualifiziert faktischen Konzerns.

389 BGHZ 149, S. 10 (16).

390 Rechtsfolge ist zunächst ein Anspruch gegen das herrschende Unternehmen analog § 302 AktG auf Verlustübernahme. Die h.M. nimmt zudem die Rechtswidrigkeit der qualifiziert-faktischen Konzernierung an. Folge der Rechtswidrigkeit sind Beseitigungs- und Schadensersatzansprüche. Siehe hierzu m.w.N. Bayer in: MüKo/AktG, § 18 Rn. 13.

391 Zu den folgenden Konzernierungsformen, ihren Abgrenzungen, Erscheinungsformen und praktischen Ausgestaltungen, vgl. Emmerich/Habersack, Konzernrecht, S. 55; Theisen, Der Konzern, S. 169 ff. jeweils m.w.N.

392 Theisen, Der Konzern, S. 169 ff.

ganisatorische Erweiterung. Kennzeichen der Matrix ist die Ausweitung der Weisungsbeziehung im Konzern von einem paradigmatischen Einliniensystem zu einem Mehrliniensystem, welches sich nicht zwangsläufig an den gesellschaftsrechtlichen Grenzen im Konzernverbund orientiert. Primärer Unterschied ist damit die Multiplizierung der Leitungsbeziehungen.[393] Insbesondere multinationale Konzerne profitieren von Matrixstrukturen und betriebswirtschaftlich gewünschten Synergie- und Ergänzungseffekten.[394]

IV. Holdingkonzerne

Neben dem sog. „Stammhauskonzern", welcher immer noch das traditionelle Musterbeispiel zahlreicher heutiger Industriekonzerne ist, haben sich seit den achtziger Jahren vermehrt Holdingstrukturen entwickelt. Als „Holding" wird ein Unternehmen bezeichnet, dessen satzungsmäßiger oder tatsächlicher Hauptzweck darin besteht, dauerhaft Beteiligungen an anderen Unternehmen zu halten.[395] Die grobe Definition vereint zahlreiche Unterformen, welche von einer Finanzholding – oder auch Beteiligungsgesellschaft – bis zur Führungs- oder Managementholding reichen. Gradmesser für diese Kategorisierung ist eine funktionale Differenzierung, welche sich am Ausmaß der konzernleitenden Aktivität orientiert. Die Finanzholding beschränkt sich auf das Halten und Verwalten von Beteiligungen. Unter „Verwaltung" ist hierbei die Wahrnehmung von Gesellschafterrechte zu verstehen.[396] Das Aufgabenspektrum der Management-Holding geht weit über dieses Maß hinaus. Ebenso wie die Finanzholding entfaltet auch die Management-Holding kein eigenes operatives Geschäft. Sie übernimmt jedoch die strategische Steuerung, Konzernkoordination, die Steuerung des Kapitalflusses sowie die Besetzung von Führungspositionen für die Konzernunternehmen.[397] Damit wird deutlich, dass die Begriffe Holding und Konzern keineswegs deckungsgleich sind. Die Finanzholding übt – unabhängig von Fragen der kapitalmäßigen Beteiligung – keine einheitliche Leitung aus und erfüllt damit regelmäßig nicht den Konzernbegriff des § 18 AktG. Anders verhält es sich dagegen regelmäßig bei Management- und Führungsholdings, welche – im Sinne einer einheitlichen Leitung – einen maßgeblichen Einfluss auf die Konzerngesellschaften ausüben.[398]

---

393 Bauer/Herzberg, NZA 2011, S. 713 ff. mit einer Darstellung der besonderen arbeitsrechtlichen Probleme, die aus einer Matrixorganisation resultieren.

394 Wisskirchen/Dannhorn/Bissels, DB 2008, S. 1139 (1139).

395 Lutter in: Lutter/Holding, S. 10 ff.; Mentz in: Hasselbach/Nawroth/Rödding, S. 2; Theisen, Der Konzern, S. 174 jeweils m.w.N.

396 Mentz in: Hasselbach/Nawroth/Rödding, S. 8; Theisen, Der Konzern, S. 177 f.

397 Lutter in: Lutter/Holding, S. 13 ff.; Mentz in: Hasselbach/Nawroth/Rödding, S. 7 f.; Theisen, Der Konzern, S. 179 ff. jeweils m.w.N.

398 Lutter in: Lutter/Holding, S. 29 f.; Mentz in: Hasselbach/Nawroth/Rödding, S. 4 f.

B. Der Konzern als Regelungsobjekt

I. Der Konzern als Gesellschaft des bürgerlichen Rechts?

Das gesellschaftsrechtliche Schrifttum enthält verschiedene Vorschläge, die den Versuch unternehmen, die diffuse rechtliche Qualifizierung des Konzerns als „paradoxe(n) Fall des Unternehmens, das als solches überhaupt keine Rechtsform hat",[399] auf eine neue Ebene zu transformieren.

So wird z.B. der Gleichordnungskonzern als Gesellschaft des bürgerlichen Rechts (GbR) qualifiziert.[400] Der Gleichordnungskonzern ist durch die Zusammenfassung mehrerer selbstständiger Unternehmen unter eine einheitliche Leitung gekennzeichnet. Diese Zusammenfassung kann dabei sowohl vertraglicher als auch faktischer Natur sein.[401] Eine Differenzierung zwischen beiden Formen ist – anders als beim Unterordnungskonzern – nicht zwingend angezeigt, da an den vertraglichen Zusammenschluss keine rechtlichen Folgewirkungen gekoppelt sind. Im Übrigen wird eine trennscharfe Abgrenzung ohnehin nicht immer möglich sein, da die unternehmerische Tätigkeit unter einheitlicher Leitung den konkludenten Abschluss eines Gesellschaftsvertrages i.S.d. § 705 BGB darstellen kann. Das für die Annahme einer GbR konstitutive Merkmal der Verfolgung eines gemeinsamen Zwecks liegt vor. Zumindest der vertragliche Gleichordnungskonzern, welcher auf dem Abschluss eines Gleichordnungsvertrags beruht, erfüllt somit die notwendigen Voraussetzungen einer GbR.[402] Wie bereits angedeutet sind die Grenzen zwischen einem vertraglichen Gleichordnungskonzern und dem Abschluss eines konkludenten Gleichordnungsvertrages fließend.[403] Es ist daher sachgerecht, dieses Ergebnis auch auf den faktischen Gleichordnungskonzern zu erstrecken.

Eine weitere Diskussion kreist darum, ob dieses Ergebnis auch auf vertragliche oder gar faktische Konzernsachverhalte Übertragung findet. Befürworter, die eine Innengesellschaft des bürgerlichen Rechts annehmen, sehen in der Zusammenfassung der Rechtseinheiten zu wirtschaftlichen Zwecken die Begründung eines gemeinsamen Zweckes.[404] Der Betrieb der Wirtschaftseinheit Konzern gehe über die Tätigkeitsbereiche der einzelnen Rechtsträger hinaus und begründe einen eigenen Zweck.[405] Speziell für den faktischen Konzern wird argumentiert, dass die Koordinierung der jeweiligen Unternehmensführungen den gemeinsamen Zweck verfolge, die Gesamtgewinner-

399 Ballerstedt in: Arndt/Konzentration in der Wirtschaft, S. 603 (630 f.).
400 Altmeppen in: MüKo/AktG, § 311 Rn. 316 ff.; Harms, Konzerne im Recht der Wettbewerbsbeschränkungen, S. 147 ff.; Schall in: Spindler/Stilz, vor §§ 15 ff. Rn. 7; einschränkend nur für den faktischen Unterordnungskonzern dagegen Wilhelm, Rechtsform und Haftung, S. 224 ff.
401 Emmerich in: Emmerich/Habersack, § 18 Rn. 30; Hüffer in: Hüffer/AktG, § 18 Rn. 21.
402 Emmerich in: Emmerich/Habersack, § 18 Rn. 29; Hüffer in: Hüffer/AktG, § 18 Rn. 20; Menz, Wirtschaftliche Einheit, S. 64; Schall in: Spindler/Stilz, § 18 Rn. 31.
403 Hüffer in: Hüffer/AktG, § 18 Rn. 21.
404 Harms, Konzerne im Recht der Wettbewerbsbeschränkungen, S. 147 f.
405 Schall in: Spindler/Stilz, vor §§ 15 ff. Rn. 7.

zielung des Unternehmensverbundes zu maximieren. Aufgrund des geltenden Verbotes der Benachteiligung, werde dieser Zweck nicht nur durch die herrschende Gesellschaft verfolgt.[406] Der Abschluss des Gesellschaftsvertrages wird in dem Abschluss des Beherrschungsvertrags, für die Variante des faktischen Konzerns in der Befolgung von Weisungen oder Anregungen durch die Untergesellschaft erblickt, welche auch als „Huldigung“ oder „sozial typische Erklärung“ bezeichnet wird.[407]

Bezogen auf den Vertragskonzern hat sich diese Ansicht berechtigterweise nicht durchsetzen können. Im Vertragskonzern fehlt es bereits am konstitutiven Merkmal der gemeinsamen Zweckverfolgung. Die Konzernglieder sind der Zweckverfolgung des herrschenden Rechtsträgers gänzlich untergeordnet und verfolgen diesem gegenüber keinen eigenen Zweck. Das einer GbR innewohnende Bild der kooperativen Zweckverfolgung wird durch Subordination verdrängt.[408]

Im faktischen Konzern tritt die Subordination dagegen nicht in gleicher expliziter Weise zu Tage. Regelmäßig erzeugen Beteiligungsstrukturen eine hierarchische Ordnung. Das Machtgefüge im faktischen Konzern basiert daher auf verbandsinternen Einflussmöglichkeiten. Es wird argumentiert, dass sich die Unternehmen im Vertragskonzern als gleichberechtigte Partner gegenüberstehen und der Betrieb der verschieden Konzernunternehmen als konkludenter Abschluss eines Gesellschaftsvertrages zu bewerten sei.[409] Es ist jedoch bereits zweifelhaft, ob dieser Ansatz die ökonomische Realität angemessen widerspiegelt, welche sich auch im faktischen Konzern in einem faktisch existierenden Subordinationsverhältnis ausdrückt. Die Konzerngesellschaften mögen sich insoweit bei einzelnen Rechtsgeschäften als gleichwertige Partner gegenüberstehen, dies ändert jedoch nichts an einer langfristigen Unterwerfung unter die Planungshoheit der herrschenden Gesellschaft, welche als ultima ratio durch die Auswechselbarkeit der unternehmerischen Entscheidungsträger gesichert ist. Zudem sind wirtschaftliche Einflussmöglichkeiten nicht gleichbedeutend mit konkludenten Willenserklärungen.[410] Zwar können die Übergänge – ähnlich wie beim Gleichordnungskonzern – fließend sein, doch spricht die reine Ausnutzung von verbandsinternen Mehrheitsverhältnissen tendenziell gegen den Abschluss eines konkludenten Gesell-

406 Wilhelm, Rechtsform und Haftung, S. 224.

407 Harms, Konzerne im Recht der Wettbewerbsbeschränkungen, S. 148.

408 Vgl. hierzu die ablehnenden Stellungnahmen von Bälz, FS L. Raiser, S. 287 (323); Huber, ZHR (131) 1968, S. 193 (206); Koppensteiner in: KK/AktG, § 18 Rn. 10; Lösler, Compliance, S. 269 f.; Menz, Wirtschaftliche Einheit, S. 64 f.; Potrafke, Kartellrechtswidrigkeit konzerninterner Vereinbarungen, S. 207 ff.; Rehbinder, Konzernaußenrecht und allgemeines Privatrecht, S. 76 ff.

409 Schall in: Spindler/Stilz, vor §§ 15 ff. Rn. 7; einschränkend nur für den faktischen Unterordnungskonzern dagegen Altmeppen in: MüKo/AktG, § 311 Rn. 316 ff.; Wilhelm, Rechtsform und Haftung, S. 224 ff.

410 Lösler, Compliance, S. 270 f.; Westermann, Vertragsfreiheit, S. 182 f.; diesen Einwand sieht auch Schall in: Spindler/Stilz, vor §§ 15 ff. Rn. 7.

schaftsvertrages. Der faktische Konzern ist damit wohl nicht als GbR anzusehen.

Die Auswirkungen des Streits um die Rechtsnatur einer GbR dürfen für den Zweck dieser Untersuchung allerdings nicht überbewertet werden. Selbst wenn man dem Konzern als GbR charakterisiert, so handelt es sich um eine Innengesellschaft.[411] Dem Konzerngesamtgebilde kommt demnach, auch unter Zugrundelegung der Gegenansicht, keine Rechtsfähigkeit zu.[412] Dies führt zu der weiteren Konsequenz, dass auch kein akzessorisches Haftungsrisiko durch die analoge Anwendung von § 128 HGB besteht.[413] Abweichungen ergeben sich lediglich, sofern man die §§ 311, 317 AktG als teilweise Ausformulierung einer grundsätzlich bestehenden Pflicht zur ordnungsgemäßer Konzerngeschäftsführung einordnet. In diesem Fall könnte neben die Haftung für die Vornahme bestimmter Maßnahmen eine Haftung wegen der Unterlassung von Maßnahmen treten.[414]

II. Der Konzern als polykorporatives Netzwerk des Bürgerlichen Rechts?

Versuche das Regelungsobjekt Konzern in übergreifende rechtliche Strukturen einzuordnen, blieben jedoch nicht bei der Charakterisierung als GbR stehen. Ein stärker systemtheoretisch geprägtes Konzept sieht den Konzern als polkorporatives Unternehmen[415] bzw. als polykorporatives Netzwerk[416] an. Der Konzern sei demnach nicht als hierarchisch strukturiertes Gebilde zu klassifizieren, sondern eine Ansammlung von autonomen Aktionszentren. Da die heterarchischen Aktionszentren gleichwohl wirtschaftlich und funktionierend interagieren, sei der Konzern auf einer abstrakteren höheren Ordnung zu erfassen. Der Abschluss eines Beherrschungsvertrages – oder weitergehend: die Eingliederung – forme in diesem Zusammenhang die Konzerngesellschaften zu Gliedern eines umfassenderen Netzwerkes bzw. Unternehmens um, welches durch seine Glieder handele. Dementsprechend komme auch nicht dem Konzern selbst, sondern dem polykorporativen Unternehmen in seiner Gesamtheit Rechtssubjektsqualität zu, die sich als Korporation sui generis darstelle.[417] Dieser Ansatz erweist sich de lege lata allerdings als wenig fruchtbar. Er setzt sich der Kritik aus, dass die Rechtssubjektivität sozialer Systemen nicht mit der von natürlichen und juristischen Personen gleichgesetzt werden darf.[418] Auch kann sich die Begründung eines ordnungs- und

---

411 Der Konzern tritt nicht nach außen im Rechtsverkehr in Erscheinung und erfüllt damit nicht die Wesensmerkmale der Außengesellschaft. Vgl. zu Innengesellschaften Ulmer/Schäfer in: MüKo/BGB, § 705 Rn. 275 ff.

412 Statt aller BGH, NJW 2002, S. 3389 (3390).

413 BGH, NJW 2003, S. 1445 (1446 f.); ders., NJW 2001, S. 1056 (1060). Anders noch BGH, NJW 1974, S. 451 (451 f.).

414 Vgl. hierzu Wilhelm, Kapitalgesellschaftsrecht, Rn. 1216.

415 Bälz, FS L. Raiser, S. 287 (320); ders., AG 1992, S. 277 (300 ff.).

416 Teubner, ZGR 1991, S. 189 (203 f.)

417 Teubner, ZGR 1991, S. 189 (203 f.)

418 Lösler, Compliance, S. 272; Menz, Wirtschaftliche Einheit, S. 66.

systemtheoretischen Gesamtgebildes nicht über die die Notwendigkeit einer rechtlichen Grundlage hinwegsetzen.

III. Konzerne als organisatorische Einheiten

Die bisherigen Ausführungen legen den Schluss nahe, dass die rechtliche Selbstständigkeit der Konzernunternehmen eine durchgängige Einzelbetrachtung der jeweiligen Unternehmen erfordert. Diese Bewertung steht im Widerspruch zu der wirtschaftswissenschaftlichen Gesamtbetrachtung eines Konzerns. Teilweise wird allerdings auch unter Einnahme der juristischen Perspektive eine Gesamtbetrachtung des Konzerns vorgenommen. Prominente Beispiele sind die Konzernbilanzierungspflichten, die steuerliche Organschaft, die wettbewerbsrechtliche Haftung im Konzern – zumindest auf europäischer Ebene – sowie die Mitbestimmung im Konzern.

In Erweiterung der soeben angeführten Beispiele wird der Konzern auch als organisatorische Einheit aufgefasst, die – verglichen mit einem Einheitsunternehmen – parallele Anforderungen an die rechtliche Ausgestaltung ihrer Innen- und Außenbeziehungen stellt.[419] Auch „der Konzern wird gegründet, muß finanziert, geleitet und überwacht werden, hat interne Interessenkonflikte unter seinen Mitgliedern zu lösen, Rechenschaft zu legen und wird eines Tages auch wieder aufgelöst.“[420] Das geschriebene Recht normiere insoweit lediglich einen Teilausschnitt der regelungsbedürftigen Sachverhalte. Nach überwiegendem Verständnis kommt dem im Aktienrecht normiertem Konzernrecht ein primär schutzrechtsorientierter Charakter zu.[421] Dieser basiert auf der Erkenntnis, dass der Konzern – auch unter Zugrundelegung seiner fehlenden Rechtssubjektivität – zumindest eine wirtschaftliche Einheit darstellt und ein eigenes Konzerninteresse, welches typischerweise deckungsgleich mit dem der Konzernobergesellschaft ist, verfolgt.[422] Das Konzernrecht versucht insoweit zwischen den nicht zwangsläufig deckungsgleichen Partikularinteressen der Konzerngesellschaften einen Ausgleich herzustellen. Im Zentrum hierbei stehen die Interessen von Dritten und Minderheitsgesellschaftern. Da das geltende Recht einen eindeutigen Schutzfokus aufweist, seien die anderweitig bestehenden normativen Lücken durch ein umfassenderes Konzernorganisations- oder Konzernverfassungsrecht zu füllen.[423] Das Konzernrecht habe die Aufgabe, die faktisch existierende Organisationseinheit auch rechtlich zu erfassen und spezifische Rechtsfolgen an den Konzern selbst anzuknüpfen. In diesem Zusammenhang werden – neben grundsätzlichen Themen, wie der Finanzierung, Kapitalerhaltung, Rechnungslegung und

419 So insbesondere Lutter, ZGR 1987, S. 324 (328 ff.); ders., FS Stimpel, S. 825 (827 f.).
420 Lutter, ZGR 1987, S. 324 (328 ff.).
421 Statt vieler Emmerich/Habersack, Konzernrecht, S. 8 f. m.w.N.
422 Altmeppen in: MüKo/AktG, § 308 Rn. 102 m.w.N.
423 Schneider, U., BB 1981, S. 249 ff.; ders., BB 1986, S. 1993 (1993 ff.); ders., WM 1986, S. 181 (182); Lösler, Compliance, S. 272 ff.; Lutter, ZGR 1987, S. 324 (328 ff.); a.A. Mülbert, Aktiengesellschaft, S. 33 ff.

Liquidation im Konzern – insbesondere Fragen der Konzernbildungs- und Konzernleitungskontrolle relevant.

Mit der Forderung und nachfolgenden Ausgestaltung eines umfassenden Konzernorganisations- oder Konzernverfassungsrechts betritt man wohl eines der komplexesten Themengebiete des Konzernrechts. Das Meinungsspektrum hierzu befindet sich noch im Fluss. Gleichwohl sind die Auswirkungen der Diskussion für den Zweck dieser Untersuchung überschaubar. Die Haftung des geschäftsführenden Organs für Compliance-Verstöße in Tochtergesellschaft steht in einem untrennbaren Zusammenhang zur Frage der Existenz und des Umfanges einer Konzernleitungspflicht, die als solche Bestandteil des Konzernorganisationrechts ist. Der Begriff und die um seine Berechtigung entbrannte Diskussion basieren auf der gleichnamigen Untersuchung von Hommelhoff.[424] Im Kern ist die Konzernleitungspflicht ein Oberbegriff, unter dem mehrere rechtliche Fragestellungen behandelt werden. Uneinigkeit besteht zunächst darüber, ob das geschäftsführende Organ zu einer umfassenden Leitung der Tochtergesellschaften verpflichtet ist. Darüber hinaus wird untersucht, ob die Pflicht gegenüber der herrschenden Gesellschaft und ggfs. auch zusätzlich gegenüber Tochtergesellschaften besteht. Bezieht sich der für den Zweck dieser Arbeit relevante Gehalt der Diskussion um ein Konzernorganisations- oder Konzernverfassungsrechts jedoch nur auf die Reichweite und Intensität von Leitungspflichten im Konzern, so ist dieser Fragestellung systematisch folgerichtig in der nachfolgenden Untersuchung der Leitungspflichten im Konzern nachzugehen. Der weitere Fragenkreis zu einer möglichen Ausgestaltung eines Konzernorganisations- oder Konzernverfassungsrechts kann ansonsten dahinstehen.

§ 2. Relevante Rechtsnormen für geschäftsführende Organe herrschender Gesellschaften

A. Pflichten im Innenverhältnis

I. Konzernweite Leitungs- und Sorgfaltspflichten nach §§ 76 Abs. 1, 93 AktG

1. Die Pflicht zur Konzernleitung?

Die Leitungsverantwortung des Vorstandes im Konzern hat – wie auch die des Geschäftsführers im GmbHG – keine spezielle normative Ausprägung erfahren. Dies verwundert angesichts der tatsächlichen Bedeutung von Unternehmensverbindungen, welche sich in der juristischen Praxis und Wissenschaft widerspiegelt. § 93 AktG behandelt ebenfalls nur das Verhältnis zwischen Organ und der von ihm geleiteten Gesellschaft. Es ist daher kaum über-

424 Hommelhoff, Konzernleitungspflicht.

raschend, dass die Leitungsverantwortung des Vorstandes im Unternehmensverbund Gegenstand eines fortwährenden juristischen Diskurses ist.[425] Vollkommen außer Streit steht insoweit die Verantwortung des Organs für die herrschende Gesellschaft. Hierzu kann vollumfängliche auf die Darstellung im vorigen Kapitel verwiesen werden. Es kann sich daher bereits unter isolierter Betrachtung der herrschenden Gesellschaft eine Pflicht zur Implementierung eines umfassenden Compliance-Systems ergeben.[426]

Konnte die rechtliche Grundlage im Wesentlichen als Ausfluss der Leitungs- und Sorgfaltspflicht charakterisiert werden, so ist fraglich, wie sich die Konzernierung auf den Umfang und die Intensität der Leitungspflichten auswirkt. Offensichtlich kann diese Überlegung nicht mit dem Gedanken enden, dass die Verantwortung an den Grenzen der juristischen Person der herrschenden Gesellschaft endet und die weitere Verantwortung jeweils auf die Schultern der geschäftsführenden Organe in den Tochterunternehmen verteilt wird. Hiergegen spricht bereits die Tatsache, dass die Beteiligungen Vermögenswerte darstellen und sich deren Entwicklung zwangsläufig auf die herrschende Gesellschaft auswirkt. Der grundsätzliche Zuständigkeitsbereich des Vorstandes i.S.d. § 76 AktG wird damit um eine weitergehende Komponente – die Leitung des Konzerns – angereichert. Anschaulich illustriert wird dies am Beispiel des Holdingkonzerns. Dieser entfaltet regelmäßig keine eigene wirtschaftliche Tätigkeit, sondern beschränkt sich auf die Koordinierung, strategische Steuerung und Finanzierung der verbundenen Gesellschaften.[427] Ist nahezu das gesamte Vermögen der Gesellschaft innerhalb von Beteiligungen gebündelt, so geht die Annahme einer auf Geschehnisse in der herrschenden Gesellschaft isolierten Verantwortung, an Theorie und Praxis vorbei. Die damit aufgeworfene Frage der Reichweite der Leitungs- und Sorgfaltspflicht im Konzern wird unter dem Stichwort der „Konzernleitungspflicht“ diskutiert.

(a) Aktueller Meinungsstand

Im Grundsatz steht außer Streit, dass sich der Pflichtenkreis des Vorstandes in Konzernierungssituationen erweitert. Die gesteigerten Einflussmöglichkeiten verpflichten den Vorstand zur Leitung des beherrschten Unternehmens.[428] Die Auseinandersetzungen ranken sich im Kern um die Frage, wie stark diese Leitungsverantwortung ausgeprägt ist. Zur Klarstellung ist hinzuzufügen,

---

425 Vgl. exemplarisch Bayer in: MüKo/AktG, § 18 Rn. 19; Fleischer in: Spindler/Stilz, § 76 Rn. 86 f.; Hommelhoff, Konzernleitungspflicht, S. 1 ff.; Hüffer in: Hüffer/AktG, § 76 Rn. 17; Kort in: GroßK/AktG, § 76 Rn. 140; Löbbe, Unternehmenskontrolle, S. 83; Lösler, Compliance, S. 280 ff.; Martens, FS Heinsius, S. 523 (531 f.); Mertens/Cahn in: KK/AktG, § 76 Rn. 65; Rehbinder, ZHR (147) 1983, S. 464 (468 f.).

426 Abhängig ist dies vom konkreten Einzelfall, insbesondere dem unternehmerischen Risikopotential und den bestehenden Möglichkeiten zur Verhinderung von relevanten Zuwiderhandlungen. Als Minimalpflicht setzt die Leitungs- und Sorgfaltspflicht zudem die laufende Analyse des unternehmensindividuellen Risikoprofils voraus.

427 Vgl. hierzu bereits Teil 4.§ 1.A.IV.

428 Martens, FS Heinsius, S. 523 (531 f.); Mertens/Cahn in: KK/AktG, § 76 Rn. 65.

dass sich die Fragestellung auf das Binnenverhältnis zwischen Vorstand und herrschender Gesellschaft bezieht.

Eine prominente Ansicht geht von einer intensiven und umfassenden Konzernleitungsflicht des geschäftsführenden Organs der herrschenden Gesellschaft aus.[429] Der Ursprung dieser Pflicht sei – parallel zur Einzelgesellschaft – in § 76 Abs. 1 AktG zu verorten. Im Kern ist die These darauf zurückzuführen, dass aus § 76 AktG eine Verantwortung des Vorstandes folgen soll Beteiligungsgesellschaften unter einer einheitlichen Leitung i.S.d. § 18 AktG zusammenzufassen. Bei den Beteiligungen der herrschenden Gesellschaft handele es sich um unternehmerische Ressourcen bzw. Kapazitäten, welche zum Wohle des Gesellschaftszweckes optimal einzusetzen seien.[430] Ziel des Ressourceneinsatzes sei es demnach die Erreichung des Gesellschaftszweckes zu gewährleisten. Aus der Orientierung am Gesellschaftszweck folge damit zugleich eine Einschränkung der extensiven Auslegung der Konzernleitungspflicht. Der Vorstand dürfe die bestehende Herrschaftsmacht ungenutzt lassen, sofern sich der Unternehmensgegenstand in der kapitalistischen Verwaltung des Beteiligungsbesitzes erschöpft. Verfolge die Gesellschaft dagegen zugleich ein operatives Geschäft, so bedürfe diese Einschränkung einer ausdrücklichen Ermächtigung durch die Satzung oder müsse sich als Annex der statutarischen Tätigkeit darstellen.[431] Abseits dieser Einschränkungen entspreche die Konzernleitungspflicht qualitativ den Anforderungen an die Leitungspflichten der Einzelgesellschaft. Der Vorstand müsse demnach „das gesamte Konzerngeschehen bis in alle Einzelheiten der Tochteraktivitäten hinein durch seine Vorgaben leiten, die Durchführung seiner Entscheidungen kontrollieren und ggfs. lenken eingreifen.“[432] Offensichtlich stößt eine derart extensive Auslegung der Leitungspflichten – insbesondere im faktischen Konzern – auf rechtliche Umsetzungsschwierigkeiten. Das Spannungsverhältnis zwischen Leitungspflichten und Beschränkungen im faktischen Konzern – von Hommelhoff auch als „Gegenkräfte aus dem Recht der Tochtergesellschaft“ bezeichnet – solle durch eine Konzernierungserklärung des Vorstandes gegenüber der abhängigen Gesellschaft aufgelöst werden, deren Inhalt das konzernorganisatorische Grundkonzept und damit auch die verbleibende Autonomie der beherrschten Gesellschaft ist.[433] Im Folgenden wird diese extensive Sichtweise der Konzernleitungspflicht auch als umfassende Konzernleitungspflicht bezeichnet.

---

429 Hommelhoff, Konzernleitungspflicht, S. 43 ff., 65 ff.; Hommelhoff/Mattheus, BFuP 2000, S. 217 (222 ff.); Krieger in: Münchener/Hdb.GesR, § 70 Rn. 155; Schneider, U., BB 1981, S. 249 (253); Timm, Aktiengesellschaft, S. 95 ff.; im Grundsatz auch Kropff, ZGR 1984, S. 112 (116).

430 Hommelhoff, Konzernleitungspflicht, S. 54 ff., 65 ff.

431 Hommelhoff, Konzernleitungspflicht, S. 43 ff.; Timm, Aktiengesellschaft, S. 95 ff.

432 Hommelhoff, Konzernleitungspflicht, S. 419.

433 Hommelhoff, Konzernleitungspflicht, S. 406 f.

Der Annahme einer derart umfassenden Konzernleitungspflicht tritt die überwiegende Meinung im juristischen Schrifttum dezidiert entgegen.[434] Im Grundsatz gehen die Vertreter dieser Ansicht von einer abgeschwächten Leitungsintensität aus, deren Grundlinien sich jedoch im Detail unterschieden. Teilweise wird eine Einschränkung dahingehend vorgenommen, dass eine umfassende Konzernleitungspflicht nur angenommen werden könne, wenn diese entweder zur Ausnutzung wesentlicher Synergieeffekte notwendig ist, die erforderliche Kontrolldichte nur durch eine Konzernierung zu gewährleisten ist oder die einheitliche Leitung einen sonstigen wesentlichen Beitrag zum Erfolg der abhängigen Gesellschaft leistet.[435] Andere wiederum bestimmen die Intensität der Leitungspflichten in Abhängigkeit von der jeweiligen Konzernierungsform. Demnach reiche die Verantwortung im Eingliederungs- oder Vertragskonzern – parallel zu den steigenden gesellschaftsrechtlichen Einflussmöglichkeiten – weiter als im faktischen Konzernrechtsverhältnis.[436]

Für die Ablehnung einer umfassenden Konzernleitungspflicht führt die herrschende Meinung eine Vielzahl von Argumenten ins Feld, die sowohl die rechtsdogmatischen Grundlagen als auch die rechtspraktischen und wirtschaftlichen Folgewirkungen angreifen. Insbesondere sei demnach die Pflicht zur Zusammenfassung von Beteiligungsunternehmen unter einer einheitlichen Leitung nicht mit der Grundkonzeption der §§ 15 ff. AktG vereinbar, welche explizit auch reine Abhängigkeitsverhältnisse anerkennen.[437] Daneben sei bereits fraglich, ob dem Vorstand einer Einzelgesellschaft ein entsprechend hoher Pflichtenmaßstab abverlangt werden könne.[438] Nicht zuletzt sollen auch ordnungspolitische Argumente gegen eine entsprechende Ansicht sprechen. Die Bildung dezentraler Konzernstrukturen, welche auch aus wirtschaftswissenschaftlicher Perspektive ausdrücklich zu begrüßen sei, wäre nicht mehr zulässig.[439] Im Grundsatz[440] stehe dem Vorstand damit ein weitreichender

434 Bayer in: MüKo/AktG, § 18 Rn. 19; Fleischer in: Spindler/Stilz, § 76 Rn. 86 f.; Grundmeier, Compliance im Konzern, S. 102 ff.; Huber, Compliance-Pflichten, S. 96 ff.; Hüffer in: Hüffer/AktG, § 76 Rn. 17; Kort in: GroßK/AktG, § 76 Rn. 140; Löbbe, Unternehmenskontrolle, S. 83; Lösler, Compliance, S. 280 ff.; Martens, FS Heinsius, S. 523 (531 f.); Mertens/Cahn in: KK/AktG, § 76 Rn. 65; Rehbinder, ZHR (147) 1983, S. 464 (468 f.); Seibt in: Schmidt/Lutter, § 76 Rn. 16; Schneider, U./Schneider, S., AG 2005, S. 57 (58 f.); Spindler in: MüKo/AktG, § 76 Rn. 52.

435 Götz, ZGR 1998, S. 524 (529); Rieger, FS Peltzer, S. 339 (346).

436 So z.B. Bayer in: MüKo/AktG, § 18 Rn. 19; Götz, ZGR 1998, S. 524 (529); Kropff, ZGR 1984, S. 112 (114 ff.); Löbbe, Unternehmenskontrolle, S. 83.

437 Fleischer in: Spindler/Stilz, § 76 Rn. 86; Huber, Compliance-Pflichten, S. 97; Löbbe, Unternehmenskontrolle, S. 77; Rehbinder, ZHR (147) 1983, S. 464 (468) jeweils m.w.N.

438 Lösler, Compliance, S. 280 ff.; Rehbinder, ZHR (147) 1983, S. 464 (468).

439 Fleischer in: Spindler/Stilz, § 76 Rn. 86; Huber, Compliance-Pflichten, S. 99; Löbbe, Unternehmenskontrolle, S. 77 f.; Mertens/Cahn in: KK/AktG, § 76 Rn. 65; Rehbinder, ZHR (147) 1983, S. 464 (468). Hierbei ist jedoch einschränkend anzumerken, dass insbesondere Hommelhoff, zumindest für den Fall einer faktisch beherrschten Aktiengesellschaft, eine rechtlich zwingend gebotene strenge Dezentralisation annimmt. Für eine faktische konzernierte GmbH sei dagegen eine Differenzierung geboten.

Ermessenspielraum bei der Ausübung seiner Leitungsfunktion im Konzern zu, welcher eine betont dezentrale wie zentrale Führung zulasse.

(b) Auswirkungen für den Zweck dieser Untersuchung

Die Argumente der herrschenden Ansicht sind überzeugend. Insbesondere der Hinweis auf die Grundkonzeption der §§ 15 ff. AktG mit den dort aufgeführten Abhängigkeitsverhältnissen verdient Zustimmung. Vor dem Hintergrund einer zunehmenden Globalisierung des Wirtschaftssektors ist die Annahme einer umfassenden Leitungsverantwortung geradezu illusorisch. Transnationale Konzerne basieren häufig auf einer dezentralen Konzernstruktur und einer Auslagerung von Entscheidungsprozessen auf eine marktnähere Ebene. Die Zulässigkeit dieser Grundkonzeption stünde bei der Annahme einer umfassenden Konzernleitungspflicht in Rede.

Es ist jedoch fraglich, inwieweit die verschiedenen Nuancen des Meinungsspektrums Auswirkung auf den Zweck dieser Untersuchung zeigen. Geht man mit den Vertretern einer umfassenden Konzernleitungspflicht davon aus, dass der Leitungsauftrag des Vorstandes hinsichtlich der Aktivitäten in den Konzerngesellschaften im Wesentlichen den Anforderungen innerhalb einer Einzelgesellschaft entspricht, so lassen sich die Erkenntnisse zur Einzelgesellschaft weitestgehend übertragen. Ein konzernweites Verständnis von § 76 AktG müsste sich demnach wiederum in eine – alle Einzelheiten der Tochteraktivitäten erfassende – Pflicht zur Konzernplanung, Konzernkoordinierung und -kontrolle sowie die Besetzung von Führungspositionen untergliedern.[441] Im Unterschied zur Einzelgesellschaft, wären die limitierten gesellschaftsrechtlichen Einwirkungsmöglichkeiten zu berücksichtigen. Demgegenüber erkennen auch die Vertreter im Schrifttum, welche eine umfassende Konzernleitungspflicht ablehnen, grundsätzlich an, dass die Tatsache der Konzernierung Auswirkungen auf den Pflichtenkreis des Organs zeigt. Zur Begründung erfolgt regelmäßig der Hinweis, dass es sich bei den Beteiligungen um einen Bestandteil des Gesellschaftsvermögens handele und der Vorstand das einflussermöglichende Potential nicht als reine Finanzanlage behandeln dürfe.[442] In diesem Sinne wird eine allgemeine Konzernleitungspflicht des Vorstandes gegenüber „seiner" Gesellschaft anerkannt,[443] die im

---

440 Auszunehmen sind insoweit selbstverständlich die Vertreter, welche eine umfassende Konzernleitungspflicht für die Fälle der Eingliederung bzw. den Vertragskonzern oder in besonders gearteten Ausnahmefällen annehmen. Vgl. etwa Bayer in: MüKo/AktG, § 18 Rn. 19; Löbbe, Unternehmenskontrolle, S. 83.

441 Siehe hierzu bereits die Nachweise in Fn. 139.

442 Bachmann, GesR in der Disk., S. 94; Habersack in: Emmerich/Habersack, § 311 Rn. 87; Fleischer in: Spindler/Stilz, § 76 Rn. 84; Götz, ZGR 1998, S. 524 (526 ff.); Hüffer in: Hüffer/AktG, § 76 Rn. 17a; Koppensteiner in: KK/AktG, vor § 291 Rn. 30; Lösler, Compliance, S. 279; Rehbinder, ZHR (147) 1983, S. 464 (467); Verse, ZHR (175) 2011, S. 401 (407 f.).

443 Fleischer in: Spindler/Stilz, § 76 Rn. 84 ff.; Kort in: GroßK/AktG, § 76 Rn. 139 ff.; Löbbe, Unternehmenskontrolle, S. 78 ff.; Lang, Corporate Compliance, S. 171 f.; Lösler, Compliance, S. 281 f.; Martens, FS Heinsius, S. 523 (531); Mertens/Cahn in:

Folgenden auch als „allgemeine Konzernleitungsverantwortung“ bezeichnet wird. Widerhall findet diese Auffassung in Ziffer 4.1.1 DCGK, welcher die Leitungsverantwortung des Vorstandes für das Unternehmen statuiert und damit ausweislich der Präambel Konzernunternehmen einbezieht.[444] Der Vorstand ist daher sowohl unter Zugrundelegung der allgemeinen Konzernleitungsverantwortung als auch der umfassenden Konzernleitungspflicht zur Nutzung des unternehmerischen Potentials der Beteiligungen angehalten. Kehrseite und logische Folge dieser Verantwortung ist eine parallele Pflicht, Schädigung der Obergesellschaft zu verhindern, welche aus ihren Beteiligungen resultieren bzw. dort ihren Ursprung haben. Wirtschaftlich ist es für die Obergesellschaft vollkommen irrelevant, ob die Ursache einer Schädigung auf Ebene einer Konzerngesellschaft oder innerhalb des eigenen Unternehmens wurzelt.[445]

Die Relevanz des Meinungsstreits um die Konzernleitungspflicht verlagert sich demnach auf eine andere Ebene. Eine umfassende Konzernleitungspflicht ist auf Basis der herrschenden Meinung mit guten Gründen abzulehnen. Die Anerkennung einer allgemeinen Konzernleitungsverantwortung ist aus rechtstheoretischen und –praktischen Gründen vorzugswürdig. Dies entbindet nicht von einer näheren Betrachtung der Leitungsfunktionen im Konzern, da diese auch unter Zugrundelegung der herrschenden Meinung bestehen.[446] Auf Ebene der Einzelgesellschaft zeigte sich insoweit unter anderem die hervorgehobene Bedeutung der Unternehmenskontrolle und der in ihr enthaltenen Legalitätskontrollpflicht.[447] Zu präzisieren ist daher die Reichweite der compliance-relevanten Leitungsfunktionen und ihre Anforderungen hinsichtlich der Implementierung von konzernweiten Compliance-Systemen.

2. Compliance-spezifische Ausprägungen der allgemeinen Konzernleitungsverantwortung

(a) Vorüberlegungen und Eingrenzung der Untersuchung

Im Wege einer typologischen Zuordnung kristallisierten sich auf Ebene der Einzelgesellschaft Grundmerkmale der aus § 76 AktG folgenden Leitungsverantwortung heraus. Maßgebliche Begriffe sind insoweit Unternehmensplanung, -koordinierung, -kontrolle sowie die Personalverantwortung in Ge-

---

KK/AktG, § 76 Rn. 65; Schneider, U./Schneider, S., AG 2005, S. 57 (58 f.); Seibt in: Schmidt/Lutter, § 76 Rn. 16; Spindler in: MüKo/AktG, vor § 76 Rn. 56; Verse, ZHR (175) 2011, S. 401 (407 f.).

444 Vgl. den Wortlaut der Präambel des DCGK in der Fassung vom 13.05.2013: „In Regelungen des Kodex, die nicht nur die Gesellschaft selbst, sondern auch ihre Konzernunternehmen betreffen, wird der Begriff „Unternehmen“ statt „Gesellschaft“ verwendet“, abrufbar unter: http://www.corporate-governance-code.de/ger/kodex/4.html., letzter Abruf 01.08.2013.

445 Lutter, FS Goette, S. 289 (296); Verse, ZHR (175) 2011, S. 401 (408.).

446 Siehe hierzu die Nachweise in Fn. 443.

447 Siehe hierzu bereits Teil 3.§ 1.A.II.2(b).

stalt der Besetzung von Führungspositionen.[448] Gegen eine Übertragung dieser Aufgabenbeschreibung auf die Leitungsverantwortung des Vorstandes der Obergesellschaft bestehen keine durchgreifenden Bedenken.[449] Die typologische Einteilung basiert auf einer Rezeption wirtschaftswissenschaftlicher Erkenntnisse.[450] Abgesehen von begrifflichen Änderungen lassen sich die Ausprägungen der Leitungsverantwortung ungefiltert auf den Konzern übertragen und finden sich im Aufgabenspektrum des Vorstandes einer herrschenden Gesellschaft wieder. Aus ökonomischer Perspektive tritt die rechtliche Selbstständigkeit der Unternehmen ohnehin in den Hintergrund und weicht einer Gesamtbetrachtung des Konzerns. Auch lassen sich dem Begriff der einheitlichen Leitung aus § 18 AktG keine weitergehenden Erkenntnisse zur Präzisierung der Leitungsverantwortung entnehmen.[451] Im Folgenden ist die Leitungsaufgabe daher wiederum in Konzernplanung, -koordinierung, -kontrolle sowie Personalverantwortung kategorisiert.

Nähert man sich dieser grundlegenden typologischen Einteilung an, so ist bereits im Vorfeld eine Einschränkung dahingehend vorzunehmen, dass die Erfüllung der Pflichten immer in Abhängigkeit zu den rechtlichen Durchsetzungsmöglichkeiten stehen muss. Diese reichen im Vertrags- oder Eingliederungskonzern naturgemäß weiter als im faktischen Konzern.[452] Darüber hinaus kommt dem Vorstand bei der Ergreifung konkreter Maßnahmen ein Ermessensspielraum zu, welcher die Reichweite einer Pflichtenpräzisierung beschränkt. Das unternehmerische Ermessen wird durch zahlreiche individuelle Faktoren bestimmt, welches die Formulierung von allgemeingültigen Aussagen erschwert. Es kann daher an dieser Stelle zunächst nur um eine abstrakte Darstellung der Grundlinien der compliance-spezifischen Pflichten gehen, welche aus der Leitungsverantwortung erwachsen.

Im Folgenden soll der Teilaspekt der Konzernplanung nur kursorisch gestreift werden. Mit Unternehmensplanung wurde auf Ebene der Einzelgesellschaft die Festlegung von Unternehmenszielen und der Geschäftspolitik so-

---

448 Statt vieler Hüffer in: Hüffer/AktG, § 76 Rn. 8; Kort in: GroßK/AktG, § 76 Rn. 36. Eine anders lautende Unterscheidung, welche auf die Planungs- und Steuerungsverantwortung, die Organisations-, die Finanz- und die Informationsverantwortung abstellt, wirkt sich im Ergebnis nicht aus. Siehe hierzu Fleischer, ZIP 2003, S. 1 (5 f.); ders. in: Spindler/Stilz, § 76 Rn. 18; ders., NZG 2003, S. 449 (450); dem folgend Turiaux/Knigge, DB 2004, S. 2199 (2201).

449 Fleischer in: Spindler/Stilz, § 76 Rn. 16 ff.; Liebscher in: MüKo/GmbHG, Anh. Rn. 1072; Spindler in: MüKo/AktG, § 76 Rn. 17, 53. Umfassend hierzu Huber, Compliance-Pflichten, S. 132 ff.

450 Fleischer, ZIP 2003, S. 1 (5 f.); ders. in: Spindler/Stilz, § 76 Rn. 16 ff. jeweils m.w.N.

451 Der Leitungsbegriff in § 18 AktG ist nicht Deckungsgleich mit § 76 AktG, welchem eine abweichende Intention zugrunde liegt. Jenseits der Streitpunkte um den Begriff der einheitlichen Leitung ist anerkannt, dass diese zumindest dann vorliegt, wenn die Obergesellschaft die Planung im zentralen Unternehmensbereich der Finanzplanung übernimmt und gegenüber der Tochtergesellschaft durchsetzt. § 76 AktG ist dagegen keine entsprechende Reduktion entnehmbar. Siehe hierzu: Löbbe, Unternehmenskontrolle, S. 80 f.

452 Statt aller Huber, Compliance-Pflichten, S. 133 f.

wie einer Strategie zu deren Umsetzung umschrieben.[453] Die Unternehmensplanung unterteilt sich wiederum in eine strategische und operative Komponente.[454] Während sich die strategische Unternehmensplanung auf die langfristige Zielsetzung bezieht, entwirft die – auf einem kurzfristigeren Zeithorizont basierende – operative Unternehmensplanung die Realisierung von Zielvorgaben. Dieser, wohl wesentlichste Bestandteil der Leitungsverantwortung, beschreibt somit einen institutionalisierten und formalisierten Prozess zur Festlegung der unternehmerischen Ziele, welcher ebenso im Konzern notwendig und vorzufinden ist.[455] Compliance-spezifische Pflichten und Haftungsrisiken für geschäftsführende Organe sind jedoch – abgesehen vom theoretischen Fall einer auf die Erreichung rechtswidriger Ziele gerichteten Unternehmensplanung – nicht ersichtlich. Aus der Verantwortung zur Unternehmensplanung erwachsen zudem keine organisatorischen Anforderungen.[456] Dies gilt sowohl für die Einzelgesellschaft als auch für den Vertrags- und faktischen Konzern. Der Blickwinkel ist demnach auf die übrigen Aspekte der Leitungsverantwortung, namentlich die Konzernkontrolle, Konzernkoordination sowie die Besetzung von Führungspositionen zu richten.

(b) Konzernkontrolle

(aa) Ökonomisch wirtschaftliche Konzernkontrolle

(aaa) Rechtliche Grundlagen der Konzernkontrolle

Die Unternehmenskontrolle ist die logische Fortsetzung der Unternehmensplanung. Der Begriff bezeichnet die Überwachung der Entwicklung unter Wirtschaftlichkeits- und Zweckmäßigkeitsaspekten. Nach zutreffender Ansicht ist der Vorstand einer herrschenden Gesellschaft zur Überwachung der abhängigen Konzernunternehmen – und damit zu einer Konzernkontrolle – verpflichtet. Diese Pflicht, welche im Übrigen mittlerweile gerichtlich bestätigt wurde,[457] beschränkt sich zumindest darauf, die Geschäfts- und Ergebnisentwicklung in den Konzerngesellschaften zu begleiten.[458]

---

453 Siehe hierzu Teil 3.§ 1.A.II.

454 So z.B. Götz, ZGR 1998, S. 524 (532 f).

455 Zu den Einzelheiten vgl. Huber, Compliance-Pflichten, S. 133 ff.

456 Die Verantwortung zur Unternehmensplanung beschränkt sich auf die Obergesellschaft. Der Vorstand ist lediglich dazu verpflichtet wirtschaftliche Entwicklungen aus den Konzerngesellschaften, welche sich auf die Obergesellschaft auswirken, in seine Planung aufzunehmen. Darüber hinaus kann die operative und strategische Unternehmensplanung durch die Konzerngesellschaften jeweils individuell erfolgen. Den Vorstand der Obergesellschaft trifft grds. keine Pflicht in diesen Prozess steuernd einzugreifen. Gerade der Aspekt der individuellen Zielbestimmung kann eine Stärke in dezentralen Konzernstrukturen darstellen. Siehe zu diesen Aspekten: Löbbe, Unternehmenskontrolle, S. 87 ff.; Martens, FS Heinsius, S. 523 (531); Semler, Leitung und Überwachung, Rn. 324 ff.; Scheffler, AG 1991, S. 256 (257); Lindermann, AG 1987, S. 225 (231).

457 OLG Jena, NZG 2010, 226 (227 f.).

458 Statt vieler Fleischer, DB 2005, S. 759 (762); ders. in: Spindler/Stilz, § 76 Rn. 93; Götz, ZGR 1998, S. 524 (534 ff.); Huber, Compliance-Pflichten, S. 142 ff.; Jung-

Das Aktiengesetz schweigt zwar zum Thema Konzernkontrolle, doch kann es hinsichtlich der Existenz einer Pflicht im Grunde keine vernünftigen Zweifel geben. Am Beispiel einer Holding wird deutlich, dass der Gesetzgeber eine entsprechende Verpflichtung voraussetzt. Andernfalls würde sich die Überwachungs- und Kontrollpflicht ausschließlich auf das Halten der Beteiligungen an den Konzernunternehmen reduzieren, was der Leitungsverantwortung nicht gerecht wird.[459] Der Vorstand der herrschenden Gesellschaft muss laufend sicherstellen, dass sich Konzerngesellschaften im Interesse der herrschenden Gesellschaft entwickeln bzw. zu ihrem wirtschaftlichen Erfolg beitragen. Eine Kontrolle vermittelt dem Vorstand erst die – für die Ausübung des unternehmerischen Ermessens notwendige – Tatsachengrundlage und angemessene Informationsbasis, um über die Ergreifung oder das Absehen von Maßnahmen entscheiden zu können. Eine vollständige Substitution der eigenen Verantwortung durch die parallele Wahrnehmung der Kontrollfunktion innerhalb der jeweiligen Konzerngesellschaften scheidet grundsätzlich aus, da die Konzerngesellschaften ihre Kontrolle nicht auf das Konzerninteresse, sondern auf das jeweilige Gesellschaftsinteresse ausrichten. Unabhängig davon ergeben sich aufgrund der Konzernierung Pyramideneffekte dahingehend, dass einzelne Risiken isoliert auf Ebene einer Konzerngesellschaft keine bemerkenswerte Beachtung finden, auf Ebene der herrschenden Gesellschaft aber aufgrund einer Kumulierung sehr wohl zu einer Schädigung führen können.[460]

(bbb) Typische der Kontrolle unterliegende Compliance-Risiken

Konzerngesellschaften entwickeln sich nicht im Interesse der herrschenden Gesellschaft, wenn Compliance-Verstöße auf einer unteren Konzernebene zu einer Schädigung der herrschenden Gesellschaft führen.[461] Unter einer Schädigung sind sowohl eine direkte Haftung als auch mittelbare wirtschaftlich nachteilige Konsequenzen zu verstehen. Die theoretisch möglichen Schädigungskonstellationen sind vielfältig. Verstößt eine Konzerngesellschaft gegen eine mit Bußgeld bewehrte Verhaltenspflicht, so mindert die daraus resultierende Zahlungsverpflichtung nicht nur ihr Vermögen, sondern zugleich auch ihren Beteiligungswert. Eine Konzerngesellschaft ist bilanziell betrachtet nichts anderes als ein Aktivposten der herrschenden Gesellschaft, dessen Wert sich durch den Mittelabfluss negativ verändert.[462] Der Verweis auf eine bilanzielle Betrachtung verdeutlicht bereits, dass eine nicht unwesentliche Schädigung der herrschenden Gesellschaft nur unter zwei kumulativen Be-

---

kurth, Konzernleitung, S. 55; Löbbe, Unternehmenskontrolle, S. 88 ff.; Martens, FS Heinsius, S. 523 (531 f.); Spindler in: MüKo/AktG, § 76 Rn. 53; Weber in: Hölters/AktG, § 76 Rn. 60; Wilsing/Ogorek, NZG 2010, S. 216 (217 f.).

459 Wilsing/Ogorek, NZG 2010, S. 216 (217).

460 So z.B. Eisele/Faust in: Schimansky/Bunte/Lwowski, Bankrechts-Handbuch, § 109 Rn. 94; Löbbe, Unternehmenskontrolle, S. 216; Lösler, NZG 2005, S. 104 (107 f.).

461 Lutter, FS Goette, S. 289 (296); Verse, ZHR (175) 2011, S. 401 (408); Habersack, FS Möschel, S. 1175 (1181 ff.).

462 Huber, Compliance-Pflichten, S. 144; Lang, Corporate Compliance, S. 174.

dingungen eintreten kann. Zum einen muss der Mittelabfluss oder das Bußgeld eine relevante Größenordnung erreichen und zum anderen darf es sich bei der Konzerngesellschaft um keine absolute Minderbeteiligung handeln, deren Wertentwicklung sich nur geringfügig auf das Aktivvermögen der herrschenden Gesellschaft auswirkt.

Neben einer lediglich über das Beteiligungsinteresse vermittelten Schädigung ist – im Falle eines Vertrags- oder Eingliederungskonzerns – eine mögliche Verlustausgleichspflicht zu beachten.[463] Nach § 320 Abs. 1 AktG ist bei Bestehen eines Beherrschungs- oder Gewinnabführungsvertrages mit einer AG oder KGaA der andere Vertragsteil grundsätzlich zu einem Ausgleich von Jahresfehlbeträgen verpflichtet.[464] Erleidet eine Konzerngesellschaft aufgrund der Zuwiderhandlung gegen eine bußgeldbewehrte Pflicht einen Jahresverlust, so ist die herrschende Gesellschaft zum Ausgleich des sich ergebenden Verlustes verpflichtet. Für die Eingliederung sieht § 324 Abs. 3 AktG eine parallele Ausgleichspflicht der Hauptgesellschaft vor. Diese Pflicht wird durch § 322 Abs. 1 AktG sogar noch erweitert. Die Norm ordnet eine gesamtschuldnerische Außenhaftung der Hauptgesellschaft für vor oder während der Eingliederung begründete Verbindlichkeiten der eingegliederten Gesellschaft an. Da es auf den Rechtsgrund der Haftung nicht ankommt, unterliegen Bußgelder und Geldstrafen aus der Verletzung von Pflichten ebenfalls der Regelung.[465] Das Beispiel des § 322 Abs. 1 AktG verdeutlicht als verallgemeinerungsfähigen Grundsatz für alle Konzernformen, dass die Konzernkontrolle sich auf Compliance-Verstöße beziehen muss, welche geeignet sind eine unmittelbare Haftung der herrschenden Gesellschaft zu begründen.

Abschließend müssen die Risiken von Reputationsschäden Berücksichtigung finden. Skandale der Vergangenheit um Unternehmen wie der Deutschen Bahn, Ferrostaal, Lidl, Telekom und Siemens konnten eindrucksvoll belegen, dass die Schädigungen zwar praktisch nicht zu beziffern sind, gleichwohl aber verheerende Auswirkungen haben können.[466] Grund hierfür ist unter anderem die gestiegene Sensibilisierung von Öffentlichkeit und Medien für das Thema Compliance. Das Risiko eines Reputationsverlustes betrifft eine herrschende Gesellschaft auch dann, wenn dieser kein Vorwurf anzulasten ist und die Zuwiderhandlung isoliert auf Ebene einer Konzerngesellschaft stattfindet. Die öffentliche Wahrnehmung von Verstößen macht vor den Grenzen der juristischen Personen innerhalb eines Konzerns keinen Halt. Eine besondere Gefahr von Reputationsschäden besteht zudem darin, dass sie

---

463 Huber, Compliance-Pflichten, S. 149 f.

464 Dies gilt zumindest dann, wenn der Fehlbetrag nicht durch die Entnahme von Beträgen aus den anderen Gewinnrücklagen i.S.d. § 272 Abs. 3 S. 2 HGB, welche während der Vertragsdauer in die Rücklagen eingestellt wurden, ausgeglichen werden kann. Siehe zum hierzu Emmerich in: Emmerich /Habersack, § 302 Rn. 1.

465 Habersack, FS Möschel, S. 1175 (1180 f.); ders. in: Emmerich/Habersack, § 322 Rn. 5; Singhof in: Spindler/Stilz, § 322 Rn. 4.

466 Statt aller Bürkle, BB 2005, S. 565 (566); Huber, Compliance-Pflichten, S. 182; Lang, Corporate Compliance, S. 174; Koch, WM 2009, S. 1013 (104); Moosmayer, Moosmayer/Compliance, S. 22 m.w.N.

bereits bei dem Verdacht von Verstößen eintreten können. Selbst wenn ein entsprechender Vorwurf in der Folgezeit widerlegt werden kann, bleibt häufig ein Imageschaden, welcher sich auch durch eine Gegendarstellung oder anderweitige Rehabilitierung nicht vollständig restituieren lässt.[467]

(bb) Handlungspflicht als Fortsetzung der Kontrollpflicht

Eine isolierte Kontrollpflicht stellt jedoch nur ein stumpfes Schwert dar, sofern aus ihr keine weitergehenden Handlungspflichten folgen. Höhe und Eintritt einer wirtschaftlichen Schädigung fallen nicht geringer aus, wenn den Entscheidungsträgern das Schadensrisiko bereits im Vorfeld bekannt war, sie aber gleichwohl keine Maßnahmen ergreifen. Daher findet die Konzernkontrolle – als Bestandteil der allgemeinen Konzernleitungsverantwortung – ihre unmittelbare Fortsetzung in einer Handlungspflicht.[468] Unter dem Begriff Handlungen sind im weitesten Sinne alle gesellschaftsrechtlich zulässigen Einwirkungen auf bzw. Weisungen an die Konzerngesellschaften zu verstehen.

Die Handlungspflicht setzt ein, wenn die Konzerngesellschaft einer noch andauernden compliance-spezifischen Schädigung der herrschenden Gesellschaft oder einem entsprechenden Schadensrisiko nicht angemessen entgegentritt. Theoretisch kann dies in vielfältigen Konstellationen der Fall sein. Es ist z.B denkbar, dass die geschäftsführenden Organe einer Konzerngesellschaft vermeintlich nützliche Kartellverstöße begehen. Parallel zu beurteilen ist der Fall, wenn das gehäufte Auftreten von Zuwiderhandlungen innerhalb einer Konzerngesellschaft den Rückschluss auf die mangelnde Effizienz des implementierten Compliance-Systems erlaubt und die Konzerngesellschaft nicht die nötigen Konsequenzen zieht.[469] Denkbar ist, dass eine Konzerngesellschaft die Weitergabe von solchen Informationen verweigert, welche die herrschende Gesellschaft in die Lage versetzen, die Angemessenheit ihrer konzernweiten Compliance-Maßnahmen beurteilen zu können. Änderungen rechtlicher Rahmenbedingungen können einen Anpassungsbedarf des Mitarbeiterverhaltens begründen. Sind diesen die Änderungen nicht bekannt, so erhöht dies Risiko eines Schadenseintrittes.[470]

Die vier willkürlich gewählten Beispiele verdeutlichen, dass vielfältige Situationen eine Handlungspflicht der herrschenden Gesellschaft begründen können. Sowohl die konkrete Ausformung als auch der Inhalt der Handlungs-

---

467 Bürkle, BB 2005, S. 565 (566).

468 Bachmann, GesR in der Disk., S. 94; Bürkle in: Hauschka/Compliance, § 8 Rn. 65; Fleischer in: Spindler/Stilz, § 76 Rn. 84; Götz, ZGR 1998, S. 524 (526 ff.); Hüffer in: Hüffer/AktG, § 76 Rn. 17a; Koppensteiner in: KK/AktG, vor § 291 Rn. 30; Lösler, Compliance, S. 279; Rehbinder, ZHR (147) 1983, S. 464 (467); Verse, ZHR (175) 2011, S. 401 (407 f.).

469 Die Erkenntnisse zur Einzelgesellschaft verdeutlichten, dass nicht nur die Einhaltung gesetzlicher und unternehmerischer Vorgaben zu überwachen ist, sondern auch eine stetige Verbesserung des Compliance-Systems, insbesondere nach Aufdeckung von begangenen Zuwiderhandlungen angezeigt sein kann. Siehe hierzu: Lampert in: Hauschka/Compliance, § 9 Rn. 33 f.; Schneider, U., ZIP 2003, S. 645 (649 f.).

470 Zum letzten Beispiel vgl. Hauschka/Greeve, BB 2007, S. 165 (166).

pflicht stehen in Abhängigkeit zur Konzernstruktur und den gesellschaftsrechtlichen Einwirkungsmöglichkeiten. Ziel der Maßnahmen ist die Korrektur vorhandener Defizite und die Verbesserung des Compliance-Systems, sofern entsprechender Änderungsbedarf besteht. Die Bandbreite potentieller Einwirkungsmöglichkeiten reicht von Weisungen – im Vertrags- und Eingliederungskonzern sowie innerhalb der Gesellschafterversammlung einer abhängigen GmbH – über eine aktive Gestaltung der Personalpolitik bis zur Erteilung von Schulungen, Ratschlägen, Empfehlungen und Anregungen.[471] Erkennt die herrschende Gesellschaft, dass trotz Ausnutzung der gesellschaftsrechtlichen und personellen Möglichkeiten weiterhin eine dauerhafte Schädigung bzw. ein entsprechendes Schädigungsrisiko besteht, so bleibt als ultima ratio nur noch die Auflösung des Beteiligungsverhältnisses.[472] Die letztendliche Entscheidung steht jedoch im unternehmerischen Ermessen der geschäftsführenden Organe. Werden im Rahmen der Kontrolle eingetretene Zuwiderhandlungen aufgedeckt, so kann zudem eine Zusammenarbeit mit Behörden angezeigt sein. Eine aktive Aufarbeitungsbereitschaft ist geeignet weiteren Reputationsschäden vorzubeugen und kann sich unter Umständen positiv auf die Bemessung drohender Sanktionen auswirken.[473]

(cc) Legalitätskontrollpflicht im Konzern?

Parallel zur Einzelgesellschaft unterliegt der Vorstand der herrschenden Gesellschaft einer Legalitätspflicht, welche sich aus einer externen und einer internen Pflichtenbindung zusammensetzt.[474] Es ist anerkannt, dass die Pflicht ihre Fortsetzung in einer Legalitätskontrollpflicht findet, welche darin besteht, für ein rechtmäßiges Verhalten der für die Gesellschaft handelnden Personen Sorge zu tragen. Die Richtigkeit dieser Aussage ergibt sich zweifelsohne daraus, dass es sich bei der herrschenden Gesellschaft – unabhängig von einer weitergehenden konzernrechtlichen Verbindung – um eine Aktiengesellschaft handelt, deren Leitung ebenfalls durch die §§ 93, 76 Abs. 1 AktG bestimmt wird.[475] Inhaltlich bezieht sich diese Pflicht zunächst auf die herrschende Gesellschaft selbst. Fraglich ist nunmehr, ob sich die Legalitätskontrollpflicht im Konzern dahingehend erweitern lässt, dass der Vorstand der herrschenden

---

471 Zu diesen gestuften Leitungsinstrumenten Liebscher in: MüKo/GmbHG, Anh. Rn. 1069.

472 Bürkle in: Hauschka/Compliance, § 8 Rn. 65; Fett/Gebauer, FS Schwark, S. 375 (385). Letztere führen als weitere Option noch die Möglichkeit einer Verschmelzung der „unwilligen" Konzerngesellschaft auf die Konzernmutter auf. Angesichts der in diesem Fall anzunehmenden fehlenden Kooperationsbereitschaft der Konzerngesellschaft, ist das Zustandekommen eines notwendigen Beschlusses nach § 13 Abs. 1 UmwG sehr fraglich. Es dürfte sich daher allenfalls um eine theoretische weitere Option handeln.

473 Kremer/Klahold in: Krieger/Schneider, S. 630 f. Diesem Aspekt widmet sich die Untersuchung noch gesondert im Zuge der Rechtsfolgendarstellung. Vgl. Teil 6.§ 2.B.III.1.

474 Fleischer in: Spindler/Stilz. § 93 Rn. 14 ff.; Grundmeier, Compliance im Konzern, S. 27.

475 Siehe hierzu die Darstellung unter Teil 3.§ 1.A.II.2(b).

Gesellschaft dazu verpflichtet ist, Rechtsverstöße in abhängigen Gesellschaften zu unterbinden bzw. zu verhindern.

Streng hiervon zu trennen ist die Frage, ob der herrschenden Gesellschaft eine Prüfung der Compliance-Maßnahmen einer Konzerngesellschaft obliegt. Diese Pflicht wird man – im Rahmen der bestehenden gesellschaftsrechtlichen Einwirkungsmöglichkeiten – bejahen müssen. Mittelbar sichern Compliance-Maßnahmen das wirtschaftliche Eigeninteresse der herrschenden Gesellschaft, da sie z.B. negativen Auswirkungen auf den Beteiligungswert oder einer Konzernhaftung präventiv entgegenwirken. Weisen die Maßnahmen keine hinreichende Effizienz auf, so begründet dies per se ein wirtschaftliches Risiko,[476] welches bereits im Rahmen der ökonomisch wirtschaftlichen Konzernkontrolle zu überwachen ist. Der Unterschied zwischen der ökonomisch wirtschaftlichen Konzernkontrolle und der Legalitätskontrollpflicht besteht jedoch darin, dass letztere nicht im Ermessen des Vorstandes steht.[477] Die Verpflichtung zur Wahrung der Legalität lässt keinen Raum für konkrete wirtschaftliche Abwägungen oder eine Saldierung von Aufdeckungs- und Schadensrisiken mit Profiten aus Verstößen. Die Legalitätskontrollpflicht beinhaltet daher eine Pflicht illegitimen Praktiken entgegen- bzw. auf ihre Einstellung hinzuwirken. Zahlreiche Publikationen statuieren eine entsprechende konzernweite Legalitätskontrollpflicht.[478] Diese obliege nicht den Gesellschafter der abhängigen Konzerngesellschaft – vulgo der herrschenden Gesellschaft – sondern dem geschäftsführenden Organ im Binnenverhältnis zur herrschenden Gesellschaft.[479] Da sich die Begründung dieser Pflicht nicht auf die Annahme einer konzernweiten Legalitätspflicht berufen kann – diese gilt es ja gerade zu beweisen – variieren die Begründungsansätze.

---

476 Eine Ausnahme von diesem Fall ist nur denkbar, wenn nach einer Risikoanalyse der Konzerngesellschaft gesichert feststeht, dass dortige Compliance-Verstöße kein Risiko für wirtschaftliche Eigeninteressen der herrschenden Gesellschaft darstellen. In diesem Fall wäre die Effektivität der Compliance-Maßnahmen für die herrschende Gesellschaft – aus ökonomischen Perspektive – irrelevant. Angesichts schwer kalkulierbarer Faktoren, wie Reputationsschäden und einer negativen Entwicklung des Beteiligungswertes, ist dies jedoch theoretischer Natur.

477 Statt vieler Ziemons in: Oppenländer/Trölitzsch, § 22 Rn. 24 ff.

478 Altmeppen, ZHR (164) 2000, S. 556 (561); Bürkle in: Hauschka/Compliance, § 8 Rn. 64; Fett/Gebauer, FS Schwark, S. 375 (377 f.); Fleischer in: Spindler/Stilz, § 76 Rn. 93; ders., CCZ 2008, S. 1 (3 ff.); ders., DB 2005, S. 759 (763); Grundmeier, Compliance im Konzern, S. 116; Habersack, FS Möschel, S. 1175 (1182 f.); Hopt, GroßK/AktG, § 93 Rn. 98; Jungkurth, Konzernleitung, S. 51 ff.; Löbbe, Unternehmenskontrolle, S. 181 f.; Lösler, Compliance, S. 294; Semler, ZGR 2004, S. 631 (646); Schneider, BB 1981, S. 249 ff.; ders., ZGR 1996, S. 225 (242 ff.); Schneider, U./Schneider, S., ZIP 2007, S. 2061 (2063 f.); dies., AG 2005, S. 57 (59); Thole, ZHR (173) 2009, S. 504 (510 f.); Winter, FS Hüffer, S. 1103 (1108); a.A. Habersack, FS Möschel, S. 1175 (1181 f.); Huber, Compliance-Pflichten, S. 199 f.; Koch, WM 2009, S. 1013 (1014 f.); Lang, Corporate Compliance, S. 177 ff.; Verse, ZHR 175) 2011, S. 401 (411 ff.).

479 So ausdrücklich Schneider, U./Schneider, S., ZIP 2007, S. 2061 (2063 f.).

(aaa) Begründungsversuch über das Beteiligungsinteresse bzw. Schadensabwehrgesichtspunkte

Zur Begründung einer konzernweiten Pflicht wird teilweise auf das Beteiligungsinteresse der herrschenden Gesellschaft bzw. Schadensabwehrgesichtspunkte rekurriert.[480] Wie bereits dargelegt, ist dieser Einwand aus Sichtweise einer wirtschaftlich ökonomischen Konzernkontrolle durchaus berechtigt. Er trifft aber nicht den Kern der Legalitätspflicht. Wenn nur das Beteiligungsinteresse der herrschenden Gesellschaft oder die Abwehr von wirtschaftlichen Schäden die innere Rechtfertigung der Konzernkontrolle bilden würde, so sind Konstellationen denkbar, in denen sich der Vorstand im Rahmen seines unternehmerischen Leitungsermessens bewusst gegen eine konzernweite Legalitätskontrolle entscheiden könnte. Dies ist z.B. der Fall, wenn eine Konzerngesellschaft nur einen geringen Beteiligungswert darstellt und eine ordnungsgemäße Überwachung und Kontrolle aus rechtlichen, tatsächlichen, geographischen oder sonstigen Gründen mit erheblichen Kosten verbunden ist.[481] Kommt der Vorstand auf Basis einer angemessenen Tatsachenkenntnis zu dem Ergebnis, dass das bestehende Risiko nicht die Aufwendung hoher Kontrollkosten rechtfertigt, so ist er zu einer Reduktion der Maßnahmen auf ein Minimum berechtigt. Dies widerspricht dem Grundgedanken einer Legalitätskontrollpflicht, welche sich zwar innerhalb der Grenzen von Erforderlichkeit und Zumutbarkeit bewegt, die Begriffe aber nicht im Sinne einer direkten betriebswirtschaftlichen Kosten-Nutzen-Relation auszulegen sind.

Deutlich wird dies daran, dass eine Begründung über das Beteiligungsinteresse die Berücksichtigung sog. nützlicher Pflichtverletzungen ermöglicht.[482] Zur Verdeutlichung soll folgendes Beispiel dienen. Dem Vorstand einer herrschenden Gesellschaft ist bekannt, dass eine Tochtergesellschaft im Land X allein durch Bestechung einen Auftrag erlangen kann und die Zahlung des Bestechungsgeldes bevorsteht. Im Hinblick auf das Beteiligungsinteresse müsste der Vorstand im konkreten Fall die Entdeckungswahrscheinlichkeit durch staatliche Behörden mit der voraussichtlichen Schadenshöhe – einschließlich zu erwartender Reputationsschäden – multiplizieren.[483] Erst wenn

---

480 Grundmeier, Compliance im Konzern, S. 118 ff.; Habersack, FS Möschel, S. 1175 (1182 f.); Fleischer, CCZ 2008, S. 1 (3 u. 5) verweist zwar zunächst auf eine allgemeine Pflicht zur Rechtmäßigkeitskontrolle, begründet diese aber anschließend mit Hinweis auf wirtschaftliche Risiken der herrschenden Gesellschaft. Löbbe, Unternehmenskontrolle, S. 182. begründet seine Ansicht zudem mit Hinweis auf die Formulierung von Ziffer 4.1.3 DCGK, welcher die Verantwortung des Vorstandes für die Einhaltung der gesetzlichen Bestimmungen und der unternehmensinternen Richtlinien und deren Beachtung durch die Konzernunternehmen statuiert. Aufgrund der fehlenden Normqualität des Kodexes kann die Regelung allerdings keine eigenständige Verpflichtung begründen, sondern setzt eine solche voraus. Ebenfalls auf den DCGK verweisend: Schneider, U./Schneider, S., ZIP 2007, S. 2061 (2063 f.). Nicht ganz eindeutig: Bürkle in: Hauschka/Compliance, § 8 Rn. 64.

481 Ein weiteres Beispiel bei Koch, WM 2009, S. 1013 (1014).

482 Siehe zu dem Begriff bereits Teil 3.§ 1.A.II.2(a).

483 Zur Operationalisierung mathematischer Faktoren bei der Bestimmung von Aufsichtsmaßnahmen vgl. Bock, HRRS 2010, S. 316 (319 f.).

der auf diese Art und Weise berechnete Wert die voraussichtliche positive Entwicklung des Beteiligungsinteresses durch Zuschlag des Auftrages übersteigt, ist auf Basis des Beteiligungsinteresses eine Pflicht zum Einschreiten gegeben. Im Kern ist die Begründung über das Beteiligungsinteresse nichts anderes als eine verklausulierte Darstellung der ökonomisch wirtschaftlichen Konzernkontrolle und die Umsetzung einer „Law as Price Doktrin"[484] und begründet daher gerade keine Legalitätskontrollpflicht.[485]

(bbb) Annahme einer konzernweiten Organstellung

Ein weiterer Begründungsansatz verweist auf Parallelnormen, welche ausdrücklich eine Verantwortung der Organe der herrschenden Gesellschaft für die konzernweite Sicherstellung und Einhaltung der Compliance begründen.[486] De lege lata finden sich entsprechende Regelungen vornehmlich im Aufsichtsrecht. § 25a Abs. 1a KWG verlangt eine konzernweite ordnungsgemäße Geschäftsorganisation, welche die Einhaltung der zu beachtenden gesetzlichen Bestimmungen gewährleistet. Auf die parallele Normierung in § 64a Abs. 2 VAG wurde bereits zuvor hingewiesen.[487] Entsprechende Regelungen sind nach diesem Begründungsansatz Ausdruck einer allgemeinen Regel, welche auch für das Verhältnis von Vorstand und Gesellschaft im Aktienrecht gelte. Demnach sei die herrschende Gesellschaft – in ihrer Rolle als Gesellschafter einer Konzerngesellschaft – selbst nicht Adressat von Compliance-Pflichten. Es bestehe aber eine Verantwortung des Vorstandes gegenüber der sog. „Konzernleitungsgesellschaft"[488] für den gesamten unternehmerischen Bereich. Die Verpflichtung bestehe unabhängig davon, ob die Konzernleitungsgesellschaft ihre unternehmerische Tätigkeit über Tochtergesellschaften oder im Ausland entfalte.[489] Im Verhältnis zur herrschenden Gesellschaft soll demnach eine Verantwortung für den gesamten unternehmerischen Bereich im Sinne einer aktiven konzernweiten Organisationspflicht bestehen, welche die Rechtskonformität innerhalb der Konzerngesellschaften sicherstellt.[490]

---

484 Zu diesem Begriff siehe bereits oben S. 42 ff. Tatsächlich finden sich Urteile im anglo-amerikanischen Rechtskreis, welche auf einer parallelen ökonomischen Fixierung beruhen und Aufsichtskosten ausgehend vom Schadenserwartungswert bestimmen. Denkt man diesen Ansatz konsequent weiter, so müssten auch die „Kosten" einer negativen Entwicklung des Beteiligungsinteresses Berücksichtigung finden. Siehe hierzu die Nachweise bei Williams, N.C.L.Rev. 1997-1998, S. 1265 (1350).

485 Siehe hierzu auch Koch, WM 2009, S. 1013 (1014); Lang, Corporate Compliance, S. 179 f.; Verse, ZHR (175) 2011, S. 401 (413).

486 Schneider, U./Schneider, S., ZIP 2007, S. 2061 (2063 f.); Schneider, U., ZGR 1996, S. 225 (242 ff.) verweisen § 15 GWG a.F. bzw. § 10a Abs. 1 S. 2 KWG. Aufgrund von zwischenzeitlichen Gesetzesänderungen bilden diese allerdings keine taugliche Grundlage. Entsprechende Verpflichtungen finden sich nunmehr aber in anderen Paragraphen bzw. Normen.

487 Siehe Teil 2.§ 2.A.II.1 a.E.

488 Schneider, U./Schneider, S., ZIP 2007, S. 2061 (2063 f.).

489 Schneider, U./Schneider, S., ZIP 2007, S. 2061 (2063 f.).

490 Schneider, U./Schneider, S., ZIP 2007, S. 2061 (2063 f.).

Die vorgetragene Argumentation setzt sich verschiedenen Einwänden aus. Zunächst beruht die argumentative Basis letztlich auf der Statuierung einer konzernweiten Organfunktion.[491] Auf Grundlage der Einheitstheorie, welche von dem Gedanken ausgeht, dass die in einem Konzern zusammengefassten rechtlich selbständigen Unternehmungen nicht nur eine wirtschaftliche, sondern auch eine rechtliche Einheit bilden, ist dieser Gedanke zulässig. Bereits die einleitende Darstellung der verschiedenen Konzerntypen verdeutlichte jedoch, dass das geltende Recht auf einem konzernrechtlichen Trennungsprinzip beruht.[492] De lege lata wird von diesem Grundsatz nur in begrenzten Ausnahmefällen – etwa der Konzernbilanzierung, der steuerlichen Organschaft oder der Mitbestimmung im Konzern – abgewichen.[493] Eine entsprechende Ausnahmeregelung, welche den Vorstand zur Durchsetzung und Gewährleistung der konzernweiten Rechtmäßigkeit verpflichtet, ist weder ersichtlich noch erforderlich. Originärer Pflichtenadressat für die Wahrung der Compliance innerhalb einer Konzerngesellschaft ist das jeweilige geschäftsführende Organ der konkreten Gesellschaft.[494] Die Tatsache, dass eine Gesellschaft Teil eines Konzernverbundes ist, entbindet die Organe nicht von der Pflicht für ein rechtmäßiges Verhalten der Gesellschaft sowie der für diese handelnden Personen Sorge zu tragen. Die eigenständige Verantwortung ist zudem der Grund dafür warum konzernweite Pflichten nicht auf dem der Legalitätskontrollpflicht zugrunde liegenden Gedanken der Delegation gestützt werden kann. Eine Delegation setzt begriffsnotwendig eine originären Pflicht des Delegierenden und damit dem Vorstand der herrschenden Gesellschaft voraus. Stützt man die Verantwortung auf eine Delegation von Überwachungspflichten, so handelt es sich um einen Zirkelschluss. Gegen die Annahme einer konzernweiten Pflichtenstellung ist zudem anzuführen, dass nicht zu begründen ist, warum sich diese nur auf rechtswidriges und nicht generell auf sorgfaltspflichtwidriges Verhalten beziehen sollen.[495]

Abschließend bilden auch die innerhalb der Argumentation herangezogenen Normen keine ausreichende Basis für den Rückschluss auf eine allgemeingültige konzernweite Verantwortung. Die Normen sind vor ihrem branchenspezifischen Hintergrund zu würdigen. Gesteigerte Aufsichts- und Überwachungspflichten sind insoweit zunächst nur Ausdruck der besonderen Sensibilität eines konkreten Wirtschaftszweiges. Die unbesehene Übertragung auf Unternehmen anderer Branchen kommt angesichts der Besonderheiten grundsätzlich nicht in Betracht. Selbst wenn man den Spezialnormen eine ermessensbeeinflussende Wirkung im Sinne einer „Best Practice" zuerkennt, begründet dies keine Legalitätskontrollpflicht. Der Argumentation kann daher nur insoweit zugestimmt werden, dass der Vorstand einer herrschenden Ge-

491 So auch Habersack, FS Möschel, S. 1175 (1182); Verse, ZHR (175) 2011, S. 401 (412).

492 Habersack, FS Möschel, S. 1175 (1182); Verse, ZHR (175) 2011, S. 401 (412).

493 Vgl. zu diesen Ausnahmen Sigloch/Weber in: Michalski/GmbHG, Anh. 41–42a Rn. 1269 ff. sowie im Folgenden unter Teil 5.§ 2.B.III.

494 Verse, ZHR (175) 2011, S. 401 (412).

495 Habersack, FS Möschel, S. 1175 (1182).

sellschaft jedenfalls dann zu einer konzernweiten Legalitätskontrolle verpflichtet ist, wenn konkrete Rechtsvorschriften dies von ihm verlangen. Ob Normen – etwa aus dem Recht der Ordnungswidrigkeiten oder dem allgemeinen Zivilrecht – diese Anforderung stellen, gilt es noch zu untersuchen.

(ccc) Annahme einer Konzernleitungspflicht des herrschenden Unternehmens

Im Zentrum der Untersuchung standen bisher die Wechselwirkungen zwischen Konzernierung und Leitungs- und Sorgfaltspflicht des Vorstands. Neben den Pflichten des Vorstands gegenüber „seiner" Gesellschaft, berührt die Konzernierung auch den Pflichtenkreis der herrschenden Gesellschaft selbst. Das zwischen den Konzernunternehmen bestehende Pflichtengefüge wirkt sich zwar nicht unmittelbar auf die rechtliche Binnenbeziehungen zwischen Vorstand und herrschender Gesellschaft aus, jedoch kann sich eine mittelbare Beeinflussung ergeben. Sofern die herrschende Gesellschaft gegenüber Konzerngesellschaften zu einer ordnungsgemäßen und insbesondere rechtmäßigen Konzernleitung verpflichtet wäre, würde sich diese Anforderung mittelbar wiederum auf die Leitungs- und Sorgfaltspflichten des Vorstandes der herrschenden Gesellschaft auswirken.

Im Gegensatz zu der in § 309 AktG geregelten Verantwortung des Organs der herrschenden Gesellschaft hat die Haftung der herrschenden Gesellschaft im Vertragskonzern gegenüber den Konzerngesellschaften keine normative Ausprägung erfahren. Hierfür besteht allerdings auch keine Notwendigkeit, da sich die Haftung nach allgemeinen Rechtsgrundätzen aus dem geschlossenen Vertrag ergibt.[496] Unter den Voraussetzungen von § 309 Abs. 1, 2 AktG ist daher im Ergebnis die Haftung der herrschenden Gesellschaft unstreitig anerkannt. Umstritten ist dagegen die Anspruchsgrundlage, welche aber für den Zweck dieser Untersuchung dahinstehen kann.[497] § 309 AktG weist eine strukturelle Ähnlichkeit mit § 93 AktG auf. Eine Haftung tritt – unter entsprechender Heranziehung der Norm – im Falle einer pflichtwidrigen Ausübung des in § 308 Abs. 1 AktG normierten Weisungsrechtes ein. Bereits der Wortlaut von § 308 Abs. 1 AktG, welcher ein „Weisungsrecht" statuiert, impliziert, dass das herrschende Unternehmen nicht zur Ausübung der Leitungsbefugnis verpflichtet ist.[498] Es entspricht daher auch der absolut vorherrschenden Ansicht, dass die Ausübung des Weisungsrechtes im unternehmeri-

496 Von dieser Prämisse ging bereits die Gesetzesbegründung aus. Vgl. im Übrigen: Emmerich in: Emmerich/Habersack, § 309 R. 5; Hüffer in: Hüffer/AktG, § 309 Rn. 26; Lösler, Compliance, S. 287 jeweils m.w.N.

497 Weit überwiegend und richtigerweise wird auf § 280 Abs. 1 BGB und eine Verletzung des Unternehmensvertrages abgestellt. Als Alternative hierzu wird auch eine analoge Anwendung des § 309 AktG sowie ein Fall ungeschriebener Organhaftung diskutiert. Siehe zum Ganzen: Hüffer in: Hüffer/AktG, § 309 Rn. 27; Lösler, Compliance, S. 287 f. jeweils m.w.N.

498 So z.B. Hüffer in: Hüffer/AktG, § 76 Rn. 9d.

schen Ermessen des herrschenden Unternehmens steht.[499] Ein Anspruch der Konzerngesellschaften auf Erteilung einer bestimmten Weisung ist dementsprechend nicht begründbar. Innerhalb des weisungsfreien Raumes verbleibt die alleinige Leitungskompetenz bei dem Vorstand der abhängigen Gesellschaft – bzw. bei dem Geschäftsführer im Falle einer analogen Anwendung des § 308 AktG auf eine abhängige GmbH.[500] Systemimmanente Ausnahmen von diesem Grundsatz werden nur in einem sehr engen Rahmen diskutiert. So ist das herrschende Unternehmen zur Erteilung einer Weisung verpflichtet, sofern es durch vorherige Weisungen eine Lage geschaffen hat, welche eine weitere Weisung erforderlich macht.[501] Dies kann z.B. der Fall sein, wenn sich eine ursprünglich ordnungsgemäße Weisung im weiteren zeitlichen Verlauf als übermäßig nachteilig herausstellt und einen Widerruf erfordert.[502] Eine entsprechende Pflicht ist auch anzunehmen, wenn erst die Kombination mehrerer Weisungen eine sinnvolle Verhaltensdirektive darstellt.[503] Ausgehend von diesem Regelungszusammenhang besteht grundsätzlich keine Weisungspflicht im Falle des Auftretens von Verstößen innerhalb einer Konzerngesellschaft. Diese Erkenntnis lässt sich ungefiltert auf die rechtlichen Beziehungen im faktischen Konzern übertragen. Hier normieren bereits die §§ 311 ff. AktG unstreitig ein Einzelausgleichssystem, welches auf einer Veranlassungshaftung beruht. Handelt es sich um einen faktischen Konzern mit abhängiger GmbH, so entspringt das Verbot der Nachteilszufügung bereits der mitgliedschaftlichen Treuepflicht.[504]

In diesem Zusammenhang wird vertreten, dass die §§ 309 ff. bzw. §§ 311 ff. AktG kein abschließendes Haftungssystem für den Konzern bilden.[505] Demnach habe ein herrschendes Unternehmen gegenüber abhängigen Unternehmen eine Konzernleitungspflicht. Die Pflicht folge aus der Übernahme der einheitlichen Leitung im Konzern, welche dazu führe, dass das geschäftsführende Organ der Konzerngesellschaften teilweise aus seiner Leitungsfunktion verdrängt wird. Verglichen mit einer reinen Beteiligungsverwaltung sei die Konzernleitung mit einer Unternehmensleitung in einer Ein-

499 LAG Hamm, AG 1977, S. 323,; Altmeppen in: MüKo/AktG, § 309 Rn. 52; Emmerich in: Emmerich/Habersack, § 309 Rn. 34; Leuering/Goertz in: Hölters/AktG, § 308 Rn. 47; Hüffer in: Hüffer/AktG, § 309 Rn. 10; Kantzas, Weisungsrecht, S. 73 ff.; Veil in: Spindler/Stilz, § 309 Rn. 17.

500 Statt vieler Altmeppen in: MüKo/AktG, § 309 Rn. 53 m.w.N.

501 Emmerich in: Emmerich/Habersack, § 309 Rn. 34; Leuering/Goertz in: Hölters/AktG, § 308 Rn. 47; Hüffer in: Hüffer/AktG, § 309 Rn. 10; Veil in: Spindler/Stilz, § 309 Rn. 17.

502 Dieses und weitere Beispiele bei: Emmerich in: Emmerich/Habersack, § 309 Rn. 34; Hüffer in: Hüffer/AktG, § 309 Rn. 10; Veil in: Spindler/Stilz, § 309 Rn. 17.

503 Hüffer in: Hüffer/AktG, § 309 Rn. 10.

504 Die nur rudimentär konturierte Treuepflicht taugt allerdings nur bedingt für die Herleitung konkreter Handlungspflichten. Vgl. zu den Ausprägungen: Emmerich/Habersack, Konzernrecht, S. 471 ff.

505 Lösler, Compliance, S. 291 ff.; Schneider, U., BB 1981, S. 249 (255 ff.); ders., ZHR (143) 1979, S. 485 (503 ff.); ders., ZGR 1980, S. 511 (531 ff.).

zelgesellschaft vergleichbar.[506] Dies weise Parallelen mit einer faktischen Geschäftsführung auf, welche die analoge Anwendung der §§ 93, 166 AktG, § 43 GmbHG und §§ 34, 41 GenG rechtfertige.[507] Die Konzernleitungspflicht äußere sich nicht nur in der Folge, dass das herrschende Unternehmen schädigende Maßnahmen zu unterlassen habe. Sie verlangt vielmehr, dass die Leitung der Konzerngesellschaften mit der Sorgfalt eines ordentlichen und gewissenhaften Geschäftsleiters wahrgenommen werden müsse.[508] Daraus folge eine Pflicht zum Einschreiten, wenn die geschäftsführenden Organe Maßnahmen treffen, welche nicht diesem Sorgfaltsmaßstab entsprechen.[509] Ausgehend von diesem Maßstab wäre die herrschende Gesellschaft daher zur Unterbindung von Compliance-Verstößen in Tochtergesellschaften verpflichtet. Die Begründung einer Konzernleitungspflicht der herrschenden Gesellschaft ist jedoch wesentlichen Bedenken ausgesetzt. Für eine analoge Anwendung der §§ 93, 166 AktG, § 43 GmbHG und der §§ 34, 41 GenG besteht kein Raum. Grundlegende Voraussetzung einer Analogie ist zunächst das Vorliegen einer Gesetzeslücke, die sich als planwidrige Unvollständigkeit des Gesetzgebers darstellt. Vor dem Hintergrund des abgestuften Haftungssystems der §§ 309 ff. bzw. §§ 311 ff. AktG ist die Annahme einer Regelungslücke problematisch. Zutreffend wenden die Vertreter einer Konzernleitungspflicht ein, dass die §§ 311 ff. AktG an den Tatbestand der Abhängigkeit anknüpfen und damit gerade keine Konzernierung voraussetzen.[510] Dies erklärt aber nicht, warum die §§ 309 ff. AktG i.V.m. dem Beherrschungsvertrag die Haftung im Vertragskonzern nicht abschließend normieren sollen. Besteht daher im Vertragskonzern bereits ein abschließendes Haftungssystem, so ist die Begründung einer Konzernleitungspflicht für den faktischen Konzern isoliert wenig überzeugend. Die Befürworter einer Konzernleitungspflicht bleiben damit den Nachweis der Voraussetzungen einer Analogie schuldig. Vor dem Hintergrund der dargestellten systemimmanenten Ausnahmen vom Grundsatz der fehlenden Weisungspflicht besteht – bezogen auf den Vertragskonzern – jedoch auch kein gesteigertes Bedürfnis für die Annahme einer weitergehenden Verpflichtung.

Als wenig überzeugend erweist sich darüber hinaus eine weitere Erwägung, die regelmäßig für die Vorteilhaftigkeit der Lehre von der Konzernleitungspflicht angestellt wird. Im Rahmen der Haftung nach § 317 AktG ist der nachteilige Charakter im Zeitpunkt der Vornahme des Rechtsgeschäftes oder der jeweiligen Maßnahme zu beurteilen.[511] Erweist sich eine ursprünglich

---

506 Schneider, U., ZHR (143) 1979, S. 485 (497 f.).

507 Schneider, U., BB 1981, S. 249 (257); ders., ZHR (143) 1979, S. 485 (497 f.).

508 Lösler, Compliance, S. 294; Schneider, U., BB 1981, S. 249 (256); ders., ZHR (143) 1979, S. 485 (507.); ders., ZGR 1980, S. 511 (534).

509 Ausdrücklich in diesem Sinne Schneider, U., BB 1981, S. 249 (256.

510 Lösler, Compliance, S. 293 f.; Schneider, U., BB 1981, S. 249 (257); ders., ZGR 1980, S. 511 (532).

511 BGH, NJW 2008, S. 1583 (1583); OLG Köln, ZIP 2006, S. 997 (998); LG Bonn, AG 2005, S. 542 (543); Altmeppen in: MüKo/AktG, § 311 Rn. 172; Emmerich in:

neutrale oder vorteilhafte Maßnahme erst im Nachhinein als nachteilig, so kommt weder ein Nachteilsausgleich nach § 311 AktG noch eine Haftung gemäß § 317 AktG in Betracht. Daher wird argumentiert, dass der Vorzug einer Konzernleitungspflicht darin liegen soll, dass das Risiko einer prognosewidrigen Entwicklung nicht allein auf die Konzerngesellschaft überwälzt werde.[512] Dies ist insofern inkonsistent, als die innere Rechtfertigung der Konzernleitungspflicht auf einer Verdrängung des geschäftsführenden Organs durch die herrschende Gesellschaft beruhen soll.[513] Wenn der Grund einer Konzernleitungspflicht aber in der faktischen Geschäftsführung liegen soll, so ist nicht zu erklären, warum der herrschenden Gesellschaft nicht das Privileg zukommen soll, die wirtschaftlichen und rechtlichen Auswirkungen einer Maßnahme – einschließlich ihrer Nachteile – aus einer ex-ante-Perspektive beurteilen zu dürfen. Sowohl der Vorstand einer AG als auch der Geschäftsführer einer GmbH muss und darf darauf vertrauen, dass die Beurteilung ihres Handelns nicht einem sog. „hindsight bias" unterliegt.[514] Die Einnahme einer ex-post-Perspektive würde die Unterschiede zwischen einer Verschuldenshaftung und Erfolgshaftung einebnen. Es ist daher nicht nachvollziehbar, warum dieser Grundsatz, bezogen auf das Beispiel eines faktischen Konzerns, so schwerwiegend nachteilig sein soll, dass eine Konzernleitungspflicht statuiert werden muss. Eine Konzernleitungspflicht der herrschenden Gesellschaft gegenüber den Konzerngesellschaften ist daher abzulehnen.

Eine andere Ansicht begründet gesteigerte Sorgfaltspflichten der herrschenden Gesellschaft demgegenüber unter Berufung auf das Pflicht- und Haftungsmodell der negotiorum gestio, sofern die Leitung nicht mehr in den Händen der Organe der Konzerngesellschaften liegt.[515] Das dieser Überlegung zugrunde liegende Modell der pflichtwidrigen Fremdgeschäftsführung setzt jedoch zunächst eine konkrete Einflussnahme seitens der herrschenden Gesellschaft voraus. Der im Zentrum dieser Untersuchung stehende Fall eines Compliance-Verstoßes innerhalb einer Konzerngesellschaft, der gerade nicht auf einer Einflussnahme der herrschenden Gesellschaft bzw. ihres geschäftsführenden Organs beruht, wird demgemäß nicht erfasst. Insofern vermag diese Ansicht keine weitergehende Pflicht zur Legalitätskontrolle im Konzern begründen.

Emmerich/Habersack, § 311 Rn. 44; Leuering/Goertz in: Hölters/AktG, § 311 Rn. 57.

512 Lösler, Compliance, S. 292; Schneider, U., BB 1981, S. 249 (257).

513 Schneider, U., ZHR (143) 1979, S. 485 (497 f.).

514 Statt vieler BGHZ 75, S. 96 (113); 126, S. 181 (193); ders., NZG 2008, S. 389 (390).

515 Altmeppen, Haftung des Managers im Konzern, S. 76 f.; Wilhelm, Rechtsform und Haftung, S. 285 ff. Vgl. auch die weiteren Nachweise bei Lösler, Compliance, S. 289.

(c) Besetzung von Führungspositionen im Konzern

(aa) Bestellung der geschäftsführenden Organe der Konzerngesellschaften

Unternehmerischer Erfolg steht häufig in einer direkten Abhängigkeit zur Qualifikation des Managements. Dieser Satz gilt nicht nur in der Einzelgesellschaft, sondern lässt sich uneingeschränkt auf Konzernunternehmen übertragen.[516] Die Bestellung eines Geschäftsführers einer Konzerngesellschaft fällt – von mitbestimmungsrechtlichen Besonderheiten abgesehen[517] – gemäß § 46 Nr. 5 GmbHG in die Zuständigkeit der Gesellschafterversammlung. Da der Vorstand die herrschende Gesellschaft gemäß § 78 AktG gerichtlich und außergerichtlich vertritt, handelt grundsätzlich dieser innerhalb der Gesellschafterversammlung. Hinsichtlich der Bestellung eines Vorstandes einer Konzerngesellschaft verhält es sich nur unwesentlich anders. In § 84 Abs. 1 AktG legt das Aktiengesetz die Kompetenz zur Bestellung und Abberufung von Mitgliedern des Vorstandes in die Hände des Gesamtaufsichtsrates.[518] Die Hauptversammlung, die sich aus dem Aktionärskreis zusammensetzt, wählt wiederum die Mitglieder des Aufsichtsrates. Entsprechend dieser Kompetenzkette werden Aufsichtsratsposten daher regelmäßig entweder durch Organmitglieder der herrschenden Gesellschaft oder zumindest durch Vertrauensleute besetzt. Aufgrund des aktienrechtlichen Grundsatzes der Weisungsfreiheit der Aufsichtsratsmitglieder, scheiden im Hinblick auf die zweite Alternative unmittelbare Abstimmungsdirektiven aus. Dieser Grundsatz lässt sich aus der in § 111 Abs. 5 AktG normierten Pflicht zur höchstpersönlichen Amtswahrnehmung ableiten.[519] Es ist jedoch nicht zu verkennen, dass auch Vertrauensleute einem faktischen Druckpotential der herrschenden Gesellschaft unterliegen.[520]

Im Rahmen seiner Konzernleitungsverantwortung ist der Vorstand dazu verpflichtet, das ihm gebührende Einflusspotential im Sinne einer bedarfsgerechten Auswahl fachlich kompetenter Leitungsperson auszuüben.[521] Insbesondere bei Fehlen eines Weisungsrechtes ist die interessengerechte Besetzung von Führungspositionen[522] das probateste Mittel zur Sicherung des Inte-

516 Liebscher in: MüKo/GmbHG, Anh. Rn. 1073.

517 Soweit Mitbestimmungsgesetze einschlägig sind liegt die Zuständigkeit dagegen zwingend beim Aufsichtsrat. Eine Gegenausnahme besteht jedoch wiederum im Anwendungsbereich des Drittelbeteiligungsgesetzes (DrittelbG).

518 Für die Bestellung des ersten Vorstandes ergibt sich dies aus § 30 Abs. 4 AktG.

519 Habersack in: MüKo/AktG, § 111 Rn. 136; Spindler in: Spindler/Stilz, § 111 Rn. 79.

520 Löbbe, Unternehmenskontrolle, S. 86; Semler, ZGR 2004, S. 631 (660).

521 Götz, ZGR 1998, S. 524 (531); Löbbe, Unternehmenskontrolle, S. 86; Lösler, Compliance, S. 303 f.; Schneider, U./Schneider, S., AG 2005, S. 57 (58); Semler, ZGR 2004, S. 631 (659 f.); Spindler in: MüKo/AktG, § 76 Rn. 17, 53; Wilsing/Ogorek, NZG 2010, S. 216 (217).

522 Zur Klarstellung ist darauf hinzuweisen, dass sich die Darstellung nicht auf die zweite unternehmerische Hierarchieebene unterhalb der geschäftsführenden Organe bezieht. Grundsätzlich verfügt das geschäftsführende Organ der Konzerngesellschaft insoweit über die alleinige Personalkompetenz. Im Vertrags- oder Eingliede-

resses der herrschenden Gesellschaft. Das Anforderungsprofil schließt insbesondere Personen aus, von denen keine rechtmäßige Wahrnehmung ihrer Funktionen erwartet werden kann. Zwar mag sich die Legalitätskontrollpflicht auf die jeweiligen Konzerngesellschaften beschränken, hieraus lässt sich aber nicht ableiten, dass die Rechtstreue einer potentiellen Führungsperson keine Relevanz für die Besetzung einer vakanten Position aufweist. Aus der Perspektive der Bestellung eines Organs, ist es nicht möglich, eine Differenzierung dahingehend vorzunehmen, ob ein potentieller Kandidat lediglich Pflichten vernachlässigt, welche ausschließlich eine isolierte Schädigung der jeweiligen Konzerngesellschaft nach sich ziehen, oder zugleich eine wirtschaftliche Gefahr für die herrschende Gesellschaft droht. Den Anforderungen ist daher durch die Auswahl von mutmaßlich rechtstreuen Führungspersonen angemessen Rechnung zu tragen.

(bb) Die Besetzung von Führungspositionen als Grundlage von Compliance-Pflichten?

Teilweise wird die konzernweite Erstreckung von Compliance-Pflichten mittels eines primär personellen Argumentationsansatzes begründet. Der Vorstand der Obergesellschaft sei demnach verpflichtet zu überprüfen, ob die Verantwortlichen der jeweiligen Konzerngesellschaft die erforderlichen Vorkehrungen für die Wahrung des Legalitätsprinzips eingerichtet haben. Die Prüfung beinhalte eine Kontrolle der Effektivität, Funktionsfähigkeit und Durchsetzung getroffener Maßnahmen.[523] Grundlage der konzernweiten Kontroll- und Überwachungsaufgabe sei der Umstand, dass die Bestellung eines Organs der Tochtergesellschaft auf die „Konzernspitze“[524] zurückgehe.[525] Die Verantwortung der Spitze erschöpfe sich allerdings nicht in der Bestellung, sondern müsse auch später wahrgenommen werden. Erweist sich ein Organ als unfähig oder nicht willens, die notwendigen Maßnahme zur Beachtung von Compliance-Pflichten innerhalb der Konzerngesellschaft zu implementieren, so erwachse eine Verantwortung zum Einschreiten. Als taugliches In-

rungskonzern kommt als Eingriffsmittel die Erteilung von Weisungen in Betracht. Das Weisungsrecht erstreckt sich gemäß § 308 Abs. 1 S. 1 AktG auf die Leitung der Gesellschaft. Das bedeutet letztlich nichts anderes als, dass wiederum sämtliche Teilaspekte der Leitungsverantwortung – und damit auch die Besetzung von Führungspositionen innerhalb der jeweiligen Konzerngesellschaft – vom Weisungsrecht umfasst sind. Allgemeine Meinung siehe hierzu Altmeppen in: MüKo/AktG, § 308 Rn. 83 ff.; Hüffer in: Hüffer/AktG, § 308 Rn. 12; Veil in: Spindler/Stilz, § 308 Rn. 20. Für den Geschäftsführer einer abhängigen GmbH ist anerkannt, dass dieser über keinen Bereich einer eigenständigen und weisungsunabhängigen Leitungsautonomie verfügt. Statt vieler: Trölitzsch in: Oppenländer/Trölitzsch, § 16 Rn. 17.

523 Goette, ZHR (175) 2011, S. 388 (393).

524 Goette, ZHR (175) 2011, S. 388 (393).

525 Hinsichtlich der notwendigen Zwischenschritte bei der Bestellung eines Vorstandes – und dessen Wahl durch die Mitglieder des Aufsichtsrates – wird auf die Ausführungen oben verwiesen.

strument stehe das Weisungsrecht oder – bezogen auf den Vorstand einer faktisch abhängigen AG – die Drohung mit Abberufung zur Verfügung.[526]

Der Argumentationsansatz lässt leider eine Differenzierung dahingehend vermissen, ob der Pflichtenursprung aus der Leitungsverantwortung – konkret der Besetzung von Führungspositionen – oder aus einer im Zusammenhang mit der Gesellschafterstellung stehenden Überwachungsverantwortung der herrschenden Gesellschaft folgen soll. Richtig an dieser Ansicht ist aber zunächst, dass die herrschende Gesellschaft – und damit auch deren Vorstand – vielfältige Möglichkeiten zur Einflussnahme auf das Verhalten eines unfähigen oder unwilligen Konzernorgans besitzt. Im Vertrags- oder Eingliederungskonzern bezieht sich das Weisungsrecht auf sämtliche Teile der Leitungsverantwortung i.S.d. § 76 AktG. Die Forderung, bestimmte Pflichten als Grenze der unternehmerischen Tätigkeit zu achten bzw. andauernde Zuwiderhandlung einzustellen, stellt einen tauglichen Weisungsgegenstand dar.[527] Losgelöst von Weisungsrechten ergibt sich bereits allein aus der Gesellschafterstellung – bei der Aktiengesellschaft mittelbar über den Aufsichtsrat – die Möglichkeit auf eine Abberufung des Organs hinzuwirken oder diese zu erwirken.[528] Fraglich ist nunmehr, ob der Vorstand gegenüber der herrschenden Gesellschaft zu einer Nutzung dieses Einflusspotentials verpflichtet ist, sofern das geschäftsführende Organ einer abhängigen Gesellschaft ein unzureichendes Compliance-System implementiert.

Zunächst ist die Annahme einer Eingriffspflicht für den faktischen Konzern abzulehnen. Bezogen auf das Beispiel einer abhängigen AG obliegt die Überwachung grundsätzlich dem Aufsichtsrat dieser Gesellschaft. Wird der Vorstand seinen Aufgaben nicht gerecht oder verletzt er seine Pflichten derart, dass ein wichtiger Grund für die Abberufung vorliegt, so ist der Aufsichtsrat gemäß §§ 93 Abs. 2, 116 AktG zum Eingreifen verpflichtet. Unterlässt der Aufsichtsrat notwendige Handlungen bzw. Eingriffsmaßnahmen, so liegt eine Pflichtverletzung vor.[529] Ist der Vorstand der herrschenden AG daher zugleich Mitglied des Aufsichtsrates einer abhängigen AG, so besteht grundsätzlich eine direkte Verantwortung gegenüber dieser Konzerngesellschaft – nicht je-

526 Goette, ZHR (175) 2011, S. 388 (393).

527 Ausgehend von der Prämisse einer Pflichtverletzung des Organs der Konzerngesellschaft, ist eine entsprechende Weisung uneingeschränkt zulässig. Insoweit handelt es sich um keine nachteilige Weisung i.S.v. § 308 Abs. 1 S. 2 AktG. Ein Nachteil scheidet aus, wenn ein ordentlicher und gewissenhafter Geschäftsleiter einer unabhängigen Gesellschaft die fragliche Maßnahme getroffen bzw. unterlassen hätte. Vgl. hierzu: Emmerich in: Emmerich/Habersack, § 308 Rn. 45; Hüffer in: Hüffer/AktG, § 308 Rn. 15; Sina in: Schmidt/Lutter, § 308 Rn. 24; Veil in: Spindler/Stilz, § 308 Rn. 24.

528 Im Gegensatz zu § 84 Abs. 3 Satz 1 AktG, ist die Abberufung nach § 38 Abs. 1 GmbHG nicht an das Vorliegen eines wichtigen Grundes gekoppelt. Ein wichtiger Grund kann aber z.B. in groben Nachlässigkeiten im kaufmännischen Bereich oder in einer unterlassenen Einrichtung eines Risikofrüherkennungssystems nach § 91 Abs. 2 AktG liegen. Vgl. LG Berlin, BKR 2002, S. 969 (972).

529 Hüffer in: Hüffer/AktG, § 116 Rn. 9; Patzina in: Patzina/Bank/Schimmer/Simon, Kap. 7 Rn. 36.

doch gegenüber der herrschenden Gesellschaft. Für den Fall einer abhängigen GmbH schwächt sich dieser Maßstab noch weiter ab, da diese grundsätzlich über kein separates Überwachungsorgan verfügt. Die Überwachungsaufgabe fällt vielmehr den Gesellschaftern zu. Implementiert ein Geschäftsführer ein Compliance-System, welches den tatsächlichen Anforderungen nicht gerecht wird, so folgt aus der Gesellschafterstellung der herrschenden Gesellschaft jedoch keine weitergehende zwingende Handlungspflicht. Im faktischen Konzern ist damit die Tatsache, dass die Bestellung des Vorstandes bzw. Geschäftsführers einer Konzerngesellschaft auf die herrschende Gesellschaft zurückgeht, nicht für eine weitergehende Verantwortung im Binnenverhältnis zwischen Organ und herrschender Gesellschaft fruchtbar zu machen.

Gleiches gilt für den allein noch fraglichen Fall eines Vertrags- oder Eingliederungskonzerns. Auch hier trifft den Vorstand keine Pflicht gegenüber der herrschenden Gesellschaft zur Erteilung von Weisungen im Falle von unzureichenden Compliance-Maßnahmen auf Ebene einer abhängigen Gesellschaft.[530] Bereits Eingangs ist festzuhalten, dass der isolierte Abschluss eines Beherrschungsvertrages bzw. eine erfolgten Eingliederung keine Pflicht zu einer umfassenden Konzernleitung begründen.[531] Auch im Vertrags- oder Eingliederungskonzern können gute Gründe gegen die Annahme einer Pflicht zur laufenden und umfassenden Weisungserteilung sprechen.[532] Wie bereits im Rahmen der Konzernkontrolle ausgeführt wurde[533], lässt die Konzernierung den Pflichtenkreis des geschäftsführenden Organs jedoch nicht unberührt. Die innere Rechtfertigung hierfür lässt sich u.a. auf gesteigerte Haftungsrisiken zurückführen,[534] welche insbesondere im Vertrags- und Eingliederungskonzern bestehen. Prominente Beispiele sind die in den §§ 320 Abs. 1, 324 Abs. 3 AktG angeordnete Verlustausgleichspflicht sowie die gesamtschuldnerische Außenhaftung nach § 322 Abs. 1 AktG. Aufgrund der Haftungsrisiken kann sich die Verpflichtung ergeben, durch Weisungen in die

530 Streng zu differenzieren ist hierbei zwischen den Pflichten, welche dem Vorstand im Binnenverhältnis zu „seiner" herrschenden Gesellschaft treffen und solchen welche dem Organ bzw. der herrschenden Gesellschaft gegenüber den Konzerngesellschaften obliegen. Die Pflichtenkreise sind nicht deckungsgleich und daher voneinander zu trennen. Hinsichtlich der Pflichten des herrschenden Unternehmens gegenüber Konzerngesellschaften siehe Teil 4.§ 2.A.I.2(b)(cc)(ccc).

531 A.A. Bayer in: MüKo/AktG, § 18 Rn. 19; Götz, ZGR 1998, S. 524 (526 ff.); Löbbe, Unternehmenskontrolle, S. 83.

532 Altmeppen in: MüKo/AktG, § 309 Rn. 51 ff.; Fleischer, DB 2005, S. 759 (760 f.); ders. in: Spindler/Stilz, § 76 Rn. 86 ff.; Hüffer in: Hüffer/AktG, § 76 Rn. 17a; Koppensteiner in: KK/AktG, § 308 Rn. 60; Martens, FS Heinsius, S. 523 (531); Spindler in: MüKo/AktG § 76 Rn. 49; Windbichler in: Hommelhoff/Hopt/Werder, S. 605. Im Grundsatz auch: Liebscher in: MüKo/GmbHG, Anh. Rn. 806 der zwar eine Leitungspflicht annimmt, deren Betätigung aber vollumfänglich in das Ermessen der Organe stellt.

533 Siehe Teil 4.§ 2.A.I.2(b).

534 Ausdrücklich in diesem Sinne Koppensteiner in: KK/AktG, § 308 Rn. 60.

Geschäftsführung der abhängigen Gesellschaften einzugreifen.[535] Diese Verpflichtung besteht ungeachtet der Tatsache, dass der originäre Pflichtenadressat für die Wahrung der Rechtmäßigkeit das jeweilige geschäftsführende Organ der konkreten Gesellschaft ist.[536] Es ist dabei aber vollkommen ohne Belang, ob die Bestellung des Vorstandes oder Geschäftsführers auf die herrschende Gesellschaft zurückgeht oder nicht. Maßgeblich ist allein die Frage, ob eine Bedrohung für das Eigeninteresse der herrschenden Gesellschaft vorliegt.

Hiermit schließt sich wiederum der Kreis zu der bereits diskutierten Frage, ob die Legalitätskontrollpflicht bereits aus der unstreitig vorhandenen – und inhaltlich umfangreicheren – Pflicht zur Konzernkontrolle folgt. Ebenso wie im Rahmen der Konzernkontrolle steht die Verpflichtung des Vorstandes in Abhängigkeit von der Beeinträchtigung des wirtschaftlichen Eigeninteresses der herrschenden Gesellschaft. Sobald dieses berührt ist, besteht nicht nur eine Pflicht zur Kontrolle, sondern auch zur Erteilung von Weisungen. Für eine darüber hinausgehende Verpflichtung gegenüber der herrschenden Gesellschaft fehlt eine gesetzliche Grundlage. Die inhaltliche Parallelität von Kontrolle und Leitungspflicht und die damit einhergehende Beschränkung auf wirtschaftliche Schädigungen sind nur folgerichtig. Konnte bereits im Rahmen der Kontrolle keine direkte Verantwortung für die Wahrung der Pflichten innerhalb der Konzerngesellschaften festgestellt werden, so muss sich dies auch im Rahmen der Leitungspflichten widerspiegeln. Grundsätzlich besteht folglich keine Pflicht zur Erteilung von Weisungen, wenn das geschäftsführende Organ einer abhängigen Gesellschaft ein unzureichendes Compliance-System implementiert. Eine andere Bewertung ist lediglich dann gerechtfertigt, wenn wirtschaftliche Schädigungen der herrschenden Gesellschaft drohen oder Spezialnormen dem Vorstand eine entsprechende Handlungspflicht auferlegen.[537] Im Übrigen erwächst aus der Tatsache, dass sich die Bestellung eines Vorstandes oder Geschäftsführers auf die „Konzernspitze“ zurückführen lässt, grundsätzlich keine weitergehende Verantwortung.[538]

(d) Konzernkoordination

Nur kursorisch gestreift werden soll der Teilaspekt der Unternehmenskoordination bzw. Konzernkoordination.[539] Unter Konzernkoordination ist die Gestaltung des organisatorischen Konzernaufbaus zu verstehen. Es ist zum einen darüber zu entscheiden, welche Unternehmens- bzw. Konzerneinheiten mit

535 Altmeppen in: MüKo/AktG, § 309 Rn. 56; Emmerich in: Emerich/Habersack, § 309 Rn. 31; Götz, ZGR 1998, S. 524 (529); Koppensteiner in: KK/AktG, § 308 Rn. 60; Rieger, FS Peltzer, S. 339 (346).

536 Verse, ZHR (175) 2011, S. 401 (412).

537 Z.B. § 25a Abs. 1, 1a KWG, § 64a Abs. 2 VAG.

538 Ist der Vorstand der herrschenden Gesellschaft zugleich Mitglied des Aufsichtsrates der abhängigen Gesellschaft, so besteht eine von dieser Bewertung unabhängige Verantwortung gemäß §§ 93 Abs. 2, 116 AktG gegenüber der abhängigen Gesellschaft.

539 Vgl. hierzu Huber, Compliance-Pflichten, S. 137 ff.

welchen unternehmerischen Aufgaben, Kompetenzen und Pflichten betraut werden. Darüber hinaus ist eine externe Aufgabenverlagerung in Betracht zu ziehen.[540] Im Rahmen des unternehmerischen Leitungsermessens steht es dem Vorstand frei, verbundweite Unternehmensbereiche einzurichten und diese zu koordinieren.[541] In der Praxis erfolgt häufig eine Zentralisierung des Finanzwesens.[542] Es ist jedoch zu betonen, dass die Intensität der Zentralisierung in das Ermessen des Vorstandes gestellt ist. Die Entscheidung darüber, einen Konzern als Stammhauskonzern, Führungsholding, Management Holding oder Finanzholding[543] zu führen, wird daher im Wesentlichen durch gesellschaftsrechtliche Möglichkeiten und betriebswirtschaftliche Erwägungen determiniert.[544]

Ausgehend von diesen Grundlagen soll ein Vorstand regelmäßig zur Schaffung einer zentralen Compliance-Stelle gehalten sein, welche die Pflichten für alle Konzernunternehmen gebündelt wahrnehme. Die Verpflichtung folge aus ökonomischen Erwägungen und der Verantwortung für eine effektive Konzernkoordination.[545] Hierauf ist zu erwidern, dass sich dieser Ansatz in einer Vielzahl von Unternehmen und insbesondere Konzernen als kostengünstige und ökonomische Alternative erweisen wird. Die Vielgestaltigkeit der möglichen Konzernsachverhalte erlaubt jedoch keinen zwingenden Rückschluss auf eine konkrete unternehmensorganisatorische Gestaltung bestimmter organisatorischer Stellen, oder eine Pflicht zur Schaffung einer zentralisierten Organi-

---

540 Auf den damit angesprochenen Aspekt der Möglichkeiten und Grenzen im Falle einer Delegation von Compliance-relevanten Pflichten wird an anderer Stelle gesondert eingegangen. Siehe hierzu Teil 5.§ 1.B.II.1.

541 Fleischer in: Spindler/Stilz, § 76 Rn. 29; Götz, ZGR 1998, S. 524 (531); Löbbe, Unternehmenskontrolle, S. 82 ff.; Martens, FS Heinsius, S. 523 (531); Reufels in: Hümmerich/Reufels, § 3 Rn. 175; Spindler in: MüKo/AktG, § 76 R. 49.

542 Löbbe, Unternehmenskontrolle, S. 82 m.w.N. Die Zentralisierung bildet z.B. die Grundlage für den zielgenauen Einsatz von überschüssiger Liquidität im Konzernverbund durch Einsatz von Cash Pooling Systemen, was zu einer Reduktion der Fremdkapitalkosten führt. Eine Pflicht zur Zentralisierung des Finanzwesens kann dagegen nicht angenommen werden. Das Merkmal der einheitlichen Leitung ist – sowohl unter Heranziehung des weiten aus auch des engen Konzernbegriffes – erfüllt, sofern die herrschende Gesellschaft eine konzernweite einheitliche Finanzplanung vornimmt. Vgl. z.B. Bayer in: MüKo/AktG, § 18 Rn. 33; Hüffer in: Hüffer/AktG, § 18 Rn. 11; Koppensteiner in: KK/AktG, § 18 Rn. 26; Kuhlmann/Ahnis, Konzernrecht, S. 29 f. Als Konsequenz einer Pflicht zur Zentralisierung des Finanzwesens, bestünde zudem kein Raum mehr für Abhängigkeitsverhältnisse i.S.d. § 17 AktG.

543 Hinsichtlich der Variante der Finanzholding ist einschränkend hinzuzufügen, dass es sich hierbei nicht um einen Konzern handeln wird, da es am Merkmal der einheitlichen Leitung fehlt.

544 Zur Reichweite des Ermessen insbesondere im Vertragskonzern Huber, Compliance-Pflichten, S. 138 ff.

545 Auerbach/Jost in: Hopt/Wohlmannstetter, S. 663 f. Speziell im Hinblick auf Wertpapierdienstleistungsunternehmen und entsprechende Compliance-Pflichten aus dem WpHG: Lösler, Compliance, S. 296.

sationseinheit.[546] Die Nutzung einheitlicher technischer Systeme, übereinstimmender Mitarbeiterschulungsprogramme oder gleichlautender Compliance-Richtlinien birgt ebenfalls ökonomische Vorteile, welche nicht zwangsläufig mit einer vollständigen Zentralisierung verbunden sein müssen.[547] Es steht damit letztlich im unternehmerischen Ermessen des Vorstands, wie er die konzernweite Compliance organisiert.

Dies gilt auch im Hinblick auf eine teilweise erwogene Pflicht zur Schaffung eines Group Compliance Officers.[548] Die Implementierung einer zentralen konzernweiten Position kann sich als ökonomisch sinnvolle Option darstellen, muss es aber nicht. Als Alternative kommt die Bestellung mehrerer dezentraler Compliance Officer in Betracht.[549] Im Falle einer dezentralen Organisation, ist lediglich Sorge dafür zu tragen, dass die wesentlichen Erkenntnisse der dezentralen Compliance Officer zur Kenntnis der herrschenden Gesellschaft gelangen. Ausgehend vom allein maßgeblichen Ziel sämtlicher Compliance-Bemühungen – der Prävention und Begegnung von Zuwiderhandlungen – kommt es allein darauf an, ob die konkret gewählte Art und Weise der Konzernkoordination diesem Ziel und Bedürfnis angemessen Rechnung trägt. Es ist nicht wesentlich, ob eine eigenständige Organisationseinheit oder ein sog. „Compliance Committee"[550] eingerichtet wird – oder diese organisatorisch als Bestandteil der Rechtsabteilung firmiert – solange die Organisation gewährleistet, dass der Vorstand zeitnah Kenntnis von konzerninternen Risiken erlangt und angemessen auf diese reagieren kann. Dies setzt eine überschneidungsfreie und eindeutige Verteilung der Zuständigkeit für Compliance voraus. Dies bezieht sich zum einen auf die Zuständigkeitsabgrenzung in der herrschenden Gesellschaft selbst zum anderen aber auch auf die Konzerngesellschaften. Den angesprochenen organisatorischen Präzisierungsversuchen ist jedoch zuzugestehen, dass sich im Regelfall und insbesondere im Konzern eine gestufte Organisation von Compliance-Stellen, welche auf Ebene der herrschenden Gesellschaft und in den Konzerngesellschaften angesiedelt sind, als zwingend notwendig erweisen wird.[551]

---

546 Siehe hierzu Huber, Compliance-Pflichten, S. 184. Zuzugestehen ist jedoch, dass im Sonderfall von Wertpapierdienstleistungsunternehmen betriebswirtschaflichte Erwägungen tendenziell eher eine Zentralisierung nahelegen, als dies in anderen Wirtschaftssektoren der Fall wäre.

547 Fett/Theusinger, BB Special 4, 2010, S. 6 (9).

548 Bachmann, GesR in der Disk., S. 94; Lösler, Compliance, S. 301 ff.; wohl auch Fleischer, CCZ 2008, S 1 (6).

549 Fett/Theusinger, BB Special 4, 2010, S. 6 (11); Fleischer in: Spindler/Stilz, § 91 Rn. 60.

550 Zu diesem Begriff vgl.: Auerbach/Jost in: Hopt/Wohlmannstetter, S. 663 f.; Fett/Theusinger, BB Special 4, 2010, S. 6 (11).

551 Instruktiver Überblick über mögliche organisatorischen Gestaltung von Compliance-Systemen im Konzern Fett/Theusinger, BB Special 4, 2010, S. 6 (11 ff.).

3. Ergebnis zu den Compliance-Pflichten aus der Leitungs- und Sorgfaltspflicht

Resümierend erweisen sich die Leitungs- und Sorgfaltspflichten im Konzern als wesentliche Rechtsgrundlage für die Implementierung eines Compliance-Systems. Zwar ist der Vorstand nicht zu einer umfassenden Leitung der Konzerngesellschaften verpflichtet, es besteht aber eine allgemeine Konzernleitungsverantwortung. Bestandteil dieser Verantwortung ist es, Compliance-Verstöße in Konzerngesellschaften zu verhindern, sofern diese das Risiko einer wirtschaftlichen Schädigung der herrschenden Gesellschaft in sich tragen. Die Aufgabe weist sowohl eine präventive als auch eine repressive Komponente auf. Es sind nicht nur konzernweite organisatorische Vorkehrungen zur Verhinderung von Compliance-Verstöße zu treffen, sondern es besteht zudem die Pflicht auf die Einstellung von andauernden Zuwiderhandlungen – im Rahmen der gesellschaftsrechtlichen Einflussmöglichkeiten – hinzuwirken bzw. drohenden Zuwiderhandlungen entgegenzuwirken.

Die Pflicht ist jedoch abhängig von einem wirtschaftlichen Eigeninteresse der herrschenden Gesellschaft. Ist dieses nicht bedroht und fehlen Spezialnormen, welche eine eigenständige Verantwortung für die Compliance innerhalb der Konzerngesellschaften begründen, so besteht weder eine Pflicht zur Verhinderung von Zuwiderhandlungen noch zur Wahrung der Legalität. Konzernkontrolle und Einwirkungspflichten folgen damit nicht aus der Legalitäts- oder einer Legalitätskontrollpflicht, sondern aus den grundsätzlichen Sorgfaltspflichten des Organs gegenüber der Gesellschaft. Dies bedeutet zugleich, dass es sich bei der Frage der Ergreifung von konzernweiten Compliance-Maßnahmen um eine unternehmerische Entscheidung handelt. Die Entscheidungsprivilegierung des § 93 Abs. 1 S. 2 AktG findet demnach Anwendung. Um in den Genuss der Privilegierung zu gelangen, muss das Organ jedoch seine Entscheidungen auf Grundlage angemessener Informationen treffen, was seinerseits einen noch zu konkretisierenden Mindeststandard organisatorischer Compliance voraussetzt. Daneben obliegt dem Vorstand eine Pflicht zur wirtschaftlich ökonomischen Konzernkontrolle, welche die Überwachung von Compliance-Maßnahmen einer Konzerngesellschaft einschließt. Darüber hinaus stehen die Implementierung und konkrete Ausgestaltung konkreter konzernweiter Maßnahmen im unternehmerischen Ermessen des Vorstandes, welches wesentlich durch das Konzernrisikopotential bestimmt wird.

Hinsichtlich der konzernweiten Koordinierung von Compliance-Stellen gebührt dem Vorstand ebenfalls ein weiter Ermessensspielraum. Die Anzahl von Empfehlungen zur unternehmensorganisatorischen Ausgestaltung ist Legion. Ausgehend vom Ziel – der Entgegenwirkung von Verstößen – muss die Koordinierung lediglich gewährleisten, dass die verantwortlichen Stellen Kenntnis von Risiken im Konzern erlangen. Dies setzt eine klare und überschneidungsfreie Verteilung von Zuständigkeiten voraus. Faktisch unumgänglich wird die Einrichtung eines gestuften Systems sein, welches Verantwortungsträger auf den jeweiligen Hierarchieebenen des Konzerns bestimmt.

Aus der Verantwortung für die Besetzung von Führungspositionen folgt abschließend die Verpflichtung, vakante Stellen lediglich mit Personen zu besetzen, von denen die Beachtung und Einhaltung der Compliance-Pflichten erwartet werden kann.

II. Konzernweite Leitungs- und Sorgfaltspflichten nach §§ 35, 43 GmbHG

Die oben angestellten Erwägungen zur Ausprägung der Leitungs- und Sorgfaltspflichten im Sinne einer allgemeinen Konzernleitungsverantwortung gelten grundsätzlich auch dann, wenn es sich bei der herrschenden Gesellschaft um eine GmbH handelt. Auf den prinzipiellen Gleichlauf der §§ 76 Abs. 1, 93 AktG einerseits und §§ 35, 43 GmbHG andererseits wurde bereits hingewiesen.[552] Demnach ist auch dem Geschäftsführer einer GmbH der Pflichtenmaßstab der Sorgfalt eines ordentlichen Geschäftsmannes abzuverlangen, welcher sich inhaltlich mit den Anforderungen von § 93 AktG deckt.[553] Abseits expliziter Anordnungen durch Gesellschafterbeschlüsse oder Bestimmungen der Satzung, ist daher auch der Geschäftsführer einer GmbH grundsätzlich zu einer unternehmerischen Nutzung des Beteiligungspotentials gehalten.[554] Diese Verantwortung lässt sich ebenfalls als allgemeine Konzernleitungsverantwortung bezeichnen und untergliedert sich wiederum in die Kategorien Konzernplanung, -koordinierung, -kontrolle sowie Personalverantwortung. Da die Pflichten gegenüber der herrschenden Gesellschaft und der anzuwendende Sorgfaltsmaßstab – eines ordentlichen Geschäftsmannes – den Ausführungen zu §§ 76 Abs. 1, 93 AktG entsprechen, kann vollumfänglich auf die obigen Erkenntnisse zurückgegriffen werden.

Ein Unterschied ergibt sich lediglich vor dem Hintergrund, dass die Gesellschafterversammlung berechtigt ist, dem Geschäftsführer – regelmäßig im Wege eines Gesellschafterbeschlusses[555] – verbindliche Weisungen zu erteilen. Bindungswirkung entfalten auch unzweckmäßige und damit nicht im wirtschaftlichen Interesse der GmbH stehende Weisungen.[556] Beruht eine schadensträchtige Entwicklung auf einer Weisung der Gesellschafter, so scheidet eine Haftung des Geschäftsführers nach § 43 Abs. 1, 2 GmbHG aus. Erteilen die Gesellschafter dem Geschäftsführer die Anweisung die Konzerngesellschaften als Beteiligungen zu führen und – abgesehen von der Wahrnehmung der gesellschaftsrechtlichen Mitgliedsrechte – Einwirkungen und Kontrollen zu unterlassen, so kann der Geschäftsführer nicht wegen späterer Compliance-Verstöße in den Konzerngesellschaften in Anspruch genommen werden. Gleichwohl entbindet dies den Geschäftsführer nicht von einer Prü-

---

552 Vgl. Teil 3.§ 1.B.

553 Allgemeine Meinung OLG Celle, NZG 2000, S. 1178 (1179); Zöllner/Noack in: Baumbach/Hueck, § 43 Rn. 7 jeweils m.w.N.

554 So z.B. ausdrücklich Liebscher in: MüKo/GmbHG, § 13 Anh. Rn. 1063.

555 Vgl. § 47 Abs. 1 GmbHG.

556 Allgemeine Meinung vgl. etwa OLG Frankfurt, DB 1997, S. 922; Schäfer, Die Organstellung, S. 173; Ziemons in: Oppenländer/Trölitzsch, § 22 Rn. 35 m.w.N.

fung erteilter Weisungen, da er im Falle einer potentiell schädigenden Direktive auf die vorhandenen Risiken hinweisen muss.[557] Nicht zuletzt ist eine Prüfung auch unter Rechtmäßigkeitsaspekten erforderlich. Erteilen die Gesellschafter z.B. die Weisung zur Implementierung eines Compliance-System, welches die Grenzen der zulässigen Informationsweitergabe im Konzern überschreitet, so ist die Weisung rechtswidrig und ist nicht zu befolgen.

III. Konzernweites Risikofrüherkennungssystem nach § 91 Abs. 2 AktG

1. Vorüberlegungen

Die Ausführungen zur Einzelgesellschaft verdeutlichten die notwendige Differenzierung zwischen einem umfassenden Risikomanagementsystem und dem in § 91 Abs. 2 AktG angelegten Risikofrüherkennungssystem. Entgegen einer teilweise vertretenen extensiven Auslegung enthält die Norm nicht das Gebot eines umfassenden Risikomanagementsystems, welches Parallelen zu einem Compliance-Systems aufweist. Diese Erkenntnis gilt nicht nur auf Ebene der Einzelgesellschaft, sondern lässt sich folgerichtig auch auf die Beurteilung von Konzernsachverhalten übertragen. Gleichwohl konnten einzelne Normanforderungen identifiziert werden, die mit Teilaspekten eines Compliance-Systems übereinstimmen. Neben der implizit vorausgesetzten status-quo-Analyse des unternehmerischen Risikopotentials, ist die zeitnahe Kenntnis der Unternehmensleitung von relevanten Risiken erforderlich. Dies setzt wiederum eine klare und lückenlose Verteilung von Zuständigkeiten sowie ein funktionierendes Berichtswesen voraus. Handelt es sich bei der Einzelgesellschaft um Maßnahmen, welche einen Teilausschnitt der Basisbestandteile eines Compliance-Systems abdecken, so stellt sich die logische Folgefrage, ob die Norm vergleichbare Pflichten in Konzernsachverhalten begründet.

2. Pflicht zur Etablierung eines konzernweiten Risikofrüherkennungssystems?

Die inhaltliche Reichweite und konzerndimensionalen Erstreckung des Früherkennungssystems ist bislang weitgehend ungeklärt. Angesichts der eindeutigen Aussagen der Gesetzesbegründung zum KonTraG zur konzernweiten Erstreckung von § 91 Abs. 2 AktG[558] mag dies zunächst überraschen. Darüber hinaus trifft auch der DCGK ebenfalls eine eindeutige Aussage und statuiert

557 Ziemons in: Oppenländer/Trölitzsch, § 22 Rn. 35 m.w.N.

558 Vgl. den Wortlaut von BT-Drucks. 13/9712, S. 15: „Zu den den Fortbestand der Gesellschaft gefährdenden Entwicklungen gehören insbesondere risikobehaftete Geschäfte, Unrichtigkeiten der Rechnungslegung und Verstöße gegen gesetzliche Vorschriften, die sich auf die Vermögens-. Finanz- und Ertragslage der Gesellschaft oder des Konzerns wesentlich auswirken. […] Bei Mutterunternehmen im Sinne des § 290 HGB ist die Überwachungs- und Organisationspflicht im Rahmen der bestehenden gesellschaftsrechtlichen Möglichkeiten konzernweit zu verstehen, sofern von Tochtergesellschaften den Fortbestand der Gesellschaft gefährdende Entwicklungen ausgehen können“.

in Ziffer 4.1.4 DCGK die Verantwortung des Vorstandes für ein angemessenes Risikomanagement und Risikocontrolling[559] im Unternehmen, was nach der Diktion des Kodex den Konzern einbezieht.[560] Eine Erklärung für die verbleibende Unsicherheit mag darin liegen, dass die Diskussion um die Anwendung von § 91 Abs. 2 AktG in Konzernsachverhalten im Vergleich zur Frage der Erstreckung des Normanwendungsbereiches auf die GmbH ein Schattendasein führt. Diese war und ist immer noch Gegenstand umfangreicherer wissenschaftlicher Diskussionen.[561]

Vor dem Hintergrund einer konzernrechtlichen Perspektive wird der Normbefehl teilweise dahingehend ausgelegt, dass der Vorstand der herrschenden Gesellschaft dazu verpflichtet sei, ein konzernweites Überwachungssystem einzurichten.[562] Der konkrete Umfang und die Intensität der Pflicht orientieren sich an der Ausübung der Konzernleitungsmacht.[563] Die Verpflichtung zur Ergreifung der Überwachungsmaßnahmen soll direkt aus einer Konzernleitungspflicht folgen.[564] Nach gegenteiliger Lesart weist § 91 Abs. 2 AktG nur einen reduzierten konzernbezogenen Gehalt auf. Auf Ebene der herrschenden Gesellschaft seien demnach Entwicklungen zu erfassen, welche bei einer Konsolidierung im Rahmen eines Konzernabschlusses gemäß § 297 Abs. 3 HGB relevant sind.[565] Der Konzernabschluss verbinde die einbezogenen Unternehmen zu einem fiktiven Einheitsunternehmen. Zu erfassende Risiken seien demnach solche, die sich auf die Vermögens-, Finanz- und Ertragslage dieses fiktiven Unternehmens auswirken. Zur Begründung verwiesen die Vertreter dieser Auffassung im Wesentlichen auf die rechtliche Selbstständigkeit der Konzernunternehmen und die Ablehnung einer umfassenden Konzernleitungspflicht.[566] Ein den Konzern erfassendes Sys-

---

559 Die Terminologie weicht von der des Aktiengesetzes ab Das es sich hierbei aber um eine eindeutige Bezugnahme auf § 91 Abs. 2 AktG handelt, wird soweit ersichtlich nicht angezweifelt. Vgl. hierzu z.B. Mertens/Cahn in: KK/AktG, § 91 Rn. 18; Ringleb in: Ringleb/DCGK, Rn. 638.

560 Zweifelnd dagegen Kort in: GroßK/AktG, § 91 Rn. 73.

561 Siehe etwa Altmeppen, ZGR 1999, S. 291 (300 ff.); Kießling, A./Kießling, E., WM 2003, S. 513 (523); Lensdorf, CR 2007, S. 413 (414); Mertens/Cahn in: KK/AktG, § 91 Rn. 17; Spindler, MüKo/AktG, § 93 Rn. 42; ders. in: Fleischer/HdbVorstR, § 19 Rn. 4; Schneider, U. in: Scholz/GmbHG, § 43 Rn. 96; Hommelhoff, FS Sandrock, S. 373 (376 ff.).

562 Hommelhoff/Mattheus, BFuP 2000, S. 217 (224 ff.); Kleindiek, Hommelhoff/Hopt/Werder, S 801; Liebscher in: MüKo/GmbHG, § 13 Anh. Rn. 1081 ff.; Löbbe, Unternehmenskontrolle, S. 213 ff.; Preußner/Becker, NZG 2002, S. 846 (847); Wirtz, WuW 2001, S. 342 (355 f.); implizit auch Theissen, BB 2003, S. 1426 (1429).

563 Hommelhoff/Mattheus, BFuP 2000, S. 217 (227.); Preußner/Becker, NZG 2002, S. 846 (847).

564 Hommelhoff/Mattheus, BFuP 2000, S. 217 (222.).

565 Hüffer in: Hüffer/AktG, § 91 Rn. 6; Kort in: GroßK/AktG, § 91 Rn. 43; Spindler in: Fleischer/HdbVorstR, § 19 Rn. 62; ders. in: MüKo/AktG, § 91 Rn. 9. Ebenfalls in diese Richtung tendierend, jedoch von eine Pflicht zur Ausnutzung vorhandener Informationsmöglichkeiten annehmend: Mertens/Cahn in: KK/AktG, § 91 Rn. 18.

566 Z.B. Hüffer in: Hüffer/AktG, § 91 Rn. 6; Lang, Corporate Compliance, S. 165 f.; Spindler in: Fleischer/HdbVorstR, § 19 Rn. 62; ders. in: MüKo/AktG, § 91 Rn. 9.

tem müsse über entsprechende Eingriffs- und unmittelbare Berichtsmöglichkeiten verfügen. Dies wiederum setze eine Intensivierung der gesellschaftsrechtlichen Einflussmöglichkeiten voraus, welche strikt abzulehnen sei.

Richtigerweise ist auch im Konzern die Erfassung von Entwicklungen notwendig, welche sich auf die herrschende Gesellschaft bestandsgefährdend auswirken können.[567] Ob es sich hierbei um Risiken handelt, welche aus den Tochtergesellschaften resultieren oder um solche, welche direkt auf Ebene der herrschenden Gesellschaft wurzeln, ist irrelevant.[568] Insoweit vermag eine primär bilanzielle geprägte Perspektive in Anlehnung an § 297 Abs. 3 HGB nicht zu überzeugen. Hiergegen spricht bereits die Tatsache, dass die Pflicht zur Konzernrechnungslegung von der Überschreitung größenabhängiger Befreiungen abhängig ist. § 293 HGB befreit Unternehmen von der Pflicht zur Aufstellung von Konzernabschluss und Konzernlagebericht, sofern diese an jeweils zwei aufeinander folgenden Stichtagen zwei Grenzwerte nicht überschreiten. Dagegen lassen weder die Gesetzesbegründung zu § 91 Abs. 2 AktG noch der Wortlaut der Norm selbst einen Anhaltspunkt für eine größenabhängige Staffelung der Anforderungen erkennen. Es ist nicht davon auszugehen, dass die konzerndimensionale Erstreckung des Risikofrüherkennungssystems in Abhängigkeit von der Erreichung bestimmter größenabhängiger Grenzwerte stehen soll.

Der Vorstand der herrschenden Gesellschaft darf nicht einfach darauf vertrauen, dass er unabhängig von eigenen Maßnahmen Kenntnis von bestandsgefährdenden Entwicklungen im Konzern erlangt.[569] Es besteht vielmehr eine Verpflichtung des Vorstandes die verbundweite Erfassung von bestandsgefährdenden Entwicklungen zu gewährleisten.[570] Dabei ist zu beachten, dass die „Bestandsgefährdung“ ausschließlich in Beziehung zur herrschenden Gesellschaft zu setzen ist. Daraus folgt zugleich, dass der Vorstand nicht generell dazu verpflichtet ist, auf die Einrichtung eines Risikofrüherkennungssystems – nach dem Maßstab des § 91 Abs. 1 AktG – in den Konzerngesellschaften hinzuwirken.[571] Abhängig vom Beteiligungsinteresse und Risikopotential einer Konzerngesellschaft variiert der Pflichtenumfang.[572] Stellt der innerhalb einer Konzerngesellschaft verkörperte Beteiligungswert keinen nennenswerten Aktivposten dar und vermag auch die operative Tätigkeit keine wesentliche Haftung der herrschenden Gesellschaft begründen, so können sich die

---

567 Fleischer in: Spindler/Stilz, § 91 Rn. 41; ders., DB 2005, S. 759 (763 f.); Huber, Compliance-Pflichten, S. 153 f.; Krieger/Sailer-Coceani in: Schmidt/Lutter, § 91 Rn. 10; Mertens/Cahn in: KK/AktG, § 91 Rn. 18.

568 Krieger/Sailer-Coceani in: Schmidt/Lutter, § 91 Rn. 10; Mertens/Cahn in: KK/AktG, § 91 Rn. 18.

569 Liebscher in: MüKo/GmbHG, § 13 Anh. Rn. 1082; Löbbe, Unternehmenskontrolle, S. 218.

570 Fleischer in: Spindler/Stilz, § 91 Rn. 41; ders., DB 2005, S. 759 (763 f.); Löbbe, Unternehmenskontrolle, S. 217 f.

571 Krieger/Sailer-Coceani in: Schmidt/Lutter, § 91 Rn. 10; a.A. Hommelhoff/Mattheus, BFuP 2000, S. 217 (224 ff.); Wirtz, WuW 2001, S. 342 (355 f.).

572 Ausdrücklich in diesem Sinne Liebscher in: MüKo/GmbHG, § 13 Anh. Rn. 1082.

notwendigen Maßnahmen auf eine laufende Unterrichtungs- oder Berichtpflicht reduzieren. Ziel dieses Informationsaustausches muss es sein, dass die herrschende Gesellschaft frühzeitig Kenntnis von etwaigen Veränderungen des Risikopotentials erlangt. Erst auf Basis einer dementsprechend regelmäßig aktualisierten Informationsgrundlage kann eine sachgerechte Entscheidung über die Notwendigkeit einer intensiveren Überwachung getroffen werden. Diese berechtigte Einschränkung lässt sich nicht mit dem Hinweis auf – eine aus der Konzernleitungspflicht folgenden – weitergehende Überwachungspflicht in Zweifel ziehen,[573] da bereits die Prämisse einer umfassenden Konzernleitungspflicht falsch ist.[574] In Abgrenzung hierzu wird der Vorstand regelmäßig verpflichtet sein, auf die Einrichtung eines Früherkennungssystems gemäß § 91 Abs. 2 AktG hinzuwirken, sofern eine Konzerngesellschaft bereits aufgrund des in ihr verkörperten Wertes einen herausragenden Aktivposten bildet oder ihre operative Tätigkeit ein wesentliches Haftungsrisiko der herrschenden Gesellschaft darstellt.

Mit dieser Auffassung ist keine Verpflichtung zur Intensivierung des gesellschaftsrechtlichen Einflusses verbunden.[575] Bereits die Gesetzesbegründung statuiert eine „Überwachungs- und Organisationspflicht im Rahmen der bestehenden gesellschaftsrechtlichen Möglichkeiten".[576] Der Bezug auf bestehende Möglichkeiten deutet ein gegenwärtiges Verständnis an, welches als Prämisse von der bestehenden Konzernstruktur ausgeht. Inhaltlich entspricht dies auch der hier vorgetragenen Auffassung, welche keine Intensivierung der bestehenden Einflussmöglichkeiten, sondern lediglich deren Nutzung verlangt. Eine Einflussintensivierung wird damit weder vorausgesetzt noch für die Zukunft verlangt. Angesprochen ist vielmehr die Ausnutzung der vorhandenen gesellschaftsrechtlichen Möglichkeiten, welche zwangsläufig bei Abschluss eines Beherrschungsvertrages weiter reichen als im faktischen Konzern.[577] Es geht damit nicht um die Begründung einer Konzernleitungspflicht, sondern um eine Ausprägung der allgemeinen Konzernleitungsverantwortung, welche nur auf diesem Wege erreicht werden kann.

Aus dieser Einschränkung folgen zugleich Einschränkungen des Handlungsspielraums von interner Konzernrevision und Konzern-Controlling. Zahlreiche namhafte Vertreter der Literatur zählen diese Organisationseinheiten nicht nur in der Einzelgesellschaft,[578] sondern gerade auch im Konzern zum notwendigen Bestandteil einer ordnungsgemäßen Unternehmenslei-

---

573 So aber Hommelhoff/Mattheus, BFuP 2000, S. 217 (222.).

574 Vgl. Teil 4.§ 2.A.I.1.

575 Dies aber wohl annehmend: Hüffer in: Hüffer/AktG, § 91 Rn. 6; Kort in: GroßK/AktG, § 91 Rn. 43; Spindler in: Fleischer/HdbVorstR, § 19 Rn. 62; ders. in: MüKo/AktG, § 91 Rn. 9.

576 BT-Drucks. 13/9712, S. 15.

577 Siehe hierzu z.B. Huber, Compliance-Pflichten, S. 152 ff.

578 Vgl. hierzu bereits BT-Drucks. 13/9712, S. 15. Ebenfalls bejahend: Götz, AG 1995, S. 337 (338); Hopt in: GroßK/AktG, § 93 Rn. 84; Preußner/Becker, NZG 2002, S. 846 (847); wohl auch Gernoth, DStR 2001, S. 299 (300).

tung.[579] Dies ist sachgerecht, sofern die Unternehmens- bzw. der Konzernstruktur eine Geringfügigkeitsschwelle überschreitet. In diesen Fällen ist davon auszugehen, dass sich das unternehmerische Ermessen regelmäßig zu einer Einrichtungspflicht verdichtet. Jedoch steht die Effektivität der beiden Organisationseinheiten in Abhängigkeit zu den gesellschaftsrechtlichen Einwirkungsmöglichkeiten. Insbesondere im Falle einer lediglich faktischen Konzernierung sind Konzerngesellschaften grundsätzlich weder zu einer umfassenden Informationsweitergabe an das Konzern-Controlling noch zur Duldung gesellschaftsinterner Prüfungen durch die interne Konzernrevision verpflichtet.[580]

3. Übertragung auf die GmbH

Auf die kontroverse Diskussion, welche um die Übertragung der Anforderungen des § 91 Abs. 2 AktG auf die GmbH kursiert, wurde bereits hingewiesen.[581] Am Beispiel der GmbH an der Spitze eines Unternehmensverbundes schwächt sich die Virulenz der Frage jedoch merklich ab. Nach dem Willen des Gesetzgebers soll von der Norm eine Ausstrahlungswirkung auf andere Gesellschaftsformen – in Abhängigkeit von Größe und Komplexität der konkreten Gesellschaftsstruktur – ausgehen.[582] Der Begriff der „Ausstrahlungswirkung" bezeichnet einen methodischen Vorgang, welcher dazu führt, dass die Norm die Auslegung eines nicht normierten Regelungsbereiches im Sinn systematischer Geschlossenheit beeinflusst.[583] Ist demnach die Komplexität der Organisationsstruktur von hervorgehobener Relevanz für die Übertragung auf weitere Gesellschaftsformen, so ist dieses Merkmal bei einer GmbH, die als Spitze eines Unternehmensverbundes fungiert, regelmäßig zu bejahen.[584] Grundsätzlich führt bereits allein die Zusammenfassung mehrerer Unternehmen – unabhängig von der konkreten Konzernstruktur – zu komplexeren Organisationsstrukturen. Die Funktionen und Aufgaben der herrschenden Gesellschaft beschränken sich nicht auf den Betrieb eines isolierten Unternehmens, sondern werden zwangsläufig durch die unternehmerische Beteiligung an Tochtergesellschaften erweitert. Unabhängig davon, ob man hinsichtlich der Konzernleitungspflicht einer extensiven oder restriktiven Sichtweise folgt, begründet bereits die Tatsache der Konzernierung zusätzliche Pflichten und

---

579 Altmeppen in: Müko/AktG, § 311 Rn. 438; Fleischer, CCZ 2008, S. 1 (4); Götz, ZGR 1998, S. 524 (532 f.); Habersack in: Emmerich/Habersack, § 311 Rn. 11; Kleindiek, Hommelhoff/Hopt/Werder, S 803; Krieger in: Münchener/Hdb.GesR, § 69 Rn. 21; Löbbe, Unternehmenskontrolle, S. 211 ff.; Weber in: Hölters/AktG, § 76 Rn. 11. Vg. auch die Nachweise bei Huber, Compliance-Pflichten, S. 162 ff.

580 Statt aller Altmeppen in: MüKo/AktG, § 311 Rn. 440; Fleischer in: Spindler/Stilz, § 76 Rn. 96; Götz, ZGR 1998, S. 523 (538); Löbbe, Unternehmenskontrolle, S. 206, 212 f.

581 Vgl. Teil 3.§ 1.C.I.

582 BT-Drucks. 13/9712, S. 15.

583 Drygala, T./Drygala, A., ZIP 2000, S. 297 (300).

584 Altmeppen, ZGR 1999, S. 291 (302 f.); Drygala, T./Drygala, A., ZIP 2000, S. 297 (300); Hommelhoff/Mattheus, BFuP 2000, S. 217 (222); Löbbe, Unternehmenskontrolle, S. 189.

Aufgaben auf Ebene der herrschenden Gesellschaft, welche ihrerseits regelmäßig Rückwirkungen auf die Organisationsstruktur entfalten. Die Pflicht zur Erstellung eines Konzernabschlusses gemäß § 290 HGB ist nur eines von vielen möglichen Beispielen. Ausgehend von diesem erweiterten Pflichtenkanon kann die Anwendung des § 91 Abs. 2 AktG nicht von der willkürlichen Rechtsformwahl der herrschenden Gesellschaft abhängig sein. Der Streit um die Erstreckung des Normanwendungsbereiches auf die GmbH ist daher in Konzernsachverhalten nicht von gleicher Brisanz wie bei der Einzelgesellschaft, da die Anwendung letztlich nur der konsequenten Umsetzung des gesetzgeberischen Willens entspricht.

4. Ergebnis zu den Compliance-Pflichten aus § 91 Abs. 2 AktG

Zusammenfassend sind damit sowohl der Geschäftsführer einer herrschenden GmbH als auch der Vorstand einer herrschenden AG zu einer konzernweiten Erfassung und Auswertung von bestandsgefährdenden Entwicklungen verpflichtet. § 91 Abs. 2 AktG setzt damit parallel zur Einzelgesellschaft zunächst eine status-quo-Analyse der vorhandenen Risiken voraus, welche ihre Fortsetzung in einer laufenden Analyse sowohl des Risikopotentials als auch der Funktionsfähigkeit des Risikofrüherkennungssystems findet. Darüber hinaus zählt eine angemessene Dokumentation der ergriffenen Maßnahmen zum Pflichtenkanon.[585]

Aufgrund der Tatsache, dass Compliance-Verstöße und die daraus resultierenden Haftungsfolgen, insbesondere in Gestalt staatlicher und aufsichtsrechtlicher Sanktionierung sowie den daraus resultierende Reputationsschäden, ein existenzbedrohendes Risiko darstellen können, überschneiden sich die Anforderungen teilweise mit einem Compliance-System.[586] Eine Abschwächung im Vergleich zur Einzelgesellschaft ergibt sich jedoch vor dem Hintergrund, dass sich der Maßstab der bestandsgefährdenden Entwicklungen nunmehr auf die herrschende Gesellschaft und nicht auf individuelle Konzerngesellschaften bezieht. Aus dieser Erkenntnis folgt, dass sich der Anforderungsmaßstab – in Abhängigkeit von Beteiligungswert, Struktur und Gefahrenpotential einer Konzerngesellschaft – unterscheidet.[587] Im Extremfall kann aus § 91 Abs. 2 AktG die Pflicht folgen, auf die Einrichtung eines eigenständigen Risikofrüherkennungssystems hinzuwirken bzw. dessen Implementierung mittels Weisung gegenüber der Konzerngesellschaft anzuordnen.

---

585 Für die Einzelgesellschaft bereits LG München, BB 2007, S. 2171 (2172); LG Berlin, BKR 2002, S. 969 (970); Hüffer in: Hüffer/AktG, § 91 Rn. 8; Mertens/Cahn in: KK/AktG, § 91 Rn. 25; a.A. Theusinger/Liese, NZG 2008, S. 289 (290 f.); Wolf, DStR 2002, S. 466 (466).

586 Hinsichtlich der dennoch bestehenden Unterschiede kann auf die Ausführungen zur Einzelgesellschaft verwiesen werden.

587 Vgl. z.B. Huber, Compliance-Pflichten, S. 191.

B. Pflichten im Außenverhältnis

I. Leitungs- und Sorgfaltspflichten der geschäftsführenden Organe gegenüber abhängigen Konzerngesellschaften

1. Normierte Pflichten und Verantwortung

Ausgehend von der rechtlichen Selbstständigkeit der Konzerngesellschaften sind die konzerninternen Rechtsbeziehungen bereits dem Außenverhältnis zuzuordnen. Das AktG normiert die Verantwortung des geschäftsführenden Organs der herrschenden Gesellschaft gegenüber einer abhängigen Gesellschaft explizit in § 309 AktG. Die Norm bezieht sich auf den Vertragskonzern, findet über § 323 Abs. 1 AktG aber auch Anwendung für den Fall der Eingliederung. Angesichts der in § 322 Abs. 1 AktG gesetzlich angeordneten gesamtschuldnerischen Haftung der Hauptgesellschaft für die Verbindlichkeiten der eingegliederten Gesellschaft ist die Verweisung nur von untergeordneter praktischer Relevanz.[588] Für den faktischen Konzern mit einer abhängigen Aktiengesellschaft folgen Verhaltenspflichten aus § 311 AktG. Im Falle einer Pflichtverletzung sieht § 317 Abs. 1, 3 AktG eine gesamtschuldnerische Haftung des herrschenden Unternehmens und seiner gesetzlichen Vertreter vor.[589]

Die Normen beruhen bereits ausweislich ihres Wortlautes auf einer Veranlassung durch die herrschende Gesellschaft bzw. ihrer Organe. Im Vertragskonzern besteht – abseits der bereits diskutierten systemimmanenten Ausnahmen[590] – keine Pflicht zur Weisungserteilung. Dies folgt letztendlich bereits aus der Ablehnung der Konzernleitungspflicht. Sorgfaltsanforderungen greifen damit nur ein, sofern das Organ auf die Konzerngesellschaften einwirkt. Das bloße Unterlassen von steuernden Eingriffen im Falle von Verstößen in Tochtergesellschaften erfüllt diese Anforderungen nicht. Die Existenz einer allgemeinen Konzernleitungsverantwortung gegenüber der herrschenden Gesellschaft steht dieser Erkenntnis nicht entgegen. Konzerndimensionale Organisationspflichten oder Compliance-Pflichten können damit nicht aus den §§ 309, 317 AktG abgeleitet werden.

2. Drittschützende Wirkung von Anstellungsvertrages und Organstellung

Ein weiterer Ansatzpunkt einer möglichen persönlichen Verantwortung des geschäftsführenden Organs gegenüber den Konzerngesellschaften sind dritt-

---

588 Statt aller Emmerich in: Emmerich/Habersack, § 323 Rn. 1.

589 Es muss sich um die gesetzlichen Vertreter des herrschenden Unternehmens handeln. Geht die Veranlassung der nachteiligen Maßnahme von einem anderen Unternehme aus, so ergibt sich die Haftung allenfalls aus § 117 AktG. Vgl. hierzu: Emmerich in: Emmerich/Habersack, § 317 Rn. 22; Hüffer in: Hüffer/AktG, § 317 Rn. 13.

590 Z.B. sofern sich eine Weisung im weiteren zeitlichen Verlauf als übermäßig nachteilig herausstellt oder erst die Kombination mehrerer Weisungen eine sinnvolle Verhaltensdirektive darstellt.

schützende Wirkungen, welche sich ggfs. aus dem Anstellungsverhältnis oder dem Organbestellungsakt ableiten lassen. Die Diskussion hierzu fokussiert sich auf die rechtlichen Beziehungen innerhalb einer GmbH & Co. KG. Eine GmbH & Co. KG weist grundsätzliche Parallelen mit dem Bildnis eines simplifizierten Konzerns auf. Die GmbH in der Rolle als Komplementärin betreibt gemäß §§ 114 ff. HGB i.V.m. § 164 HGB die Geschäftsführung einer eigenständigen Gesellschaft – der KG. In diesem Zusammenhang vertreten Rechtsprechung und weite Teile der Literatur, dass sich aus dem Anstellungsvertrag des Geschäftsführers mit der GmbH Schutzpflichten gegenüber der KG ableiten lassen.[591] Dies soll jedenfalls dann gelten, wenn die alleinige oder wesentliche Aufgabe der GmbH – und damit auch des Geschäftsführers – in der Geschäftsführung der KG besteht. In diesem Fall soll sich der Schutzbereich des zwischen der Komplementär-GmbH und ihrem Geschäftsführer zu Stande gekommenen Dienstverhältnisses bezüglich seiner Organhaftung aus § 43 GmbHG, auf die KG erstrecken.[592] Die Konstruktion erscheint berechtigt, da Fälle einer sorgfaltspflichtwidrigen Geschäftsführung in erster Linie das Vermögen der KG beeinträchtigen. Gleichwohl erweist sich die Begründung einer entsprechenden Verantwortung spätestens dann als problematisch, wenn kein Anstellungsvertrag zwischen GmbH und Geschäftsführer besteht.[593] Eine weitere dogmatische Schwierigkeit besteht, wenn die GmbH erst nach Abschluss des Vertrages Komplementärin der KG wird.[594]

Um diesen dogmatischen Bedenken auszuweichen, stützen Rechtsprechung und Literatur die Verantwortung des Organs gegenüber der KG zunehmend auf eine drittschützende Wirkung der Organstellung.[595] Nach vorherrschender Ansicht soll diese entsprechend der obigen Argumentation eingreifen, wenn die alleinige oder wesentliche Aufgabe der GmbH darin besteht, die Geschäfte der KG zu führen.[596] Diese Ansicht hat den Vorzug, dass sie sich nicht in gleicher Weise den dogmatischen Bedenken aussetzt, wie eine Lösung über einen Vertrag mit Schutzwirkung zugunsten Dritter. Gegen den schuldrechtlichen Begründungsansatz spricht weiterhin, dass die Pflichten des Organs originär durch das Gesellschaftsrecht determiniert werden. Das Schuldrecht – in

---

591 BGHZ 75, S. 321 (323 f.); 76, S. 326 (337 f.); ders., NJW-RR 2002, S. 965 (966); KG Berlin, CCZ 2011, S. 235 (236); OLG München, DStR 1991, S. 1291 (1292); Haas/Ziemons in: Michalski/GmbHG, § 43 Rn. 265; Konzen, NJW 1989, S. 2977 (2984); Zöllner/Noack in: Baumbach/Hueck, § 43 Rn. 66; a.A. Schneider, U. in: Scholz/GmbHG, § 43 Rn. 428.

592 Statt vieler BGH, NJW-RR 2002, S. 965 (966) m.w.N.

593 Lösler, Compliance, S. 286; Schneider, U. in: Scholz/GmbHG, § 43 Rn. 428.

594 Lösler, Compliance, S. 286; Schneider, U. in: Scholz/GmbHG, § 43 Rn. 428.

595 BGH, NJW-RR 2002, S. 965 (966); KG Berlin, CCZ 2011, S. 235 (236); OLG Düsseldorf, NZG 2001, S. 1086 (1088); Brandes, WM 1997, Sonderbeilage 1, S. 3 (7); Haas/Ziemons in: Michalski/GmbHG, § 43 Rn. 266; Hüffer, ZGR 1981, S. 348 (354 ff.); Schneider, U. in: Scholz/GmbHG, § 43 Rn. 429 ff.; Stimpel, AG 1986, S. 117 (119); Zöllner/Noack in: Baumbach/Hueck, § 43 Rn. 66.

596 Siehe hierzu die Nachweise in der vorherigen Fußnote. A.A. jedoch Schneider, U. in: Scholz/GmbHG, § 43 Rn. 434.

Gestalt des Anstellungsvertrages des Geschäftsführers mit der GmbH – zeichnet diese Grundlagen lediglich nach.[597] Es ist daher überzeugender, den Ursprung der Pflicht innerhalb der primären Verantwortungsbeziehung zu identifizieren.

Die Verantwortung des Geschäftsführers innerhalb der GmbH & Co. KG lässt sich jedoch nicht ungefiltert auf die Verpflichtungen des geschäftsführenden Organs der herrschenden Gesellschaft gegenüber den Konzerngesellschaften übertragen. Die drittschützende Wirkung der Organstellung rechtfertigt sich durch besondere Eigenarten der GmbH & Co. KG, welche im Konzern in dieser Form nicht anzutreffen sind. Zunächst kann eine drittschützende Wirkung der Organstellung im Konzern ohnehin nur angenommen werden, wenn die alleinige oder wesentliche Aufgabe der herrschenden Gesellschaft in der Geschäftsführung einer Konzerngesellschaft besteht. Ausgehend von dieser Anforderung scheiden Stammhauskonzerne aus, da diese ein eigenständiges operatives Geschäft betreiben. Demgegenüber fehlt es bei einer Finanzholding an notwendigen steuernden Eingriffen. Selbst bei einer Management Holding, welche sich auf die strategische Steuerung, Konzernkoordination, die Steuerung des Kapitalflusses sowie die Besetzung von Führungspositionen beschränkt, ist fraglich, ob die Tätigkeit die obigen Anforderungen erfüllt.

Doch selbst wenn man sich über diese Bedenken hinwegsetzt, überwiegen die Zweifel an einer Übertragung der Rechtsprechung auf den Konzern. Man muss sich vergegenwärtigen, dass die Rechtsprechung mit der Ausweitung der Schutzwirkungen solche Dritte schützen wollte, die zwar das wirtschaftliche Risiko der GmbH tragen, jedoch nur über äußerst beschränkte Einwirkungsmöglichkeiten auf die Gesellschaft und deren Geschäftsführung verfügen.[598] Im Konzern stellt sich dieses Bedürfnis nicht in dieser Form. Der wesentliche strukturelle Unterschied liegt darin begründet, dass der primäre Pflichtenadressat für die Geschäftsführung der Konzerngesellschaften deren geschäftsführendes Organ ist. Diese Tatsache bleibt von einer weitergehenden konzernrechtlichen Einbindung unberührt. Zwar kann – gerade im Vertrags- oder Eingliederungskonzern – die Leitung primär auf Ebene der herrschenden Gesellschaft erfolgen, doch wird dies bereits durch das austarierte System der §§ 309 ff. AktG bzw. den entwickelten Treuepflichten für den GmbH-Konzern angemessen kompensiert. Anders als in der KG besteht demnach kein gesteigertes Bedürfnis für eine zusätzliche Ausweitung der Organhaftung. Konzerngesellschaften profitieren somit nicht von einer vermeintlichen drittschützenden Wirkung der Organstellung.

---

597 Hüffer, ZGR 1981, S. 348 (356); Lösler, Compliance, S. 286.

598 Haas/Ziemons in: Michalski/GmbHG, § 43 Rn. 269. Streng genommen bezieht sich diese Erwägung primär auf die Ableitung des Drittschutzes aus dem Anstellungsvertrag. Da die bisherige Rechtsprechung den Drittschutz sowohl aus der Organstellung als auch dem Anstellungsvertrag ableitet und beide Begründungen alternativ oder wahlweise abwechselnd verwendet, findet dieser Argumentationsansatz grundsätzlich Übertragung.

3. Haftung aus faktischer Organstellung

Die grundlegenden Haftungstatbestände § 93 AktG und § 43 Abs. 2 GmbHG beziehen nach weit überwiegender Ansicht grundsätzlich auch faktische Organe als Haftungsadressaten ein.[599] Eine faktische Organstellung ist in Konstellationen anzunehmen, in welchen es zwar an einem formellen Bestellungsakt fehlt, die betreffende Person[600] aber gleichwohl in die Aufgaben des Vorstandes bzw. der Geschäftsführung eingreift.[601] Bereits die Beschreibung der faktischen Organstellung verdeutlicht, dass die Ausdehnung des Kreises potentieller Haftungsadressaten auf aktiven Eingriffshandlungen beruht. Das alleinige Unterlassen gebotener Eingriffshandlungen im Falle von Compliance-Verstößen in abhängigen Gesellschaften ist hiermit nicht gleichzusetzen. Letztlich setzt sich die Übertragung des Rechtskonstrukts der faktischen Organstellung auf Konzernverhältnisse grundsätzlichen Zweifeln aus. Einflussnahmen auf die Geschicke und die Leitung einer abhängigen Konzerngesellschaft – und ihre Rechtsfolgen – haben bereits eine normative Ausprägung im AktG erfahren bzw. werden über entsprechende Treuepflichten gelöst. Grundsätzlich darf dieses System nicht durch die Statuierung einer faktischen Organstellung unterlaufen werden.[602] Compliance-spezifische Pflichten gegenüber abhängigen Konzerngesellschaften lassen sich daher nicht ableiten.

II. Strafrecht und Recht der Ordnungswidrigkeiten

1. Konzernspezifische Compliance Anreize des Strafrechts

(a) Varianten der Tatbestandsverwirklichung im Konzern – primäre Relevanz von Unterlassungsdelikten

Die Untersuchung strafrechtlicher Implikationen auf Ebene der Einzelgesellschaft verdeutlichte, dass die rechtlichen Grundlagen für die Einrichtung von

599 Fleischer in: Spindler/Stilz, § 93 Rn. 182 ff.; ders. in: MüKo/GmbHG, § 43 Rn. 220 ff.; Haas/Ziemons in: Ziemons/Jaeger, § 43 Rn. 17 ff.; Hölters in: Hölters/AktG, § 93 Rn. 229 jeweils m.w.N.; a.A. Hüffer in: Hüffer/AktG, § 93 Rn. 12.

600 Eine Verantwortung des Vorstandes bzw. Geschäftsführers könnte sich konstruktiv auch daraus ergeben, dass die herrschende Gesellschaft als faktisches Organ einer abhängigen Gesellschaft anzusehen ist. In diesem Fall könnte eine Verletzung der Pflichten, welche der herrschenden Gesellschaft als faktisches Organ gegenüber der abhängigen Gesellschaft obliegen, mittelbare Wirkung auf den Haftungs- und Pflichtenmaßstab innerhalb der Binnenhaftung gegenüber der herrschenden Gesellschaft entfalten. Dieser Ansatz führt jedoch nicht weiter, da sowohl § 6 Abs. 2 GmbHG als auch § 76 Abs. 3 AktG für die Organstellung eine natürliche und unbeschränkt geschäftsfähige natürliche Person voraussetzen. Siehe hierzu BGH, NJW 2002, S. 1803 (1805).

601 Allgemeine Meinung vgl. z.B. insoweit Fleischer in: MüKo/GmbHG, § 43 Rn. 220.

602 Haas/Ziemons in: Ziemons/Jaeger, § 43 Rn. 27 f. Nach Spindler in: MüKo/AktG, § 93 Rn. 19. soll eine Ausnahme demnach nur dann gelten, "wenn Organmitglieder von Mutterunternehmen [...] die Leitung an sich ziehen, insbesondere selbstständig über den Kopf des bestellten Vorstandes hinweg mit anderen Gläubigern verhandeln".

Compliance-Systemen nicht im Strafrecht zu verorten sind. Diese Erkenntnis lässt sich unverändert auf den Konzern übertragen. Bei der folgenden Untersuchung der strafrechtlichen Verantwortung im Konzern handelt es sich dennoch nicht um ein juristisches Glasperlenspiel, da bereits bei der Einzelgesellschaft nicht zu unterschätzende Anreizmechanismen für Compliance-Systeme identifiziert werden konnten. Es stellt sich daher offensichtlich die Frage, ob die hierzu gewonnenen Erkenntnisse ebenfalls Niederschlag in Konzernsachverhalten finden.

Ausgehend von den Prämissen dieser Bearbeitung und dem Ausschluss einer eigenhändigen Tatbestandsverwirklichung ist zunächst fraglich, welche Fallgruppen der Tatbestandsverwirklichung im Konzern überhaupt in Betracht zu ziehen sind. Die Komplexität strafrechtlicher Erwägungen erhöht sich vor dem Hintergrund, dass vorliegend nicht die Verantwortung für Geschehnisse innerhalb der „eigenen" Gesellschaft in Rede steht. Dies gilt umso mehr, da die Übertragung der praktisch relevanten Rechtsfigur der Täterschaft kraft Organisationsherrschaft auf den Konzern – bereits aufgrund der eigenen Tatbestandsvoraussetzungen – ausscheidet.[603] Prinzipiell kann der Schuldvorwurf gegen das geschäftsführende Organ der herrschenden Gesellschaft wiederum auf zwei grundsätzliche Erwägungen gestützt werden. Zum einen kommt eine direkte Beteiligung im Sinne einer Anstiftung, Beihilfe oder – im Extremfall – eine Mittäterschaft an dem konkreten Delikt in Betracht. Zum anderen eine Verantwortung nach den Grundsätzen der Unterlassungsdelikte. Da die erste Alternative nicht nur einen Vorsatz hinsichtlich des jeweiligen Deliktes, sondern auch in Bezug auf den eigenen Beitrag – im Sinne eines doppelten Teilnehmervorsatzes – verlangt, scheidet sie für redliche Organe aus. Selbstverständlich setzt dies eine im Einzelfall bisweilen schwierige Abgrenzung der subjektiven Tatbestandsmerkmale voraus. Diese Untersu-

603 Der Anwendungsbereich ist nur eröffnet, wenn der Tatbeitrag des Hintermannes nahezu automatisch zu der erstrebten Tatbestandsverwirklichung führt, mithin regelhafte Abläufe auslöst. Vgl. BGH, NJW 1994, S. 2703 (2706). Nach Kudlich in: Heintschel-Heinegg/StGB, § 25 Rn. 33 muss der Vordermann innerhalb dieser Struktur als „beliebig austauschbares Rädchens im Getriebe" erscheinen. Es ist bereits mehr als zweifelhaft, ob die geschäftsführenden Organe einer beherrschten Konzerngesellschaft, diese notwendige Fungibilität aufweisen. Unabhängig davon fehlt es am notwendigen Automatismus, mit welchem der Beitrag des Hintermannes zu der erstrebten Tatbestandsverwirklichung führen müsste. Siehe hierzu auch Spindler in: Fleischer/HdbVorstR, § 15 Rn. 126. Ausgehend von Fällen der Eingliederung und dem Abschluss eines Beherrschungsvertrages, als intensivste Formen der Konzernierung und den umfassendsten Weisungsrechten, ist festzustellen, dass nach unbestrittener Auffassung selbst in dieser Konstellation das Recht seine Schranken in den zwingenden gesetzlichen Vorschriften findet. Setzt sich eine Weisung über diese äußerste Grenze hinweg, so ist sie nichtig und darf nicht befolgt werden. Vgl. hierzu Emmerich in: Emmerich/Habersack, § 308 Rn. 58; Hüffer in: Hüffer/AktG, § 308 Rn. 14; Veil in: Spindler/Stilz, § 308 Rn. 30. Diese Unterscheidung verdeutlicht die gebotene Differenzierung zwischen staatlichen Unrechtsregimes bzw. mafiaähnlichen Strukturen auf der einen Seite und wirtschaftlichen Unternehmen auf der anderen Seite. Eine Anwendung scheidet somit bereits im Ansatz aus.

chung bietet insoweit allerdings nicht den geeigneten Rahmen einer vertieften Analyse dieses Aspektes. Gleiches gilt für die in der Praxis relevante Untreuestrafbarkeit. Unbestritten ist zwar die Tatsache, dass sich die Vermögensbetreuungspflicht i.S.d. § 266 Abs.1 StGB nicht nur auf die herrschende Gesellschaft, sondern auch auf Tochtergesellschaften bezieht.[604] Erforderlich ist jedoch wiederum die Erfüllung der subjektiven Tatbestandsmerkmale des § 266 StGB. Steht damit die erste Alternative – eine direkte Beteiligung – nicht im Fokus dieser Untersuchung, so richtet sich das Augenmerk wiederum auf Unterlassungsdelikte. Fraglich ist, ob ein mangelhaftes konzernweites Compliance-System einen strafrechtlichen Vorwurf begründen kann. Daneben ist zu untersuchen, inwieweit die Geschäftsherrenhaftung Übertragung auf den Konzern findet.

(b) Garantenstellung des geschäftsführenden Organs der herrschenden Gesellschaft

(aa) Übertragung anerkannter Fallgruppen auf Konzernsachverhalte

Umfang und Existenz der Garantenstellung von geschäftsleitenden Organen im Konzern wurden in gerichtlicher Entscheidungspraxis und Literatur bislang wenig hinreichend und konkret ausgeleuchtet. Es bietet sich daher zunächst eine erste Orientierung an der systematischen Unterteilung in Beschützer- und Überwachungsgaranten an. Hinsichtlich der ersten Fallgruppe – der Position als Beschützergarant gegenüber einer Konzerngesellschaft – erfasst bereits der vorrangige § 266 Abs. 1 StGB die wesentlichen Begehungsvarianten.

Zur zweiten Fallvariante findet sich Rechtsprechung dagegen nur in einem beschränkten Maße. Eine Verantwortung kommt naturgemäß in Betracht, wenn die Schaffung einer Gefahrenquelle auf Ebene der Muttergesellschaft anzusiedeln ist. Ingerenz liegt dementsprechend bei der Öffnung von Gefahrenräumen durch die herrschende Gesellschaft sowie bei der Produktion von gefährlichen Produkten vor und zwar bei letzterem unabhängig davon, ob deren Vertrieb über eine Tochtergesellschaft erfolgt oder direkt.[605] Die Garantenstellung soll ebenfalls vorliegen, sofern sich die Organe der Muttergesellschaft Entscheidungen auf Ebene der Tochtergesellschaft „zu eigen" machen.[606] Genaue Kriterien, wann dies der Fall sein soll, sind der Judikatur je-

604 Statt vieler BGH, NZG 2009, S. 1152 (1154); ders., NJW 2004, S. 2248 (2253); Ransiek, wistra 2005, S. 121 (124 f.).

605 BGHSt 37, S. 106 ff.

606 Die Bewertung ergibt sich ebenfalls aus der Lederspray-Entscheidung. Im konkreten Fall waren den Geschäftsführern der Tochtergesellschaften die toxikologischen Eigenschaften, der von ihnen vertriebenen Produkte nicht bekannt. Nachdem auf Ebene der Muttergesellschaft jedoch über einen Rückruf der als schädlich erkannten Produkte negativ entschieden wurde, genügte dem BGH als Grundlage für die Verurteilung die Tatsache, dass sich die Geschäftsführer die Entscheidung später in Kenntnis sämtlicher Tatsachen „zu eigen" machten. Vgl. BGHSt 37, S. 106 (129 f.). Gründe warum dies nicht auch für solche Entscheidungen gilt, die auf Ebene einer

doch nicht zu entnehmen, so dass diese Fallgruppe kaum operabel erscheint. Abschließend soll eine Garantenstellung in Fällen der Pflichtendelegation bzw. -übernahme vorliegen.[607] Hierbei ist an Fallgestaltungen zu denken, in welchen die Muttergesellschaft ein konzernweites Compliance-System einführt und die korrespondierende Verantwortung der Tochtergesellschaft übernimmt bzw. dieser ihre Aufsichtshoheit entzieht.[608] Der Entzug vermag zwar keinen vollständigen Wegfall der Verantwortung auf Ebene der Tochtergesellschaft begründen,[609] gleichwohl erscheint es sachgerecht, die Muttergesellschaft – und damit auch das verantwortliche Organ – in eine eigenständige Pflicht einrücken zu lassen.

(bb) Die Geschäftsherrenhaftung im Konzern

Auf Ebene der Einzelgesellschaft folgert die Rechtsprechung aus der Geschäftsherrenhaftung eine Straftatverhinderungspflicht der geschäftsführenden Organe für betriebsbezogene Straftaten von Untergebenen. Übertragen auf den Konzern stellt sich die Frage, ob es sich bei Mitarbeitern und Organen einer Tochtergesellschaft ebenfalls um Untergebene in diesem Sinne handelt. Da die Befürworter der Geschäftsherrenhaftung diese regelmäßig auf die Befehls- und Organisationsherrschaft[610] der geschäftsführenden Organe oder aber auf die Herrschaft über eine im eigenen Herrschaftsbereich liegende Gefahrenquelle[611] stützen, ist diesen Argumenten im Folgenden differenziert nachzugehen.

(aaa) Begründung über die Befehls- und Organisationsherrschaft

Die Berufung auf eine bestehende Befehls- und Organisationsherrschaft bereitet in der Einzelgesellschaft naturgemäß weniger Schwierigkeiten als deren Übertragung auf einen Konzern, da geschäftsführende Organe der herrschenden Gesellschaft regelmäßig keinen direkten Durchgriff auf die Geschehnisse in der Tochtergesellschaft haben. Fraglich ist, ob der fehlende Durchgriff durch bestehende gesellschaftsrechtliche Einflussmöglichkeiten kompensiert werden kann. Namentlich kommen insoweit die Leitungs- und Sorgfaltspflicht gemäß §§ 76 Abs. 1, 93 AktG bzw. § 43 Abs. 1 GmbHG sowie gesellschaftsrechtliche Kontrollmöglichkeiten in Betracht. Bezogen auf die Leitungspflicht wurde bereits festgestellt, dass die Normen eine Pflicht zur sorgsamen Verwaltung der Beteiligungen der herrschenden Gesellschaft statuieren.[612] Doch besteht diese Pflicht nur gegenüber dieser[613] und nicht gegenüber

---

Tochtergesellschaft getroffen werden und zur Kenntnis der Organe der Muttergesellschaft gelangen, sind nicht ersichtlich.

607 Vgl. zu dieser Fallgruppe Stree/Bosch in: Schönke/Schröder, § 13 Rn. 11, 26.

608 Koch, ZHR (171) 2007, S. 554 (578) unter Verweis auf: Klusmann, § 55 Rn. 41; Wirtz, WuW 2001, S. 342 (348 f.).

609 Insoweit besteht z.B. weiterhin eine Handlungspflicht, wenn die Tochtergesellschaft Grund zu der Annahme hat, dass das konzernweite Compliance-System Defizite aufweist.

610 Siehe hierzu die Nachwese in Fn. 238.

611 Siehe hierzu die Nachwese in Fn. 239.

612 Vgl. hierzu bereits die Nachweise in Fn. 443.

außenstehenden Dritten. Fehlt es demnach an einer Erfolgsabwendungspflicht, so lässt sich insoweit keine Garantenstellung begründen.[614]

Fraglich ist jedoch, ob die bestehenden faktischen gesellschaftsrechtlichen Kontrollmöglichkeiten eine Gleichsetzung mit der Befehls- und Organisationsherrschaft in einer Einzelgesellschaft ermöglichen. Übertragen auf den faktischen Konzern, insbesondere im Falle einer abhängigen AG, werden Zweifel offensichtlich. Das geschäftsführende Organ verfügt insoweit nur über die Möglichkeit einer mittelbaren Einflussnahme, die von einem Umsetzungsakt durch die zuständigen Organe in der Tochtergesellschaft abhängig ist. Auch wenn einer Einflussnahme ultima ratio durch die Ergreifung personeller Konsequenzen zum Durchbruch verholfen werden kann, wird offensichtlich, dass die Gleichsetzung mit einer Einzelgesellschaft nicht angezeigt ist. Eine andere Beurteilung könnte jedoch gerechtfertigt sein, wenn die Einflussmöglichkeiten durch ein Weisungsrecht verstärkt werden, welches den Abschluss eines Beherrschungsvertrages gemäß § 308 Abs. 1 AktG oder eine Eingliederung nach § 323 AktG voraussetzt. In diesen Fällen verfügt das geschäftsführende Organ über die Möglichkeit einer direkten Einflussnahme auf die Geschicke der Tochtergesellschaft, was eine Tendenz zur Organisationsherrschaft aufweist. Gleichwohl können aber auch diese – intensiven Formen der Konzernierung – nicht mit einer Einzelgesellschaft verglichen werden. Hierfür streitet zunächst das Argument, dass eine faktische Verhinderungsmöglichkeit allein keine Garantenstellung begründen kann, da dies zunächst eine rechtliche Verpflichtung voraussetzt.[615] Macht das Organ von bestehenden Weisungsrechten keinen Gebrauch, so ist deren bloße Existenz daher nicht ausreichend.[616] Eine Garantenstellung scheitert in diesen Fällen nicht

---

613 Die Beantwortung der Frage, ob sich die Leitungs- und Sorgfaltspflicht auch auf den Schutz der Tochtergesellschaften bezieht, steht zwar noch aus. Doch kann bereits an dieser Stelle festgehalten werden, dass sich das Ergebnis hier nicht auswirkt. Selbst wenn die gesellschaftsrechtlichen Normen den Schutz der Tochtergesellschaften bezwecken sollten, so würde sich die strafrechtliche Verantwortung im Falle einer Verletzung ihrer Interessen vorrangig aus § 266 Abs. 1 StGB und nicht aus einer Position als Beschützergarant herleiten lassen.

614 Koch, ZHR (171) 2007, S. 554 (574 f.); Schünemann, Umweltschutz u. techn. Sicherheit, S. 137 (162 f.); Spindler in: Fleischer/HdbVorstR, § 15 Rn. 125; a.A: Ransiek, ZGR 1999, S. 613 (632) der eine Abwägung zwischen den Unternehmensgefahren und der Autonomie der Tochtergesellschaft vornimmt. Tiedemann, NJW 1986, S. 1842 (1845) für Fälle einer alleinigen Gesellschafterstellung des Mutterunternehmens.

615 Statt vieler Fischer in: Fischer/StGB, § 13 Rn. 6.

616 Koch, ZHR (171) 2007, S. 554 (574 f.); Rütsch, Strafrechtlicher Durchgriff, S. 113 ff.; Schünemann, Umweltschutz u. techn. Sicherheit, S. 137 (162 f.); Spindler in: Fleischer/HdbVorstR, § 15 Rn. 125; a.A. Dreher, ZWeR 2004, S. 75 (103); Ransiek, ZGR 1999, S. 613 (629 ff.); wohl auch Mansdörfer/Timmerbeil, WM 2004, S. 362 (368) die eine formale Übernahme mit der faktischen Möglichkeit gleichsetzen.

zuletzt an der notwendigen Modalitätenäquivalenz,[617] da nur ein abgeschwächter Bezug zum Unrechtsgehalt der begangenen Straftat besteht.[618]

Damit stellt sich die logische Folgefrage, ob dies auch gilt, wenn das Organ von der Möglichkeit zur Weisungserteilung Gebrauch macht. Auf dem ersten Blick erscheint eine Übertragung der Geschäftsherrenhaftung in entsprechenden Situationen gerechtfertigt, da von einer Befehls- und Organisationsherrschaft Gebrauch gemacht wird. Allerdings überwiegen auch in dieser Situation wiederum die Bedenken gegen eine grundsätzliche Übertragung auf den Konzern. Als Gegenargument ist unter anderen das verfassungsrechtliche Bestimmtheitsgebot gemäß Art. 103 Abs. 2 GG ins Feld zu führen.[619] Die Berechtigung dieses Arguments soll an dieser Stelle nicht bestritten werden, doch wird man nicht so weit ausholen müssen. Im Kern besteht kein Bedürfnis für eine Anwendung der Geschäftsherrenhaftung. Nach den obigen Grundlagen ist ohnehin eine Garantenstellung anzunehmen, sofern das herrschende Unternehmen eine konzernweite Compliance-Struktur implementiert und der Tochtergesellschaft Überwachungsaufgaben entzieht.[620] Unabhängig von Weisungserteilungen in sonstigen operativen Fragen, ist eine strafrechtliche Verantwortung der herrschenden Gesellschaft in diesem Fall nicht nur gerechtfertigt, sondern auch erforderlich. Compliance-Systeme zielen u.a. darauf ab, betriebsbezogene Straftaten von Mitarbeitern präventiv entgegenzuwirken bzw. begangene Verstöße aufzudecken. Sie erfüllen damit den Anwendungsbereich der Geschäftsherrenhaftung. Es ist daher sachgerecht, ausschließlich dann eine Verantwortung der herrschenden Gesellschaft und ihrer Organe anzunehmen, wenn diese insoweit durch Aufgabenübernahme bzw. Delegation in die Position der Tochtergesellschaft einrücken.[621]

(bbb) Herrschaft über eine im eigenen Herrschaftsbereich befindliche Gefahrenquelle

Scheidet die Befehls- und Organisationsherrschaft der geschäftsführenden Organe als Begründung für die Übertragung der Geschäftsherrenhaftung auf den Konzern aus, so ist noch kurz auf den zweiten Begründungsansatz – der Herrschaft über eine im eigenen Herrschaftsbereich liegende Gefahrenquelle – einzugehen. Die Argumentation beruht bereits auf der streitbaren Prämisse, dass es sich bei Betrieben grundsätzlich um eine zu überwachende Gefahrenquelle handele.[622] Selbst unter Akzeptanz dieser Annahme ist festzustellen, dass die Zuständigkeit und unmittelbare Verfügungsgewalt über die Gefahrenquelle „Unternehmen" auf Ebene der jeweiligen Organe der Tochtergesellschaften anzusiedeln ist. Faktische oder gesellschaftsrechtliche Einwir-

617 Vgl. BGHSt 28, S. 300 (307).
618 Koch, ZHR (171) 2007, S. 554 (576); im Ergebnis auch: Schneider/Gottschaldt, ZIS 2011, S. 573 (574).
619 Koch, ZHR (171) 2007, S. 554 (578).
620 Koch, ZHR (171) 2007, S. 554 (578); Wirtz, WuW 2001, S. 342 (348 f.). Siehe Teil 4.§ 2.B.II.1(b)(aa).
621 Koch, ZHR (171) 2007, S. 554 (578).
622 Statt aller Schall, FS Rudolphi, S. 267 (277) m.w.N.

kungsmöglichkeiten können hiermit nicht gleichgesetzt werden. Die gegenteilige Annahme zöge einen faktischen Zwang zur Intensivierung der gesellschaftsrechtlichen Einwirkungsmöglichkeiten nach sich, welcher die bewussten Entscheidung des Gesetzgebers dezentrale Konzernstrukturen zuzulassen über den Umweg des Strafrechts konterkarieren würde. Eine Übertragung der Grundsätze der Geschäftsherrenhaftung auf das geschäftsführende Organ der herrschenden Gesellschaft scheidet damit – zumindest bezüglich strafrechtlich relevanten Verhaltens von Mitarbeitern in Tochtergesellschaften – aus.

(c) Folgerungen zu den strafrechtlichen Anreizen für Compliance-Systeme im Konzern

Verglichen mit der Einzelgesellschaft bietet das Strafrecht für die geschäftsführenden Organe der herrschenden Gesellschaft nur abgeschwächte Anreize zur Implementierung eines konzernweiten Compliance-Systems. Für die damit zu beobachtende Divergenz zwischen Einzelgesellschaft und Konzern sind im Wesentlichen zwei Gründe verantwortlich. Zum einen sind nach vorzugswürdiger Ansicht die zur Einzelgesellschaft näher dargelegten Grundsätze der Geschäftsherrenhaftung nicht auf den Konzern übertragbar. Zum anderen ist die Rechtsprechung hinsichtlich der strafrechtlichen Verantwortung geschäftsführender Organe für Compliance-Verstöße in Tochtergesellschaften bislang wenig konturiert. Dies gilt jedenfalls dann, wenn der Tatbeitrag des Organs nicht die Qualität einer Teilnahme oder Mittäterschaft erfüllt. Eine direkte Verantwortung ist nur anzunehmen, wenn die Schaffung einer Gefahrenquelle auf Ebene der herrschenden Gesellschaft zu verorten ist oder die herrschende Gesellschaft ein konzernweites System implementiert und dabei einer abhängigen Konzerngesellschaft die Erfüllung ihrer Überwachungs- und Kontrollverantwortung für eine bestimmte Gefahrenquelle entzieht.

Zur Bestimmung der damit einhergehenden Organisations- und Überwachungspflichten muss auf den Anforderungsmaßstab zur Einzelgesellschaft rekurriert werden.[623] Zwar liegen auch hier die konkreten Anforderungen der Rechtsprechung weitestgehend im Dunkeln, doch können gewisse organisatorische Ausgestaltungen aus der strafrechtlichen Produkthaftung bzw. dem Umweltstrafrecht als Orientierung dienen. So wird auch im Konzern – soweit dies gesellschaftsrechtlich zulässig und möglich ist – eine Pflicht zur Erstellung detaillierter Organisationspläne und Implementierung von Melde- und Informationswegen für die Weiterleitung von erkannten Fehlern und Gefahren bestehen.[624] Abseits besonderer Risikosituationen, wie z.B. dem Auftreten von Fehlern in der Vergangenheit, die zu einer Intensivierung der Kontrollpflicht führen,[625] besteht korrespondierend zum zivilrechtlichen Pflichten-

623 Siehe hierzu bereits Teil 3.§ 2.A.II.
624 Spindler in: Fleischer/HdbVorstR, § 15 Rn. 75.
625 Siehe zur Einzelgesellschaft bereits: BGH, NJW 1964, S. 1283 (1284); Kassebohm/Malorny, BB 1994, S. 1361 (1365); Ransiek, ZGR 1999, S. 613 (621); Schmidt-Salzer, NJW 1990, S. 2966 (2970); Spindler in: Fleischer/HdbVorstR, § 15 Rn. 75.

maßstab eine Verantwortung für die sachgerechte Auswahl und Einweisung von eingesetztem Personal. Ebenfalls parallel zum Zivilrecht ist das Vertrauen in eine ordnungsgemäße Aufgabenerfüllung durch diese Personen grundsätzlich geschützt, doch ist dies auch im Konzern mit der Pflicht verbunden, inhaltlich richtige organisatorische Maßnahmen vorzugeben, diese umzusetzen und durch entsprechende Überwachungsmechanismen zu kontrollieren.[626]

2. Konzernspezifische Compliance Anforderungen der §§ 130, 30 OWiG

(a) Anwendbarkeit der §§ 130, 30 OWiG auf die Konzernobergesellschaft

(aa) Problemaufriss

Die Sanktionierung der herrschenden Gesellschaft und ihrer geschäftsführenden Organe bereitet aus dem Blickwinkel des Rechts der Ordnungswidrigkeiten naturgemäß dann keine Probleme, wenn dem Organ selbst ein konkreter Vorwurf anzulasten ist. Dies kommt insbesondere bei eigenen aktiven Handlungen oder einer Beteiligung an der Verletzung von Vorschriften, die mit Strafe oder Geldbuße bedroht sind, in Betracht. § 30 OWiG eröffnet in dieser Situation zudem den Weg zu einer Bebußung des Unternehmens. Aufgrund der normimmanenten Subsidiarität des § 130 OWiG tritt dieser in entsprechenden Konstellationen als Auffangtatbestand hinter verübten Tatbeständen zurück.[627]

Abseits dieser rechtlich gesicherten Pfade betritt man bei der Frage der Anwendung der §§ 130, 30 OWiG in Konzernen ein im Wesentlichen ungesichertes rechtliches Terrain. Unbestritten ist zunächst lediglich die Feststellung, dass geschäftsleitende Organe der herrschenden Gesellschaft eine originäre Aufsichtspflicht über die herrschende Gesellschaft selbst trifft. Kommt es dagegen zu einer Rechtsverletzung auf Ebene der Tochtergesellschaft und kann dem Organ kein Vorwurf einer aktiven Handlung oder Beteiligung an Rechtsverletzungen gemacht werden, so kommt eine Bebußung gemäß §§ 130, 30 OWiG nur in Betracht, wenn die herrschende Gesellschaft entweder als Inhaberin des Unternehmens „Konzern“ oder des Tochterunternehmens anzusehen ist. Die Rechtsprechung hatte bisher keine Gelegenheit, diese Frage abschließend zu beantworten. Der BGH äußerte sich allerdings in einem obiter dictum dahingehend, dass die rechtliche Selbstständigkeit der Tochterunternehmen einer Anwendung des § 130 OWiG auf die herrschende Gesellschaft entgegenstehen könnte.[628]

626 Ransiek, ZGR 1999, S. 613 (621); Schmidt-Salzer, NJW 1996, S. 1 (2 f.); Spindler in: Fleischer/HdbVorstR, § 15 Rn. 75; Turiaux/Knigge, DB 2004, S. 2199 (2205 f.).
627 BayOLG, wistra 1999, S. 71 (73); OLG Düsseldorf, wistra 1989, S. 358; AG Solingen, NJW 1996, S. 1607 (1608); Rogall in: KK/OWiG, § 130 Rn. 108 m.w.N.
628 BGH, WuW/E BGH, S. 1871 (1876).

In der einschlägigen Literatur hat sich bisher kein gefestigtes Meinungsbild herauskristallisiert. Ein Teil der Literatur bezieht Konzerne in den Anwendungsbereich von § 130 OWiG ein.[629] Unterzieht man diese Ansichten jedoch einer eingehenden Analyse so fällt auf, dass diese nicht auf einem einheitlichen Konzernbegriff basieren.[630] Dies erschwert die Untersuchung des Meinungsstandes und lässt sich wohl auf den primär strafrechtlichen Fokus zurückführen. Das Recht der verbundenen Unternehmen differenziert zwischen dem Konzernbegriff im engeren Sinne, welcher in § 18 AktG normiert ist und z.B. Konstellationen einer mehrheitlichen Beteiligung oder eines beherrschenden Einflusses. Diese bereits im Gesetz angelegte Differenzierung, ist auch bei der Anwendung des § 130 OWiG zu beachten. Geht man von dieser Prämisse aus, so kann zwischen Ansichten unterschieden werden, welche die Anwendung von § 130 OWiG auf Fälle der Eingliederung und Vertragskonzerne beschränken,[631] eine Alleingesellschafterstellung der herrschenden Gesellschaft verlangen,[632] eine einheitliche Leitung voraussetzen,[633] reine Abhängigkeitsverhältnisse genügen lassen[634] oder in extensiver Sichtweise auch faktische Konzernverhältnisse einbeziehen.[635] Teilweise wird daneben auf die Existenz einer konzerndimensionalen Aufsicht abgestellt, welche zu einem Entzug der Aufsichtshoheit bei der Tochtergesellschaft führe.[636]

Im diametralen Gegensatz hierzu stehen zahlreiche Publikationen, welche unter Verweis auf die rechtliche Selbstständigkeit der beherrschten Gesellschaft eine Verantwortung der herrschenden Gesellschaft ablehnen.[637]

---

629 Bohnert in: Bohnert/OwiG, § 130 Rn. 7; Grundmeier, Compliance im Konzern, S. 114 f.; Hüneröder, Aufsichtspflichtverletzung, S. 67 ff.; Mosbacher in: Lemke/Mosbacher, § 130 Rn. 7; Mansdörfer/Timmerbeil, WM 2004, S. 362 (368 f.); Pampel, BB 2007, S. 1636 (1637); Rogall in: KK/OWiG, § 130 Rn. 25 f.

630 So Koch, AG 2009, S. 564 (566).

631 Bohnert in: Bohnert/OWiG, § 130 Rn. 7 vertritt die Anwendung, sofern sich die Reichweite des Direktionsrechts auf die inneren Strukturen der Tochtergesellschaft erstreckt. Ein entsprechendes Weisungsrecht besteht wiederum nur bei bei Abschluss eines Beherrschungsvertrages und Eingliederungen gemäß §§ 308 Abs. 1 S. 1, 323 Abs. 1 AktG. Die Präzision dieser Aussage wird jedoch durch die Einschränkung relativiert, dass dies auch gelten soll, wenn der Konzern faktisch so strukturiert ist, dass die Muttergesellschaft in einzelne Entscheidungen hineinwirken kann. Grundmeier, Compliance im Konzern, S. 115 erstreckt die Anwendung daneben noch auf den faktischen GmbH-Konzern sowie im Einzelfall auf den Fall einer faktisch abhängigen AG.

632 Tiedemann, NJW 1986, S. 1842 (1845).

633 Hüneröder, Aufsichtspflichtverletzung, S. 67 ff.; Rogall in: KK/OWiG, § 130 Rn. 25; wohl auch Mosbacher in: Lemke/Mosbacher, § 130 Rn. 7, der nur von Konzernen spricht, sich aber bei der Begründung auf die entsprechende Kommentierung von Rogall beruft.

634 Raum in: Langen/Bunte, § 81 GWB Rn. 25, der die Verantwortung sowohl auf herrschende Unternehmen als auch auf Konzerne bezieht.

635 Mansdörfer/Timmerbeil, WM 2004, S. 362 (368 f.); Pampel, BB 2007, S. 1636 (1637);

636 Klusmann, § 55 Rn. 41; Wirtz, WuW 2001, S. 342 (348 f.).

637 Förster in: Rebmann/Roth/Herrmann, § 130 Rn. 5; Gürtler in: Göhler/OWiG, § 130 Rn. 5a; Huber, Compliance-Pflichten. S. 208; Hüffer in: Hüffer/AktG, § 76 Rn. 9d;

(bb) Terminologische Auslegung

Eine Analyse der Systematik und Historie von § 130 OWiG ist im Hinblick auf die Frage einer Einbeziehung von herrschenden Gesellschaften unergiebig. Die Untersuchung richtet sich daher zunächst auf den Wortlaut der Norm. Kennzeichen des Betriebes ist die von einem arbeitstechnischen Zweck bestimmte, räumlich organisatorische Zusammenfassung von Personal- und Sachmitteln unter einheitlicher Leitung.[638] Im Hinblick auf § 18 Abs. 1 AktG erscheint es daher zumindest möglich, Konzerne unter den Begriff zu subsumieren, da diese durch das Merkmal der Zusammenfassung von Unternehmen unter „einheitlicher Leitung“ charakterisiert werden. Ausgehend von diesem Verständnis bezöge sich der Betrieb nicht auf einen Rechtsträger, sondern basierend auf einer faktischen Sichtweise, auf den Verbund. Dies steht zwar im Widerspruch zum Zivilrecht,[639] doch handelt es sich hierbei um keinen durchgreifenden Einwand, da eine abweichende Auslegung des Begriffes in verschiedenen Rechtsgebieten zulässig ist.[640]

Die Billigung einer autonom sanktionsrechtlichen Auslegung, stellt aber nur den ersten notwendigen Schritt dar. Darüber hinaus muss die herrschende Gesellschaft auch als Inhaberin dieses soeben dargestellten Betriebes anzusehen sein. Üblicherweise ist derjenige Inhaber, dem die Erfüllung der Pflichten obliegt, welche den Betrieb treffen.[641] Bereits an dieser Stelle ist zweifelhaft, ob eine entsprechende Verantwortung – unabhängig von der konkreten Konzernstruktur – auf Ebene der herrschenden Gesellschaft anzusiedeln ist. Einleuchtender dürfte es sein, die Verantwortung primär den jeweiligen Rechtsträgern zuzuordnen, um eine „Allverantwortlichkeit“ der herrschenden Gesellschaft zu vermeiden.[642] Folgt man der gegenteiligen Ansicht, so führt dies zwangsläufig zu einer einseitigen Verlagerung von Haftungsrisiken, die nicht zwingend durch gesellschaftsrechtliche Einwirkungs- und Kontrollmöglichkeiten ausgeglichen werden.[643] Entsprechende Bedenken hegen zum Teil auch diejenigen, welche eine Anwendung von § 130 OWiG auf den Konzern befürworten. Anders ist nicht zu erklären, warum sich die Anwendung auf Vertragskonzerne beschränken oder von der Einführung einer konzerndimensionalen Aufsicht bzw. einem Direktionsrecht auf die inneren Strukturen der

---

Koch, AG 2009, S. 564 ff.; ders., ZHR (171) 2007, S. 554 (572 f.); Lang, Corporate Compliance, S. 161 ff.; Spindler in: Fleischer/HdbVorstR, § 15 Rn. 127 f.; Thiele, WRP 2006, S. 999 (1001); wohl auch Deselaers, WuW 2006, S. 118 (123).

638 So etwa Bohnert in: Bohnert/OWiG, § 130 Rn. 4.

639 Im Zivilrecht wird der Begriff des Unternehmens mit dem Unternehmensträger gleichgesetzt; siehe hierzu: Rogall in: KK/OWiG, § 130 Rn. 25; Schmidt, K., Handelsrecht, § 4 I 2a; Vogt, Verbandsgeldbuße, S. 284.

640 Grundmeier, Compliance im Konzern, S. 68; Rogall in: KK/OWiG, § 130 Rn. 25.

641 Bohnert in: Bohnert/OWiG, § 130 Rn. 8; Rogall in: KK/OWiG, § 130 Rn. 23.

642 Vgl. hierzu mit abweichender Schlußfolgerung Grundmeier, Compliance im Konzern, S. 72 f.

643 Ebenfalls, unter Beachtung gesellschaftsrechtliche Weisungsmöglichkeiten und die konzernrechtliche Leitungspflicht, die Extensivität der Gegenansicht anzweifelnd Spindler in: Fleischer/HdbVorstR, § 15 Rn. 127.

Tochtergesellschaft abhängig sein soll.[644] Leitendes Motiv der Einschränkungen ist das berechtigte Verlangen, den Inhaberbegriff nicht allein auf theoretische Einwirkungsmöglichkeiten, sondern auf zusätzliche Merkmale der Verantwortung zu stützen. Methodisch setzen sich die Versuche dabei dem Vorwurf aus, den Inhaberbegriff – aus Gründen der Ergebnisgerechtigkeit – durch „struktur- und handlungsbezogene Elemente“[645] anzureichern, welche im Wortlaut der Norm ersichtlich nicht angelegt sind.[646] Eine Einbeziehung von Konzernen verstößt daher zwar nicht gegen die Grenze des Wortlauts, doch bestehen gewichtige Bedenken gegen eine derart extensive Auslegung von § 130 OWiG.

(cc) Teleologische Auslegung

Die Untersuchung muss sich daher primär am Normzweck orientieren. Nach allgemeiner Auffassung beruht die Vorschrift auf der Erwägung, dass die unternehmerisch notwendige Delegation von Pflichten auf Personen, welche häufig nicht Adressat dieser Pflichten sind, nicht zu einer Entlastung des Betriebsinhabers führen soll. Da diesem die Vorteile der arbeitsteiligen Tätigkeit zukommen, ist eine fortwirkende Verantwortung des Inhabers zur Verhinderung etwaiger Schutzlücken, gerechtfertigt.[647] Sinn und Zweck der Norm erfordern daher zunächst die Identifizierung originärer Pflichten auf Ebene der Muttergesellschaft. Gerade an diesem Punkt besteht bei der häufig pauschalen Befürwortung der Anwendung von § 130 OWiG ein Argumentationsdefizit. Regelmäßig wird von gesellschaftsrechtlichen oder faktischen Einwirkungsmöglichkeiten auf eine bestehende Verantwortung geschlossen. Diese gilt es aber zunächst nachzuweisen, da die reine Einwirkungsmöglichkeit hierfür allein unzureichend ist.[648]

Widmet man sich der Suche nach originären Pflichten des herrschenden Unternehmens, so könnte man dem Gedanken verfallen, dass die Konzernie-

---

644 Vgl. zunächst den Meinungsstand unter Teil 4.§ 2.B.II.2(a)(aa) a.E. Zumindest im Hinblick auf das Merkmal einer „konzerndimensionalen Aufsicht“ ist zudem zu beachten, dass ohnehin eine strafrechtliche Garantenstellung anzunehmen ist. Eine Abweichung ergibt sich insofern nur im Hinblick auf den subjektiven Tatbestand. Im Falle einer strafrechtlichen Betrachtung muss sich dieser auf die Verletzung eines Rechtsgutes beziehen, während im Anwendungsbereich von § 130 OWiG das Unterlassen der notwendigen Aufsichtsmaßnahmen den Bezugspunkt für die subjektiven Merkmale bildet.

645 Koch, AG 2009, S. 564 (572).

646 Vogt, Verbandsgeldbuße, S. 286 f. befürwortet ebenfalls eine formale Bestimmung der Inhaberstellung. Eine faktische Betrachtung, aus Gründen der Ergebnisgerechtigkeit, sei nicht angezeigt, da diese eine gespaltene Auslegung nach sich ziehe.

647 Statt vieler Gürtler in: Göhler/OWiG, § 130 Rn. 2 m.w.N.

648 Huber, Compliance-Pflichten. S. 208; Spindler in: Fleischer/HdbVorstR, § 15 Rn. 127; a.A. Ransiek, Unternehmensstrafrecht, S. 332; Unabhängig davon erscheint die Annahme einer hinreichenden Steuerungsmöglichkeit zumindest bei faktischen Konzernen zweifelhaft. Das Fehlen von direkten Weisungsrechten kann zwar teilweise durch den Einsatz von Stimmrechten kompensiert werden, doch bedarf es auch in diesem Fall jeweils eines Umsetzungsaktes durch die zuständigen geschäftsführenden Organe in den jeweiligen Tochtergesellschaften.

rung zu einer Segmentierung – und damit Delegation – der gesellschaftsrechtlichen Leitungs- und Sorgfaltspflicht führe. Dieser Gedanke ist so falsch wie naheliegend. Die Verantwortung besteht jeweils nur zwischen Organ und Gesellschaft. Das geschäftsführende Organ der abhängigen Konzerngesellschaft ist damit originärer Pflichten- und Verantwortungsträger. Eine Transformierung der Leitungs- in eine mit Sanktion bewehrte Überwachungsverantwortung ist folglich weder zulässig[649] noch notwendig. Der Ursprung delegierter Pflichten könnte daneben im allgemeinen Deliktsrecht – namentlich den zivilrechtlichen Organisations- und Aufsichtspflichten gemäß § 823 Abs. 1 BGB – lokalisiert werden. Trotz ihrer mangelnden Präzisierung ist zumindest sicher, dass sie gewisse Pflichten im Außenverhältnis begründen.[650] Dennoch besteht ein systematischer Unterschied zwischen diesen Pflichten und einer Verantwortung nach § 130 OWiG.[651] Rechtfertigung der zivilrechtlichen Pflichten ist die Schaffung einer Gefahrenquelle, welche als Gegenpart eine Verantwortung zur Kontrolle der Gefahr bedingt. Dem Inhaberbegriff sind gefahrspezifische Wertungen dagegen fremd. Die Verantwortung im Sinne des Rechts der Ordnungswidrigkeiten knüpft allein an die Inhaberposition an. Das Erfordernis einer konkreten Gefahrschaffung, würde wiederum eine parallele Berücksichtigung von handlungsspezifischen Faktoren bedingen, die nicht mit dem Wortlaut in Einklang zu bringen ist.[652] Bereitet die Suche nach Pflichten bereits an dieser Stelle argumentative Schwierigkeiten, so treten diese offen zu Tage, sofern die herrschende Gesellschaft die Konzernierung zunächst durchführen muss. In diesem Fall bestehen keine Pflichten der herrschenden Gesellschaft, welche im Rahmen eines Delegationsaktes auf die beherrschte Gesellschaft übergehen könnten.

Abschließend besteht – ausgehend vom Normtelos – auch kein Bedürfnis für die Einbeziehung von Konzernen. Ratio der Norm ist die Verhinderung von Sanktions- und Schutzlücken. Genau diese bestehen im Konzern jedoch nicht, da auf Ebene der Tochtergesellschaft eine eigen- und vollständige Ver-

---

649 Koch, AG 2009, S. 564 (569); ders., ZHR (171) 2007, S. 554 (572 f.); Klusmann, § 55 Rn. 42.

650 Insoweit wird auf die Erkenntnisse zur Einzelgesellschaft verwiesen. Insbesondere im Hinblick auf sachlich-räumliche Gefahren können Organisationsanforderungen aus der Rechtsprechung abgeleitet werden. Vgl. hierzu Teil 3.§ 2.B.II.2.

651 Zu diesem Unterschied zwischen den Pflichten siehe Koch, AG 2009, S. 564 (569 f.).

652 Koch, AG 2009, S. 564 (569 f); Die anschließende Konsequenz von Koch, dass hierfür kein rechtspolitischer Bedarf bestehe, da sich die allgemeinen Organisationspflichten als Garantenpflichten in das Straf- und Ordnungswidrigkeitenrecht übertragen ließen, geht allerdings zu weit. Der BGH hat in der Lederspray-Entscheidung die Ableitung einer Garantenstellung aus der Verletzung von zivilrechtlichen Verkehrssicherungspflichten bewusst offen gelassen. Andererseits aber auch einschränkend klargestellt, dass „die schadensersatzorientierten Haftungsprinzipien des Zivilrechts nicht unbesehen zur Bestimmung strafrechtlicher Verantwortlichkeit benutzt werden […]" dürfen, vgl. BGH, NJW 1990, S. 2560 (2562).

antwortung der Organe besteht.[653] Unter Berücksichtigung von Wortlaut und Ratio der Norm ist daher eine Anwendung auf Konzerne abzulehnen.

(b) Faktische Haftungsrisiken des deutschen und europäischen Wettbewerbsrechts

(aa) Etex-Entscheidung des Bundeskartellamtes

Trotz dieses eindeutigen rechtlichen Ergebnisses, verhängte das Bundeskartellamt in der sog. „Etex-Entscheidung" vom 09.02.2009 eine Geldbuße gegen eine Holdinggesellschaft und ihren Geschäftsführer.[654] Anlass für die Entscheidung waren Kartellabsprachen zwischen mehreren Herstellern von Tondachziegeln.[655] Das Bundeskartellamt warf der Holding und ihrem Geschäftsführer keine konkrete Beteiligung an den Kartellverstößen vor. Die Buße stützte sich vielmehr darauf, dass der Geschäftsführer vorsätzlich mögliche und zumutbare Aufsichtsmaßnahmen der Tochtergesellschaften unterlassen habe, welche einen Verstoß gegen § 81 GWB verhindert hätten. Hervorzuheben ist weiterhin, dass der Konzern eine dezentrale Struktur aufwies. Die Funktion der Holding beschränkte sich lediglich auf die Finanzierung der Tochtergesellschaften. Gleichwohl stützte das Bundeskartellamt die Verurteilung auf § 130, 30, 9 OWiG, mit dem Hinweis auf eine Aufsichtspflicht der herrschenden Gesellschaft im Falle einer Delegation von Aufgaben. Diese bestehe auch im Konzern, sofern steuernde Eingriffe in die Geschäftstätigkeit erfolgen. Ein Konzern sei faktisch nicht anders organisiert als ein Unternehmen. Bereits der Hinweis auf die Notwendigkeit von steuernden Eingriffen, verdeutlicht die Nähe zu den oben beschriebenen Versuchen, den Inhaberbegriff zusätzlich über handlungsbezogene Elemente zu definieren. Angesichts des Wortlauts und Normtelos wurde entsprechenden Auslegungen bereits eine Absage erteilt. Ein Grund warum in diesem Kontext eine andere Sichtweise gerechtfertigt sein sollte ist nicht ersichtlich.

(bb) Rechtsprechung von EuGH und Bußgeldpraxis der Kommission

Die Entscheidung weist insgesamt deutliche Parallelen zur Rechtsprechung des EuGH auf. Konkret geht es hierbei um Entscheidungen der europäischen Kommission. Diese setzt Bußgelder nicht nur gegen Unternehmen fest, welche unmittelbar an einem Wettbewerbsverstoß beteiligt sind, sondern bezieht

---

653 Koch, AG 2009, S. 564 (571); ders., ZHR (171) 2007, S. 554 (572 f.); Ransiek, Unternehmensstrafrecht, S. 105 f.; Vogt, Verbandsgeldbuße, S. 287 f.; Diese Feststellung wird daneben noch mit dem Argument untermauert, dass die gegenteilige Ansicht letztlich zu einer Verdoppelung der Unternehmensinhaber führe, da nicht anzunehmen sei, dass die jeweils verantwortlichen Organe der Tochtergesellschaften aus ihrer Pflichtenstellung entlassen werden. Eine derartige Verdoppelung der Unternehmensinhaber, welche sich bei mehrgliedrigen Konzernen zusätzlich vervielfältigt, könne aber nicht im Wortlaut von § 30 OWiG angelegt sein, da dieser von einem Inhaber ausgehe. Siehe hierzu insbesondere Koch, AG 2009, S. 564 (571).

654 BKartA, Az. B1-200/06 vom 09.02.2009. Vgl. zudem die Darstellung bei Grundmeier, Compliance im Konzern, S. 38.

655 Zum Sachverhalt siehe auch Schneider, U., NZG 2009, S. 1321 (1324).

regelmäßig die Muttergesellschaften der betroffenen Unternehmen in eine gesamtschuldnerische Haftung ein.[656] Kristallisationspunkt der Haftung ist dabei die Auslegung des Unternehmensbegriffes, welcher unter anderem in Art. 101 AEU Verwendung findet. Der EuGH stützt seine Sichtweise nicht auf eine formaljuristische Auslegung, welche eine Beachtung der im jeweiligen nationalen Recht anerkannten juristischen Personen nahe legen würde, sondern auf eine faktische bzw. funktionale Betrachtung. Unternehmen sind demnach „wirtschaftliche Einheiten“, die „jeweils in einer einheitlichen Organisation persönlicher, materieller und immaterieller Mittel bestehen, mit der dauerhaft ein bestimmter Zweck verfolgt wird“.[657] Ausgehend von dieser funktionalen Beschreibung, bedarf das Unternehmen keiner eigenen Rechtspersönlichkeit[658] und beschränkt sich nicht zwingend auf einzelne juristische Personen, sondern kann darüber hinaus Verbindungen zwischen diesen und damit auch den Konzern erfassen. Hierbei handelt es sich jedoch zunächst nur um den ersten gedanklichen Schritt. Auch wenn das derart funktional determinierte Unternehmen Normadressat von Art. 101 AEUV ist, kann die Sanktionsentscheidung nur an eine juristische oder natürliche Person gerichtet werden. Betroffene dieser Entscheidung ist zunächst sicherlich die unmittelbar tatbeteiligte Gesellschaft. Es besteht jedoch das Risiko einer Einbeziehung der herrschenden Gesellschaft in die wirtschaftliche Einheit, sofern die Tochtergesellschaft ihr Marktverhalten – aufgrund „bestimmenden Einflusses“ – nicht autonom bestimmen kann.[659] Grundsätzlich obliegt der Nachweis des bestimmenden Einflusses der Kommission. Hiervon besteht allerdings eine Ausnahme, sofern die herrschende Gesellschaft sämtliche Anteile an der Tochtergesellschaft hält. In diesem Fall wird die Existenz eines bestimmenden Einflusses – ohne das Hinzutreten von zusätzlichen Plusfaktoren – widerlegbar vermutet.[660] Mutter- und Tochtergesellschaft als Mitglieder der wirtschaftlichen Einheit haften dann als Gesamtschuldner. Ein konkretes Verschulden der Muttergesellschaft ist nicht erforderlich, da es sich um einen schuldhaften Verstoß handelt, welcher der wirtschaftlichen Einheit zuzurechnen ist. Den Bezugspunkt der Haftung bildet die Erwägung, dass, die einen bestimmenden Einfluss ausübende Muttergesellschaft, ebenfalls Mitglied der wirtschaftlichen Einheit ist.[661] Wird auf diesem Weg die Muttergesellschaft in die kartellrechtlichen Verbindlichkeiten der wirtschaftlichen Einheit einbezogen, so ergeben sich die Rechtsfolgen aus Art. 23 f. VO (EG) 1/2003. Im Ext-

656 Z.B. Kommission 02.07.2002, C.37.519 – Methionin, ABL. 2002 Nr. L 255, S. 1 ff.; ders., v. 20.11.2007, COMP/38.432 – Videomagnetbänder, ABL. 2003 Nr. C 57, S. 10 ff.

657 Z.B. EuG, Urteil v. 30.09.2009, Slg. 2009, II. 3555.

658 Z.B. EuGH, Urteil v. 28.06.2005, Slg. 2005, I. 5425.

659 Z.B. EuGH, Urteil v. 30.09.2003, Slg. 2003, II. 4701.

660 EuGH, Urteil v. 10.09.2009, Slg. 2009, I. 8237; EuG, Urteil v. 30.09.2009, Slg. 2009, II. 3555; zum Ganzen siehe auch Grundmeier, Compliance im Konzern, S. 60 ff.; Kellerbauer/Weber, EuZW 2011, S. 666 (666 f.) jeweils mit zahlreichen weiteren Nachweisen.

661 EuGH, Urteil v. 10.09.2009, I. 8237.

remfall kann sich die Geldbuße auf bis zu zehn Prozent des Konzernumsatzes belaufen.[662]

Die entwickelten Kriterien, welche die Annahme einer wirtschaftlichen Einheit tragen, sind vielgestaltig. Eine fehlende Autonomie der Tochtergesellschaft wurde z.B. angenommen, wenn das herrschende Unternehmen die Preispolitik,[663] die Verkaufsziele, die Verkaufskosten, die Lagerbestände[664] oder die Herstellungs- und Vertriebsaktivitäten[665] der Tochtergesellschaft beeinflussen kann.[666] Ein kumulatives Vorliegen der genannten Kriterien wird nicht verlangt. Weiterhin wurde eine wirtschaftliche Einheit bejaht, wenn das Konzernunternehmen von der herrschenden Gesellschaft herausgegebene Leitlinien verwendet.[667] Diese nicht abschließende Aufzählung verdeutlicht bereits, dass insbesondere zentral geführte Konzerne einem erheblichen Haftungsrisiko ausgesetzt sind. Dezentralen Konzernen eröffnet sich dagegen ein argumentativer Ausweg, zumindest wenn die herrschende Gesellschaft nicht alleinige Anteilsinhaberin der Tochtergesellschaft ist.

Das Schrifttum begegnet der Einbeziehung von Muttergesellschaften teilweise mit grundlegender Ablehnung. Vorgeworfen wird der Rechtsprechung unter anderem ein Verstoß gegen den Schuldgrundsatz[668] bzw. die Unschuldsvermutung[669] sowie die Verletzung des gesellschaftsrechtlichen Trennungsprinzips.[670] Die vorgebrachten Gegenargumente sind gewichtig und können auch mit dem Hinweis, dass die Haftung an das schuldhafte Handeln der wirtschaftlichen Einheit anzuknüpfen sei[671], nicht vollends entkräftet werden. Der Kunstgriff, eine individuell notwendige Vorwerfbarkeit über eine Ausdehnung des Unternehmensbegriffs zu erzielen, ist geprägt vom gewünschten Ergebnis, der Einbeziehung von weiteren Haftungsschuldnern. Insbesondere vor dem Hintergrund des gewünschten Abschreckungseffektes von Kartellgeldbußen ist dieses Verlangen nachvollziehbar, jedoch dogmatischen Bedenken ausgesetzt. Steht nicht das vorwerfbare Handeln der Muttergesellschaft, sondern das der wirtschaftlichen Einheit im Mittelpunkt, so kann dies Bedenken hinsichtlich des Schuldgrundsatzes und der Unschuldsvermu-

---

662 Vgl. Art. 23 Abs. 2 lit. A VO (EG) 1/2003; Die jüngsten europäischen Kartellgeldbußen belegen eindrucksvoll, dass es sich bei der Anordnung nicht nur um eine „fleet in being“ handelt, sondern die vorhandene Spannweite auch genutzt wird. Siehe hierzu auch die einleitende Darstellung bei Mansdörfer/Timmerbeil, EuZW 2011 S. 214 (214).

663 Vgl. EuGH, Slg. 1972, I. 619 Rn. 137; EuGH, Slg. 1972, I. 787 Rn. 45.

664 Vgl. EuGH, Slg. 1996, I. 5457 Rn. 15; EuG, Slg. 1995, II. 17 Rn. 48.

665 Vgl. EuGH, Slg. 1974, S. 223 Rn. 37 – Commercial Solvents (Zoja).

666 Diese und weitere Nachweise bei Dück/Eufinger, CCZ 2012, S. 131 (132 f.).

667 EuGH, Slg. 2009, I. 8237 Rn. 53; EuG, Slg. 2007, II. 5049 Rn. 62.

668 Bechtold/Bosch, ZWeR 2011, S. 160 (166); Thomas, JZ 2011, S. 485 (493).

669 Thomas, JZ 2011, S. 485 (492 f.); Voet van Vormizeele, WuW 2010, S. 1008 (1013).

670 Kling, ZWeR 2011, S. 169 (180); Thomas, JZ 2011, S. 485 (493); Voet van Vormizeele, WuW 2010, S. 1008 (1015 ff.).

671 Siehe zu dieser Diskussion und Abgrenzung von einer Zurechnung Grundmeier, Compliance im Konzern, S. 63 f.

tung teilweise relativieren. Zuzugestehen ist weiterhin, dass die differenzierte Rechtsprechung des EuGH mittlerweile zu einer eingeschränkten Präzisierung des Begriffs beigetragen hat.[672]

Vollkommen offen bleibt allerdings auf welche rechtliche Grundlage die Zurechnung von Verstößen einzelner Mitglieder – über die diffuse Rechtsfigur der wirtschaftlichen Einheit bzw. im Extremfall nur deren Vermutung – hin zu anderen Mitgliedern der wirtschaftlichen Einheit, gestellt werden soll.[673] Bei einer genaueren Betrachtung, drängen sich strukturelle Ähnlichkeiten zur Anwendung der § 31 BGB i.V.m. § 128 HGB bei Personengesellschaften förmlich auf. In diesem Kontext wird über § 31 BGB ebenfalls individuelles Fehlverhaltens eines Organs – respektive Gesellschafters bei einer entsprechenden Anwendung der Norm[674] – zugerechnet. Die anschließende Anwendung von § 128 HGB bewirkt im nächsten Schritt eine akzessorische Haftung der übrigen Gesellschafter. Neben OHG und KG besteht dieses Risiko auch für die Gesellschafter einer GbR.[675] Der hiermit umrissene Anwendungsbereich verdeutlicht allerdings zugleich, dass eine direkte Übertragung der Grundsätze auf den Konzern ausscheiden muss. Überzeugende Gründe sprechen gegen die Qualifizierung eines Konzerns als GbR.[676] Setzt man sich über diese Bedenken hinweg, kann es sich allenfalls um eine Innengesellschaft handeln, auf welche § 128 HGB nicht anwendbar ist.[677] Nicht einmal der hinter dem Haftungskonzept stehende Gedanke lässt sich auf den Konzern übertragen. Die Rechtfertigung von § 128 HGB lässt sich auf eine Kompensation fehlenden Haftungskapitals durch eine verstärkte Gesellschafterhaftung zurückführen.[678] Ein entsprechendes Bedürfnis besteht bei einem Konzern regelmäßig nicht. Aus diesem Grund sind die Rechtsprechung des EuGH und die Rechtsfigur der wirtschaftlichen Einheit kritisch zu betrachten.

(c) Ergebnis zu den Compliance-Pflichten aus § 130, 30 OWiG

Wortlaut und Ratio der Norm sprechen eindeutig gegen eine konzerndimensionale Erstreckung. Dies hat jedoch weder das Bundeskartellamt noch die Kommission bzw. den EuGH von einer Inanspruchnahme herrschender Gesellschaften für Compliance-Verstöße in Tochtergesellschaften abgehalten. Am Beispiel der Etex-Entscheidung wird deutlich, dass auch dezentralisierte Konzerne von diesem Risiko betroffen sind. Geschäftsführende Organe sollten auf die bestehenden faktischen Haftungsrisiken im Wettbewerbsrecht an-

---

672 Dies verneinend Bechtold/Bosch, ZWeR 2011, S. 160 (167); Thomas, JZ 2011, S. 485 (494 f.).

673 Thomas, JZ 2011, S. 485 (492.)

674 Vom unmittelbaren Anwendungsbereich des § 31 BGB sind nur der eingetragene nichtwirtschaftliche Verein, der konzessionierte oder ausländische Verein, rechtsfähige Stiftungen des Privatrechts sowie juristische Personen des öffentlichen Rechts – soweit ihre Organe zivilrechtlich tätig werden (vgl. § 89 BGB) – erfasst.

675 Zusammenfassender Überblick: BGH, NJW-RR 2008, S. 1484 (1486).

676 Siehe hierzu Teil 4.§ 1.B.I.

677 Statt vieler BGHZ 146, S. 341 (358); ders., NJW-RR 2008, S. 1484 (1486).

678 Hillmann in: Ebenroth/Boujong/Joost/Strohn, § 128 Rn. 1 m.w.N.

gemessen reagieren. Hierbei handelte es sich nicht um Altruismus, sondern um die Wahrung ureigener Interessen. Die Implementierung eines anforderungsgerechten und effizienten Compliance-Systems wird dem Organ regelmäßig Raum für eine Exkulpation eröffnen. Anreize für die Ergreifung der Aufsichtsmaßnahmen, die erforderlich sind, um in dem Konzern Zuwiderhandlungen gegen Compliance-Pflichten zu verhindern, gehen damit auch vom Recht der Ordnungswidrigkeiten aus.

Verbindliche Leitlinien für den Umfang und die Intensität der erforderlichen Aufsichtsmaßnahmen im Konzern vermag weder die Rechtsprechung noch das Bundeskartellamt aufzustellen. Ausgehend von der inhaltsleeren – aber dafür immer wieder angewandten Formel – richten sich die Aufsichtsmaßnahmen in erster Linie an Art, Größe und Organisation des Betriebes, der Vielfalt und Bedeutung der zu beachtenden Vorschriften sowie dem Vorhandensein von Fehlern in der Vergangenheit aus.[679] Im Rahmen des Erforderlichen und Zumutbaren sollen die Maßnahmen so beschaffen sein, dass sie voraussichtlich zur Einhaltung der betriebsbezogenen Pflichten führen.[680] Übertragen auf den Konzern wird dies zunächst bedeuten, dass die herrschende Gesellschaft auf die Umsetzung der erforderlichen Aufsichtsmaßnahmen und Gesetzmäßigkeit innerhalb der einzelnen Konzernunternehmen hinwirkt. Dies steht im Gegensatz zu den obigen Erkenntnissen zur gesellschaftsrechtlichen Leitungs- und Sorgfaltspflicht. Dort erlangen Zuwiderhandlungen grundsätzlich erst dann haftungsrechtliche Relevanz, wenn das wirtschaftliche Eigeninteresse der herrschenden Gesellschaft betroffen ist. Unter Übertragung der Erkenntnisse zur Einzelgesellschaft müsste nunmehr darauf hingewirkt werden, dass innerhalb der Konzerngesellschaften eine sachgerechte Mitarbeiterauswahl verbunden mit einer angemessenen Aufgabeninstruktion[681] sowie eine laufende Kontrolle und Überwachung[682] erfolgt. Diese Aufgabe kann und sollte insbesondere im dezentralisierten Konzern in weiten Teilen auf die Ebene der Konzerngesellschaften verlagert werden. Da die §§ 130, 30 OWiG nur eine Überwachung im Rahmen der tatsächlichen Überwachungsmöglichkeiten einfordern können,[683] ist es darüber hinaus eine Frage der gesellschaftsrechtlichen Einflussmöglichkeiten und der Konzernform, ob die herrschende Gesellschaft diese Maßnahmen ihrerseits durch Stichproben kontrolliert oder ein entsprechendes Berichtswesen der Konzerngesellschaften ein-

679 Für die Einzelgesellschaft BGH, NStZ 1986, S. 34 (34); OLG Düsseldorf, wistra 1999, S. 115 (116); OLG Zweibrücken, NStZ–RR 1998, S. 311 (312); OLG Köln, wistra 1994, S. 315 (315).

680 BGH, NJW 1973, S. 1511 (1513); OLG Düsseldorf, wistra 1999, S. 115 (116); OLG Zweibrücken, NStZ–RR 1998, S. 311 (312); OLG Stuttgart, NJW 1977, S. 1410 (1410).

681 BGH, wistra 1982, S. 34 (34); OLG Düsseldorf, wistra 1999, S. 115 (116); OLG Stuttgart, NJW 1977, S. 1410 (1410); Bohnert in: Bohnert/OWiG, § 130 Rn. 20; Pampel, BB 2007, S. 1636 (1637); Rogall in: KK/OWiG, § 130 Rn. 40 ff.

682 BGH, NJW 1973, S. 1511 (1513); BayObLG, NJW 2002, S. 766 (767); OLG Köln, wistra 1994, S. 315 (315); OLG Stuttgart, NJW 1977, S. 1410 (1410).

683 OLG Zweibrücken, NStZ-RR 1998, S. 311 (311 f.).

fordert. Im Rahmen der gesellschaftsrechtlichen Möglichkeiten wird insoweit eine Kontrolle zu verlangen sein. Darüber hinaus sind die Konzerngesellschaften mit den notwendigen Kapazitäten und Informationen auszustatten, welche für die Vornahme der erforderlichen Aufsichtsmaßnahmen notwendig sind.[684] Entsprechend den Erkenntnissen zur Einzelgesellschaft ist daneben die Auswahl zuverlässiger Personen zur Überwachung der betrieblichen Pflichtenkontrolle notwendig. Übertragen auf den Konzern handelt es sich hierbei primär um die geschäftsführenden Organe der Konzerngesellschaften. Diese Pflicht findet ihre Parallele bereits in der allgemeinen Konzernleitungsverantwortung.[685] Einen besonderen Aspekt stellt die Notwendigkeit einer Konzernrevision dar. Ab einer entsprechenden Unternehmensgröße nimmt die Rechtsprechung eine Pflicht zur Einrichtung dieser Unternehmenseinheit bzw. einer entsprechenden Sicherungsstelle an.[686] Im Konzern, der sich durch eine Vervielfältigung der rechtlichen Beziehungen auszeichnet, wird das Bedürfnis hierfür tendenziell eher zu bejahen sein als in der Einzelgesellschaft. Die Tatsache, dass die Rechtsprechung nur eine grobe Konturierung der Anforderungen vornimmt, erlangt durch die Bußgeldpraxis des EuGH und der Kommission im Bereich des Wettbewerbsrechts eine zusätzliche Virulenz. Da sich der Verschuldensvorwurf gegen die wirtschaftliche Einheit richtet, kann ein isoliertes Compliance-System auf Ebene der herrschenden Gesellschaft das Haftungsrisiko nicht vollständig beseitigen. Aus diesem Grund ist die Präzisierung und Bildung von allgemeingültigen Kriterien noch diffiziler. Umfang und Ausgestaltung eines Systems können insoweit nur in Abhängigkeit von den jeweils bestehenden wettbewerbsrechtlichen Risiken bestimmt werden.

III. Konzernspezifische Compliance Anforderungen des allgemeinen Deliktsrechts

1. Primäre Relevanz mittelbarer Rechtsgutsverletzungen

Die Fruchtbarmachung des allgemeinen Deliktsrechts für die Präzisierung von konzernspezifischen Compliance-Anforderungen bereitet an mehreren Stellen argumentative Schwierigkeiten. Am Beispiel der Einzelgesellschaft wurde herausgearbeitet, dass nicht die unmittelbare und eigenhändige Deliktsverwirklichung durch das geschäftsführende Organ einer eingehenden Analyse bedarf, sondern die Verantwortung für sog. mittelbare Rechtsgutsverletzungen. Compliance-Verstöße in Tochtergesellschaften dürften nahezu ausschließlich unter diese Fallgruppe zu subsumieren sein. Umso schwerer wiegen daher die Unsicherheiten über die sachliche Reichweite dieser Haf-

684 Vgl. für die Bereitstellung der Kapazitäten bei einer Einzelgesellschaft: KG Berlin, WuW/E, S. 2330 (2332).

685 Als Bestandteil der allgemeinen Konzernleitungsverantwortung wurde die Verantwortung für die Besetzung von Führungspersonen ausgemacht, welche uneingeschränkt auch im Konzern gilt.

686 OLG Köln, wistra 1994, S. 315 (315).

tungskonstellation. So ist bereits auf Basis der Einzelgesellschaft unklar, ob sich deliktische Organisationspflichten auf die Eindämmung und Kontrolle von gegenständlichen – d.h. sachlichen oder räumlichen Gefahren – beschränken.[687] Unter Zugrundelegung von Parallelwertungen im Strafrecht kann vertreten werden, dass eine entsprechende Beschränkung nicht angezeigt ist. Hat man diese Klippe umschifft, so entbrennt der nächste Streit darum, ob die Verkehrs- und Organisationspflichten nicht allein der Gesellschaft obliegen. Weder Rechtsprechung noch Literatur konnten bisher überzeugend begründen, warum und unter welchen Voraussetzungen dem Organ eine persönliche Verantwortung neben der Gesellschaft obliegen soll. Die Tendenz zur Bejahung einer Haftung ist daher kritisch zu bewerten.

Eine nähere konzernspezifische Analyse ist gleichwohl unumgänglich, da die rar gesäte einschlägige Rechtsprechung Haftungsrisiken indiziert. Unabhängig von den bestehenden Unwägbarkeiten, die ihre uneingeschränkte Fortsetzung in Konzernverhältnissen finden, kommt eine Haftung des geschäftsführenden Organs für Compliance-Verstöße in Tochtergesellschaften grundsätzlich nur in Betracht, wenn der herrschenden Gesellschaft insoweit ebenfalls Verkehrspflichten obliegen. Zwar dürfen die Pflichten des Organs nicht mit den Verkehrspflichten der herrschenden Gesellschaft gleichgesetzt werden, doch können sie grundsätzlich[688] nicht weiter reichen als diese. Die innere Rechtfertigung der Verkehrspflichten beruht auf der Schaffung oder Betreibung einer Gefahrenquelle im eigenen Herrschaftsbereich.[689] Treten Compliance-Verstöße in Tochtergesellschaften auf, wurzeln diese zunächst im ureigenen Herrschaftsbereich der Tochtergesellschaft. Beschränkt sich die herrschende Gesellschaft in einem Holdingkonzern auf die Finanzierung von Tochtergesellschaften so wird sich eine deliktsrechtliche Verantwortung schwerlich konstruieren lassen. Im diametralen Gegensatz zu diesem Beispiel ist der Fall zu beurteilen, wenn die herrschende Gesellschaft bestimmte schadensträchtige und gefährliche Unternehmensaktivitäten auf eine Konzerngesellschaft ausgliedert und diese durch ein engmaschiges Weisungsnetz kontrolliert. Die beiden Extrembeispiele verdeutlichen, dass sich die deliktische Verantwortung im Konzern nicht allgemeingültig beantworten lässt, sondern in Abhängigkeit von Verantwortungssphären zu bestimmen ist.

2. Verantwortung in Abhängigkeit zu Delegationsreichweite und Einwirkungsmöglichkeiten

Die Rechtsprechung zur konzerndimensionalen Anwendung des Deliktsrechts weist nur eine schwache Konturierung auf. Nach Ansicht des BGH wirkt sich die Tatsache der Konzernierung auf das Pflichtenprogramm aus. In Produkthaftungsfällen soll dies insbesondere dann gelten, wenn es zu einem Mei-

687 Siehe hierzu Teil 3.§ 2.B.II.3.

688 Eine Ausnahme mag gelten, wenn das geschäftsführende Organ eigenständig eine weitergehende Verpflichtung gegenüber dem Träger des geschützten Rechtsgutes eingeht.

689 Statt vieler BGHZ 5, S. 378 (380 f.); ders., NJW 2004, S. 1449 (1450).

nungs- und Wissensaustausch zwischen den Konzerngesellschaften kommt.[690] Eine Vertriebsgesellschaft könne insoweit aufgrund besonderer Umstände gesteigerte Gefahrabwendungspflichten treffen. Dagegen soll sich die alleinige Existenz einer kapitalmäßigen und rechtlichen Verbundenheit nicht verändernd auf die Pflichtenstellung eines Vertriebshändlers im Konzern auswirken.[691] Aus der Tatsache der Konzernierung allein können somit keine haftungsrechtlichen Konsequenzen abgeleitet werden.

Die Literatur verfolgt am Beispiel der Produkthaftung teilweise eine wesentlich extensivere Sichtweise der Verantwortung. Die konzernrechtlichen Beziehungen werden dabei mit den Pflichten bei einer vertraglichen Arbeitsteilung verglichen. Die dortigen Pflichten zur Auswahl und Überwachung des Vertragspartners[692] stellen sich demnach als Minimum des Pflichtenmaßstabes dar.[693] Entscheidend für den Pflichtenmaßstab der herrschenden Gesellschaft sei darüber hinaus das Maß der Einflussnahme auf die Tochtergesellschaft.[694] Auch im Anschluss an den Delegationsakt bestehe die Verantwortung der herrschenden Gesellschaft weiter, mit der Folge einer aus dem Beherrschungsverhältnis folgenden Pflicht zum Eingreifen bei Kenntnis von schadensträchtigen Entwicklungen.[695] Diese Auffassung ist so sicherlich nicht richtig. Bereits die Vergleichbarkeit von Konzernierung und vertraglicher Zusammenarbeit ist nicht unproblematisch.[696] Es ist weiterhin verfehlt, bestehende gesellschaftsrechtliche Leitungsmacht mit der Beherrschung einer Gefahrenquelle gleichzusetzen.[697]

Richtigerweise muss die Bewertung der Verantwortung zunächst von den bestehenden Handlungen und korrespondierenden Verantwortungsbereichen ausgehen. Führt eine abhängige Konzerngesellschaft ein operatives Geschäft weitestgehend unabhängig von Weisungen oder sonstigen Einwirkungen der herrschenden Gesellschaft, so kann diese nicht als Herrscherin über eine Ge-

---

690 BGH, NJW 1981, S. 2250 (2251). Ebenfalls: Schmidt-Salzer, BB 1979, S. 1 (5).
691 BGH, NJW 1981, S. 2250 (2250); LG Köln, NJW-RR 1987, S. 864 (865).
692 Grob skizziert entstehen bei vertraglicher Arbeitsteilung und einer damit eintretenden Verlagerung der Verkehrspflichten, Auswahl- und Überwachungspflichten beim ursprünglich Verantwortlichen. Eine Entlastung kann überhaupt nur bei Heranziehung eines geeigneten Vertragspartners eintreten, wobei die Auswahl umso intensiver zu erfolgen hat je enger die Grenzen einer Einflussnahme sind. Sofern es die Umstände erfordern, etwa bei besonders erhöhter Gefahrenlage oder bei ernstem Anlass zu Zweifeln an der Sorgfalt des Vertragspartners, besteht die Verpflichtung die Arbeiten des beauftragten Unternehmens zu überwachen und notfalls selbst einzugreifen. Vgl. hierzu: BGH, NJW 1976, S. 46 (47).
693 Oehler, ZIP 1990, S. 1445 (1448).
694 Oehler, ZIP 1990, S. 1445 (1449).
695 Oehler, ZIP 1990, S. 1445 (1449 ff.).
696 Ausführlich Spindler in: Fleischer/HdbVorstR, § 13 Rn. 94; Vogt, Verbandsgeldbuße, S. 190.
697 Spindler in: Fleischer/HdbVorstR, § 13 Rn. 100 mit dem instruktiven Hinweis, dass der Ausgleich der bestehenden Leitungsmacht nicht in der Annahme einer konzernspezifischen Organisationspflicht zu suchen ist, sondern dieser bereits in den gesellschafts- und konzernrechtlichen Ausgleichsmechanismen normiert ist.

fahrenquelle bezeichnet werden.[698] Die Gefahrenherrschaft liegt dann ausschließlich bei der Tochtergesellschaft. Dies gilt auch dann, wenn die herrschende Gesellschaft einen in sich abgeschlossenen unternehmerischen Prozess auf die Ebene einer Tochtergesellschaft verlagert.[699] Die vollständige Aufgabendelegation bewirkt eine Überführung der Verkehrspflicht auf die Ebene der Konzerngesellschaft. Anders als in typischen Delegationsfällen ist dies gerechtfertigt, da die rechtlich selbstständige Konzerngesellschaft auch den unternehmerischen Nutzen aus der delegierten Tätigkeit ziehen darf.[700] Ob gesellschaftsrechtliche oder vertragliche Mechanismen – z.B. ein Gewinnabführungsvertrag i.S.v. § 291 Abs. 1 S. 1, Alt. 2 AktG – den Nutzen letztendlich der herrschenden Gesellschaft zuweisen, betrifft dagegen eine zeitlich nachgelagerte und von der Entstehung der Verantwortung unabhängige Frage.[701] Kann daher der Gedanke der Delegation nicht fruchtbar gemacht werden, so entspringen auch aus einer faktisch vorhandenen Leitungsmacht keine haftungsrechtlichen Konsequenzen. Der notwendige Ausgleich zwischen Leitungsbefugnissen und den Interessen von außenstehenden Dritten und Minderheitsgesellschaftern im Konzern ist bereits in dem austarierten gesellschafts- und konzernrechtlichen System der §§ 291 ff. AktG angelegt. Diese stellen bereits die notwendige Kompensation im Falle eines zweckwidrigen Einsatzes einer Konzerngesellschaft dar. Ein zusätzlicher Ausgleichsmechanismus im allgemeinen Deliktsrecht ist daher nicht erforderlich.[702]

Aus dem Gesagten folgt, dass die deliktsrechtliche Verantwortung und Verkehrspflicht auf Ebene der herrschenden Gesellschaft bestehen bleibt, wenn diese nur einen Teil eines unternehmerischen Prozesses in eine Tochtergesellschaft ausgliedert. Für die dann bestehende Verantwortung sind auf sekundärer Ebene die verfügbaren gesellschaftsrechtlichen Einflussmöglichkeiten von Bedeutung. Grundvoraussetzung ist zunächst, dass die Konzerngesellschaft über die geeigneten personellen, fachlichen und sachlichen Kapazitäten zur Bewältigung der delegierten Aufgabe verfügt. Ist diese erste Bedingung erfüllt, so muss die herrschende Gesellschaft im Vertragskonzern sicherstellen, dass die Konzerngesellschaften die notwendigen Maßnahmen zur Bewältigung entstehender Gefahren für die Rechtsgüter Dritter einrichtet und befolgt. Hinsichtlich des Ausmaßes und der Intensität der Maßnahmen ist eine Orientierung an den Erkenntnissen zur Einzelgesellschaft notwendig.[703] Aufgrund der insoweit an Allgemeinheit kaum zu überbietenden Rechtspre-

---

698 Bauckhage-Hoffer/Katko, WM 2012, S. 486 (488); Koch, WM 2009, S. 1013 (1019); ders., AG 2009, S. 564 (573); Vogt, Verbandsgeldbuße, S. 190 f.

699 Spindler in: Fleischer/HdbVorstR, § 13 Rn. 110. A.A. wohl Vogt, Verbandsgeldbuße, S. 190 f., die zwar auch eine Haftung ablehnt, sofern die die abhängige Gesellschaft ohne sachliche Verbindung zu einer von der herrschenden Gesellschaft erteilten Anweisung ihren Geschäften nachgeht, dies aber anscheinend nicht auf zuvor delegierte Geschäftsprozesse bezieht.

700 Spindler in: Fleischer/HdbVorstR, § 13 Rn. 96; Vogt, Verbandsgeldbuße, S. 190 f.

701 Vogt, Verbandsgeldbuße, S. 190 f.

702 Spindler in: Fleischer/HdbVorstR, § 13 Rn. 100.

703 Siehe hierzu Teil 3.§ 2.C.II.2(c).

chung[704] können darüber hinaus Parallelen zur den erforderlichen Aufsichtsmaßnahmen im Rahmen des § 130 OWiG gezogen werden. Im faktischen Konzern kann sich die herrschende Gesellschaft dagegen auf die sachgerechte Auswahl des Delegationsempfängers beschränken. Bestehen im weiteren zeitlichen Verlauf Anhaltspunkte für dessen Unzuverlässigkeit, so muss die herrschende Gesellschaft diesen Anzeichen – im Rahmen der gesellschaftsrechtlichen Möglichkeiten – nachgehen.[705] In letzter Konsequenz ist die Delegation aufzuheben, sofern die Tochtergesellschaft keine Gewähr für eine ordnungsgemäße Aufgabenerfüllung bietet. Richtigerweise beurteilt sich auch die vollständige Aufgabendelegation eines abgeschlossenen unternehmerischen Prozesses nach diesen Grundsätzen, wenn die herrschende Gesellschaft weiterhin Eingriffe in den delegierten Prozess – z.B. durch Ausübungen von Weisungsrechten – vornimmt.[706]

3. Ergebnis zur Relevanz des allgemeinen Deliktsrechts für konzerndimensionale Compliance-Pflichten

Die nebulöse Judikatur zur Verantwortung für mittelbare Rechtsgutsverletzungen hat nicht wesentlich zur Erhellung der themenspezifischen Bedeutung beigetragen. Es ist nicht abzusehen, wann „mit den Pflichten aus der Organstellung gegenüber der Gesellschaft Pflichten einhergehen, die von dem Geschäftsführer[707] nicht mehr nur für die Gesellschaft als deren Organ zu erfüllen sind, sondern die ihn aus besonderen Gründen persönlich gegenüber Dritten treffen."[708] Damit ist bereits in der Einzelgesellschaft weitgehend offen unter welchen Umständen eine Haftung eintreten kann. Die bisherige Rechtsprechung legt insbesondere in Produkthaftungsfällen, die von der inhaltlichen Reichweite des Compliance-Begriffes erfasst sind, Organisationsmaßnahmen nahe. Zwar kann weder die Annahme einer eigenständigen Verpflichtung des geschäftsführenden Organs noch die mögliche Erweiterung der Haftung auf nicht gegenständliche Gefahren vollumfänglich überzeugen. Gleichwohl lassen sich die Haftungsrisiken auf den Konzern und die Verletzung von Compliance-Pflichten in Tochtergesellschaften grundsätzlich übertragen. Die maßgeblichen Entscheidungen und Stellungnahmen im Schrifttum fokussieren sich auf Fälle der Produkthaftung, doch bereitet eine Übertragung auf andere Haftungskonstellationen geringere argumentative Schwierigkeiten, als die von der Rechtsprechung und Teilen der Literatur bereits angenommene persönliche Verpflichtung der Organe. Die negativen Folgen der Unbestimmtheit werden teilweise dadurch abgemildert, dass eine Haftung die Verletzung eines von § 823 Abs. 1 BGB geschützten Rechtsgutes erfordert. Zahlreiche Compliance-Verstöße äußern sich jedoch in einem Vermögensschaden

704 BGH, VersR 1964, S. 297 (297) fordert z.B. eine zumutbare Organisation der betrieblichen Abläufe, die Schädigungen Dritter in dem gebotenen Umfang vermeidet.
705 Spindler in: Fleischer/HdbVorstR, § 13 Rn. 109.
706 Spindler in: Fleischer/HdbVorstR, § 13 Rn. 110.
707 Diese Aussage trifft uneingeschränkt auch auf den Vorstand zu.
708 BGH, NJW 1990, S. 976 (977 f.).

und unterfallen damit nicht der Norm. Eine haftungsträchtige Ausnahme könnte jedoch die Schädigung des – von der Rechtsprechung als sonstiges Recht anerkannten – Mitgliedschaftsrechtes der Gesellschafter darstellen.[709]

Compliance-Verstöße innerhalb der Tochtergesellschaft lösen jedenfalls dann keine Haftung aus, wenn sie mit einer unternehmerischen Aufgabe verbunden sind, die vollständig in den Händen der Tochtergesellschaft liegt. Vor dem Hintergrund einer drohenden deliktischen Haftung sind Weisungen und sonstige Einwirkungen in den Geschäftsprozess der Tochtergesellschaft soweit möglich zu reduzieren. Dies wirkt sich unmittelbar positiv auf das Haftungsrisiko des geschäftsführenden Organs einer Holding aus. Im Übrigen – häufig wohl am Beispiel eines Stammhauskonzerns – bestehen insbesondere dann Haftungsrisiken, wenn nur Teilbereiche einer zusammenhängenden unternehmerischen Tätigkeit auf eine Tochtergesellschaft ausgelagert sind. Das geschäftsführende Organ der herrschenden Gesellschaft muss in diesem Fall sicherstellen, dass die Tochtergesellschaft für die Erledigung der Aufgaben geeignet ist und über die notwendigen sachlichen und personellen Ressourcen verfügt. Erlangt die herrschende Gesellschaft Kenntnis von drohenden Compliance-Verstößen oder steigert sich deren Eintrittsrisiko, wobei in der hierzu anzustellenden Bewertung auch Compliance-Verstöße in der Vergangenheit einfließen, so muss das geschäftsführende Organ unter Beachtung der gesellschaftsrechtlichen Einwirkungsmöglichkeiten auf eine angemessene Kontrolle der resultierenden Gefahren hinwirken.

IV. Ziffer 4.1.3 DCGK

Ziffer 4.1.3 DCGK definiert den Begriff Compliance als Verantwortung des Vorstandes, für die Einhaltung der gesetzlichen Bestimmungen und der unternehmensinternen Richtlinien zu sorgen und auf deren Beachtung durch die Konzernunternehmen hinzuwirken. Die innerhalb der Definition vorgenommene explizite Bezugnahme auf Konzernunternehmen erlaubt den Rückschluss, dass die Regierungskommission des DCGK eine existierende Rechtspflicht des Vorstandes zur konzernweiten Sicherstellung von Compliance annimmt. Gleichwohl ist eine rechtliche Verpflichtung hierzu nicht aus Ziffer 4.1.3 DCGK abzuleiten. Entsprechend den Ausführungen zur Einzelgesellschaft kommt dem Kodex insoweit nicht die nötige Normqualität zur Begründung einer eigenständigen Verpflichtung zu.

---

709 BGHZ 110, S. 323 (327 f.). Zu den mit einer Ausdehnung der Haftung verbundenen Risiken in Bezug auf das Mitgliedschaftsrecht vgl. Spindler in: Fleischer/HdbVorstR, § 13 Rn. 103 ff.

C. Ausstrahlungswirkung aufsichtsrechtlicher Standards

I. Compliance im Wertpapierhandelsrecht

1. Bedeutung und Konkretisierungsfunktion der MaComp

Die besondere Bedeutung und Vorreiterrolle des WpHG für das Themengebiet Compliance wurde bereits an verschiedenen Stellen dieser Arbeit erwähnt.[710] § 33 Abs. 1 S. 2, Nr. 5 WpHG verwendet zwar den Begriff, doch erfährt dieser im WpHG keine nähere Erläuterung. Wesentliches Konkretisierungspotential enthalten dagegen die WpDVerOV und das am 07.06.2010 veröffentlichte Rundschreiben 4/2010 (WA) – Mindestanforderungen an die Compliance-Funktion und die weiteren Verhaltens-, Organisations- und Transparenzpflichten nach §§ 31 ff. WpHG für Wertpapierdienstleistungsunternehmen (MaComp).“[711] Die WpDVerOV beschränkt sich auf die Formulierung gewisser Basisanforderungen – wobei insbesondere § 12 Abs. 4 WpDVerOV hervorzuheben ist, welcher die Pflicht zur Einrichtung eines Compliance-Beauftragten enthält. Die MaComp dienen dagegen sowohl einer Präzisierung der §§ 31 ff WpHG als auch der WpDVerOV.

Systematisch orientieren sich die MaComp an dem bekannten Vorbild der MaRisk.[712] Der modulare Aufbau beinhaltet einen allgemeinen und einen besonderen Teil. Der allgemeine Teil weist einen vorwiegend erläuternden Charakter auf, welcher z.B. in der Darstellung relevanter nationaler und internationaler Rechtsquellen zum Ausdruck kommt. Eine eingehende Erläuterung von Stellung und Aufgaben von Compliance erfolgt dagegen in Modul BT 1 des Rundschreibens. Demnach muss ein Wertpapierdienstleistungsunternehmen eine dauerhafte und wirksame Compliance-Funktion einrichten, die zu einer selbstständigen Aufgabenwahrnehmung in der Lage ist. Daneben muss das Unternehmen grundsätzlich einen Compliance Officer benennen,[713] welcher unbeschadet der Gesamtverantwortung der Geschäftsführung für die Compliance-Funktion verantwortlich ist.[714] Die Wesensmerkmale der Compliance-Funktion „Unabhängigkeit“, „Wirksamkeit“ und „Dauerhaftigkeit“, erfahren eine weitere Erläuterung in BT 1.1.1–1.1.3. Es gilt insoweit der übergreifende Grundsatz, dass sich die Intensität der regelmäßigen und konti-

710 So z.B. Teil 2.§ 2.A.II.2

711 Rundschreiben 4/2010 (WA) – Mindestanforderungen an die Compliance-Funktion und die weiteren Verhaltens-, Organisations- und Transparenzpflichten nach §§ 31 ff. WpHG für Wertpapierdienstleistungsunternehmen (MaComp) vom 07.06.2010, abrufbar unter: www.bafin.de, letzter Abruf 21.08.2012. Mittlerweile existiert eine überarbeitete Neufassung sowie ein weiterer Überarbeitungsentwurf. Siehe hierzu Neufassung des Rundschreibens 4/2010 (WA) vom 09.06.2011 sowie Konsultation 2/2012 – 2. Überarbeitung des Rundschreibens 4/2010 (WA), jeweils abrufbar unter: www.bafin.de, letzter Abruf 21.08.2012.

712 Rundschreiben 11/2010 (BA) – Mindestanforderungen an das Risikomanagement (MaRisk) vom 15.12.2010, abrufbar unter: www.bafin.de, letzter Abruf 21.08.2012.

713 In der Diktion der MaComp: „Compliance-Beauftragter“.

714 Hierbei handelt es sich um eine Ergänzung und Vertiefung des Regelungsgehalts von § 12 Abs. 4 WpDVerOV

nuierlichen Compliance-Maßnahmen risikoorientiert, d.h. nach Art, Umfang, Komplexität oder Risikogehalt der Geschäftstätigkeit des Unternehmens, bemisst.[715] Im Übrigen widmen sich die MaComp einer näheren Erläuterung einzelner WpHG Fragestellungen.[716]

2. Aussagegehalt der MaComp für Konzernsachverhalte?

Der Anwendungsbereich der MaComp erstreckt sich auf Wertpapierdienstleistungsunternehmen im Sinne von § 2 Abs. 4 WpHG. Dies sind Kreditinstitute, Finanzdienstleistungsinstitute und nach § 53 Abs. 1 S. 1 KWG tätige Unternehmen, die Wertpapierdienstleistungen[717] allein oder zusammen mit Wertpapiernebendienstleistungen[718] gewerbsmäßig oder in einem Umfang erbringen, der einen in kaufmännischer Weise eingerichteten Geschäftsbetrieb erfordert. Von dem definierten Begriff sind die in § 2a WpHG genannten Personen und Unternehmen ausgenommen. So gelten z.B. Unternehmen, die Wertpapierdienstleistungen ausschließlich für Mutter-, Schwester- und Tochtergesellschaften erbringen, nicht als Wertpapierdienstleistungsunternehmen i.S.v. § 2 Abs. 4 WpHG.[719]

Die MaComp selbst enthalten nur eine rudimentäre Bezugnahme auf Konzernsachverhalte. BT 1.1.2 Nr. 4 MaComp lässt sich der Hinweis entnehmen, dass das Budget der Compliance-Funktion für Wertpapierdienstleistungsunternehmen – die Teile eines Konzerns sind – einheitlich bestimmt werden kann. Hinsichtlich der weiteren Ausgestaltung einer Konzern-Compliance-Struktur treffen die MaComp im Übrigen keine Aussage. Der informatorische Gehalt der MaComp beschränkt sich auf die Beurteilung einer Einzelgesellschaft. Für die geschäftsführenden Organe einer herrschenden Gesellschaft bietet dies zumindest Leitlinien, welche bei der Überprüfung der Compliance-Maßnahmen einer Einzelgesellschaft fruchtbar gemacht werden können.[720] Weitergehende Erkenntnisse für die Ausgestaltung und Intensität eines Compliance-Systems im Konzern lassen sich dem Wertpapierhandelsrecht allerdings nicht entnehmen. Auf die Frage, ob eine Ausstrahlungswirkung von diesen Normen ausgeht, kommt es daher gar nicht erst an.[721]

---

715 Vgl. AT 3.2, BT 1.1.1 Nr. 2, Nr. 3 MaComp.

716 So behandelt z.B. BT 2 die Überwachung von Mitarbeitergeschäften nach § 33b WpHG und § 25a KWG; BT 3 die Informationen nach § 31 WpHG und der WpDVerOV; BT 4 die bestmögliche Ausführung von Kundenaufträgen nach § 33a WpHG; BT 5 die Auslegung einzelner Begriffe der §§ 31 Abs. 2 S. 4, 34b WpHG und BT 6 die Anforderungen an Beratungsprotokolle nach § 34 Abs. 2a WpHG. Vgl. zu den Inhalten der MaComp im Übrigen Schäfer, BKR 2011, S. 187 ff.; Zingel, BKR 2010, S. 500 ff.

717 Vgl. die Legaldefinition in § 2 Abs. 3 WpHG.

718 Vgl. die Legaldefinition in § 2 Abs. 3a WpHG.

719 § 2a Abs. 1, Nr. 1 WpHG.

720 Vgl. insoweit die Ausführungen zum konzernweiten Compliance Mindeststandard Teil 5.§ 1.B.II.3(a).

721 Hinzuweisen ist noch auf die Best-Practice-Leitlinien für Wertpapier-Compliance des Bundesverbandes Deutscher Banken. Vgl. Best-Practice-Leitlinien für Wertpapier-Compliance aus Juni 2010, abrufbar unter: www.bankenverband.de, letzter Ab-

II. Compliance im Bank- und Versicherungsaufsichtsrecht

1. Konzerndimensionale Erstreckung des Aufsichtsrechts

Sowohl § 25a Abs. 1a KWG, welcher auch als „Paradenorm" der Compliance bezeichnet wird,[722] als auch § 64a Abs. 2 VAG weisen einen konzernweiten Gehalt auf. Im ersten Fall bezieht sich der Normanwendungsbereich auf Kredit- und Finanzdienstleistungsunternehmen, welche ihren Sitz im Inland haben sowie auf inländische Zweigstellen von Unternehmen mit Sitz in Drittstaaten.[723] § 64a Abs. 2 VAG richtet sich dagegen an Versicherungsunternehmen nach § 104a Abs. 1, Nr. 1 VAG und Versicherungsholdinggesellschaften nach § 1b Abs. 1 VAG, die übergeordnete Unternehmen einer Versicherungsgruppe sind.

Wie bereits dargestellt[724] verpflichtet § 25a Abs. 1 S. 1 KWG Institute zur Einrichtung einer ordnungsgemäßen Organisation, welche die Erfüllung der vom Institut zu beachtenden gesetzlichen Vorschriften und betriebswirtschaftlichen Notwendigkeiten gewährleistet. Auch wenn die organisatorischen Anforderungen an die Institute gerichtet sind, so sind deren Geschäftsleiter für die Umsetzung verantwortlich. Die Verantwortung trifft die Organmitglieder separat und kann auch nicht durch eine interne Zuständigkeitsverteilung abbedungen werden.[725] Für das hier in Rede stehende Pflichtengefüge auf Ebene der herrschenden Gesellschaft trifft § 25a Abs. 1a KWG eine bedeutende Aussage. Die Norm erstreckt die Organisationsverantwortung auf Institutsgruppen, Finanz-Holding Gruppen und Institute im Sinne des § 10a Abs. 14 KWG und statuiert damit eine originäre konzernweite Pflicht. Aufgrund der ausdrücklichen Bezugnahme auf § 25a Abs. 1 KWG, ist das Ziel der ordnungsgemäßen Konzernorganisation sowohl auf die Einhaltung der betriebswirtschaftlichen Notwendigkeiten als auch der gesetzlichen Bestimmungen gerichtet. Die herrschende Gesellschaft trägt damit eine direkte Verantwortung für ein rechtmäßiges Handeln der Konzerngesellschaften. Verlangt wird damit nichts Geringeres, als eine konzernweite Compliance-Organisation.[726] Diese entfaltet sich innerhalb der vorhandenen gesellschafts-

---

ruf 21.08.2012. Diese enthalten auf Seite 7 eine explizite Bezugnahme auf Compliance im Konzern. Die Leitlinien führen aus, dass Aufgaben der Compliance-Funktion, unter Beachtung der gesetzlichen Outsourcing-Anforderungen auch auf der Konzernebene angesiedelt und als Konzernaufgabe definiert sein können, um einen einheitlichen Compliance Ansatz im Konzern zu erzielen. Verantwortlichkeiten und Berichtspflichten sind in diesem Fall eindeutig zu dokumentieren. Die Leitlinien tragen ihren Best Practice-Charakter – und ihre fehlende Verbindlichkeit – jedoch bereits im Namen.

722 Bachmann, GesR in der Disk., S. 69.

723 Vgl. § 1 Abs. 1b WpHG i.V.m. § 1 Abs. 1a WpHG. Sowie statt aller Braun/Wolfgarten in: Boos/Fischer/Schulte-Mattler, § 25a Rn. 827 ff.

724 Vgl. Teil 2.§ 2.A.II.1.

725 Braun/Wolfgarten in: Boos/Fischer/Schulte-Mattler, § 25a Rn. 67. Vgl. AT 3 MaRisk.

726 Welche konkreten Anforderungen damit verbunden sind, erläutert § 25a KWG dagegen nicht. Diese Aufgabe übernehmen die MaRisk. Deren eigentlicher Fokus –

rechtlichen Möglichkeiten. Richtigerweise gebührt dem Aufsichtsrecht kein Vorrang vor dem Gesellschaftsrecht.[727]

Für § 64a Abs. 2 VAG ist dies nicht ganz so eindeutig. Zwar enthält die Norm einen konzernweiten Anwendungsbefehl, doch bezieht sich dieser – ausgehend vom Wortlaut – auf die Einrichtung eines konzernweiten Risikomanagements. Es ist insoweit umstritten, ob dies auch die Einrichtung eines konzernweiten Compliance-Systems verlangt.[728] Unter Zugrundelegung der obigen Darstellung eines umfassenden Risikomanagementsystems[729] wird deutlich, dass in der Praxis weitgehende Parallelen bestehen. Ein Risikomanagementsystem verlangt organisatorische Maßnahmen zur Erkennung, Analyse und Bewältigung von sämtlichen Risiken aus den verschiedenen Unternehmensbereichen, eingeschlossen Risiken aus Compliance-Verstößen.[730] Es ist daher auch für den Versicherungskonzern mit guten Gründen davon auszugehen, dass die herrschende Gesellschaft eine Verantwortung für die Rechtskonformität ihrer Konzerngesellschaften trifft.

2. Ausstrahlungswirkung auf nicht-regulierte Wirtschaftszweige?

Die von den Normen ausgehende compliance-spezifische Konzernleitungspflicht beschränkt sich auf Unternehmen, die den aufsichtsrechtlichen Anforderungen unterliegen. Für Unternehmen, welche in nicht regulierten Wirtschaftszweigen tätig sind, gelten die Anforderungen daher nicht. Die Normen finden auch keine analoge Übertragung in das allgemeine Gesellschaftsrecht. Eine Analogie scheitert sowohl am Fehlen einer Regelungslücke[731] als auch am Fehlen einer vergleichbaren Interessenlage. Die Argumente, welche oben

---

begriffsimmanent – auf das Risikomanagement ausgerichtet ist. Eine jüngst veröffentlichte Entwurfsfassung zur Änderung der MaRisk hebt Compliance jedoch als eine besondere Funktion des Risikomanagements hervor: Entwurf der Mindestanforderungen an das Risikomanagement (MaRisk) in der Fassung vom 26.04.2012 (Entwurf MaRisk), abrufbar unter: www.bafin.de, letzter Abruf 21.08.2012. Institute müssen gemäß AT 4.4.3 Nr. 1 Entwurf MaRisk eine Compliance-Funktion unterhalten, deren Aufgabenspektrum sich in eine beratende, überwachende und analytische Tätigkeitskomponente aufgliedert. Zudem ist ein Compliance-Beauftragter zu benennen. Organisatorisch ist die Compliance-Funktion der Geschäftsleitung grundsätzlich direkt unterstellt und berichtet zumindest jährlich und anlassbezogen an diese. Vgl. AT 4.4.3 Nr. 2, 5 Entwurf MaRisk. Der Compliance-Funktion muss daneben ein uneingeschränkter Zugang zu allen relevanten Informationen eingeräumt werden, die für die Aufgabenerfüllung notwendig sind. Vgl. AT 4.4.3 Nr. 4 Entwurf MaRisk.

727 BT-Drucks. 16/6518, S. 17; Fett/Gebauer, FS Schwark, S. 375 (387 f.); Mutter in: Bürkle/Compliance in Versicherungsunternehmen, § 2 Rn. 7 f.

728 Siehe die Nachweise bei: Bürkle, CCZ 2008, S. 50 (54); Mutter in: Bürkle/Compliance in Versicherungsunternehmen, § 2 Rn. 7 f.; Schaaf, Risikomanagement und Compliance, S. 271 f. Vgl. zudem Wirth/Paul, CCZ 2010, S. 95 (97) zur parallelen Fragestellung in § 25a Abs. 1 KWG.

729 Vgl. Teil 3.§ 1.C.II.

730 Pahlke, NJW 2002, S. 1680 (1681); Pampel/Krolak in: Hauschka/Compliance, § 16 Rn. 37.

731 Diesen Aspekt betonend Dreher, ZGR 2010, S. 496 (503). Siehe im Übrigen statt aller Wirth/Paul, CCZ 2010, S. 95 (96) m.w.N.

bereits gegen die Begründung einer Compliance-Pflicht mittels einer Gesamtanalogie vorgebracht wurden, beanspruchen in dieser Konstellation gleichermaßen Geltung.[732]

Teilweise wird jedoch der Versuch unternommen insbesondere § 25a KWG mittelbar für die Konkretisierung des Risikomanagements operabel zu machen.[733] Die Argumentationen legen dabei nicht immer offen, ob es sich hierbei um eine Konkretisierung im Wege einer Ausstrahlungswirkung handeln soll oder um eine Analogie. Letzteres wäre abzulehnen.[734] Raum für eine Ausstrahlungswirkung besteht ausschließlich dann, wenn eine Norm geeignet ist die Auslegung eines nicht normierten Regelungsbereiches, im Sinne systematischer Geschlossenheit zu beeinflussen.[735] Es ist mehr als fraglich, ob diese Voraussetzungen im allgemeinen Gesellschaftsrecht vorliegen. Voraussetzung wäre, dass der Gesetzgeber im Aufsichtsrecht Normen schafft, die sachgerechte und allgemein gültige Präzisierungen von Prinzipien sind, welche auch im allgemeinen Gesellschaftsrecht vorzufinden sind.[736] Angesichts der spezialgesetzlichen Prägung des Aufsichtsrecht, der Sensibilität der regulierten Wirtschaftszweige und dem besonderen Schutzbedürfnis kann nicht davon ausgegangen werden, dass die Anforderungen von § 25a KWG und § 64a VAG lediglich eine Präzisierung des allgemeinen Gesellschaftsrechts darstellen. Eine schrankenlose Übertragung auf das Gesellschaftsrecht würde insbesondere Gesellschaften mit geringem Risikopotential überlasten und letztendlich ineffiziente Organisationsanforderungen statuieren. Aus diesem Grund wendet sich auch die herrschende Meinung gegen eine Heranziehung aufsichtsrechtlicher Standards.[737] Konsequenterweise gilt dieses Ergebnis

---

732 Siehe hierzu Teil 3.§ 3.A und Blasche, CCZ 2009, S. 62 (64); Bihr/Kalinowsky, DStR 2008, S. 620 (623); Bürkle, WM 2005, S. 1496 ff.; Grohnert, Rechtl. Grundlagen Compliance, S. 37 ff.; Hüffer in: Hüffer/AktG, § 91 Rn. 8; Kort, GroßK/AktG, § 91 Rn. 60 f.; Lang, Corporate Compliance, S. 157; Lippe, Compliance, S. 57 ff.

733 Das VG Frankfurt, WM 2004, S. 2157 (2160) geht von einer Gesamtintention des Gesetzgebers, nämlich einer einheitlichen Anwendung von § 91 Abs. 2 AktG und § 25a Abs. 1 S. 1 KWG aus. Preußner, NZG 2004, S. 57 (59); ders., NZG 2004, S. 303 (305); ders./Zimmermann, AG 2002, S. 657 (659 f.).

734 Dies lässt sich darauf zurückführen, dass dieser Ansatz wiederum den Versuch einer Übertragung von bereichsspezifischen Normen aus streng reglementierten Branchen in das allgemeine Gesellschaftsrecht unternimmt. Gegen die analoge Heranziehung von Normen zur Begründung von Compliance-Pflichten siehe bereits OLG Celle, WM 2008, S. 1745 (1746);) Blasche, CCZ 2009, S. 62 (64); Bihr/Kalinowsky, DStR 2008, S. 620 (623); Bürkle, WM 2005, S. 1496 ff.; Grohnert, Rechtl. Grundlagen Compliance, S. 37 ff.; Hüffer in: Hüffer/AktG, § 91 Rn. 8; Kort, GroßK/AktG, § 91 Rn. 60 f.; Krieger/Sailer-Coceani in: Schmidt/Lutter, § 91 Rn. 15; Lippe, Compliance, S. 57 ff.; Weber-Rey, AG 2008, S. 345 (358). Lediglich im Einzelfall soll den Normen ein Konkretisierungspotential für die Auslegung gesellschaftsrechtlicher Anforderungen, wie z.B. § 91 Abs. 2 AktG, zukommen. Vgl. hierzu Endres, ZHR (163) 1999, S. 441 (452); Fleischer in: Spindler/Stilz, § 91 Rn. 43; Spindler in: Fleischer/HdbVorstR, § 19 Rn. 19 ff.

735 Siehe hierzu z.B. Drygala, T./Drygala, A., ZIP 2000, S. 297 (300).

736 Dreher, ZGR 2010, S. 496 (503).

737 OLG Celle, WM 2008, S. 1745 (1746); Blasche, CCZ 2009, S. 62 (64); Bihr/Kalinowsky, DStR 2008, S. 620 (623); Bürkle, WM 2005, S. 1496 (1497 f.);

nicht nur für das Risikomanagementsystem, sondern auch für Organisationspflichten zur Wahrung von Compliance.[738] Eine generelle Rezeption aufsichtsrechtlicher Standards im allgemeinen Gesellschaftsrecht und eine damit einhergehende Verpflichtung zur Etablierung konzerndimensionaler Organisationpflichten scheidet daher aus. Ob sich die Standards im Einzelfall auf die Betätigung des unternehmerischen Ermessens im Sinne einer Best Practice auswirken können, steht dagegen auf einem ganz anderem Blatt und hängt vom konkreten Einzelfall ab.

§ 3. Zusammenfassung wesentlicher Erkenntnisse

Aus einer Konzernierung folgt keine umfassende Konzernleitungspflicht. Es besteht lediglich eine allgemeine Konzernleitungsverantwortung, welche sich wiederum in die Kategorien Konzernplanung, -koordinierung, -kontrolle sowie Personalverantwortung untergliedert. Die Konzernkontrolle bezieht sich auf die Überwachung der Entwicklung unter Wirtschaftlichkeits- und Zweckmäßigkeitsaspekten. Der Vorstand einer herrschenden Gesellschaft muss laufend sicherstellen, dass sich Konzerngesellschaften im Interesse der herrschenden Gesellschaft entwickeln bzw. zu ihrem wirtschaftlichen Erfolg beitragen. Bestandteil dieser Verantwortung ist es, Compliance-Verstöße in Konzerngesellschaften zu verhindern, sofern diese das Risiko einer wirtschaftlichen Schädigung der herrschenden Gesellschaft in sich tragen.[739] Abseits besonderer aufsichtsrechtlicher Normen oder einer drohenden Beeinträchtigung des wirtschaftlichen Eigeninteresses der herrschenden Gesellschaft folgt aus der unternehmerischen Leitungs- und Sorgfaltspflicht keine Verpflichtung zu einer konzernweiten Legalitätskontrolle.

Berühren Compliance-Verstöße in Tochtergesellschaften jedoch das wirtschaftliche Eigeninteresse der herrschenden Gesellschaft, so erwächst daraus die Verantwortung alle gesellschaftsrechtlich zulässigen Einwirkungen auf – bzw. Weisungen an – die Konzerngesellschaften zu ergreifen, welche zur Einstellung weiterer schadensträchtiger Handlungen oder weiterer oder in Aussicht stehender Schäden geeignet sind. Da die Pflicht nicht aus der Legalitätskontrollpflicht, sondern aus der allgemeinen unternehmerischen Leitungs- und Sorgfaltspflicht folgt, findet die Entscheidungsprivilegierung des § 93 Abs. 1 S. 2 AktG Anwendung. Einschränkend ist jedoch hinzuzufügen, dass sich wirtschaftliche Risiken der herrschenden Gesellschaft faktisch nicht ausschließen lassen. Dies bedingt einen Mindeststandard an Compliance-Maßnahmen, welcher u.a. in einer erstmaligen und laufenden Erfassung des

---

Fleischer in: Spindler/Stilz, § 91 Rn. 42; Huber, Compliance-Pflichten. S. 213 f.; Hüffer in: Hüffer/AktG, § 91 Rn. 8; ders., NZG 2007, S. 47 (49); Krieger/Sailer-Coceani in: Schmidt/Lutter, § 91 Rn. 15; Mertens/Cahn in: KK/AktG, § 91 Rn. 31 jeweils m.w.N.

738 Huber, Compliance-Pflichten. S. 213 f.; Hüffer in: Hüffer/AktG, § 91 Rn. 8.

739 Ebenfalls auf das ökonomische Eigeninteresse abstellend: Habersack, FS Möschel, S. 1175 (1181 f.); Koch, WM 2009, S. 1013 (1014); Lang, Corporate Compliance, S. 179 f.; Verse, ZHR (175) 2011, S. 401 (413).

vorhandenen Risikopotentials besteht. Normativ begründet bereits § 91 Abs. 2 AktG eine entsprechende Verpflichtung – zumindest bezogen auf bestandsgefährdende Entwicklungen.

Verglichen mit der Einzelgesellschaft enthalten die Pflichten im Außenverhältnis dagegen nur abgeschwächte Pflichten oder Leitlinien für die Implementierung eines konzernweiten Compliance-Systems. Dies lässt sich zum einen darauf zurückführen, dass konzernspezifische Compliance-Gesichtspunkte sowohl im Strafrecht als auch im allgemeinen Deliktsrecht bislang nur eine schwache Konturierung erfahren haben, zum anderen finden nach vorzugswürdiger Ansicht die – zur Einzelgesellschaft näher dargelegten – Grundsätze der Geschäftsherrenhaftung keine Übertragung auf den Konzern. Themenspezifische Relevanz haben dagegen insbesondere die §§ 130, 30 OWiG erlangt. Wortlaut und Ratio der Normen sprechen eindeutig gegen eine konzerndimensionale Erstreckung. Jedoch haben Entscheidungen des Bundeskartellamtes, des EuGH sowie der europäischen Kommission eine Inanspruchnahme herrschender Gesellschaften auf Compliance-Verstöße in Tochtergesellschaften gestützt. Insbesondere im Hinblick auf mögliche kartellrechtliche Zuwiderhandlungen ist geschäftsführenden Organen daher die Implementierung eines anforderungsgerechten und effizienten Compliance-Systems anzuraten, da dieses regelmäßig zu einer Exkulpation führen wird. Dagegen kommt den bereichsspezifischen Konkretiserungen von Compliance im Aufsichtsrecht, nur im Einzelfall ein Konkretisierungspotential für die Auslegung gesellschaftsrechtlicher Anforderungen – wie z.B. § 91 Abs. 2 AktG – zu.

Teil 5. Mindestanforderungen an konzernweite Compliance-Systeme und rechtliche Grenzen

Die Darstellung der rechtlichen Rahmenbedingungen im Konzern widmete sich den aus einzelnen Normen entspringenden Pflichten jeweils isoliert. Ausgehend von der Darstellung des aktuellen Meinungsspektrums innerhalb der Literatur, soll im Folgenden aus den verstreuten Normen ein Mindeststandard zwingender Compliance-Maßnahmen extrahiert werden, welchen geschäftsführende Organe der herrschenden Gesellschaft bei ihren Handlungen zu beachten haben. Hierbei wird zunächst von der Prämisse ausgegangen, dass die herrschende Gesellschaft über eine Mehrheitsbeteiligung an der jeweiligen Gesellschaft verfügt. Die Auswirkungen, welche eine geringere Beteiligung auf den Pflichtenmaßstab zeigt, werden anschließend im Zuge der Grenzen von konzernweiten Compliance-Maßnahmen aufgezeigt. Grenzen ergeben sich sowohl aus dem Instrumentarium gesellschaftsrechtlicher und faktischer Einwirkungsmöglichkeiten als auch aus bestimmten weiteren Regelungsmaterien, wobei es sich im Wesentlichen um Beschränkungen der Informationsweitergabe im Konzern sowie Anforderungen des Arbeits- und Datenschutzrechts handelt. Es liegt auf der Hand, dass ein Compliance-Mindeststandard, welcher Rechtskonformität zum Ziel hat, die genannten Beschränkungen akzeptieren und einhalten muss. Die Darstellung der rechtlichen Grenzen bildet daher nicht nur die notwendige Gegenprobe zur Angemessenheit des Mindeststandards, sondern zieht zugleich einen Rahmen um die zulässigen konzernweiten Compliance-Maßnahmen. Dieser bildet die Grundlage für unternehmensindividuelle – über den Mindeststandard hinausgehende – Compliance-Maßnahmen, welche letztlich im unternehmerischen Ermessen liegen.

§ 1. Mindestanforderungen an konzernweite Compliance-Maßnahmen der herrschenden Gesellschaft

A. Meinungsstand in der Literatur

Die konzernspezifischen Anforderungen an konzernweite Compliance finden – verglichen mit der Einzelgesellschaft – wesentlich geringeren literarischen Niederschlag. Vereinzelt vorzufindende Stellungnahmen reichen über die weitgehende Ablehnung einer Konkretisierung und Betonung des uneingeschränkten unternehmerischen Ermessens[740] über die Formulierung von Ba-

740 Hölters in: Hölters/AktG, § 93 Rn. 111; Koch, WM 2009, S. 1013 (1015). Die Unterschiedung zwischen Vertrags- und faktischen Konzernen dagegen betonend Bürkle in: Hauschka/Compliance, § 8 Rn. 66 ff. Ohne nähere Ausführungen "ein

sisanforderungen[741] bis hin zur Aufstellung umfassender organisatorischer Anforderungen.[742] Letztere verfolgen jedoch nicht durchweg das Ziel einen Mindeststandard abzubilden, sondern zielen auf die reine Wiedergabe möglicher Formen der organisatorischen Ausgestaltungen in der Praxis ab.[743] Die Darstellung des vertretenen Meinungsspektrums wird dadurch erschwert, dass selbst die Basisanforderungen nicht deckungsgleich sind.

Teilweise beschränken sich die Basisanforderungen auf die Festlegung einer organisatorischen Zuständigkeit für Compliance, welche sowohl innerhalb der herrschenden Gesellschaft als auch den jeweiligen Konzernunternehmen vorhanden sein müsse.[744] Daneben sei sicherzustellen, dass die Entscheidungsträger auf Ebene der herrschenden Gesellschaft über compliancerelevante Risikoeinschätzungen informiert seien.[745] Die Umsetzung könne im Wege einer regelmäßigen und anlassbezogenen Berichterstattung erfolgen. Als Alternative biete sich die Abordnung von Repräsentanten in die Konzerngesellschaft an.[746] Abschließend sei die Effizienz der konzernweiten Compliance-Organisation zu überwachen.[747] Dies könne etwa durch Stich-

---

konzernweites System der Corporate Compliance" postulierend: Wellhöfer in: Wellhöfer/Peltzer/Müller, § 4 Rn. 368.

741 Hüffer in: Hüffer/AktG, § 76 Rn. 9c f.; Verse, ZHR (175) 2011, S. 401 (416 f.). Für den dezentralen Konzern auch Habersack, FS Möschel, S. 1175 (1186).

742 Fleischer, CCZ 2008, S. 1 (5 ff.); Hauschka/Greeve, BB 2007, S. 165 (168 ff.); Kremer/Klahold in: Krieger/Schneider, S. 618 ff.; Lösler, Compliance, S. 296 ff. dieser konzentriert seine Untersuchung jedoch auf den Wertpapierdienstleistungskonzern; Schneider, U., NZG 2009, S. 1321 (1325 f.); Schneider, U./Schneider, S., ZIP 2007, S. 2061 (2064 f.). Für den „Einheitskonzern" auch Habersack, FS Möschel, S. 1175 (1183 ff.), der ein konzernweites Aufsichts und Überwachungssystem verlangt, welches sich hinsichtlich seiner Dichte und Effektivität an den für die herrschende Gesellschaft geltenden Standards orientiert.

743 In diesem Sinne insbesondere Hauschka/Greeve, BB 2007, S. 165 (168 ff.); Kremer/Klahold in: Krieger/Schneider, S. 618 ff.

744 Lang, Corporate Compliance, S. 200 f.; Schneider, U./Schneider, S., ZIP 2007, S. 2061 (2065); Schneider, U., NZG 2009, S. 1321 (1326); Verse, ZHR (175) 2011, S. 401 (416 f.). In diese Richtung unter Betonung des Ermessens auch Huber, Compliance-Pflichten, S. 184.

745 Fleischer, CCZ 2008, S. 1 (6); Lang, Corporate Compliance, S. 202 ff.; Schneider, U./Schneider, S., ZIP 2007, S. 2061 (2065); Verse, ZHR (175) 2011, S. 401 (416 f.); Schneider, U., NZG 2009, S. 1321 (1326) fordert neben der Einrichtung eines Informationssystems ein sog. „Compliance-Programm" dessen inhaltliche Ausgestaltung und Zielrichtung jedoch im Dunkeln bleibt. Vorsichtiger Hüffer in: Hüffer/AktG, § 76 Rn. 9d, welcher dies lediglich in Betracht zieht. A.A. Hölters in: Hölters/AktG, § 93 Rn. 111.

746 Siehe hierzu z.B. Bürkle in: Hauschka/Compliance, § 8 Rn. 67; Mutter in: Bürkle/Compliance in Versicherungsunternehmen, § 2 Rn. 21 f.

747 Fleischer, CCZ 2008, S. 1 (6) mit dem zutreffenden Hinweis, dass dies die Einbeziehung von Auslandsgesellschaften verlangt; Habersack, FS Möschel, S. 1175 (1186); Huber, Compliance-Pflichten, S. 185; Krieger/Sailer-Coceani in: Schmidt/Lutter, § 93 Rn. 6; Lösler, Compliance, S. 298 f.; Schneider, U./Schneider, S., ZIP 2007, S. 2061 (2065); Verse, ZHR (175) 2011, S. 401 (416 f.). Schneider, U., NZG 2009, S. 1321 (1326) fügt hierzu an, dass der Inhalt der Überwachung von der konkreten Konzern-Compliance-Organisation abhängig sei. Vorsichtiger wiede-

proben geschehen, welche in Abstimmung mit den Konzerngesellschaften erfolgen. Hinsichtlich der weitergehenden Konkretisierung weisen die einzelnen Ansichten Differenzierungen auf. Teilweise wird eine Pflicht zur Schaffung eines Konzern-Compliance-Verantwortlichen bzw. Group Compliance Officer erwogen.[748] Weiterhin soll eine Pflicht zum Erlass einheitlicher Konzernrichtlinien bestehen.[749] Abschließend seien die geschäftsführenden Organe zur Ergreifung notwendiger Maßnahmen im Falle von drohenden Schädigungen der herrschenden Gesellschaft verpflichtet.[750]

Andere Meinungen stellen demgegenüber eine weitgehende Parallelität zwischen Compliance-Pflichten einer Einzelgesellschaft und im Konzern her.[751] Erforderlich seien z.B. ein detailliertes Compliance Commitment sowie die Einrichtung bzw. Durchführung von E-Learning-Modellen und Mitarbeiterschulungen.[752] Dies soll zumindest in zentral geführten Konzernen[753] bzw. Einheitskonzernen[754] der Fall sein. Die Anforderungen sind dahingehend verallgemeinerungsfähig, dass das geschäftsführende Organ einer herrschenden Gesellschaft für eine angemessene Informationsbasis, Kontrolle und Sanktionierung von Zuwiderhandlungen innerhalb einer Tochtergesellschaft verantwortlich sein soll.[755]

B. Grundlegender Pflichtenkanon

I. Allgemeine Grundlagen

Bereits im Vorfeld einer intensiveren und übergreifenden Gesamtschau der relevanten Normen im Konzern ist festzuhalten, dass Ausmaß und Intensität der Compliance-Pflichten des geschäftsführenden Organs der herrschenden Gesellschaft im weiten Umfang durch konzernindividuelle Belange und Besonderheiten determiniert werden.[756] Entgegen eines teilweise erweckten Eindrucks, hängen die wesentlichen Charakteristika eines Compliance-Systems

---

rum Hüffer in: Hüffer/AktG, § 76 Rn. 9d, welcher dies lediglich in Betracht zieht. A.A. Hölters in: Hölters/AktG, § 93 Rn. 111.

748 Bachmann, GesR in der Disk., S. 94; Fleischer, CCZ 2008, S. 1 (5); Lösler, Compliance, S. 301 f.; zurückhaltender Bürkle in: Hauschka/Compliance, § 8 Rn. 69 und Lang, Corporate Compliance, S. 199 m.w.N.

749 Fleischer, CCZ 2008, S. 1 (5). Nach Hölters in: Hölters/AktG, § 93 Rn. 111 kommt dies lediglich in Betracht.

750 Hauschka/Greeve, BB 2007, S. 165 (167); Schneider, U./Schneider, S., ZIP 2007, S. 2061 (2065).

751 Grundmeier, Compliance im Konzern, S. 123 ff.; Habersack, FS Möschel, S. 1175 (1183 ff.); Hauschka/Greeve, BB 2007, S. 165 (167 ff.); Kremer/Klahold in: Krieger/Schneider, S. 618 ff.; Schneider, U., NZG 2009, S. 1321 (1326).

752 Hauschka/Greeve, BB 2007, S. 165 (167 f.); Kremer/Klahold in: Krieger/Schneider, S. 622 ff.

753 Schneider, U., NZG 2009, S. 1321 (1326); a.A. Hüffer in: Hüffer/AktG, § 76 Rn. 9d.

754 Habersack, FS Möschel, S. 1175 (1183 ff.).; a.A. Hüffer in: Hüffer/AktG, § 76 Rn. 9d.

755 So z.B. Schneider, U., NZG 2009, S. 1321 (1326).

756 Grundmeier, Compliance im Konzern, S. 121 f.; Koch, WM 2009, S. 1013 (1020); Verse, ZHR (175) 2011, S. 401 (416).

von der Konzernstruktur, dem Tätigkeitsfeld, der Konzernhistorie und der konkreten unternehmerischen Tätigkeit ab. So mannigfaltig Konzernstrukturen in der Praxis auftauchen, so unterschiedlich kann daher auch die Ausgestaltung des Compliance-Systems ausfallen.

Eine wesentliche Bedeutung kommt daneben dem Privileg des unternehmerischen Ermessens zu. Da sich die compliance-spezifischen organisatorischen Anforderungen vornehmlich aus dem Binnenverhältnis zur herrschenden Gesellschaft ableiten lassen, ist der Anwendungsbereich der Business Judgment Rule eröffnet. Geschäftsführenden Organen einer Einzelgesellschaft kommt insoweit ein weitgehender unternehmerischer Ermessensspielraum hinsichtlich der konkreten Maßnahmen – und damit der Umsetzung und Ausgestaltung des Compliance-Systems – zu. Im Konzern erweitert sich der Spielraum zusätzlich. Das geschäftsführende Organ ist grundsätzlich nicht dazu gehalten für ein rechtmäßiges Verhalten auf allen Konzernebenen zu sorgen. Im Unterschied zur Einzelgesellschaft bezieht sich das unternehmerische Ermessen des Organs damit nicht nur auf das „Wie“ von Compliance-Maßnahmen, sondern zudem auf das „Ob“ der Implementierung eines entsprechenden Organisationssystems. Trotz dieses weitgreifenden Ermessens setzt das Privileg der Business Judgment Rule voraus, dass die unternehmerische Entscheidung auf Grundlage einer angemessenen Tatsachengrundlage ergeht.[757] Bereits die Schaffung dieser Tatsachengrundlage verlangt wiederum einen – im Folgenden näher zu konkretisierenden – Mindeststandard an Compliance-Maßnahmen. Eine Ergänzung erfährt dieser Mindeststandard durch Anforderung, welche sich – insbesondere für zentral geführte Konzerne – aus verschiedenen der oben diskutierten Normen und Normkomplexe ableiten lassen. Insoweit ist allerdings zu beachten, dass der unternehmerische Ermessenspielraum der Konkretisierung von allgemeingültigen Anforderungen Grenzen setzt. Die Formulierung von Mindestanforderungen an ein konzernweites Compliance-System kann daher nur unter Vornahme einer Abstrahierung der Kriterien gelingen, welche genügend Raum für eine konzernindividuelle Ausübung des unternehmerischen Ermessens lässt. Die Aufstellung von detaillierten, ausformulierten und für jedes Konzernverhältnis Geltung beanspruchenden Organisationsanforderungen ist zwangsläufig zum Scheitern verurteilt.

II. Eckpunkte der Compliance im Konzern

1. Einrichtung einer organisatorischen Konzern Compliance-Funktion

(a) Pflichtenbegründung und -inhalt

Für die herrschende Gesellschaft ist die frühzeitige Kenntnis von aus Compliance-Verstößen resultierenden Schädigungsrisiken wesentlich, um diesen so schnell wie möglich entgegenwirken zu können bzw. diese abzustellen. In

757 Vgl. § 93 Abs. 1 S. 2 AktG.

einem logisch ersten Schritt setzt das zunächst voraus, dass klar definierte Zuständigkeits- und Verantwortungsbereiche für Compliance geschaffen werden.[758] Die Notwendigkeit einer entsprechenden Verpflichtung erscheint auf den ersten Blick nicht erforderlich, da – ausgehend von der gesetzlichen Verantwortungsverteilung – die primäre Verantwortung für Compliance bereits den geschäftsführenden Organe zugewiesen ist. Besteht damit eine gesetzliche Verantwortungszuweisung, so erscheint einer klare Abgrenzung der Verantwortungsbereiche für Compliance obsolet. Dieser Rückschluss geht jedoch an der Realität vorbei. Sowohl in der Einzelgesellschaft als auch im Konzern[759] gilt zunächst die Grundregel, dass Compliance „Chefsache" ist.[760] Es handelt sich insoweit um einen Ausschnitt der gesellschaftsrechtlichen Leitungsaufgabe, welcher keiner vollständigen Delegation zugänglich ist.[761] Erfolgt kein Delegationsakt so bleibt es bei diesem haftungsrechtlichen Status quo. Die Statuierung einer persönlichen Verantwortung hat jedoch nicht zur Folge, dass die geschäftsführenden Organe sämtliche Compliance-Aufgaben und Entscheidungen höchstpersönlich wahrnehmen bzw. treffen müssen. Eine effiziente Abstufung und Delegation von Compliance-Aufgaben auf weitere organisatorische Stellen innerhalb der herrschenden Gesellschaft und im Konzern, ist nicht nur möglich, sondern ab Überschreitung einer organisatorischen Komplexitätsschwelle zwingend notwendig.[762] Die alleinige Wahrnehmung sämtlicher Compliance-Aufgaben durch das Organ, dürfte sich insbesondere im Konzern als theoretisches Konstrukt erweisen.

Es besteht insoweit ein untrennbarer Zusammenhang zwischen der Delegation von Verantwortlichkeit und dem parallelen Erwachsen einer Organisationspflicht. Grundsätzlich können die Überlegungen, welche im Rahmen der Delegation von Organpflichten Geltung beanspruchen, daher fruchtbar gemacht werden. Im Kern entspringt die innere Rechtfertigung der hier statuierten Pflicht zur Schaffung einer organisatorischen Konzern-Compliance-Funktion der Tatsache, dass das geschäftsführende Organ zwar eine Verantwortung für Compliance trifft, diese aber in persona regelmäßig nicht zu erfüllen ist. Sowohl bei der Delegation von Organpflichten als auch bei der Konzern-Compliance-Funktion geht es darum, dass das Organ durch Delega-

758 Ebenso Lang, Corporate Compliance, S. 200 f.; Huber, Compliance-Pflichten, S. 185 ff.; Schneider, U./Schneider, S., ZIP 2007, S. 2061 (2065); Schneider, U., NZG 2009, S. 1321 (1326); Verse, ZHR (175) 2011, S. 401 (416 f.). Siehe hierzu Teil 5.§ 1.A.

759 Für den Konzern folgt dies aus der allgemeinen Konzernleitungsverantwortung als Bestandteil der gesellschaftsrechtlichen Leitungsaufgabe.

760 Fett/Theusinger, BB Special 4, 2010, S. 6 (14); Fleischer, CCZ 2008, S. 1 (3); Gößwein/Hohmann, BB 2011, S. 963 (965); Huber, Compliance-Pflichten, S. 186; Koch, B., CCZ 2010, S. 70 (72); Kiethe, GmbHR 2007, S. 393 (397); Krieger/Günther, NZA 2010, S. 367 (367); Lösler, NZG 2005, S. 104 (107); ders., WM 2007, S. 676 (679); Schmidt-Husson in: Hauschka/Compliance, § 7 Rn. 13 ff.

761 Eisele/Faust in: Schimansky/Bunte/Lwowski, Bankrechts-Handbuch, § 109 Rn. 99; Fett/Theusinger, BB Special 4, 2010, S. 6 (11).

762 Eisele/Faust in: Schimansky/Bunte/Lwowski, Bankrechts-Handbuch, § 109 Rn. 99.

tion – bzw. Organisation von betrieblichen Abläufen – zu einer sachgerechten Unternehmens- oder Konzernleitung befähigt werden soll.

Praktische Relevanz erlangt die organisatorische Verantwortungsverteilung spätestens dann, wenn eine compliance-relevante unternehmerische Entscheidung ansteht. Die Privilegierung unternehmerischer Entscheidungen setzt eine angemessene Informationsbasis voraus.[763] Ohne klar definierte Zuständigkeiten und Ansprechpartner, wird sich eine hinreichende Informationsbasis nicht erreichen lassen. Die geschäftsführenden Organe einer herrschenden Gesellschaft sind daher verpflichtet, Sorge dafür zu tragen, dass definierte organisatorische Verantwortungsbereiche für Compliance geschaffen werden, welche über die zur Aufgabenerfüllung notwendigen personellen und sachlichen Mittel verfügen. Weiterhin muss diese organisatorische Einheit, welche im Folgenden auch als Konzern-Compliance-Funktion bezeichnet wird, über eine für die Aufgabenerfüllung notwendige interne hierarchische Kompetenz verfügen. Dies bedeutet im Wesentlichen, dass sie gegenüber anderen Unternehmenseinheiten über Einsichts- und Kontrollrechte verfügen muss. Soweit möglich ist diese Pflicht konzernweit zu verstehen. Dies bedeutet, dass die herrschende Gesellschaft auf die Einrichtung entsprechender Funktions- und Verantwortungsbereiche innerhalb der Konzerngesellschaften hinwirken muss.[764] Kann sie dies aufgrund fehlender gesellschaftsrechtlicher Einwirkungsmöglichkeiten nicht verbindlich einfordern, so bleibt es aus ihrer Sicht bei der gesetzlichen Zuständigkeit des jeweiligen geschäftsführenden Organs der Konzerngesellschaft. Es bedeutet zugleich, dass die herrschende Gesellschaft für die zeitnahe und lückenlose Bestellung von Organmitgliedern in Tochtergesellschaften verantwortlich ist.[765]

Rechtsgrundlage der soeben statuierten Pflicht ist die gesellschaftsrechtliche Leitungs- und Sorgfaltspflicht. Soweit sich die Konzern-Compliance-Funktion auf die herrschende Gesellschaft selbst bezieht, folgt die Verantwortung bereits aus der Legalitätskontrollpflicht. Für diese existiert kein konzernspezifisches Äquivalent, sofern Compliance-Verstöße innerhalb von Konzerngesellschaften nicht das wirtschaftliche Eigeninteresse der herrschenden Gesellschaft tangieren. Gleichwohl kommt der Existenz einer funktionierenden Konzern-Compliance-Funktion – auch aus Sicht der herrschenden Gesellschaft – eine besondere Bedeutung zu. Ohne die Wahrung eines Minimums an Maßnahmen ist faktisch nicht auszuschließen, dass Verstöße innerhalb des Konzernverbundes zu einer Schädigung der Konzernspitze führen. Insoweit besteht daher eine allgemeine Konzernleitungsverantwortung der geschäftsführenden Organe an der Konzernspitze.[766] Diese wiederum ist

763 Statt vieler Mertens/Cahn in: KK/AktG, § 93 Rn. 32 ff. m.w.N.

764 Die "Hinwirkungspflicht" ebenfalls betonend z.B. Bürkle in: Hauschka/Compliance, § 8 Rn. 68.

765 Schneider, U./Schneider, S., ZIP 2007, S. 2061 (2065).

766 Fleischer in: Spindler/Stilz, § 76 Rn. 84 ff.; Kort in: GroßK/AktG, § 76 Rn. 139 ff.; Löbbe, Unternehmenskontrolle, S. 78 ff.; Lösler, Compliance, S. 281 f.; Martens, FS Heinsius, S. 523 (531); Mertens/Cahn in: KK/AktG, § 76 Rn. 65; Schneider,

ebenfalls anerkannter Bestandteil der gesellschaftsrechtlichen Leitungsaufgabe.

(b) Horizontale Delegation auf Ebene der herrschenden Gesellschaft

In Kollegialorganen entspricht es gängiger Praxis, die Verantwortung für Compliance im Unternehmen bzw. im Konzern zunächst einem Organmitglied zuzuweisen.[767] Existiert eine Geschäftsordnung oder ein Geschäftsverteilungsplan,[768] so vollziehen diese die Zuweisung regelmäßig nach.[769] Eine Zuweisung in der Satzung ist demgegenüber zwar grundsätzlich ebenfalls zulässig, jedoch erheblich weniger flexibel und damit ungewöhnlich.[770] Die horizontale Delegation innerhalb des Kollegialorgans bildet im Regelfall den ersten Schritt zur Schaffung einer klar definierten organisatorischen Verantwortung. Eine Pflicht zur horizontalen Delegation besteht nicht, doch ist diese empfehlenswert, da die einzelnen Mitglieder eines mehrgliedrigen Organs von einer Geschäftsverteilung profitieren. Wird einem Organmitglied die Verantwortung für Compliance zugewiesen, so trägt dieses aufgrund des Ressortprinzips zunächst einmal die unmittelbare Verantwortung. Den übrigen Organmitgliedern ist ein kontinuierliches „Hineinregieren" in das Nachbarressort untersagt.[771] Dies hat den Vorteil, dass die federführend mit der Compliance betraute Person über einen eigenständigen Handlungsspielraum verfügt und mit Wirkung für das Kollegialorgan handeln kann.[772]

Andererseits führt die horizontale Delegation nicht zu einer vollständigen Haftungsentlastung der übrigen Organmitglieder, da die Geschäftsverteilung nicht deckungsgleich mit dem Haftungsbereich ist.[773] Die Zuständigkeit wandelt sich in eine Überwachungspflicht. Über die Grenzen des eigenen Ressorts hinaus, sind die Organmitglieder zu einer Beobachtung der benachbarten Ressorts verpflichtet.[774] Inhaltlich unterscheidet sich die Beobachtungsaufgabe von der des Aufsichtsrates und weist, verglichen mit dem Pflichten-

---

U./Schneider, S., AG 2005, S. 57 (58 f.); Seibt in: Schmidt/Lutter, § 76 Rn. 16; Spindler in: MüKo/AktG, vor § 76 Rn. 56; Verse, ZHR (175) 2011, S. 401 (407 f.).

767 Lang, Corporate Compliance, S. 45 f.

768 Für die AG trifft § 77 Abs. 1 S. 2 AktG eine explizite Regelung, doch auch im GmbH Recht ist anerkannt, dass die Geschäftsführer von den Grundsätzen der Gesamtverantwortung oder Universalzuständigkeit abweichen dürfen.

769 Hauschka, NJW 2004, S. 257 (259); Lampert in: Hauschka/Compliance, § 9 Rn. 14.

770 Hölters in: Hölters/AktG, § 93 Rn. 44.

771 So z.B. OLG Hamm, GmbHR 1992, S. 375 (377); OLG Zweibrücken, NZG 1999, S. 506 (508). Siehe hierzu auch Fleischer, NZG 2003, S. 449 (452) m.w.N.

772 Hauschka/Greeve, BB 2007, S. 165 (167); Kremer/Klahold in: Krieger/Schneider, S. 619.

773 Statt aller Spindler in: Müko/AktG, § 77 Rn. 58.

774 BGHZ 133, S. 370 (377 f.); BGH, NJW 2001, S. 969 (971); Fleischer in: Spindler/Stilz, § 77 Rn. 49; ders., NZG 2003, S. 449 (452); ders., AG 2003, S. 291 (292); Hüffer in: Hüffer/AktG, § 77 Rn. 15; Haas/Ziemons in: Michalski/GmbHG, § 43 Rn. 160; Hoffmann-Becking, ZGR 1998, S. 497 (506 ff.); Kort, FS Hopt, S. 983 (988); Lang, Corporate Compliance, S. 65; Mertens in: KK/AktG, § 77 Rn. 18; Schmidt-Husson in: Hauschka/Compliance, § 7 Rn. 10; Spindler in: Müko/AktG, § 77 Rn. 59; Turiaux/Knigge, DB 2004, S. 2199 (2203).

maßstab gegenüber nachgeordneten Unternehmensebenen, nur eine abgeschwächte Intensität auf.[775] Qualitativ steht der Umfang der Überwachungspflicht insbesondere in Abhängigkeit zu vorhandenen Risiken und Auffälligkeiten in der Vergangenheit.[776] Ein besonderes Augenmerk ist darüber hinaus auf Aufgaben zu richten, welche das Gesetz dem Leitungsorgan als Kollegialorgan auferlegt.[777] Die Überwachungspflicht mündet in eine Handlungspflicht, sofern Anhaltspunkte dafür bestehen, dass die Erfüllung der einer Gesellschaft obliegenden Aufgaben durch das intern zuständige Organ nicht gewährleistet ist. Eine engmaschigere Kontrolle des für Compliance zuständigen Ressorts wäre demnach z.B. angezeigt, wenn eingetretene Zuwiderhandlungen den Verdacht von organisatorischen Defiziten nähren, oder wesentliche Risiken z.B. in Gestalt von potentiellen Kartellbußgeldern in Rede stehen. Bei der Intensität der Überwachungspflicht ist jedoch zu beachten, dass diese wie im Falle einer vertikalen Delegation durch den Vertrauensgrundsatz geprägt ist.[778] Übertragen auf eine horizontale Delegation der Compliance Zuständigkeit besagt dieser, dass die übrigen Organmitglieder sich im Allgemeinen darauf verlassen dürfen, dass der zuständige Ressortleiter, die ihm übertragenen Aufgaben pflichtgemäß erfüllt. Liegen keine Anhaltspunkte für Zweifel an der recht- und zweckmäßigen Aufgabenerfüllung vor, so können sich die Organe auf eine überwiegend sporadische Kontrolle zurückziehen, welche z.B. in der Entgegennahme und Prüfung von turnusmäßigen Compliance-Berichten bestehen kann.

(c) Vertikale Compliance-Organisation im Konzernverbund

Im Konzern ist die Implementierung einer vertikalen Compliance-Funktion von ungleich größerer Bedeutung als ihr horizontales Pendant. Insoweit bestehen partielle Unterschiede zwischen der Delegation von Organpflichten bzw. Verantwortung und der Organisation von Compliance im Konzern. Ein Delegationsakt setzt bereits begrifflich ureigene Pflichten des Delegierenden voraus. Da den geschäftsführenden Organen der herrschenden Gesellschaft grundsätzlich keine Legalitätskontrollpflicht bezüglich der Geschehnisse in den Konzerngesellschaften obliegt, handelt es sich insoweit um keine Delegation, da sich ihr Pflichtenkreis auf die "eigene Gesellschaft" beschränkt. Die bisherigen Erkenntnisse verdeutlichten jedoch die Notwendigkeit einer konzerndimensionalen Erstreckung von Compliance. Überschreitet die vertikale Organisation von Compliance dabei die Grenzen der juristischen Person der

---

775 Fleischer in: Spindler/Stilz, § 77 Rn. 49; ders., NZG 2003, S. 449 (452) jeweils m.w.N.

776 Spindler in: Müko/AktG, § 93 Rn. 135.

777 Zu nennen sind insoweit insbesondere steuerrechtliche, sozialrechtliche und bilanzrechtliche Pflichten. Siehe hierzu Haas/Ziemons in: Michalski/GmbHG, § 43 Rn. 160 m.w.N.

778 BGHZ 169, S. 364 (368); OLG Köln, NZG 2001, S. 135 (136); OLG Düsseldorf, GmbHR 1994, S. 403 (403); Fleischer, NZG 2003, S. 449 (455); Haas/Ziemons in: Michalski/GmbHG, § 43 Rn. 163; Schmidt-Husson in: Hauschka/Compliance, § 7 Rn. 11; Turiaux/Knigge, DB 2004, S. 2199 (2206).

herrschenden Gesellschaft, so handelt es sich nicht um eine Delegation von Verantwortung, sondern um eine eigenständige Organisationspflicht. Gleichwohl bestehen auch insoweit Parallelen zwischen der Delegation von Organpflichten und der Einrichtung einer organisatorischen Compliance-Funktion. In beiden Fällen lässt sich der Pflichtenursprung auf eine Erweiterung des Tätigkeitsbereiches zurückführen, welche eine entsprechend gesteigerte Verantwortung gegenübersteht. Aufgrund der Parallelität ist es sachgerecht, die Voraussetzungen und Anforderungen im Falle einer vertikalen Delegation auf die vorliegende Fragestellung entsprechend heranzuziehen.

Einer Darstellung der vertikalen Organisation ist jedoch voranzustellen, dass die Pflicht zur Schaffung einer Compliance-Funktion im Sinne einer klar abgegrenzten organisatorischen Zuständigkeit noch keine Aussage bezüglich ihrer konkreten konzernindividuellen organisatorischen Umsetzung enthält.[779] Aus der zugrunde liegenden Leitungs- und Sorgfaltspflicht folgt lediglich das Gebot einer anforderungsgerechten, zweckmäßigen und effizienten Organisation unter Beachtung der gesellschaftsrechtlichen und betriebswirtschaftlichen Rahmenbedingungen.[780] Eine organisatorische Verselbstständigung ist daher keineswegs erforderlich, da auch die Anbindung an eine andere Abteilung grundsätzlich ausreichend ist. Maßgeblich ist insoweit das unternehmerische Ermessen des geschäftsführenden Organs, welches sich nicht nur auf die konkrete organisatorische Ausgestaltung, sondern auf die Festlegung von etwaigen Einschreitensschwellen und Eingriffskompetenzen bezieht.

(aa) Pflicht zur Schaffung eines Group Compliance Officers?

Die Pflicht zur Schaffung einer Compliance-Funktion ist nicht gleichzusetzen mit einer teilweise angenommenen Pflicht zur Installierung eines konzernweiten, unabhängigen und organisatorisch verselbstständigten Group Compliance Officer.[781] Für die Position eines Group Compliance Officer sprechen nicht nur betriebswirtschaftliche und rechtliche Erwägungen, sondern auch die normative Kraft des Faktischen, dagegen ist aber einzuwenden, dass sich eine entsprechende Rechtspflicht nicht normativ begründen lässt. Dies ergibt sich zwanglos aus der Tatsache, dass geschäftsführende Organe ihren Pflichten auch durch Implementierung von dezentralen Compliance Officers genügen können. Berichten diese wiederum direkt an das geschäftsführende Organ der herrschenden Gesellschaft, so kann es sich durchaus um eine den Anforderungen der §§ 76 Abs. 1, 93 AktG bzw. § 43 GmbHG genügende Organisation handeln, welche über keinen Group Compliance Officer verfügt.[782]

Auch unter Ablehnung einer rechtlichen Verpflichtung, sprechen allerdings praktische und haftungsrechtliche Gründe für die Implementierung eines

---

779 Statt vieler Huber, Compliance-Pflichten, S. 184 m.w.N.

780 Siehe hierzu bereits Teil 4.§ 2.A.I.2(d).

781 Eine Pflicht annehmend: z.B. Bachmann, GesR in der Disk., S. 94; Fleischer, CCZ 2008, S. 1 (5); Lösler, Compliance, S. 301 f.; zurückhaltender Bürkle in: Hauschka/Compliance, § 8 Rn. 69; Huber, Compliance-Pflichten, S. 186; Lang, Corporate Compliance, S. 199 m.w.N.

782 Weitere Alternativen bei Huber, Compliance-Pflichten, S. 186 f.

Group Compliance Officer. Die Implementierung führt, da sie sich innerhalb der herrschenden Gesellschaft vollzieht, zu einer echten Delegation von Verantwortung. Durch den Delegationsakt wandelt sich die Verantwortung der Organe zu einer Auswahl-, Einweisungs- und Überwachungspflicht.[783] Dies führt zu einer „spürbaren Haftungserleichterung".[784] Eine umfassende Pflicht reduziert sich auf die sachgerechte Auswahl, Einweisung und Ausstattung – sowohl in personeller als auch in sachlicher Hinsicht – des Group Compliance Officer.[785] Im Übrigen dürfen sich die Organe anschließend auf die Überwachung des Überwachers beschränken, was auch als Meta-Überwachung bezeichnet wird.[786] Ihre Grenze findet die Entlastungswirkung lediglich in der zwingenden Gesamtverantwortung oder Universalzuständigkeit der Organe, welche bei wichtigen Aufgabenbereichen und wesentlichen Risiken ungeachtet der vorgenommenen Aufgabenverteilung eingreift. Organisatorisch sinnvoll ist es den Group Compliance Officer direkt dem für Compliance zuständigen Organ unterzuordnen. Ob sich dies im Konzernorganigramm als sog. „Compliance Committee", Bestandteil der Rechtsabteilung oder unabhängige Stabsstelle darstellt, ist dagegen von untergeordneter Relevanz.

(bb) Organisationsmodelle in Abhängigkeit zur Konzernstruktur

Die mannigfaltigen praktischen Erscheinungsformen von Konzernen und ihrer Organisationsstruktur ermöglichen eine Vielzahl von organisatorischen Gestaltungen der Compliance-Funktion. Neben der bereits beschriebenen dezentralen Compliance-Struktur, bietet sich als Grundstruktur zunächst eine gestufte Organisation an, welche sowohl auf Ebene der herrschenden Gesellschaft – häufig in Gestalt eines Group Compliance Officer – als auch auf Ebene der Konzerngesellschaften ansetzt.[787] Innerhalb der Konzerngesellschaften eingesetzte Compliance Officer können in diesem Fall ihre relevanten Erkenntnisse an den Group Compliance Officer weiterleiten, welcher die Informationen wiederum gefiltert und aufbereitet der Konzernleitung zur Verfügung stellen kann. Denkbar ist es auch, dass – insbesondere kleinere Konzerngesellschaften – nicht die formelle Position eines Compliance Officer einrichten, sondern diese Aufgabe direkt den geschäftsführenden Organen zufällt.

Die Grundlinien einer konzernweiten Compliance-Funktion müssen jedoch nicht zwangsweise deckungsgleich mit den formellen Grenzen der juristi-

783 Statt vieler Krieger/Günther, NZA 2010, S. 367 (369); Lang, Corporate Compliance, S. 46.

784 So wörtlich Fleischer in: Fleischer/HdbVorstR, § 8 Rn. 44; Hauschka, NJW 2004, S. 257 (259); ders. in: Hauschka/Compliance, § 1 Rn. 30; Krieger/Günther, NZA 2010, S. 367 (369); Lampert in: Hauschka/Compliance, § 9 Rn. 14; Lang, Corporate Compliance, S. 46.

785 Schmidt-Husson in: Hauschka/Compliance, § 7 Rn. 28.

786 Meier-Greve, BB 2009, S. 2555 (2556); Schmidt-Husson in: Hauschka/Compliance, § 7 Rn. 28. Zu diesem Begriff auch Lang, Corporate Compliance, S. 44.

787 Bürkle in: Hauschka/Compliance, § 8 Rn. 69; Fett/Theusinger, BB Special 4, 2010, S. 6 (11).

schen Personen innerhalb des Konzernverbundes sein bzw. sich an diesen orientieren. So ist als weitere Alternative die Einrichtung einer Matrixstruktur möglich, welche auf den unterschiedlichen Geschäftsfeldern des Konzerns beruht. Kennzeichnend für die Matrixstruktur multinationaler Konzerne ist die Ausweitung der Weisungsbeziehungen. Im Mittelpunkt stehen nicht die gesellschaftsrechtlichen Grenzen der juristischen Personen, sondern die funktionale Ausrichtung der betriebswirtschaftlichen Prozesse.[788] Die Positionsbeschreibung der für Compliance zuständigen Personen kann diese Struktur nachzeichnen. So können sich die Tätigkeitsfelder z.B. auf den Bereich Einkauf oder Vertrieb beziehen und damit bewusst mehrere Konzerngesellschaften umfassen.[789] Eine andere parallele Variante besteht darin, die Compliance-Struktur anhand der örtlichen Tätigkeitsbereiche des Konzerns auszurichten.[790] Insbesondere Bestechungs- und Korruptionsdelikte weisen signifikante örtliche Diskrepanzen und Besonderheiten auf.[791] Regional- oder länderspezifische Compliance Officer in hochsensiblen Märkten haben den Vorteil, dass sie besser mit den örtlichen Gepflogenheiten und Risiken vertraut sind. Letztlich steht die Entscheidung über die organisatorische Gestaltung im Ermessen der geschäftsführenden Organe, sowohl auf Ebene der herrschenden Gesellschaft als auch innerhalb der Konzerngesellschaften.

(d) Externe Delegation von Compliance-Aufgaben

Die Vorhaltung einer konzernweiten Compliance-Funktion kann mit beträchtlichen Fixkosten verbunden sein. Im Hinblick auf personelle und sachliche Anforderungen erscheint daher – insbesondere für kleinere Konzerne – die Auslagerung von Aufgaben auf einen externen Dienstleister als praktikable Alternative.[792] Die externe Delegation von Compliance-Aufgaben ist nicht nur grundsätzlich zulässig,[793] sondern bei mangelnder unternehmensinterner Sachkunde oder notwendigen Kapazitäten auch erforderlich. Neben der Fixkostenreduktion kann der Outsourcing Prozess auch zu einer Effizienzoptimierung führen, da die Delegation häufig an Dienstleister erfolgt, die über ein themenspezifisches Know How verfügen.[794] Dem Zugriff auf unterneh-

788 Bauer/Herzberg, NZA 2011, S. 713 ff.; Wisskirchen/Dannhorn/Bissels, DB 2008, S. 1139 (1139).

789 Fett/Theusinger, BB Special 4, 2010, S. 6 (12).

790 Fett/Theusinger, BB Special 4, 2010, S. 6 (12).

791 Siehe hierzu den aktuellen Korruptionsindex von Transparency International. abrufbar unter: http://www.transparency.de, letzter Abruf 21.08.2012.

792 Sofern einzelne Dienstleistungen einer internationalen Delegation zugänglich sind, kommt eine Verlagerung in Länder mit niedriger Kostenstruktur in Betracht. Dies bietet ein zusätzliches Kostenreduzierungspotential. Zu denken ist hierbei insbesondere an unterstützende IT Dienstleistungen. Vgl. auch Loff, WM 2009, S. 780 (781).

793 Bürkle in: Hauschka/Compliance, § 8 Rn. 58 ff; Kort, FS Hopt, S. 983 (988); Schaaf, Risikomanagement und Compliance, S. 183 ff.; Schmidt-Husson in: Hauschka/Compliance, § 7 Rn. 7. Allgemein zur externen Delegation: Fleischer in: Spindler/Stilz, § 76 Rn. 66 f.

794 Eyles, WM 2000 S. 1217 (1217 f.); Loff, WM 2009, S. 780 (780 ff.); Schaaf, Risikomanagement und Compliance, S. 184.

mensexternes Know How und den möglichen Synergieeffekten stehen als Gegenpol jedoch Nachteile gegenüber. So ist im Zuge des Outsourcings zu berücksichtigen, dass ein unternehmensexterner Dienstleister nicht in den Unternehmensalltag eingebunden ist. Dies kann zu Informationsdefiziten führen. Die Nutzung eines unternehmensinternen Beziehungsgeflechts und informeller Kommunikationsstrukturen ist insbesondere für den Compliance Officer bzw. Compliance-Beauftragten von herausgehobener Bedeutung.[795] Regelmäßig wird auch die Hemmschwelle einer Meldung von Gesetzesverstößen von Unternehmensangehörigen höher sein, wenn der Empfänger kein unternehmensinterner Kollege ist, sondern ein spezialisierter Externer. Nicht zuletzt muss sich der Dienstleister – als Basis einer effizienten Aufgabenwahrnehmung – mit den konzernindividuellen Strukturen und dem Risikoprofil vertraut machen.[796]

In der Praxis dominierend ist daher allenfalls eine partielle Auslagerung der mit Compliance verbundenen Aufgaben. Einer Delegation zugänglich sind z.B. Tätigkeiten wie die die Schulung, Information und Beratung von Unternehmensmitarbeitern über tätigkeitsspezifische Compliance-Risiken und potentielle Gesetzesverstöße.[797] Unter Beachtung von arbeits-, datenschutz- und strafrechtlichen Rahmenbedingungen können externe Stellen auch mit der Durchführung von unternehmensinternen Ermittlungsmaßnahmen nach eingetretenen Zuwiderhandlungen betraut werden.[798] Häufig findet eine externe Delegation auch im Zusammenhang mit dem Betrieb einer Whistleblowing-Hotline statt. Bereits diese nicht abschließenden Beispiele verdeutlichen den theoretischen Umfang von Tätigkeiten, welche einer Delegation zugänglich sind. Zugleich ist aber einschränkend hinzuzufügen, dass eine vollständige Verlagerung der Compliance-Funktion auf einen externen Dienstleister nicht nur praktischen Bedenken begegnet, sondern die haftungsrechtlichen Vorteile der vertikalen Delegation konterkariert. Sofern das zuständige geschäftsführende Organ einen sachgerecht ausgewählten und instruierten Group Compliance Officer mit der Wahrnehmung der konzernweiten Compliance beauftragt, reduzieren sich die Pflichten auf eine Meta-Überwachung. Der Group Compliance Officer bildet aus Sicht der geschäftsführenden Organe einen zusätzlichen „Haftungspuffer".[799] Erfolgt ein vollständiges Outsourcing der Compliance-Funktion – mit der Folge, dass innerhalb der herrschenden Gesellschaft keine nachgeordnete interne Organisationseinheit für Compliance verantwortlich ist – bleibt es beim gesetzlichen Status quo und der unmittelbaren Verantwortung der geschäftsführenden Organe.

795 Bürkle in: Hauschka/Compliance, § 8 Rn. 59.

796 Zu diesen und weiteren Abwägungsfaktoren einer Auslagerungsentscheidung mit Fokus auf bank- und wertpapieraufsichtsrechtliche Rahmenbedingungen vgl. Eyles, WM 2000 S. 1217 (1217 f.); Loff, WM 2009, S. 780 (780 ff.); Schaaf, Risikomanagement und Compliance, S. 184.

797 Bürkle in: Hauschka/Compliance, § 8 Rn. 60.

798 Bürkle in: Hauschka/Compliance, § 8 Rn. 60; Leipold, NJW-Spezial, 2006, S. 375 (375); v. Hehn/Hartung, DB 2006, S. 1909 (1913); Wagner, CCZ 2009, S. 8 (8 ff.).

799 So wörtlich Bürkle in: Hauschka/Compliance, § 8 Rn. 61.

Im Übrigen weisen externe und interne Delegation keine grundsätzlichen Wesensverschiedenheiten auf. Auswahl und Einweisung des externen Dienstleisters sind mit der gleichen Sorgfalt vorzunehmen, wie dies bei einem internen Delegationsakt der Fall ist.[800] Im Gegensatz zu einer internen Delegation ist der externe Dienstleister jedoch keinem arbeitsrechtlichen Weisungsrecht unterworfen, welches die Kontrollrechte sicherstellt und evtl. notwendige steuernde Eingriffe ermöglicht. Da die letztendliche Entscheidungshoheit jedoch auf Ebene der Unternehmensleitung verbleiben muss, ist die Lösung in der vertraglichen Outsourcingvereinbarung zu suchen. Der maßgebliche Vertrag muss nicht nur Weisungs-, Auskunfts-, und Kontrollrechte des Delegierenden – sowie das hierfür notwendige formelle Prozedere vorsehen – sondern darüber hinaus auch klar definierte Vorgaben für einen Aufgabenentzug enthalten.[801] Aufgrund der weiterhin bestehenden Leitungsverantwortung darf die externe Delegation nicht zu einer Selbstentmachtung der Unternehmensleitung führen. Für die Verlagerung von Teilen der Compliance-Aufgaben gilt dies im besonderen Maße, da die hochsensible Tätigkeit in letzter Konsequenz nicht nur monetäre Haftungsfolgen auslösen kann. Berücksichtigt die vertragliche Gestaltung die Anforderungen der Leitungsverantwortung, so ist parallel zur horizontalen Delegation und vertikalen Organisation lediglich wesentlich, dass klare überschneidungsfreie und konzernweite Zuständigkeiten für Compliance i.S. der beschriebenen Compliance-Funktion gebildet werden.

2. Erstmalige und laufende Erfassung von Compliance-Risiken

(a) Pflichtenbegründung und -inhalt

Es besteht weiterhin eine Pflicht zur erstmaligen und laufenden Ermittlung der bestehenden Compliance-Risiken im Konzernverbund, was einen die Grenzen der einzelnen juristischen Personen überschreitenden Informationsfluss an die Konzernspitze voraussetzt.[802] Abstrakt bezieht sich diese Pflicht auf sämtliche Tatsachen, Entwicklungen und Informationen, welche für die Vorbereitung und Vornahme einer compliance-spezifischen unternehmerischen Maßnahme oder Entscheidung notwendig sind. Eine positive und abschließende Definition der konkret zu ermittelnden Informationen und Risikoindikatoren dürfte praktisch unmöglich sein. Von besonderer Relevanz ist allerdings insbesondere die Kenntnis von Veränderungen des Compliance-Risikoprofils einer Konzerngesellschaft, den vorhandenen Compliance-Maßnahmen sowie von aufgetretenen Compliance-Verstößen in der Vergan-

800 Fleischer in: Spindler/Stilz, § 76 Rn. 60; Henze, BB 2000, S. 209 (210); Stein, ZGR 1988, S. 163 (171 f.).

801 Bürkle in: Hauschka/Compliance, § 8 Rn. 58; Fleischer in: Spindler/Stilz, § 76 Rn. 60; Kort, FS Hopt, S. 983 (989); Stein, ZGR 1988, S. 163 (171); Turiaux/Knigge, DB 2004, S. 2199 (2206).

802 Huber, Compliance-Pflichten, S. 188 ff. Vgl. zu dieser Anforderungen insbesondere auch Lang, Corporate Compliance, S. 202 ff.

genheit und deren Sanktionierung.[803] Die herrschende Gesellschaft muss auf eine möglichst vollumfängliche Erteilung der insoweit relevanten Informationen und Daten hinwirken.[804] Die Intensität der Risikoerfassung steht dabei unter anderem in Abhängigkeit zur Bedeutung der Beteiligung.[805] Grundvoraussetzung eines Informationsflusses ist darüber hinaus, eine vorrangige Erfassung der maßgeblichen Informationen auf Ebene der einzelnen Konzerngesellschaften. In Abhängigkeit von Risikopotential und Aktivwert der Beteiligung muss die herrschende Gesellschaft daher ggfs. zunächst auf die Einrichtung von entsprechenden Systemen innerhalb der Konzerngesellschaften hinwirken.

Die Pflicht folgt sowohl aus der gesellschaftsrechtlichen Leitungs- und Sorgfaltspflicht als auch aus ihrer deklaratorischen Ausgestaltung und Präzisierung innerhalb von § 91 Abs. 2 AktG. Aufgrund der Fokussierung von § 91 Abs. 2 AktG auf bestandsgefährdende Entwicklungen, reduziert sich der Normbefehl auf die Ermittlung und Kontrolle von Compliance-Risiken, welche eine signifikante wirtschaftliche Gefährdung der herrschenden Gesellschaft begründen.[806] Unterhalb dieser Schwelle enthalten die §§ 76 Abs. 1, 93 AktG bzw. § 43 GmbHG – oder präziser die in den Normen verkörperte Pflicht zur Wahrung des wirtschaftlichen Eigeninteresses der herrschenden Gesellschaft – eine entsprechende Erfassungs- und Kontrollpflicht. Die Pflicht zur Wahrung des wirtschaftlichen Eigeninteresses greift früher ein, da nicht zu leugnen ist, dass Konzerngesellschaften zum Aktivvermögen der herrschenden Gesellschaft gehören, welches als solches d.h. auch unterhalb zur Schwelle der Bestandsgefährdung zu schützen ist. Dies setzt zwangsläufig eine frühzeitige Kenntnis von drohenden Risiken voraus.

Mittelbar hat die systematische Erfassung von compliance-spezifischen Risiken innerhalb von § 93 Abs. 1 S. 2 AktG normative Ausprägung erfahren. Die darin enthaltene nationale Adaption der Business Judgment Rule macht die Privilegierung von unternehmerischen Entscheidungen unter anderem von einer angemessenen Vergewisserung über die maßgeblichen Tatsachengrundlagen abhängig.[807] Für eine ermessenfehlerfreie Entscheidung über die konkrete Ausgestaltung und Intensität der konzernweiten Compliance-Maßnahmen ist daher in einem ersten Schritt die vorangehende Analyse des

---

803 Mit Hinweis auf die beiden zuletzt genannten Teilaspekte: Schneider, U., NZG 2009, S. 1321 (1326).

804 Ebenfalls die "Hinwirkungskomponente" betonend Bürkle in: Hauschka/Compliance, § 8 Rn. 68, Fleischer, CCZ 2008, S. 1 (6).

805 Götz, ZGR 1998, S. 524 (537); Lösler, Compliance, S. 298. Ein weiterer Aspekt ist selbstverständich das Risikopotential einer konkreten Konzerngesellschaft.

806 Gleichwohl soll an dieser Stelle nochmals darauf hingewiesen werden, dass bereits die konzernspezifische Analyse von § 91 Abs. 2 AktG verdeutlicht, dass die Risikoerfassung faktisch bereits unterhalb dieser Schwelle ansetzen muss. Eine isolierte Erfassung und Kontrolle von bestandsgefährdenden Entwicklungen ist praktisch kaum durchführbar und vernachlässigt zudem die Gefahr von Risikokumulierungen und Wechselwirkungen.

807 Statt aller Fleischer in: Spindler/Stilz, § 93 Rn. 73.

spezifischen Risikopotentials notwendig. Angesichts der unternehmerischen Eigendynamik und dem steten Wandel von gesetzlichen und wirtschaftlichen Rahmenbedingungen, liegt der nächste gedankliche Schritt auf der Hand. Ausreichend ist nicht nur eine einmalige Erfassung der konzernweiten Compliance-Risiken, sondern eine laufende Ermittlung in regelmäßigen Intervallen bzw. zumindest eine anlassbezogene Aktualisierung der Erkenntnisse. Erfolgt dies nicht, so kann der kontinuierlich laufende unternehmerische Entscheidungsprozess über die Ergreifung oder das Unterlassen von Compliance-Maßnahmen nicht auf Grundlage angemessener Informationen ergehen. Im Folgenden sollen mögliche Instrumente zur Erfassung von Compliance-Risiken dargestellt werden, wobei auch hier der Grundsatz gilt, dass keine allgemeingültige Rechtspflicht zur Implementierung eines oder mehrerer der genannten Instrumente besteht. Es liegt vielmehr im unternehmerischen Ermessen und steht in Abhängigkeit zur Konzernstruktur auf welche Art und Weise der Mindeststandard erfüllt wird.

(b) Potentielle Instrumente zur Erfassung von Compliance-Risiken

(aa) Nutzung vorhandener Informationsmöglichkeiten

Ausgehend von dem vorstehend genannten Ziel existiert eine ganze Reihe von möglichen Instrumenten zur Risikoerfassung. Es steht weitestgehend im unternehmerischen Ermessen der geschäftsführenden Organe für welches Instrument bzw. für welche Kombination aus mehreren sie sich entscheiden. Bevor man sich einem konzernweiten Berichtswesen oder eine Whistleblower Hotline zuwendet, ist zu berücksichtigen, dass diese – wenn auch effektiven Instrumente zur Informationsgewinnung – gewisse rechtliche Einflussmöglichkeiten auf die Konzerngesellschaften voraussetzen.[808] Zunächst bietet sich für die herrschende Gesellschaft daher die Nutzung vorhandener einflussunabhängigerer Erkenntnisquellen an.[809]

Als erstes ist hier sicherlich die Möglichkeit zur Entsendung von Repräsentanten in die jeweiligen Gesellschafterversammlungen bzw. Überwachungsgremien der Konzerngesellschaften zu nennen. Sowohl die Beteiligung an der Gesellschafterversammlung als auch eine Tätigkeit als Aufsichtsratsmitglied begründet, in unterschiedlichem Umfang und unter Wahrung formeller Voraussetzungen, einen Informationsanspruch gegenüber der Unternehmensleitung der herrschenden Gesellschaft. Ist die herrschende Gesellschaft mehrheitlich an einer Konzerngesellschaft beteiligt, so lässt sich ihr Einfluss und die Informationsbasis durch Schaffung oder Ausnutzung von Organdoppelmandaten intensivieren. Insbesondere nationale Holdingkonzerne sind häufig so strukturiert, dass geschäftsführende Organe der Holding zugleich eine Or-

---

808 Zu den Grenzen – insbesondere im Hinblick auf den faktischen Konzern – siehe sogleich zusammenfassend und pflichtübergreifend Teil 5.§ 2.A.

809 Fleischer, CCZ 2008, S. 1 (6); ders., DB 2005, S. 759 (764); Huber, Compliance-Pflichten, S. 188 f.

gantätigkeit innerhalb einer operativen Konzerngesellschaft ausüben.[810] Derartige Doppelmandate sind nicht nur häufig, sondern grundsätzlich gesellschaftsrechtlich zulässig.[811] Ist die herrschende Gesellschaft zugleich Mehrheitsgesellschafterin einer Konzerngesellschaft, so ist die Möglichkeit von Organdoppelmandaten immer in Betracht zu ziehen.[812] Zu den vorhandenen Informationsmöglichkeiten zählen darüber hinaus aber z.B. auch solche Angaben, welche Konzerngesellschaften im Zuge der Konzernrechnungslegung bereitstellen müssen.[813]

(bb) Konzernweites Compliance-Berichtswesen

In der Praxis gängig und gleichsam effektiv ist die Einrichtung eines konzernweiten Compliance-Berichtswesens. Die Notwendigkeit hierfür ergibt sich zwanglos aus der Tatsache, dass es nicht genügend ist, relevante Erkenntnisse auf Ebene einer Konzerngesellschaft zu sammeln. Diese müssen selbstverständlich auch zur Kenntnis der Konzernspitze bzw. der Entscheidungsträger im Konzernverbund gelangen.[814] Das Berichtswesen hat die Aufgabe alle Führungsebenen im Unternehmensverbund mit den bedarfsgerechten compliance-spezifischen Informationen zu versorgen.[815] Kerninhalt der Berichte ist die Darstellung von festgestellten Verstößen, ergriffenen Gegenmaßnahmen und Sanktionen sowie eine allgemeine Einschätzung des aktuellen Compliance-Risikos der einzelnen Konzerngesellschaften.[816] Verfasser und Adressaten der Berichte stehen in Abhängigkeit zur konzernweiten Koordination der Compliance-Zuständigkeit.[817] So ist z.B. denkbar, dass dezentrale Compliance Officer an den Group Compliance Officer berichten, oder die geschäftsführenden Organe der einzelnen Konzerngesellschaften direkt an das nach der internen Geschäftsverteilung zuständige Mitglied der Unternehmensleitung. In der Praxis erfolgt der Informationsaustausch insoweit zusätzlich im Wege gemeinsamer Sitzungen.[818] Empfehlenswert ist die Kombination einer periodischen Berichterstattung, welche je nach Bedarf im Monats- oder Quartalsrhythmus erfolgen kann, und einer anlassbezogenen sog. Ad-

---

810 Aschenbeck, NZG 2000, S. 1015 (1015); Kort in: GroßK/AktG, § 76 Rn. 179; Lang, Corporate Compliance, S. 203 f.; Passarge, NZG 2007, S. 441 (441); Spindler in: MüKo/AktG, § 76 Rn. 55.

811 BGH, NZG 2009, S. 744 (745); OLG Köln, AG 1993, S. 86 (89); LG Köln, AG 1992, S. 238 (240); Emmerich in: Emmerich/Habersack, § 308 Rn. 29 f.; Epe/Liese in: Hauschka/Compliance, § 10 Rn. 56; Fleischer in: Spindler/Stilz, § 76 Rn. 106; Hüffer in: Hüffer/AktG, § 88 Rn. 4; Kort in: GroßK/AktG, § 76 Rn. 178; Schneider, U. in: Scholz/GmbHG, § 52 Rn. 201 ff.; Spindler in: MüKo/AktG, § 76 Rn. 56; ders. in: MüKo/GmbHG, § 52 Rn. 585.

812 Habersack, FS Möschel, S. 1175 (1185); Verse, ZHR (175) 2011, S. 401 (417.).

813 Bürkle in: Hauschka/Compliance, § 8 Rn. 66. Vgl. zudem § 294 Abs. 3 HGB.

814 Ebenfalls für ein konzernweites Berichtswesen eintretend: Fleischer, CCZ 2008, S. 1 (6); Lösler, Compliance, S. 302; Schneider, U./Schneider, S., ZIP 2007, S. 2061 (2065); grundsätzlich auch Verse, ZHR (175) 2011, S. 401 (417.).

815 Löbbe, Unternehmenskontrolle, S. 197; Lösler, Compliance, S. 299.

816 Fleischer, CCZ 2008, S. 1 (6); Verse, ZHR (175) 2011, S. 401 (417.).

817 Zu den insoweit möglichen Gestaltungen siehe insbesondere S. 171 ff.

818 Fett/Gebauer, FS Schwark, S. 375 (385).

hoc-Berichterstattung.[819] Im Übrigen sollte eine Koordination des Berichtswesens dahingehend erfolgen, dass dieses nicht nur in zeitlicher, sondern auch in inhaltlich struktureller Hinsicht aufeinander abgestimmt ist.[820] Dies ermöglicht eine bessere Vergleichbarkeit auf Ebene der herrschenden Gesellschaft und erleichtert zudem die Identifizierung von Änderungen des Risikoprofils.

(cc) Konzern-Controlling

Überschreitet die Konzerngröße eine Geringfügigkeitsschwelle, so gehört die Einrichtung einer eigenständigen Controlling-Abteilung zum organisatorischen Standardrepertoire. Zahlreiche Vertreter der Literatur zählen das Controlling, nicht nur in der Einzelgesellschaft, sondern gerade im Konzern zum Bestandteil einer ordnungsgemäßen Unternehmensleitung.[821] Wie bereits hervorgehoben,[822] steht die Effektivität des Controllings in Abhängigkeit zu den gesellschaftsrechtlichen Einwirkungsmöglichkeiten. Konzerngesellschaften sind grundsätzlich nicht zu einer umfassenden Informationsweitergabe an das Konzern-Controlling verpflichtet.[823] Das Konzern-Controlling setzt jedoch eine Informationsversorgung durch die Konzerngesellschaften voraus. Mit dieser Einschränkung soll nicht die eminente Bedeutung des Controllings in Abrede gestellt werden, vielmehr ist herauszustellen, dass bei der Aufstellung von Pflichten die Grenzen und Möglichkeiten des Gesellschaftsrechts zu beachten sind. Insbesondere in Konzernen wird die Menge an entscheidungsrelevanten Daten und Informationen schnell kaum zu überblickende Dimensionen erreichen, so dass eine Aufbereitung und Filterung faktisch notwendig ist. Stehen hinreichende gesellschaftsrechtliche Einwirkungsmöglichkeiten, insbesondere in Gestalt von Weisungsrechten, zur Verfügung, so wird sich das unternehmerische Ermessen regelmäßig zu einer Pflicht der Aufarbeitung vorhandener Informationen im Wege eines Konzern-Controllings verdichten.[824]

Mangels einer allgemeingültigen betriebswirtschaftlichen Controlling-Definition, besteht weitgehend Konsens darüber, dass Controlling ein umfassendes Steuerungs- und Koordinierungsinstrument ist, welches der Planung, Information, Steuerung und Koordination der betriebswirtschaftlichen Prozesse dient. Kernaufgabe ist die Beschaffung, sachgerechte Aufbereitung und

---

819 Fleischer, CCZ 2008, S. 1 (6); Verse, ZHR (175) 2011, S. 401 (417.).

820 Löbbe, Unternehmenskontrolle, S. 197.

821 Altmeppen in: Müko/AktG, § 311 Rn. 438; Götz, ZGR 1998, S. 524 (532 f.); Habersack in: Emmerich/Habersack, § 311 Rn. 11; Kleindiek, Hommelhoff/Hopt/Werder, S 803; Lösler, Compliance, S. 299 f.; Krieger in: Münchener/Hdb.GesR, § 69 Rn. 21.

822 Siehe oben S. 125 ff.

823 Statt aller Altmeppen in: MüKo/AktG, § 311 Rn. 440; Götz, ZGR 1998, S. 524 (537); Löbbe, Unternehmenskontrolle, S. 206, 212 f.

824 Huber, Compliance-Pflichten, S. 170 ff.

Weiterleitung von Informationen zur Unternehmenssteuerung.[825] Betriebswirtschaftlich handelt es sich um einen Unterstützungsprozess, welcher die notwendige Entscheidungsgrundlage für Managemententscheidungen bereitstellt. Die organisatorische Ausgestaltung ist keinen prädeterminierten Bedingungen unterworfen. Selbstverständlich existieren aber erprobte Controlling-Konzepte. Demnach empfiehlt sich die Einrichtung von dezentralen Controlling-Einheiten innerhalb der einzelnen Konzerngesellschaften. Diese übernehmen primär die Bereitstellung und Aufbereitung der Daten und Informationen auf dezentraler Ebene. Gleichzeitig geben sie jedoch Informationen, welche eine Konzernrelevanz aufweisen, an eine zentrale Controlling-Einheit weiter.[826] Die zentrale Einheit wiederum ist zuständig für die Koordinierung der dezentralen Einheiten sowie die Aufbereitung und Weiterleitung der Daten an die zuständigen Entscheidungsträger auf Ebene der herrschenden Gesellschaft.[827] Ähnlich wie im Rahmen des konzernweiten Compliance Berichtswesens empfiehlt sich die Kombination einer regelmäßigen und anlassbezogenen Ad-hoc-Informationsweitergabe. Im Übrigen liegt die genaue Ausgestaltung jedoch im Ermessen der Unternehmens- bzw. Konzernleitung.

(dd) Interne Konzernrevision

Parallel zum Controlling wird auch die interne Revision teilweise zur rechtlich verbindlichen organisatorischen Mindestausstattung eines Unternehmens und Konzerns gezählt.[828] Hinsichtlich der Rechtspflicht gelten die obigen Ausführungen zum Konzern-Controlling entsprechend. Überschreitet die Konzerngröße eine organisatorische Geringfügigkeitsschwelle, so ist von einer Einrichtungspflicht auszugehen. In der Praxis ist die interne Konzernrevision regelmäßig als Stabsstelle konzipiert und unmittelbar der Konzernspitze nachgeordnet.[829] Auch steht die Realisierbarkeit und Effektivität einer internen Konzernrevision in einer direkten Abhängigkeitsbeziehung zu den gesellschaftsrechtlichen Einwirkungsmöglichkeiten. Insbesondere im Falle einer lediglich faktischen Konzernierung ist eine Konzerngesellschaft grundsätzlich nicht zur Duldung von Prüfungshandlungen innerhalb ihrer Rechtssphäre an-

---

825 Fleischer in: Spindler/Stilz, § 76 Rn. 95; Kleindiek, Hommelhoff/Hopt/Werder, S 803; Liebscher in: MüKo/GmbHG, Anh. Rn. 1083; Löbbe, Unternehmenskontrolle, S. 199; Theisen, AG 1991, S. 262 (263).

826 Kleindiek, Hommelhoff/Hopt/Werder, S 803; Löbbe, Unternehmenskontrolle, S. 202.

827 Kleindiek, Hommelhoff/Hopt/Werder, S 803; Löbbe, Unternehmenskontrolle, S. 202 f.

828 Für das Recht der Ordnungswidrigkeiten BGH, wistra 1982, S. 34 ff. setzt die Einrichtung einer internen Revision voraus und sah deren Besetzung mit vier Mitarbeitern bei einer Unternehmensgröße von mehr als 5000 Mitarbeitern als unzureichend an. Für das Gesellschaftsrecht vgl. Götz, AG 1995, S. 337 (338); Fleischer, CCZ 2008, S. 1 (4); Hopt in: GroßK/AktG, § 93 Rn. 84; Kleindiek, Hommelhoff/Hopt/Werder, S 804; Löbbe, Unternehmenskontrolle, S. 211 ff.; Lösler, Compliance, S. 300; Preußner/Becker, NZG 2002, S. 846 (847) sowie BT-Drucks. 13/9712, S. 15.

829 Kleindiek, Hommelhoff/Hopt/Werder, S 804 m.w.N.

gehalten.[830] Konnte das Tätigkeitsfeld der internen Revision bereits primär als beratende und überprüfende Tätigkeit charakterisiert werden,[831] so ist deutlich, dass die Kerntätigkeit nicht auf die Aufbereitung und Sammlung von Informationen – in diesem Fall über Compliance-Risiken – ausgerichtet ist. Gleichwohl kommt ihr auch im Hinblick auf die Pflicht zur erstmaligen und laufenden Erfassung von Compliance-Risiken Bedeutung zu. Die interne Revision hat insoweit die Aufgabe, die Richtigkeit der durch das Controlling übermittelten Daten zu prüfen.[832] Im Übrigen wird auf das bereits oben näher erläuterte Tätigkeitsprofil verwiesen.

(ee) Whistleblowing-Systeme

Anders als im US-amerikanischen Wirtschaftsleben ist Whistleblowing hierzulande noch ein relativ junges Phänomen, welches erst im Verlauf der letzten Jahre Eingang in Literatur und Praxis gefunden hat. Whistleblowing-Systeme ermöglichen Unternehmensangehörigen – je nach Ausgestaltung auch Externen – die anonyme Meldung von Compliance-Verstößen im Unternehmen über ein bestimmtes Verfahren.[833] Üblicherweise bestehen entsprechende Systeme in der Einrichtung einer Telefonhotline, welche die Meldungen von Verstößen gegenüber einem Unternehmensinternen – häufig dem Compliance Officer – oder einer externen Stelle, z.B. einem Anwalt, erlaubt. Sowohl SOX[834] und USSG[835] als auch Ausführungsbestimmungen der SEC[836] beinhalten Bestimmungen zu Whistleblowing-Systemen, welche teilweise über einen exterritorialen Anwendungsbereich verfügen und damit auch für nationale Unternehmen und Konzerne Relevanz erlangen können.[837] Dagegen sind dem nationalen Recht explizite Bestimmungen bisher fremd. Eine Rechtspflicht zur Einrichtung einer Whistleblowing-Hotline besteht keinesfalls.[838]

---

830 Siehe hierzu bereits die Nachweise in Fn. 580.

831 Vgl. Teil 2.§ 1.B.II.

832 Kleindiek, Hommelhoff/Hopt/Werder, S 804.

833 Mahnhold, NZA 2008, S. 737 (737). Vgl. auch Berndt/Hoppler, BB 2005, S. 2623 (2624), welche unter Bezugnahme auf US-amerikanische Quellen Whistleblowing umschreiben als „the disclosure by organization members (former or current) of illegal, immoral, or illegitimate practices under the control of their employers, to persons or organizations that may be able to effect action.".

834 Vgl. Sec. 301 (4) SOX: „Each audit committeee shall establish procedures for [...] the confidential, anonymous submission by employees of the issuer of concerns regarding questionable accounting or auditing matters."

835 Vgl. § 8B 2.1. (5): „The organization shall take reasonable steps [...] to have and publicize a system, which may include mechanisms that allow for anonymity or confidentiality, whereby the organization`s employees and agents may report or seek guidance regarding potential or actual criminal conduct without fear of retaliation."

836 Vgl. z.B. Final Rule zu sec. 922 Dodd-Frank Wall Street Reform and Consumer Protection Act (Dodd-Frank).

837 Siehe hierzu bereits oben Teil 2.§ 1.A.III.2(b). Vgl. zudem Mahnhold, NZA 2008, S. 737 (740 ff.).

838 Statt aller Berndt/Hoppler, BB 2005, S. 2623 (2627 ff.).

Die Einrichtung eines Whistleblowing-Systems kann sich jedoch auch für Unternehmen empfehlen, welche nicht dem exterritorialen Geltungsbereich US-amerikanischer Normen unterliegen. Zwar ist die Einrichtung mit Kosten verbunden, die vor allem kleinere und nicht börsennotierte Unternehmen abschrecken, diesen stehen jedoch zahlreiche Vorteile gegenüber. Zum einen führt die Einrichtung zunächst zu einer Absenkung des Risikos von Verstößen. Zum anderen können insbesondere von einem internen Whistleblowing Reputationsvorteile ausgehen. Reputationsvorteile wiederum sind geeignet monetäre Folgewirkungen in Gestalt von Cashflow-Steigerungen und Kapitalkostensenkungen zu bewirken, welche letztendlich dem Shareholder Value zuträglich sind.[839] Empirische Untersuchungen nationaler Unternehmen verdeutlichten, dass insbesondere die Vorteile der Risikosenkung und einer verbesserten Reputation als positive Merkmale und Folgen eines Whistleblowing-Systems wahrgenommen werden.[840] Voraussetzung für die Realisierung der genannten positiven Aspekte ist allerdings die effektive Ausgestaltung des Whistleblowing-Systems. Wesentliche Voraussetzung hierbei ist unter anderem die Wahrung der Anonymität des Anzeigenden, da diese erst einen geeigneten Schutz vor Stigmatisierungen, arbeitsrechtlichen Repressalien oder Vergeltungen durch den angezeigten Mitarbeiter bietet.[841] Der Wegfall dieser Risiken wirkt sich unmittelbar positiv auf die Bereitschaft zur Nutzung des Hinweisgebersystems aus. Darüber hinaus ist der Adressat der Meldung mit Bedacht zu wählen. Im Zentrum bei der Auswahl sollte dessen Glaubwürdigkeit und Einflussmöglichkeit stehen.[842] Beide Faktoren haben einen entscheidenden Einfluss auf die Bereitschaft zur Nutzung eines Whistleblowing-Systems.

3. Überprüfung von Compliance-Maßnahmen der Konzerngesellschaften

(a) Pflichtenbegründung und -inhalt

Die alte Redewendung „Vertrauen ist gut, Kontrolle ist besser!“ wirkt sich auch auf die Mindestanforderungen an ein konzernweites Compliance-System aus. Das geschäftsführende Organ der herrschenden Gesellschaft darf sich nicht einfach darauf verlassen, dass ein in der Vergangenheit implementiertes System keiner konstanten Veränderung unterliegt. Aufgrund der Dynamik und Wandelbarkeit unternehmerischer Prozesse können sich sowohl konzernexterne[843] als auch konzerninterne Faktoren[844] negativ auf die Effizienz der

839 Ausführlich hierzu Pittroff, Whistle-Blowing-Systeme, S. 48 ff.
840 Empirische Nachweise bei Pittroff, Whistle-Blowing-Systeme, S. 126 ff.
841 Berndt/Hoppler, BB 2005, S. 2623 (2628); Kremer/Klahold in: Krieger/Schneider, S. 631; Pittroff, Whistle-Blowing-Systeme, S. 84 f.
842 Pittroff, Whistle-Blowing-Systeme, S. 85.
843 Z.B. geänderte rechtliche Rahmenbedingungen.
844 Z.B. Erschließung neuer Märkte und Vertriebsländer, Personalwechsel und Einstellung unerfahrener Mitarbeiter etc.

Wahrung von Compliance auswirken. Es ist daher nur folgerichtig, dass die geschäftsführenden Organe dazu verpflichtet sind, die Effizienz des gewählten konzernweiten Compliance-Systems im Rahmen ihrer vorhandenen Einwirkungs- und Informationsmöglichkeiten einer laufenden Überprüfung zu unterziehen.[845] Die Verpflichtung beschränkt sich nicht nur auf eine Systemüberprüfung der herrschenden Gesellschaft, sondern schließt die organisatorischen Maßnahmen innerhalb der Konzernunternehmen ein. Die tragende Bedeutung des zweiten Teils dieser Untersuchung – der Compliance Verantwortung im konzernfreien Unternehmen – kommt an dieser Stelle pointiert zum Ausdruck. Das geschäftsführende Organ der herrschenden Gesellschaft muss aus zwei Gründen mit der Angemessenheit von Compliance-Maßnahmen innerhalb einer Einzelgesellschaft vertraut sein. Zum einen dienen die Erkenntnisse der isolierten Leitung der herrschenden Gesellschaft, zum anderen – und wesentlich bedeutsamer – basiert die isolierte Beurteilung und Überwachung einzelner Konzernunternehmen auf diesen notwendigen Kenntnissen.

Eine Pflicht zur Überprüfung hierarchisch nachgeordneter Unternehmens- und Konzernebenen, welche sich mit steigendem Risikograd zu detaillierten Anordnungen und Überprüfungen in engen zeitlichen Intervallen verdichtet, entspringt bereits dem Recht der Ordnungswidrigkeiten.[846] Jedoch sind insoweit die Erkenntnisse zur eingeschränkten Anwendbarkeit der §§ 30, 130 OWiG auf Konzernsachverhalte zu beachten. Doch auch abseits bestehender faktischer Haftungsrisiken im Kartellrecht, lässt sich die Überprüfungspflicht auf normative Grundlagen zurückführen. Die soeben statuierte konzernweite Pflicht zur erstmaligen und laufenden Erfassung von Compliance-Risiken verdeutlichte, dass die Risikoanalyse die notwendige Tatsachengrundlage für einen laufenden unternehmerischen Entscheidungsprozess bildet. Die alleinige Kenntnis von Risiken ist aber nicht hinreichend, wenn das geschäftsführende Organ der herrschenden Gesellschaft den Sicherungsmaßnahmen einer Konzerngesellschaften eine Effizienz beimisst, welche diese nicht erfüllen können. Ein triviales Beispiel mag die Überlegung verdeutlichen. Geht ein Vorstand, basierend auf einer Risikoanalyse, davon aus, dass die Gefahr korruptiver Praktiken aufgrund unternehmensinterner Prozeduren einer Konzerngesellschaft – z.B. einer Mitarbeiterrotation sowie eines „Vier Augen Prinzips“ – zu vernachlässigen ist, so sagt dies nichts darüber aus, ob die Prozeduren im Unternehmensalltag auch wirklich gelebt und angewendet werden. Dies kann nur mittels einer anlassbezogenen und kontinuierlichen Überprüfung des Systems gewährleistet werden. Aus diesem Grund folgt die rechtliche Verpflichtung zur Vornahme einer Überwachung bereits aus der unternehmerischen Leitungs- und Sorgfaltspflicht, unabhängig von einer Parallelverantwortung aus §§ 30, 130 OWiG. Diese Bewertung verdeutlicht die

845 Insoweit daher zutreffend Fleischer, CCZ 2008, S. 1 (6);. Habersack, FS Möschel, S. 1175 (1186); Lösler, Compliance, S. 298 f.; Schneider, U./Schneider, S., ZIP 2007, S. 2061 (2065); Schneider, U., NZG 2009, S. 1321 (1326); Verse, ZHR (175) 2011, S. 401 (416 f.) . siehe hierzu bereits die Nachweise unter Teil 5.§ 1.A.

846 Vgl. bereits Teil 3.§ 2.B.II.2 und Teil 4.§ 2.B.II.2(c).

bestehenden Zusammenhänge zwischen Risikomanagement und Compliance. Im Sinne einer vergleichenden Rechtsbetrachtung ist hinzuzufügen, dass sowohl die USSG[847] als auch der AS 3806–2006[848] von einem parallelen Ansatzpunkt ausgehen.

(b) Eingeschränkte Aussagekraft des Prüfungsstandards IDW/EPS 980

Das nationale Recht enthält keine verbindlichen Vorgaben für die Prüfung von Compliance-Systemen. Anhaltspunkte für eine mögliche konzeptionelle Ausgestaltung enthält jedoch der IDW/EPS 980.[849] Der Prüfungsstandard beschreibt den Inhalt freiwilliger Prüfungen von Compliance-Systemen und legt die Berufsauffassung der Wirtschaftsprüfer dar. Bestandteil eines ordnungsgemäßen Compliance-Systems sind demnach Maßnahmen zur Überwachung und Verbesserung. Die Überwachung selbst ist demnach von einer prozessunabhängigen Stelle wahrzunehmen und soll insbesondere die nachfolgenden fünf Aspekte achten: (1) Festlegung der Zuständigkeiten für die Compliance-Überwachung, (2) Entwicklung eines Überwachungsplans, (3) Bereitstellung von ausreichend erfahrenen Ressourcen für die Durchführung der Überwachungsmaßnahmen, (4) Bestimmung der Berichtswege für die Ergebnisse der Überwachungsmaßnahmen sowie (5) Erstellung von Berichten über die Ergebnisse der Überwachungsmaßnahmen und Auswertung der Berichte durch die zuständige Stelle.[850]

Im Vorfeld einer Rezeption der Anforderungen gilt es, sich zunächst jedoch den Hintergrund des Standards zu vergegenwärtigen. Die erläuterte Passage des IDW/EPS 980 ist für den Fall konzipiert, dass eine Gesellschaft ihre eigenen Compliance-Maßnahmen einer Überwachung und laufenden Kontrolle unterzieht. Im Hinblick auf den konzernweiten Compliance-Mindeststandard stehen jedoch Prüfungen durch die herrschende Gesellschaft in Rede. Einen Konzernbezug enthält der Prüfungsstandard allerdings an keiner einzigen Stelle. Im Prinzip ist dies auch nicht erforderlich, da es ausreichend ist, wenn die einzelnen Konzerngesellschaften ihre Compliance-Maßnahmen eigenständig überwachen. Dies führt zu einer Mediatisierung der Anforderungen, da sich die herrschende Gesellschaft in diesem Fall auf eine Meta-Überwachung zurückziehen kann.[851] Dies verdeutlicht, dass der Prüfungsstandards IDW/EPS 980 grundsätzlich keine ungeprüfte Übertragung auf die vorliegende Fragestellung finden kann. Allerdings sind die oben angesprochenen fünf Konkretisierungskriterien derart allgemein gehalten, dass sie sowohl im Falle einer eigenständigen Überwachung durch die herrschende Gesellschaft als auch bei einer Meta-Überwachung Anwendung finden kön-

847 Vgl. Teil 2.§ 1.A.III.2(b)(aa)(bbb).

848 Vgl. Teil 2.§ 1.A.III.4.

849 Siehe hierzu bereits oben S. 15.

850 Vgl. IDW/EPS 980, A16. Hinweise auch bei Liese/Schulz, BB 2011, S. 1347 (1351).

851 Vgl. zum Begriff „Meta-Überwachung“ Lang, Corporate Compliance, S. 44; Meier-Greve, BB 2009, S. 2555 (2556); Schmidt-Husson in: Hauschka/Compliance, § 7 Rn. 28.

nen. Darüber hinaus bietet der Prüfungsstandard lediglich geringe Hilfestellungen, die im Zuge der folgenden Anforderungskonkretisierung Berücksichtigung finden sollen.

(c) Potentielle konzeptionelle Ausgestaltung der Überwachung

Die konkrete Prüfungsdurchführung und mögliche Intensität hängt zunächst von den gesellschaftsrechtlichen Einwirkungsmöglichkeiten ab. Es gilt wiederum der Grundsatz, dass sich aufgestellte Anforderungen an den zur Verfügung stehenden Möglichkeiten orientieren müssen. Gleichwohl folgt aus der statuierten Überwachungspflicht eine Mindestanforderung, auf deren Erfüllung die herrschende Gesellschaft zumindest hinwirken muss. Demnach sind die Konzerngesellschaften zu einer anlassbezogenen und turnusgemäßen Prüfung ihres Compliance-Systems anzuhalten. Die Überprüfung soll dabei auf eine Bestimmung des Status quo sowie des möglichen Verbesserungspotentials des Compliance-Systems gerichtet sein.[852] Bestehen keine Anhaltspunkte für eine Gefährdung der herrschenden Gesellschaft, so kann sich diese auf eine zurückhaltende Meta-Überwachung beschränken. Die Möglichkeiten für eine konkrete Ausgestaltung sind vielfältig und stehen im unternehmerischen Ermessen. Die herrschende Gesellschaft kann Stichprobenkontrollen durchführen, welche allerdings eine Absprache mit der Konzerngesellschaft voraussetzen.[853] Ein alternativ gangbarer Weg besteht in der Entgegennahme und Analyse der Überprüfungsdokumentation, welche regelmäßig nach Abschluss der Prüfungshandlungen durch die Konzerngesellschaft anzufertigen ist.[854] Auch dies setzt jedoch prinzipiell eine im Ermessen der Konzerngesellschaft stehende Mitwirkungshandlung voraus. Für weitergehende eigenständige Prüfungshandlungen und Überwachungsmaßnahmen durch die herrschende Gesellschaft, gilt dies im Sinne eines argumentum a fortiori entsprechend.

Hinsichtlich der Ausgestaltung der konkreten Überwachungsmaßnahmen selbst verdeutlicht der IDW/EPS 980 bereits den Grundsatz, dass die Überwachung durch eine geeignete prozessunabhängige Prüfinstanz erfolgen sollte. Hierbei kann es sich sowohl um die die interne Revision als auch um eine externe Stelle handeln. Potentielle externe Berater sind neben Wirtschaftsprüfern auch Rechtsanwälte.[855] Abseits anlassbezogener Ad-hoc-Überwachungen bestehen für die Bemessung der Überwachungsintervalle keine verbindlichen Leitlinien. Für börsennotierte Aktiengesellschaften gibt allerdings § 317 Abs. 4 HGB i.V.m. § 91 Abs. 2 AktG einen gewissen Anhaltspunkt. Die Vorschrift verlangt eine jährliche Prüfung des Risikofrüherkennungssystems durch den Wirtschaftsprüfer. Da Risikofrüherkennungssystem und Compliance-System zumindest im Hinblick auf bestandsgefährdende Ent-

852 Liese/Schulz, BB 2011, S. 1347 (1352).
853 So z.B. Fleischer, CCZ 2008, S. 1 (6); Kremer/Klahold in: Krieger/Schneider, S. 630; Verse, ZHR (175) 2011, S. 401 (417).
854 Liese/Schulz, BB 2011, S. 1347 (1352 f.).
855 Liese/Schulz, BB 2011, S. 1347 (1351).

wicklungen Parallelen aufweisen, mag dies als Orientierungspunkt dienen. Im Übrigen bestimmen sich die Zeitabstände unter Berücksichtigung von Änderungen der internen und externen Rahmenbedingungen sowie eingetretenen Zuwiderhandlungen in der Vergangenheit.[856]

4. Handlungspflicht als Fortsetzung der Kontrollpflicht

Die triviale Erkenntnis, dass die geschäftsführenden Organe eine Schädigung der herrschenden Gesellschaft nach Möglichkeit verhindern müssen, ist lediglich die konsequente Weiterführung der Kontrollpflicht. Demnach mündet die Kontrollpflicht in eine Handlungspflicht, sofern Entwicklungen auf Ebene der Konzerngesellschaften eine wirtschaftliche Gefährdung der herrschenden Gesellschaft begründen.[857] Gleiches gilt im Hinblick auf einen möglichen Verbesserungsbedarf der konzernweiten Compliance-Maßnahmen. Dies folgt bereits aus der gesellschaftsrechtlichen Leitungs- und Sorgfaltspflicht.[858] Unter dem Begriff Handlungen sind im weitesten Sinne alle gesellschaftsrechtlich zulässigen Einwirkungen auf bzw. Weisungen an Konzerngesellschaften zu verstehen. Die Handlungspflicht selbst steht in Abhängigkeit zu den vorhandenen Risiken, gesellschaftsrechtlichen Einwirkungsmöglichkeiten und der Konzernstruktur. Sie wird durch den unternehmerischen Ermessensspielraum determiniert. Aufgrund der fehlenden Konturierung und maßgeblichen Einzelfallabhängigkeit entzieht sich die Handlungspflicht einer näheren Präzisierung. Hinsichtlich einzelner konkreter Beispielsanforderungen bzw. -maßnahmen sei auf die obige Darstellung im Rahmen der Konzernkontrolle hingewiesen.[859]

5. Dokumentation von Maßnahmen und Entscheidungsvorgängen

Der Leitungsebene obliegt zudem die Dokumentation sämtlicher Compliance-Entscheidungen. Dies bezieht sich nicht nur auf die Ergreifung oder das Unterlassen von bestimmten Maßnahmen, sondern auch auf die Grundlagen des jeweils maßgeblichen Entscheidungsprozesses. Hiervon umfasst ist insbesondere die Dokumentation des ermittelten Risikoprofils, welches als Grundlage der unternehmerischen Entscheidung über konkrete Compliance-Maßnahmen dient. Die Reichweite der Pflicht beschränkt sich auf die herrschende Gesellschaft und die von ihr initiierten konzernweiten Maßnahmen.

Rechtsdogmatisch ist die Dokumentationspflicht an einem Grenzbereich zwischen rechtlich verbindlicher und faktischer Verpflichtung bzw. Oblie-

---

856 Liese/Schulz, BB 2011, S. 1347 (1352).

857 So z.B. Hauschka/Greeve, BB 2007, S. 165 (167); Huber, Compliance-Pflichten, S. 199 ff.; Schneider, U./Schneider, S., ZIP 2007, S. 2061 (2065);

858 Bachmann, GesR in der Disk., S. 94; Bürkle in: Hauschka/Compliance, § 8 Rn. 65; Fleischer in: Spindler/Stilz, § 76 Rn. 84; Götz, ZGR 1998, S. 524 (526 ff.); Hüffer in: Hüffer/AktG, § 76 Rn. 17a; Koppensteiner in: KK/AktG, vor § 291 Rn. 30; Lösler, Compliance, S. 279; Rehbinder, ZHR (147) 1983, S. 464 (467); Verse, ZHR (175) 2011, S. 401 (407 f.).

859 Vgl. hierzu Teil 4.§ 2.A.I.2(b)(bb).

genheit zu verorten. Eine aussagekräftige Rechtsprechung zu dieser Frage hat sich vornehmlich im Zusammenhang mit Pflichten aus § 91 Abs. 2 AktG entwickelt.[860] Mehrere gerichtliche Entscheidungen führten nicht nur zu einer Konkretisierung des zweistufigen Charakters von § 91 Abs. 2 AktG, sondern statuierten implizit eine Dokumentationspflicht bzw. setzen deren Existenz voraus.[861] Den wohl intensivsten Begründungsaufwand wendete das LG München in einem Urteil aus dem Jahr 2007 auf. Demnach müsse das Risikomanagementsystem[862] dokumentiert werden, um eine unternehmensinterne Kommunikation zu ermöglichen. Die Offenlegung und Transparenz des Organisationskonzepts trage zur Optimierung von Handlungsabläufen bei.[863] Als zweiter wesentlicher Grund sei § 317 Abs. 4 HGB zu beachten. Nach dieser Norm muss der Wirtschaftsprüfer einer börsennotierten AG im Rahmen seiner Prüfung beurteilen, ob die Pflichten aus § 91 Abs. 2 AktG durch den Vorstand geeignet umgesetzt und ein anforderungsgerechtes Überwachungssystem eingerichtet wurde. Ohne eine Dokumentation, der auf Grundlage von § 91 Abs. 2 AktG getroffenen Maßnahmen, könne eine ordnungsgemäße Prüfung nicht erfolgen.[864] Die Argumentation des LG Münchens verdient im Ergebnis Zustimmung. Eine sachgerechte Dokumentation ermöglicht eine unternehmensinterne Kommunikation. Diese wiederum ist die Voraussetzung dafür, dass Unternehmensmitarbeiter, welche mit der Risikoüberwachung betraut sind, über klare Handlungsanleitungen und abgegrenzte Verantwortungsbereiche verfügen.[865] Bedeutung erlangt dies spätestens bei einem Wechsel des zuständigen Personals oder der Einrichtung von hierarchieübergreifenden Organisationsstrukturen.[866] Darüber hinaus setzt der Wortlaut von § 317 Abs. 4 HGB eine Dokumentation des Risikofrüherkennungssystems nicht zwingend voraus, faktisch wird diese aber nur in den seltensten Fällen entbehrlich sein. Zwar beschränkt sich der Arbeitsauftrag des Abschlussprüfers darauf zu prüfen, ob das geschäftsführende Organ die ihm obliegenden

---

860 Insoweit eine Dokumentationspflicht fordernd LG München, BB 2007, S. 2171 (2172); LG Berlin, BKR 2002, S. 969 (970); Blasche, CCZ 2009, S. 62 (67); Hüffer in: Hüffer/AktG, § 91 Rn. 8; Mertens/Cahn in: KK/AktG, § 91 Rn. 25; a.A. Theusinger/Liese, NZG 2008, S. 289 (290 f.); Wolf, DStR 2002, S. 466 (466).

861 LG München, BB 2007, S. 2171 (2172); LG Berlin, BKR 2002, S. 969 (970).

862 In Abgrenzung zur vorherrschenden Meinung entnimmt das LG München § 91 Abs. 2 AktG einen sehr weit gehenden Normbefehl. Eingangs erfolgt zwar der einschränkende Hinweis, dass sich die Norm auf die Identifizierung von bestandsgefährdenden Entwicklungen beziehe. Im weiteren Verlauf wird aber zunehmend der Eindruck erweckt, dass eine Pflicht zur Einrichtung eines allgemeinen Risikomanagementsystems bestehe. Kritisch daher auch: Theusinger/Liese, NZG 2008, S. 289 (290).

863 LG München, BB 2007, S. 2171 (2172).

864 LG München, BB 2007, S. 2171 (2172). So auch: Bihr/Kalinowsky, DStR 2008, S. 620 (623); Hopt/Merkt in: Baumbach/Hopt, § 317 Rn. 9; Hüffer in: Hüffer/AktG, § 91 Rn. 8; Mertens/Cahn in: KK/AktG, § 91 Rn. 25. Wohl auch Goette, ZHR (175) 2011, S. 388 (397 f.). A.A. Theusinger/Liese, NZG 2008, S. 289 (290 f.); Wolf, DStR 2002, S. 466 (466).

865 Bihr/Kalinowsky, DStR 2008, S. 620 (623).

866 Bihr/Kalinowsky, DStR 2008, S. 620 (623).

Maßnahmen in einer geeigneten Form getroffen hat und ob das einzurichtende System seine Aufgaben erfüllen kann, doch ist nur schwer vorstellbar wie dies ohne eine entsprechende Dokumentation praktisch gelingen soll.[867] Vergegenwärtigt man sich in diesem Kontext den eingeschränkten Normanwendungsbereich, welcher sich ausschließlich auf börsennotierte Aktiengesellschaften bezieht, so wird augenfällig, dass eine andere Ansicht an der Realität vorbeigeht.

Parallele, wenn auch primär ergebnisorientierte, Anforderungen stellt die steuerrechtliche Rechtsprechung zu Geschäftsverteilungen innerhalb von Kollegialorganen auf. Demnach soll deren Wirksamkeit von einer eindeutigen und schriftlich fixierten Geschäftsverteilungsregelung abhängen.[868] Teile des aktienrechtlichen Schrifttums folgen diesem Gedanken und verlangen ebenfalls eine schriftliche Fixierung mittels Gesellschafterbeschluss, Satzung oder Geschäftsordnung.[869] Dies ist zweifelhaft, da nicht ersichtlich ist, warum die formelle Forderung nach einer schriftlichen Geschäftsverteilungsregelung Einfluss auf die materiellen Pflichten des Organs gegenüber seiner Gesellschaft haben soll.[870] Kernanliegen des BFH ist es, unliebsamen Beweisschwierigkeiten bereits im Vorfeld entgegenzuwirken. So nachvollziehbar das Ziel ist, so wenig taugt es jedoch als rechtliche Grundlage einer Dokumentationspflicht.

Die Beispiele verdeutlichen, dass die Rechtsprechung bereits de lege lata hinsichtlich einzelner Geschäftsführungsmaßnahmen Dokumentationspflichten annimmt. Diese Maßnahmen decken sich partiell mit den Bestandteilen eines Compliance-Systems. Gleichwohl verbleibt ein großer Rest von Maßnahmen und Entscheidungsprozessen, welche zum Themengebiet Compliance zählen, für die jedoch keine speziellen Dokumentationspflichten – gleich ob normativ oder judikativ begründet – bestehen. Dieser Befund vermag nicht zu überraschen, da das Gesellschaftsrecht die Wirksamkeit von Geschäftsführungsmaßnahmen grundsätzlich nicht von formellen Erfordernissen abhängig macht. Jedoch kann für den übrigen Bestandteil von Compliance-Maßnahmen, welche nicht ohnehin schon einer Dokumentationspflicht unterliegen, zumindest von einer faktischen Verpflichtung ausgegangen werden. Die faktische Verpflichtung lässt sich auf die der Binnenhaftung zugrunde liegende Beweislastverteilung zurückführen. Zur Abwendung einer Haftung obliegt demnach der Unternehmensleitung die Beweislast dafür, dass die Sorgfalt eines ordentlichen und gewissenhaften Geschäftsleiters angewendet wurde.[871] Dies gilt sowohl für die Haftung nach § 93 Abs. 1 AktG als auch nach

867 Die Tatsache, dass der IDW Prüfungsstandard PS 340 ebenfalls von einer Verpflichtung zur Dokumentation ausgeht, ist dagegen für die Auslegung des Gesetzes irrelevant. Hierfür fehlt dem Standard bereits die nötige Rechtsatzqualität. Insoweit ebenfalls zustimmend: Theusinger/Liese, NZG 2008, S. 289 (290).

868 Statt vieler BFHE 141, S. 443 (447 f.).

869 Dreher, ZGR 1992, S. 22 (57 ff.); Fleischer, NZG 2003, S. 449 (452); Hopt in: GroßK/AktG, § 93 Rn. 65.

870 Spindler in: MüKo/AktG, § 93 Rn. 133.

871 Vgl. § 93 Abs. 2 S. 2 AktG.

§ 43 GmbHG. [872] Die alleinige Dokumentation eines Compliance-Entscheidungsprozesses sowie die in diesem Zusammenhang ermittelten Tatsachengrundlagen lassen die Beweislastverteilung unberührt. Mittels einer angemessenen Dokumentation wird die Unternehmensleitung aber regelmäßig erst dazu befähigt, dem Vorwurf eines objektiv oder subjektiv pflichtwidrigen Verhaltens entgegenzutreten. Droht erst das Risiko einer Binnenhaftung, so erscheint es faktisch ausgeschlossen, dass es gelingt die Anwendung der Sorgfalt eines ordentlichen und gewissenhaften Geschäftsleiters nachzuweisen. Dies gilt umso mehr, da eine fehlende Dokumentation häufig als Indiz für eine mangelnde Organisation gewertet wird.[873] Vor dem Hintergrund des zunehmenden Haftungsrisikos, welchem sich geschäftsführende Organe ausgesetzt sehen, ist daher auch abseits rechtlicher Verpflichtungen eine Dokumentation aller maßgeblichen und relevanten Compliance-Entscheidungsvorgänge dringend anzuraten.[874] Es sei aber abschließend noch einmal hervorgehoben, dass es sich insoweit um keine rechtliche Verpflichtung, sondern um eine Obliegenheit handelt. Die praktische Bedeutung erfordert gleichwohl eine Darstellung im Zusammenhang mit dem Compliance-Mindeststandard, da eine übermäßige Betonung des Obliegenheitscharakters schlicht an der Realität vorbeigeht und sich dem Vorwurf einer haftungsträchtigen dogmatischen Prinzipienreiterei aussetzt.

6. Besonderheiten einer zentralen Konzernstruktur

(a) Ablehnung einer allgemeinen Erweiterung des Pflichtenkreises

Fraglich ist, ob eine zentrale Konzernstruktur zu einer Erweiterung und Intensivierung des Pflichtenmaßstabes führt.[875] Teilweise wird dies angenommen und weitergehend die Verpflichtung aufgestellt, dass die herrschende Gesellschaft für eine angemessene Information, Kontrolle und Sanktion innerhalb der Tochtergesellschaften zu sorgen habe.[876] Die Pflichten sollen sich in diesem Fall inhaltlich sowohl bei der herrschenden Gesellschaft als auch bei der abhängigen Konzerngesellschaft nicht unterscheiden.[877]

Dem wird man in dieser Allgemeinheit nicht zustimmen können.[878] Bereits der Ausgangspunkt der Überlegung und die Differenzierung anhand zentraler und dezentraler Organisationsstrukturen führen zu ungelösten und nicht lös-

---

872 Zwar fehlt eine § 93 Abs. 2 S. 2 AktG entsprechende Norm im GmbHG, doch wird diese nach allgemeiner Ansicht analog angewendet. Vgl. hierzu: BGH, NZG 2009, S. 912 (912 f.); NZG 2008, S. 104 (105); ders., NZG 2003, S. 81 (82); Altmeppen in: Roth/Altmeppen, § 43 Rn. 110; Fleischer in: MüKo/GmbHG, § 43 Rn. 270; Schneider, U. in: Scholz/GmbHG, § 43 Rn. 234; Haas/Ziemons in: Ziemons/Jaeger, § 43 Rn. 315; Zöllner/Noack in: Baumbach/Hueck, § 43 Rn. 36.

873 Spindler in: MüKo/AktG, § 93 Rn. 166.

874 Kiethe, GmbHR 2007, S. 393 ff.; Lampert in: Hauschka/Compliance, § 9 Rn. 34.

875 Bachmann, GesR in der Disk., S. 95; Schneider, U., NZG 2009, S. 1321 (1326).

876 Schneider, U., NZG 2009, S. 1321 (1326).

877 Schneider, U., NZG 2009, S. 1321 (1326).

878 Im Ergebnis ebenso Huber, Compliance-Pflichten, S. 203 ff.

baren Folgefragen. Ausschlaggebend für diese Unterscheidung ist die Funktionsverteilung im Konzern.[879] Mit zunehmender Übertragung von Unternehmensfunktionen auf die herrschende Gesellschaft nimmt der Zentralisierungsgrad zu. Dies bedeutet zugleich, dass es sich hierbei um einen laufenden Prozess handelt, welcher keiner trennscharfen Abgrenzung zugänglich ist. Es existiert bisher kein entscheidendes Differenzierungsmerkmal, welches zentrale von dezentralen Konzernstrukturen unterscheidet. Aus diesem Grund ist es verfehlt die Erweiterung des Pflichtenkreises an ein entsprechendes Merkmal zu koppeln. Die Gegenansicht geht zudem ersichtlich von der Prämisse aus, dass eine zentrale Konzernführung auch die notwendigen gesellschaftsrechtlichen Einflussmöglichkeiten vermittelt bzw. diese voraussetzt. Dies muss aber nicht zwingend in jedem Einzelfall gegeben sein. So können Konzerngesellschaften auch im faktischen Konzern einzelne Unternehmensfunktionen, wie z.B. die Buchhaltung, oder den Einkauf, durch die herrschende Gesellschaft wahrnehmen lassen. Diese Aufgabe vermittelt der herrschenden Gesellschaft jedoch keinerlei Einfluss auf die Sanktionierung von Mitarbeitern der Konzerngesellschaft. Dem Gesellschaftsrecht lassen sich darüber hinaus keine Anhaltspunkte für eine Pflicht zur Verdichtung der Compliance-Maßnahmen entnehmen. Zumal die „Vorort“ Evaluation von Compliance-Risiken durch die Konzerngesellschaften bisweilen auch in zentral geführten Konzernen sinnvoll sein kann. Hierfür sprechen unter anderem die Nähe zu den unternehmerischen Entscheidungsprozessen und die bessere Kenntnis der internen Abläufe.

Rechtfertigt die Zentralisierung allein keine Anforderungserweiterung bzw. ist als Differenzierungsmerkmal ungeeignet, so ist der Gegenansicht zuzugestehen, dass sie einen tendenziell richtigen Ansatz verfolgt. Die vorherige Darstellung der compliance-relevanten Rechtsnormen verdeutlichte, dass bestimmte Umstände und rechtliche Rahmenbedingungen erweiterte compliance-spezifische Pflichten nach sich ziehen. Häufig erfüllen zentrale Konzernstrukturen diese Merkmale bzw. sind mit diesen rechtlichen Rahmenbedingungen konfrontiert. Auch wenn damit zwar ein Zusammenhang zu zentralen Konzernstrukturen besteht, ist es dennoch sachgerecht die Differenzierung an diesen Umständen und rechtlichen Rahmenbedingungen auszurichten.

(b) Gründe für eine situative Ausweitung des Pflichtenkreises

(aa) Gefahrschaffung auf Ebene der herrschenden Gesellschaft

Sowohl die strafrechtliche als auch die deliktsrechtliche Rechtsprechung lassen eine Verdichtung des Pflichtenrahmens erkennen, sofern die Schaffung einer Gefahr auf die herrschende Gesellschaft zurückzuführen ist.[880] Zwar be-

---

879 Zusammenfassend zu den Organisationsformen Emmerich/Habersack, Konzernrecht, S. 54 f.

880 BGH, NJW 1981, S. 2250 (2251); ders., VersR 1960, S. 855 (856); Bauckhage-Hoffer/Katko, WM 2012, S. 486 (488); Koch, WM 2009, S. 1013 (1019); ders., AG

gegnet die Annahme einer eigenständigen deliktsrechtlichen Verantwortung des geschäftsführenden Organs gegenüber Dritten in Einzelgesellschaft und Konzern erheblichen Bedenken, die Rechtsprechung lässt einen entsprechenden Rückschluss gleichwohl zu. Vor dem themenspezifischen Hintergrund ist die zumindest teilweise Produktion eines gefährlichen Gutes, dessen Vertrieb – kombiniert mit oder alternativ zu einer teilweise Produktion – durch eine Konzerngesellschaft erfolgt, paradigmatisch.[881] Parallele Grundsätze gelten jedoch auch, wenn sich die Gefahrquelle zwar formell auf Ebene einer Konzerngesellschaft befindet, diese aber dem weitgehend kontrollierenden und steuernden Einfluss der herrschenden Gesellschaft unterliegt. In beiden genannten Beispielen gliedert die herrschende Gesellschaft faktisch nur einen Teil eines unternehmerischen Prozesses auf eine selbstständige Konzerngesellschaft aus, bleibt rein wertungsmäßig aber Verursacherin von möglichen Gefahren, die von dem Produkt ausgehen.[882] Die Beispiele führen zu dem verallgemeinerungsfähigen Grundsatz, dass die Schaffung von Gefahren durch die herrschende Gesellschaft eine erhöhte Verantwortung nach sich zieht.

Wird, ausgehend von dieser faktischen Betrachtungsweise, eine Gefahrenquelle von der herrschenden Gesellschaft betrieben bzw. eröffnet, ist deren Unternehmensleitung dazu verpflichtet eine zumutbare Organisation der betrieblichen Abläufe einzurichten, die Schädigungen Dritter in dem gebotenen Umfang vermeidet.[883] Bezogen auf die Organisation der herrschenden Gesellschaft selbst begegnet die Pflichtendurchsetzung keinen durchgreifenden Bedenken. Gleiches gilt für den Fall einer maßgeblichen steuernden Kontrolle der eine Gefahrenquelle unterhaltenden Konzerngesellschaft. Zu verlangen ist insoweit zumindest, dass die herrschende Gesellschaft eine sachgerechte Mitarbeiterauswahl, deren sorgfältige Instruktion [884] und Tätigkeitsüberwachung[885] sowie die Vorhaltung einer anforderungsgerechten gegenständlich technischen sowie personellen Grundausstattung[886] innerhalb der Konzerngesellschaft sicherstellt und dies auch laufend überwacht. Erfolgt im Einzelfall dagegen keine vollständige Ausgliederung der Gefahrenquelle und stehen zudem keine hinreichenden gesellschaftsrechtlichen Einwirkungsmöglichkeiten zur Verfügung, so schwächen sich die Anforderungen spürbar ab. Insoweit

---

2009, S. 564 (573); Spindler in: Fleischer/HdbVorstR, § 13 Rn. 110; Schmidt-Salzer, BB 1979, S. 1 (5); Vogt, Verbandsgeldbuße, S. 190 f.

881 Das beschriebene Beispiel entspricht der Grundkonstellation, welche zum Erlass der hier bereits mehrfach angesprochenen Lederspray-Entscheidung führte. Vgl. BGHSt 37, S. 106 ff.

882 Diese Grundkonstellation wird häufig bei Stammhauskonzernen auftreten, welche zumeist eine zentrale Konzernstruktur aufweisen.

883 BGH, VersR 1964, S. 297 (297) fordert z.B. eine zumutbare Organisation der betrieblichen Abläufe, die Schädigungen Dritter in dem gebotenen Umfang vermeidet.

884 BGHZ 109, S. 297 (305); BGH, NJW 1988, S. 48 (49); OLG Stuttgart, NJW 2008, S. 2514 (2515).

885 BGH, VersR 1978, S. 538 (540); ders., NJW 1965, S. 815 (816); OLG Stuttgart, NJW 2008, S. 2514 (2515); OLG Düsseldorf, NJW 1992, S. 2972 (2972).

886 BGH, NJW 1968, S. 247 (249).

kann an dieser Stelle auf die obigen Erkenntnisse zur deliktsrechtlichen Verantwortung in Abhängigkeit von Delegationsreichweite und Einwirkungsmöglichkeiten verwiesen werden.[887]

(bb) Wirtschaftliche Einheit im Kartellrecht

Die kartellrechtliche Haftungszurechnung im Konzern manifestiert sich in dem Begriff der „wirtschaftlichen Einheit". Insbesondere die Rechtsprechung des EuGH hat mittlerweile zu einer zunehmenden Begriffsjustiziabilität geführt, welche für zentrale Konzernstrukturen ein erhebliches Haftungsrisiko birgt. Eine wirtschaftliche Einheit zwischen Tochtergesellschaft und herrschender Gesellschaft wurde angenommen für den Fall, dass das herrschende Unternehmen die Preispolitik,[888] die Verkaufsziele, die Verkaufskosten, die Lagerbestände[889] oder die Herstellungs- und Vertriebsaktivitäten[890] der Tochtergesellschaft beeinflusst.[891] Typischerweise erfüllen zentrale Konzernstrukturen gleich mehrere dieser Merkmale kumulativ. Ist dies der Fall, so erfolgt grundsätzlich eine Zurechnung des kartellrechtswidrigen Verhaltens einer Tochtergesellschaft. Allein diese Tatsache und die damit einhergehende Steigerung des Haftungsrisikos rechtfertigen eine Intensivierung der notwendigen Compliance-Maßnahmen. Wie bereits dargestellt, führt die Implementierung eines Compliance-Systems durch die herrschende Gesellschaft aber nicht zu einer Beseitigung des Verschuldensvorwurfes, da dieser an die wirtschaftliche Einheit gerichtet ist und damit unter anderem auch an die Konzerngesellschaft, welche sich eines Kartellverstoßes schuldig gemacht hat.[892] Der Umfang erforderlicher Compliance-Maßnahmen ist daher nicht in Abhängigkeit zu den hypothetischen Anforderungen an eine Bußgeldbefreiung zu ermitteln, sondern steht in alleiniger Abhängigkeit zu den individuell bestehenden wettbewerbsrechtlichen Risiken.

(cc) Übernahme der Compliance Zuständigkeit durch die herrschende Gesellschaft

Dieses Kapitel widmet sich einem Mindeststandard an konzernweiten Compliance-Maßnahmen. Begrifflich impliziert dies bereits, dass sich die herrschende Gesellschaft eigenständig zu weitergehenden Maßnahmen verpflichten bzw. diese – sofern ihr die hierfür notwendigen gesellschaftsrechtlichen Einwirkungsmöglichkeiten zustehen – auch an sich ziehen kann. Hierbei handelt es sich gerade um ein Charakteristikum zentraler Konzernstrukturen. Die innerhalb einer Konzerngesellschaft wahrzunehmende Compliance-Funktion ist einer solchen Verlagerung ebenfalls zugänglich. In der Praxis legen öko-

---

887 Siehe hierzu S. 154 ff.
888 Vgl. EuGH, Slg. 1972, I. 619 Rn. 137; EuGH, Slg. 1972, I. 787 Rn. 45.
889 Vgl. EuGH, Slg. 1996, I. 5457 Rn. 15; EuG, Slg. 1995, II. 17 Rn. 48.
890 Vgl. EuGH, Slg. 1974, I. 223 Rn. 37.
891 Diese und weitere Nachweise bei Dück/Eufinger, CCZ 2012, S. 131 (132 f.).
892 Siehe Teil 4.§ 2.B.II.2(b).

nomische Erwägungen diesen Schritt bisweilen sogar nahe.[893] Umfang und Intensität der Aufgabenübernahme sind einzelfallabhängig. Die Spannbreite reicht von der Bereitstellung einheitlicher technischer Systeme oder Compliance-Richtlinien[894] bis hin zu einem weitgehenden Entzug der Zuständigkeit aus Sicht der Konzerngesellschaft. Der Grad der Funktionsübernahme bildet hierbei den proportionalen Maßstab für die Erweiterung des korrespondierenden Pflichtenrahmens.

Ausgehend von der Parallelität von Funktions- und Verantwortungsübernahme, führt die Ausarbeitung von Richtlinien oder die Durchführung von konzernweiten Mitarbeiterschulungen zu keiner grundlegenden Erweiterung des Pflichtenrahmens. Die herrschende Gesellschaft muss eingegangene und übernommene Verpflichtungen lediglich erfüllen. Dies ändert sich jedoch, wenn die Funktionsübernahme den Grad eines Aufgaben- oder Zuständigkeitsentzuges erreicht,[895] was regelmäßig einen stark zentralisierten Konzern voraussetzt. In diesem Fall rückt die herrschende Gesellschaft in einen Pflichtenrahmen ein, welcher sich am Maßstab der notwendigen Compliance in der Einzelgesellschaft orientiert.[896] Die relevanten Anforderungen wurden im zweiten Teil dieser Untersuchung bereits ausführlich dargelegt. Es soll an dieser Stelle aber hervorgehoben werden, dass der weitgehende Entzug der Compliance-Zuständigkeit dazu führt, dass das geschäftsführende Organ nunmehr wiederum eine Legalitätskontrollpflicht trifft. Die Begründung einer eigenständigen Verantwortung mittels Pflichtenübernahme oder -delegation ist sowohl im Strafrecht[897] als auch im Recht der Ordnungswidrigkeiten anerkannt.[898] Letztlich entfaltet die Funktionsübertragung auf die herrschende Gesellschaft auch mittelbare Rückwirkungen auf den Maßstab der gesellschaftsrechtlichen Binnenhaftung. Rechtswidriges Handeln innerhalb einer Konzerngesellschaft erlangt somit nicht erst bei Beeinträchtigung des wirtschaftlichen Eigeninteresses der herrschenden Gesellschaft Relevanz, sondern ist stets beachtlich. Dies stellt einen wesentlichen Unterschied dar.

7. Rechtspflicht zu sonstigen Maßnahmen?

Es wurde bereits dargelegt, dass der dargestellte Mindeststandard konzernweiter Compliance-Anforderungen naturgemäß zugänglich für Erweiterungen

---

893 Dreher/Schaaf, WM 2008, S. 1765 (1770); Dück/Eufinger, CCZ 2012, S. 131 (136); Fett/Theusinger, BB Special 4, 2010, S. 6 (9 f.); Loff, WM 2009, S. 780 (781); Mutter in: Bürkle/Compliance in Versicherungsunternehmen, § 2 Rn. 18 ff.

894 Vgl. zu diese Möglichkeiten Fett/Theusinger, BB Special 4, 2010, S. 6 (9).

895 Hervorzuheben ist wiederum, dass selbst eine noch so extensiv gestaltete Funktionsverlagerung das geschäftsführende Organ der Konzerngesellschaft nicht vollständig aus der Verantwortung entlässt. Es besteht zumindest weiterhin eine Handlungspflicht, wenn Grund zu der Annahme besteht, dass das konzernweite Compliance-System Defizite aufweist.

896 In diese Richtung auch Hüffer in: Hüffer/AktG, § 76 Rn. 9d.

897 Stree/Bosch in: Schönke/Schröder, § 13 Rn. 11, 26.

898 Koch, ZHR (171) 2007, S. 554 (578) unter Verweis auf: Klusmann, § 55 Rn. 41; Wirtz, WuW 2001, S. 342 (348 f.).

ist. Im Einzelfall ist daher nicht in Abrede zu stellen, dass das unternehmerische Ermessen die Ergreifung zusätzlicher Compliance-Maßnahmen nahe legen wird. Die zusätzliche Implementierung von konzernindividuellen Compliance-Maßnahmen, welche über die vorstehend geschilderten Anforderungen hinausgehen, dürfte im Gegenteil sogar eher den Regel- als den Ausnahmefall darstellen.

So kann z.B. der Erlass von Konzernrichtlinien[899] oder vergleichbaren verbindlichen Verhaltensanweisungen oder die zentralisierte Durchführung von Schulungen – gleich ob Präsenzschulungen oder E-Learning Modelle – in Betracht kommen.[900] Weiterhin zeigt die Kommunikation der Einstellung der Konzernleitung zu Compliance-Verstößen wesentlichen Einfluss auf die Effizienz des Compliance-Systems. Compliance-Instrumente können nur dann ihre volle Wirkung entfalten, wenn das Bekenntnis zur Befolgung von Regeln Bestandteil der Konzernkultur ist und durch die Führungskräfte kommuniziert und vorgelebt wird.[901] Ein sog. Commitment[902] der Unternehmensleitung ist im Sinne der Effektivität einer Compliance-Organisation daher zwar mehr als wünschenswert, eine normative Verpflichtung jedoch nicht begründbar. Im Unterschied zu dem obigen Mindeststandard stehen diese Maßnahmen stets unter dem Vorbehalt des unternehmerischen Ermessens und können lediglich im individuellen Einzelfall zu einer Pflicht erstarken.[903]

§ 2. Grenzen konzernweiter Compliance-Systeme

A. Einschränkungen aufgrund fehlender gesellschaftsrechtlicher Einwirkungsmöglichkeiten

I. Eingliederungs- und Vertragskonzern

1. Einflussnahme mittels Weisungen

Gesellschaftsrechtliche Beschränkungen können dazu führen, dass das geschäftsführende Organ an der Implementierung des obigen Compliance-Mindeststandard sowie evtl. darüber hinausgehender Maßnahmen gehindert

---

899 Fleischer, CCZ 2008, S. 1 (5) nimmt eine rechtliche Verpflichtung zur Verabschiedung einheitlicher Konzernrichtlinien an. In diese Richtung wohl auch Hauschka/Greeve, BB 2007, S. 165 (167), welche ein „Commitment“ der Konzernleitung verlangen, welches regelmäßig in Form einer Richtlinie erfolgt.

900 Siehe hierzu z.B. Kremer/Klahold in: Krieger/Schneider, S. 626 ff.

901 Bürkle, BB 2007, S. 1797 (1799); Dieners/Lembeck in: Dieners/Compliance im Gesundheitswesen, Kap. 7 Rn. 9; Grüninger, Der Aufsichtsrat 2008, S. 4 (6); Klindt/Pelz/Theusinger, NJW 2010, S. 2385 (2385); Pape, CCZ 2009, S. 233 (235 f.); Wieland, CCZ 2008, S. 15 (17).

902 Zu diesem Begriff vgl. Hauschka, GesR in der Disk., S. 59; Hölters in: Hölters/AktG, § 93 Rn. 100 m.w.N.

903 Vgl. die Darstellung bei Huber, Compliance-Pflichten, S. 191 f. mit einer Aufzählung verschiedener Faktoren, welche sich auf das Ermessen auswirken können.

ist. Da für konzernweite Compliance Anforderungen der Grundsatz gilt, dass die Verantwortung nicht weiter reichen kann als gesellschaftsrechtliche Einflussmöglichkeiten,[904] führt dies zu einer Einschränkung des Pflichtenrahmens. Vertrags- und Eingliederungskonzerne können für den Zweck dieser Untersuchung parallel behandelt werden. Im Wesentlichen beschränkt sich die Unterscheidung zwischen den beiden Rechtsinstituten darauf, dass der Abschluss eines Beherrschungsvertrages – im Gegensatz zur Eingliederung nicht zu einer Verdrängung außenstehender Anteilseigner führt.[905] Aufgrund der Verweisung in § 323 AktG ist das hier relevante Mittel der gesellschaftsrechtlichen Einflussnahme in Gestalt von Weisungen jedoch identisch.

Überträgt die abhängige Gesellschaft ihre Leitung durch Eingliederung bzw. Abschluss eines Beherrschungsvertrages auf die herrschende Gesellschaft, begegnen konzernweite Compliance-Maßnahmen und ihre Durchsetzung mittels Weisungen kaum rechtlichen oder tatsächlichen Bedenken.[906] Verlangt der obige Mindeststandard daher ein „Hinwirken" so verdichtet sich dies im Vertragskonzern zu einer Pflicht. Vorbehaltlich von Einschränkungen und Konkretisierungen des Weisungsrechts innerhalb des Beherrschungsvertrages, bezieht sich dieses auf den gesamten Bereich der unternehmerischen Leitung i.S.v. § 76 AktG[907] und deckt Compliance-Maßnahmen damit inhaltlich unproblematisch ab. Dies bezieht sich nicht nur auf den obigen Compliance-Mindeststandard, sondern schließt weitere Maßnahmen ein. Weisungsberechtigt ist gemäß § 308 AktG grundsätzlich das herrschende Unternehmen selbst, welches regelmäßig durch seine geschäftsführenden Organe handelt. Da eine Beschränkung des Weisungsrechts auf die organschaftlichen Vertreter mit praktischen Hindernissen verbunden ist, entspricht es der vorherrschenden und richtigen Auffassung, dass eine Delegation an nachgeordnete unternehmerische Führungsebenen zulässig ist.[908] Weisungsberechtigt, im Wege eines vorangegangenen Delegationsaktes, kann daher z.B. auch ein Group Compliance Officer sein. Da insbesondere in größeren Konzerneinheiten eine Delegation unausweichlich sein wird, führt dies zu einer spürbaren Vereinfachung der Verfahrensabläufe.

---

904 Statt aller Bürkle in: Hauschka/Compliance, § 8 Rn. 65; Lang, Corporate Compliance, S. 205 f.

905 Vgl. § 320a AktG.

906 Fleischer in: Spindler/Stilz, § 91 Rn. 41; ders., DB 2005, S. 759 (763 f.); Krieger/Sailer-Coceani in: Schmidt/Lutter, § 91 Rn. 10; Lang, Corporate Compliance, S. 207 f.; Liebscher in: MüKo/GmbHG, § 13 Anh. Rn. 1087; zu den Beherschungsmöglickeiten auch Grundmeier, Compliance im Konzern, S. 84 f.

907 Altmeppen in: MüKo/AktG, § 308 Rn. 83 ff.; Emmerich/Habersack, Konzernrecht, S. 185; Emmerich in: Emmerich/Habersack, § 308 Rn. 36; Hüffer in: Hüffer/AktG, § 308 Rn. 12.

908 Altmeppen in: MüKo/AktG, § 308 Rn. 41; Emmerich in: Emmerich/Habersack, § 308 Rn. 13; Koppensteiner in: KK/AktG, § 308 Rn. 11; Krieger in: Münchener/Hdb.GesR, § 70 Rn. 152; Leuering/Goertz in: Hölters/AktG, § 308 Rn. 42; Hüffer in: Hüffer/AktG, § 308 Rn. 5; Veil in: Spindler/Stilz, § 308 Rn. 12 jeweils m.w.N. A.A. Sina, AG 1991, S. 1 (4); Schauss, Weisungsrecht des herrschenden Unternehmens, S. 92 ff.; Veelken, Betriebsführungsvertrag, S. 202 ff.

Korrekter Adressat der Weisung ist der Vorstand der abhängigen AG bzw. – im Falle einer analogen Anwendung – der Geschäftsführer einer abhängigen GmbH. Dies kommt unmittelbar in § 308 Abs. 1 S. 1, Abs. 2 S. 1 AktG zum Ausdruck und lässt den Rückschluss zu, dass die Norm keine direkten Weisungen an nachgeordnete Unternehmensmitarbeiter intendiert.[909] Weist der Vorstand bzw. der Geschäftsführer der abhängigen Gesellschaft die Mitarbeiter jedoch dazu an, Weisungen der herrschenden Gesellschaft entgegenzunehmen und zu befolgen, so ist dies grundsätzlich zulässig.[910] Dies gilt zumindest dann, wenn organisatorische Vorsorgemaßnahmen für die Beachtung des dem Organ gleichwohl gebührenden Weisungsprüfungsrechts bestehen.[911] Darüber hinaus kann das geschäftsführende Organ der Tochtergesellschaft sein Prüfungsrecht – nach bestrittener aber vorzugswürdiger Ansicht – auch an nachgeordnete Mitarbeiter delegieren.[912] Verfügt die herrschende Gesellschaft über einen Group Compliance Officer, so kann eine sachgerechte Delegation diesen sowohl zu Weisungen gegenüber dezentralen Compliance Officers als auch gegenüber einzelnen operativen Stellen ermächtigen.

Im Hinblick auf die grundsätzliche Frage, ob die herrschende Gesellschaft über das notwendige gesellschaftsrechtliche Einflusspotential verfügt, wirkt sich dieser Streit im Ergebnis nicht aus. Es steht außerhalb jeglichen Zweifels, dass die herrschende Gesellschaft grundsätzlich konkrete Compliance-Maßnahmen mittels Weisung anordnen kann, so dass der vorgenannte Streit nicht das „Ob“ sondern das „wie“ der Weisungen betrifft.

2. Zulässigkeit nachteiliger Weisungen

Sieht der Beherrschungsvertrag keine abweichende Regelung vor, so beziehen sich das Weisungsrecht und die korrespondierende Befolgungspflicht auch auf nachteilige Weisungen. Nachteilig ist eine Weisung, wenn ein ordentlicher und gewissenhafter Geschäftsleiter einer unabhängigen Gesellschaft die fragliche Maßnahme nicht getroffen bzw. unterlassen hätte.[913] Setzt

909 Emmerich in: Emmerich/Habersack, § 308 Rn. 19; Leuering/Goertz in: Hölters/AktG, § 308 Rn. 46; Hüffer in: Hüffer/AktG, § 308 Rn. 7; Veil in: Spindler/Stilz, § 308 Rn. 15 jeweils m.w.N. Nach Altmeppen in: MüKo/AktG, § 308 Rn. 75 sind aber entsprechende Vereinbarungen zwischen den Vertragsparteinen des Beherrschungsvertrages möglich.

910 Altmeppen in: MüKo/AktG, § 308 Rn. 77; Emmerich in: Emmerich/Habersack, § 308 Rn. 19; Krieger in: Münchener/Hdb.GesR, § 70 Rn. 153; Leuering/Goertz in: Hölters/AktG, § 308 Rn. 46; Hüffer in: Hüffer/AktG, § 308 Rn. 8; Veil in: Spindler/Stilz, § 308 Rn. 16; a.A. Ballerstedt, ZHR (137) 1973, S. 388 (399 ff.).

911 Altmeppen in: MüKo/AktG, § 308 Rn. 77; Emmerich in: Emmerich/Habersack, § 308 Rn. 19; Krieger in: Münchener/Hdb.GesR, § 70 Rn. 153; Leuering/Goertz in: Hölters/AktG, § 308 Rn. 46; Hüffer in: Hüffer/AktG, § 308 Rn. 8. Nach Veil in: Spindler/Stilz, § 308 Rn. 16 ist die Wahrung des Prüfungsrechtes dagegen keine Zulässigkeitsvoraussetzung der Weisung.

912 Altmeppen in: MüKo/AktG, § 308 Rn. 78 ff.; Lang, Corporate Compliance, S. 209; Verse, ZHR (175) 2011, S. 401 (418).

913 Emmerich in: Emmerich/Habersack, § 308 Rn. 45; Hüffer in: Hüffer/AktG, § 308 Rn. 15; Sina in: Schmidt/Lutter, § 308 Rn. 24; Veil in: Spindler/Stilz, § 308 Rn. 24.

die herrschende Gesellschaft den oben beschriebenen Mindeststandard eines konzernweiten Compliance-Systems mittels Weisung durch, so dürften in den meisten Fällen bereits die Voraussetzungen des Merkmals „nachteilig" nicht vorliegen.

Zunächst liegt es im ureigenen Interesse jeder einzelnen Konzerngesellschaft, dass klar definierte Verantwortungsbereiche für Compliance geschaffen werden. Dass diese über die für ihre Aufgabenerfüllung erforderlichen personellen und sachlichen Mittel verfügen müssen, ist nur folgerichtig. Auch die zweite Anforderung begegnet keinen durchgreifenden Bedenken. Handelt es sich bei der abhängigen Konzerngesellschaft um eine Aktiengesellschaft, ist diese bereits aufgrund von § 91 Abs. 2 AktG, unabhängig von einer konzernrechtlichen Verbindung, dazu verpflichtet ein Überwachungssystem einzurichten. Vom Sonderfall eines übermäßig kostenintensiven Risikofrüherkennungssystem abgesehen, handelt es sich daher um keine nachteilige Weisung i.S.v. § 308 Abs. 1 S. 2 AktG, wenn die herrschende Gesellschaft bestehende gesetzliche Verpflichtungen mittels Weisung durchsetzt. Nicht wesentlich anders ist die Situation zu beurteilen, wenn es sich bei der Konzerngesellschaft um eine GmbH handelt. Zahlreiche Vertreter des Schrifttums befürworten ohnehin eine generelle Erstreckung des Normanwendungsbereiches von § 91 Abs. 2 AktG auf die GmbH.[914] Hiervon ging auch der Gesetzgeber – in Abhängigkeit von Größe und Komplexität der konkreten Gesellschaftsstruktur – aus.[915] Ist damit die Einrichtung eines Risikofrüherkennungssystems grundsätzlich für eine GmbH erforderlich, so zeichnet eine entsprechende Weisung nur die gesetzlichen Pflichten nach und kann keinen nachteiligen Charakter haben. Aber auch wenn man eine Rechtspflicht verneint, so entspricht die Einrichtung eines Risikofrüherkennungssystems regelmäßig dem Handeln eines ordentlichen und gewissenhaften Geschäftsleiters. Bezüglich der Überprüfung der Compliance in den Konzerngesellschaften gelten vergleichbare Erwägungen. Resümierend vermitteln die im Vertrags- bzw. Eingliederungskonzern bestehenden Weisungsrechte die notwendigen gesellschaftsrechtlichen Einflussmöglichkeiten zur Durchsetzung von Compliance-Maßnahmen. Dies beschränkt sich nicht nur auf den obigen Compliance-Mindeststandard, sondern beansprucht gleichermaßen Geltung für weitergehende Maßnahmen. Stellt sich demnach die Erteilung einer Weisung – von Einzelfällen abgesehen[916] – nicht als nachteilig dar, so erlangt ein potentieller

914 Altmeppen, ZGR 1999, S. 291 (300 ff.); Kießling, A./Kießling, E., WM 2003, S. 513 (523); Lensdorf, CR 2007, S. 413 (414); Scharpf, DB 1997, S. 737 (737 ff.); Spindler, MüKo/AktG, § 93 Rn. 42; ders. in: Fleischer/HdbVorstR, § 19 Rn. 4; Schneider, U. in: Scholz/GmbHG, § 43 Rn. 96; differenzierend Hommelhoff, FS Sandrock, S. 373 (376 ff.); a.A. Mertens/Cahn in: KK/AktG, § 91 Rn. 17.

915 BT-Drucks. 13/9712, S. 15.

916 Dies ist insbesondere denkbar, wenn die herrschende Gesellschaft eine Konzerngesellschaft zur Implementierung eines kostenintensiven Compliance-Systems anweist, welches nicht durch die konkrete unternehmerische Risikostruktur gerechtfertigt wird.

Ausschluss von nachteiligen Weisungen im Beherrschungsvertrag erst gar keine Relevanz.

II. Faktischer Konzern

1. Abhängige Gesellschaft in der Rechtsform der GmbH

(a) Weisungsbefugnis der Gesellschafterversammlung

Parallel zum Vertrags- und Eingliederungskonzern verfügt die herrschende Gesellschaft auch im GmbH-Konzern über weitreichende Einflussmöglichkeiten auf die Leitung der Konzerngesellschaften. Das Einflussrecht stützt sich in diesem Fall allerdings nicht auf eine vertragliche Grundlage, sondern auf die Ausübung von Gesellschafterbefugnissen. Wie bereits dargestellt existiert, vom allgemeinen und rechtsformneutralen Teil des Konzernrechts abgesehen, kein kodifiziertes Konzernrecht der GmbH. Auch eine analoge Anwendung der §§ 311 ff. AktG auf den GmbH-Konzern wird von der weit überwiegenden und richtigen Ansicht abgelehnt.[917] Mittels des – dem Organisationsstatut der GmbH immanenten – Weisungsrechts kann die herrschende Gesellschaft daher den Geschäftsführer zur Vornahme von konkreten Compliance-Maßnahmen anweisen.[918]

Eine konzernrechtliche Besonderheit ergibt sich lediglich vor dem Hintergrund, dass die herrschende Gesellschaft besonderen Treuepflichten unterworfen ist.[919] Nach überwiegender Ansicht besteht die Treuepflicht sowohl gegenüber der abhängigen Gesellschaft als auch gegenüber etwaigen Mitgesellschaftern.[920] Sie dient als Korrektiv und Beschränkung des mitgliedschaftlichen Einflussrechtes, da in Konzernverbindungen zu befürchten ist, dass dieses nicht ausschließlich im Interesse der konkreten Gesellschaft ausgeübt wird. Erlangt die herrschende Gesellschaft durch die sachfremde und nachteilige Einflussnahme auf die abhängige GmbH einen Vorteil, so partizipieren daran weder die abhängige Gesellschaft noch etwaige Mitgesellschafter. Genau dies will die Treuepflicht verhindern. Ausgehend von diesem Rechtsgrund wird deutlich, dass die Einschränkungen durch die Treuepflicht nur dort greifen, wo eine sachfremde und nachteilige Nutzung des gesellschaftsrechtlichen Einflusspotentials im Raume steht. Die Implementierung des oben definierten Compliance-Mindeststandards beinhaltet jedoch grundsätzlich nur Maßnahmen, welche auch ein ordentlicher und gewissenhafter Geschäftsleiter

917 BGHZ 65, S. 15 (18); 95, S. 330 (340); Emmerich/Habersack, Konzernrecht, S. 467; Hüffer in: Hüffer/AktG, § 311 RN. 51; Konzen, NJW 1989, S. 2977 (2981); Müller in: Spindler/Stilz, vor §§ 311 ff. Rn. 21 jeweils m.w.N. A.A. Bälz, AG 1992, S. 277 (293 ff.); Kropff, FS Semler, S. 517 (536 ff.).

918 Statt aller Grundmeier, Compliance im Konzern, S. 95 f.

919 BGH, NJW 1976, S. 191; Habersack in: Emmerich/Habersack, Anh. 318 Rn. 24; Fett/Theusinger, BB Special 4, 2010, S. 6 (10 f.); Konzen, NJW 1989, S. 2977 (2980 ff.); Servatius in: Michalski/GmbHG, Syst. Darst. 4 Rn. 408 ff.

920 BGHZ 65, S. 15 (18); Bayer in: Lutter/Hommelhoff, § 14 Rn. 21 m.w.N.; Habersack in: Emmerich/Habersack, Anh. 318 Rn. 27.

einer unabhängigen Gesellschaft ergriffen hätte.[921] Vom Sonderfall einer überdimensionierten und mit erheblichen wirtschaftlichen Aufwendungen verbundenen Compliance-Organisation, stellen Anweisungen der herrschenden Gesellschaft keine Treuepflichtverletzung dar und sind zulässig.[922] Einen Sonderfall bildet insoweit die Organisation des Informationsflusses. Diesem bedeutsamen Aspekt widmet sich die Untersuchung separat.[923]

(b) Praktische Schwierigkeiten bei Minderheitsbeteiligungen

Das weitgehend uneingeschränkte Weisungsrecht beruht auf der Prämisse, dass die herrschende Gesellschaft alleinige Gesellschafterin der GmbH ist, oder ihr zumindest die Rolle eines Mehrheitsgesellschafters zukommt. In der Praxis ist dies nicht immer der Fall und es kann sich die Situation ergeben, dass die herrschende Gesellschaft in der Gesellschafterversammlung nicht über die absolute Stimmmehrheit verfügt. Da Beschlüsse innerhalb der GmbH grundsätzlich nach dem Mehrheitserfordernis ergehen,[924] reichen die gesellschaftsrechtlichen Einflussmöglichkeiten unter Umständen nicht aus, sofern weitere Gesellschafter die gewünschte Weisung an den Geschäftsführer, welche in Form eines Beschlusses ergeht, blockieren.

Hinsichtlich der sich daraus ergebenen Konsequenzen, ist zwischen unterschiedlichen Ausprägungen der Beteiligung zu differenzieren. Die in § 18 Abs. 1 S. 1 AktG enthaltene Konzerndefinition rekurriert auf den Begriff der herrschenden und abhängigen Unternehmen. Dessen Definition findet sich wiederum in § 17 AktG. § 17 Abs. 2 AktG enthält die Regel, dass von einem i.S.d. § 16 AktG in Mehrheitsbesitz stehenden Unternehmen vermutet wird, dass es von dem beteiligten Unternehmen abhängig ist. Die in den §§ 15 ff. AktG enthaltenen Vermutungsregelungen greifen daher direkt, sofern die Mehrheit der Anteile eines rechtlich selbstständigen Unternehmens bzw. die Mehrheit der Stimmrechte einem anderen Unternehmen zustehen.[925] Verfügt die Gesellschaft dagegen nur über eine Minderbeteiligung an einem rechtlich selbstständigen Unternehmen, so führen die Vermutungsregeln nicht zur Anwendbarkeit von § 18 AktG. Im Anwendungsbereich des § 17AktG ist allerdings anerkannt, dass im Einzelfall auch eine Minderheitsbeteiligung zur Begründung eines Abhängigkeitsverhältnisses genügen kann.[926] Voraussetzung

921 BGH, NJW 1976, S. 191 (192); Habersack in: Emmerich/Habersack, Anh. 318 Rn. 29; Lutter/Hommelhoff in: Lutter/Hommelhoff, Anh. § 13 Rn. 39 wenden diesen – aus § 43 GmbHG entnommenen Maßstab – zur Bestimmung der Schuldhaftigkeit des Treuepflichtverstoßes an.

922 Vergleiche hierzu bereits die Ausführungen zu nachteiligen Weisungen im Vertragskonzern.

923 Siehe hierzu im Folgenden Teil 5.§ 2.C.

924 Vgl. § 47 Abs. 1 GmbHG.

925 Vgl. § 16 Abs. 1 AktG.

926 BGHZ 148, S. 123 (125 f.); KG Berlin, AG 2005, S. 398 (398); OLG Düsseldorf, NZG 2005, S. 1012 (1013); OLG Düsseldorf, Der Konzern 2003, S. 841 (842); Bayer in: MüKo/Aktg, § 17 Rn. 37; Emmerich in: Emmerich/Habersack, § 17

zung ist aber, dass die Minderheitsbeteiligung in Verbindung mit weiteren verlässlichen Umständen rechtlicher oder tatsächlicher Art den Einfluss auf die Personalpolitik der abhängigen Gesellschaft sichern kann.[927] Ausreichend ist demnach, wenn die Minderbeteiligung faktisch wie die tatsächliche Mehrheit wirkt.[928] Dies kann z.B. durch Treuhand- und Stimmbindungsvereinbarungen,[929] personelle Verflechtungen auf unternehmerischer Leitungsebene,[930] eine wirtschaftliche Abhängigkeit des Beteiligungsunternehmens aufgrund schuldrechtlicher Verträge[931] oder Satzungsbestimmungen erzielt werden.[932] Die Beispiele verdeutlichen, dass die faktischen Einflussmöglichkeiten, welche die Annahme eines Konzernverhältnisses tragen, ihrerseits ein erhebliches Einflusspotential voraussetzen, so dass den Organen die Durchsetzung der Compliance-Maßnahmen abverlangt werden kann, sofern zwischen den Unternehmen ein Abhängigkeitsverhältnis besteht und der Anwendungsbereich von § 18 AktG eröffnet ist.

Anders ist dies zu beurteilen, wenn weder eine Mehrheitsbeteiligung besteht, noch verlässliche Umstände rechtlicher oder tatsächlicher Art den Einfluss absichern. Obstruierende Mehrheitsgesellschafter können dann die Mitwirkung der Gesellschaft an einem Compliance-System – in den Grenzen des rechtlich Zulässigen[933] – blockieren. Ein Anspruch gegenüber den Mitgesellschaftern, auf Zustimmung zur Mitwirkung, wird sich ebenfalls nur schwerlich begründen lassen. Die Mitgesellschafter unterliegen zwar untereinander einer Treuepflicht, mit der Folge, dass bei Ausübung der Gesellschafterrechte auf achtenswerte Belange angemessene Rücksicht zu nehmen ist,[934] doch gelten insoweit lediglich die wenig trennscharfen Ausübungsschranken der Willkür bzw. des Verhältnismäßigkeitsgrundsatzes.[935] Strukturell handelt es sich primär um eine Rechtsausübungsschranke, so dass die verweigerte Teilnahme und Mitwirkung an einem Compliance-System der herrschenden Gesellschaft regelmäßig keine Verletzung einer Treuepflicht darstellen dürfte.

Rn. 18; Hüffer in: Hüffer/AktG, § 17 Rn. 9; Schall in: Spindler/Stilz, § 17 Rn. 25 ff.; a.A. Koppensteiner in: KK/AktG, § 17 Rn. 68.

927 BGHZ 69, S. 334 (347); 125, S. 366 (369); 135, S. 107 (114 f.); OLG Düsseldorf, NZG 2005, S. 1012 (1013); LG Köln, AG 2008, S. 336 (338); Emmerich in: Emmerich/Habersack, § 17 Rn. 18 ff.; Hüffer in: Hüffer/AktG, § 17 Rn. 9; Schall in: Spindler/Stilz, § 17 Rn. 25 ff.

928 Hüffer in: Hüffer/AktG, § 17 Rn. 9 m.w.N.

929 OLG Karlsruhe, NZG 2004, S. 334 (335); BayObLG, NZG 2002, S. 579 (582); OLG Düsseldorf, AG 1994, S. 36 (36); Bayer in: MüKo/Aktg, § 17 Rn. 37.

930 Emmerich in: Emmerich/Habersack, § 17 Rn. 19.

931 BGHZ 90, S. 381 (397); 107, S. 7 (13); OLG Düsseldorf, Der Konzern 2003, S. 841 (841 f.); Schall in: Spindler/Stilz, § 17 Rn. 35:

932 Emmerich in: Emmerich/Habersack, § 17 Rn. 20.

933 Hiervon ausgenommen sind natürlich Pflichten, welche der Gesellschaft gegenüber der „herrschenden" Gesellschaft gesetzlich obliegen. Hierzu zählen z.B. die, den Gesellschaftern zustehenden, Auskunfts- und Informationsrechte gegenüber dem Geschäftsführer.

934 BGHZ 65, S. 15 (18); Bayer in: Lutter/Hommelhoff, § 14 Rn. 21; Habersack in: Emmerich/Habersack, Anh. 318 Rn. 27.

935 BGH, NJW 1981, S. 1512 (1514); Schlitt in: Sudhoff/GmbH&Co KG, § 25 Rn. 31.

Auch wenn die Fallgruppe einer einfachen Beteiligung an einer GmbH grundsätzlich kein Konzernverhältnis begründet – und damit nicht im Fokus dieser Untersuchung steht – sei angemerkt, dass es wenig sachgerecht ist einen Pflichtenkanon einzufordern, welcher die bestehenden gesellschaftsrechtlichen Einflussmöglichkeiten überschreitet. Es kann in diesem Fall nur darum gehen, dass die Organe auf eine Beteiligung und Einbindung der Gesellschaft hinwirken. Dies bezieht sich insbesondere auf die Erfassung, Analyse und Weiterleitung von Informationen betreffend Compliance-Risiken. Scheitert, auch unter Einnahme einer längerfristigen Perspektive, die Beteiligung und Einbindung aufgrund der fehlenden Mehrheitsverhältnisse, so haben die geschäftsführenden Organe im Rahmen ihres unternehmerischen Ermessens über die Aufrechterhaltung oder den Ausbau der Beteiligung zu entscheiden. Maßgeblich für den Entscheidungsprozess sind die von der GmbH ausgehenden Gefahren für das wirtschaftliche Eigeninteresse der Gesellschaft sowie die ökonomischen Vorteile einer Beibehaltung der Beteiligung. Ultima ratio kann sich das unternehmerische Ermessen hin zu einer Veräußerung der Beteiligung verdichten, sofern das Risiko von erheblichen Compliance-Risiken mit einer gescheiterten Einbindung in das konzernweite Compliance-System zusammentrifft.[936]

2. Abhängige Gesellschaft in der Rechtsform der AG

(a) Leitungsautonomie versus Compliance-Mindeststandard – Mögliche Konflikte

Erhebliche rechtliche Unterschiede bestehen, wenn es sich bei der abhängigen Konzerngesellschaft nicht um eine GmbH, sondern um eine AG handelt. Charakteristisch für die Rechtsform der AG, ist die ausdrückliche Zuweisung der Leitungsaufgabe an den Vorstand. Der Vorstand leitet die Gesellschaft weisungsfrei unter eigener Verantwortung. Dieser, der Verfassung einer AG immanente Grundsatz, erfährt seine normative Ausprägung in § 76 AktG. Basierend auf den Erkenntnissen zur Einzelgesellschaft ist die Verantwortung für Compliance ein Bestandteil der Leitungsaufgabe und damit grundsätzlich dem weisungsfreien Anwendungsbereich des § 76 Abs. 1 AktG zuzuordnen.[937] Der Vorstand übt die Leitungsaufgabe in eigener Verantwortung aus. Ein Weisungsrecht steht damit weder anderen Gesellschaftsorganen noch einzelnen Aktionären oder sonstigen Dritten[938] zu.[939]

---

936 Bürkle in: Hauschka/Compliance, § 8 Rn. 65; Fett/Gebauer, FS Schwark, S. 375 (385); Huber, Compliance-Pflichten, S. 154.

937 Siehe hierzu bereits Teil 3.§ 1.A.II. Statt vieler: Hüffer in: Hüffer/AktG, § 76 Rn. 9a m.w.N.

938 Als sonstige Dritte kommen beispielsweise Fremdkapitalgeber in Betracht.

939 BGH, AG 2008, S. 541 (542); Fleischer in: Spindler/Stilz, § 76 Rn. 57; Fonk, NZG 2011, S. 321 (326); Grundmeier, Compliance im Konzern, S. 89; Hüffer in: Hüffer/AktG, § 76 Rn. 10; Kort in: GroßK/AktG, § 76 Rn. 42; Mertens/Cahn in: KK/AktG, § 76 Rn. 44; Seibt in: Schmidt/Lutter, § 76 Rn. 10; Spindler in: MüKo/AktG, § 76 Rn. 22; Weber in: Hölters/AktG, § 76 Rn. 35 jeweils m.w.N.

Zulässig sind dagegen Veranlassungshandlungen im Sinne von § 311 AktG. Soweit diese sich auf die Wahrung der Compliance innerhalb der Konzerngesellschaft beziehen, scheidet die Annahme eines ausgleichspflichtigen Nachteils aus.[940] Insoweit finden die obigen Erkenntnisse zur Annahme einer Treuepflichtverletzung gegenüber einer faktisch abhängigen GmbH uneingeschränkt Übertragung.[941] Problematisch bleiben damit zum einen die ausgleichsfähige Veranlassung zu übermäßigen Compliance-Maßnahmen und zum anderen der Informationsfluss im Konzern.[942]

Auch unter Ausnutzung von Veranlassungshandlungen ist jedoch offensichtlich, dass die Leitungsautonomie mit dem oben entwickelten Mindeststandard konzernweiter Compliance-Maßnahmen in Konflikt geraten kann. Zunächst obliegt die Organisation einer Konzerngesellschaft allein deren Vorstand. Damit liegt es z.B.im Ermessen des Vorstandes, ob er eine organisatorische Verantwortung für Compliance – im Sinne eines Ansprechpartners oder Compliance Officer – innerhalb der Tochtergesellschaft implementiert oder darauf verzichtet. Eingeschränkt wird diese Freiheit letztlich dadurch, dass der Vorstand der abhängigen Gesellschaft seinerseits wiederum den Anforderungen des § 93 AktG gegenüber „seiner“ Gesellschaft unterliegt. Nimmt der Vorstand die Compliance-Aufgaben daher nicht in eigener Person wahr, so wird auch ihm eine sachgerechte überschneidungsfreie Delegation und Organisation von Zuständigkeiten abverlangt. Die Schwierigkeit besteht jedoch darin, dass die geschäftsführenden Organe der herrschenden Gesellschaft die Erfüllung dieser Pflicht nicht mittels Weisung durchsetzen können. Parallel hierzu ist die konzernweite Pflicht zur erstmaligen und laufenden Erfassung von Compliance-Risiken zu beurteilen. Der Vorstand einer Konzerngesellschaft unterliegt zwar den Anforderungen des § 91 Abs. 2 AktG, doch vermittelt dies der herrschenden Gesellschaft keine direkten rechtlichen Einwirkungsmöglichkeiten auf die Leitung der Konzerngesellschaft. Unabhängig davon bezieht sich § 91 Abs. 2 AktG nur auf einen Teilaspekt des konzernweiten Compliance-Mindeststandards und verlangt insbesondere keine Weiterleitung der gewonnenen Erkenntnisse an die herrschende Gesellschaft.[943] Grundsätzlich kommt die Einrichtung eines umfassenden konzernweiten Compliance-Berichtswesens nur in Betracht, wenn der Vorstand der Konzerngesellschaft hiergegen keine Einwände erhebt.[944] Gleiches gilt für die Einrichtung eines konzernweiten Controllings[945] und einer konzernweiten internen Revision sowie deren konkrete Prüfungshandlungen innerhalb einer

940 Verse, ZHR (175) 2011, S. 401 (419).
941 Vgl. Teil 5.§ 2.A.II.1(a) am Ende.
942 Siehe hierzu sogleich im Folgenden Teil 5.§ 2.C.
943 Bezüglich des Pflichteninhaltes kann uneingeschränkt auf die zur Einzelgesellschaft gewonnenen Erkenntnisse verwiesen werden. Vgl. insoweit S. 51 ff.
944 Löbbe, Unternehmenskontrolle, S. 198 f.
945 Löbbe, Unternehmenskontrolle, S. 204.

Tochteraktiengesellschaft.[946] Dies lässt sich verallgemeinern auf den Grundsatz, dass der herrschenden Gesellschaft im faktischen Konzern keine Befugnisse zur Überprüfung der Compliance innerhalb der Konzerngesellschaft zustehen.

(b) Reaktionsmöglichkeiten der herrschenden Gesellschaft bei Obstruktion

(aa) Aktive Gestaltung der Personalpolitik

Erweckt die Darstellung des theoretischen Obstruktionspotentials zunächst Zweifel an der Folgerichtigkeit des Mindeststandards, so ist sogleich einschränkend zu berücksichtigen, dass der Vorstand einer Konzerngesellschaft in der Praxis nur selten hiervon Gebrauch machen wird bzw. kann. Wesentlicher Grund hierfür sind die auch im faktischen Konzern vorhandenen Einflussmöglichkeiten der herrschenden Gesellschaft auf die Personalpolitik der Konzerngesellschaft.[947]

Die herrschende Gesellschaft ist zunächst Gesellschafterin der abhängigen AG. Vermittelt durch ihr Stimmrecht in der Hauptversammlung kann sie Einfluss auf die Besetzung des Aufsichtsrates nehmen.[948] Der Aufsichtsrat setzt sich damit in aller Regel zumindest teilweise aus Organmitgliedern oder Vertrauensleuten der herrschenden Gesellschaft zusammen und sorgt – unter Wahrung der gesetzlichen Verschwiegenheitspflichten – für eine Verbreiterung des Informationsflusses. Ziffer 3.4 S. 2 DCGK enthält hierzu eine explizite Regelung, wonach der Vorstand „den Aufsichtsrat regelmäßig, zeitnah und umfassend über alle für das Unternehmen relevanten Fragen der [...] Compliance" informiert.[949] Beachtung verdient daneben noch Ziffer 5.3.2 S. 1 DCGK. Demnach soll der Aufsichtsrat einen Prüfungsausschuss einrichten, welcher sich u.a. mit Compliance-Fragen befasst. Der Aufsichtsrat verfügt zudem über die alleinige Kompetenz zur Bestellung und Abberufung von Vorstandsmitgliedern. Die Amtszeit der Vorstandsmitglieder begrenzt § 84 Abs. 1 S. 1 AktG auf maximal fünf Jahre. Mit Ablauf der Amtszeit kann eine wiederholte Bestellung durch den Aufsichtsrat erfolgen.[950] Allein die Bestellungsperioden führen daher dazu, dass die Vorstandsmitglieder einem turnusmäßigen Votum der herrschenden Gesellschaft – vermittelt durch den Aufsichtsrat – unterliegen. Abschließend gewährt § 84 Abs. 3 S. 1 AktG dem Aufsichtsrat das Recht, die Bestellung eines Vorstandsmitgliedes bei Vorlie-

---

946 Altmeppen in: MüKo/AktG, § 311 Rn. 440; Götz, ZGR 1998, S. 524 (538); Löbbe, Unternehmenskontrolle, S. 212 f.; Mutter in: Bürkle/Compliance in Versicherungsunternehmen, § 2 Rn. 16.

947 Statt aller Grundmeier, Compliance im Konzern, S. 89 f.; Huber, Compliance-Pflichten, S. 145 und 197.

948 Vgl. § 101 Abs. 1 S. 1 AktG.

949 Vgl. Ziffer 3.4 Satz 2 DCGK in der Fassung vom 13.06.2013, abrufbar unter: http://www.corporate-governance-code.de/ger/kodex/4.html., letzter Abruf 01.08.2013.

950 Vgl. § 84 Abs. 1 S. 2 AktG.

gen eines wichtigen Grundes zu widerrufen. Zwecks Verhinderung einer Umgehung der von § 76 AktG vorausgesetzten Leitungsautonomie werden hohe Anforderungen an das Vorliegen eines wichtigen Grundes gestellt. Nach allgemeiner Meinung soll dieser vorliegen, wenn der Gesellschaft die Fortsetzung des Organverhältnisses bis zum Ende der regulären Amtszeit unzumutbar ist.[951] Angesichts dieser hohen Anforderungen rechtfertigen Unstimmigkeiten und Meinungsverschiedenheiten über die Konkretisierung von Compliance-Maßnahmen keine Abberufung.[952] In der Vergangenheit hat die Rechtsprechung aber sowohl das Fehlen eines hinreichenden Risikomanagementsystems[953] als auch die unterlassene Einrichtung eines Kontrollsystems zur Verhinderung von Scheinbuchungen in einer Mutter- und Tochtergesellschaft[954] als wichtigen Grund anerkannt. Für die gänzliche oder weitgehende Verweigerung von Compliance-Maßnahmen dürften entsprechende Erwägungen gelten.[955] Dies gilt umso mehr, da sich eine Vielzahl der typischerweise diskutierten Compliance-Maßnahmen einer Einzelgesellschaft auf normative Anforderungen zurückführen lassen. Letztlich wird es in der Praxis zumeist nicht auf die konkreten Ausdifferenzierungen des Merkmals ankommen, da bereits die reine Existenz und theoretische Nutzbarkeit der personellen Maßnahmen den Vorstand einer abhängigen AG zur Kooperation bewegen wird.[956]

(bb) Setzung von Anreizen durch die herrschende Gesellschaft

Weitere Grenzen einer Unterminierung von konzernweiten Compliance Bemühungen setzt die Binnenverantwortung des Vorstandes gegenüber der Konzerngesellschaft gemäß § 93 AktG. Zwar kann die herrschende Gesellschaft die Einhaltung der Sorgfalt eines ordentlichen und gewissenhaften Geschäftsleiters nicht mittels Weisung einfordern, doch verfügt sie über Möglichkeiten zur Reduktion des unternehmerischen Ermessensspielraumes. Aus der Perspektive des Vorstandes der abhängigen Konzerngesellschaft kann so der Anreiz für eine Mitwirkung an konzernweiten Compliance-Maßnahmen erhöht werden.

---

951 Allgemeine Meinung vgl: BGH, ZIP 2007, S. 119 ff.; OLG Stuttgart, AG 2003, S. 211 (212); OLG Karlsruhe, NZG 2000, S. 264 (265 f.); OLG Stuttgart, NJW-RR 1995, S. 295 (296); Fleischer in: Spindler/Stilz, § 84 Rn. 100; Hüffer in: Hüffer/AktG, § 84 Rn. 26; Kort in: GroßK/AktG, § 84 Rn. 140; Mertens/Cahn in: KK/AktG, § 84 Rn. 121; Mutter in: Bürkle/Compliance in Versicherungsunternehmen, § 2 Rn. 24; Seibt in: Schmidt/Lutter, § 84 Rn. 49; Spindler in: MüKo/AktG, § 84 Rn. 116.

952 Mutter in: Bürkle/Compliance in Versicherungsunternehmen, § 2 Rn. 24

953 LG Berlin AG 2002, S. 682 (683).

954 OLG Jena, NZG 2010, S. 226 (226 f.). Abweichend von der hier vorgenommenen Fokussierung auf die Organstellung basiert das konkrete Urteil auf der Kündigung eines Geschäftsführeranstellungsvertrages. Es kann aber mit guten Gründen eine entsprechende Heranziehung der Argumentation auf § 84 Abs. 3 AktG vertreten werden.

955 Mutter in: Bürkle/Compliance in Versicherungsunternehmen, § 2 Rn. 24.

956 So auch Mutter in: Bürkle/Compliance in Versicherungsunternehmen, § 2 Rn. 23.

Als Möglichkeit bietet sich in diesem Zusammenhang unter anderem an, gleichartige konzernweite Mitarbeiterschulungen oder technische Systemen zur Erfassung von Compliance-Risiken zu offerieren.[957] Darüber hinaus kann die herrschende Gesellschaft konzernweite – ggfs. auch für die konkrete Konzerngesellschaft individualisierte[958] – Ethik- und Compliance-Richtlinien entwickeln und diese zur Verfügung stellen.[959] Gemeinsam ist diesen Maßnahmen, dass sie jeweils zu einem Vorteil der Konzerngesellschaft führen und dabei gleichzeitig finanzielle Belastungen von der abhängigen Aktiengesellschaft fernhalten oder zumindest reduzieren. In den genannten Fällen wird sich das unternehmerische Ermessen des Vorstandes zumindest in Richtung einer Mitwirkung verdichten. Die letzte Stufe dieses Prozesses könnte darin bestehen, der Tochtergesellschaft die Durchführung von Compliance-Aufgaben bzw. die vollständige Übernahme der Compliance-Abteilung durch die herrschende Gesellschaft anzubieten.[960] Dies ist in der Praxis durchaus nicht unüblich und kann für die Tochtergesellschaft mit einer erheblichen Fixkostenreduktion verbunden sein.[961] Eine Delegation der Compliance Zuständigkeit auf die herrschende Gesellschaft ist grundsätzlich zulässig.[962] Dies folgt bereits aus der anerkannten Möglichkeit einer externen Delegation.[963] Parallel zur externen Delegation ist jedoch auch von der delegierenden Gesellschaft zu verlangen, dass sie sich insoweit notwendige Weisungs-, Auskunfts-, und Kontrollrechte sowie klar definierte Vorgaben für einen Aufgabenentzug vertraglich vorbehält.[964] Übernimmt die herrschende Gesellschaft Compliance-Aufgaben für die abhängige Aktiengesellschaft, so folgt hieraus nicht nur eine Verbreiterung ihrer Informationsquellen und Einflussmöglichkeiten, sondern auch eine gesteigerte Verantwortung für die Compliance in-

957 Fett/Theusinger, BB Special 4, 2010, S. 6 (9 f.); Mutter in: Bürkle/Compliance in Versicherungsunternehmen, § 2 Rn. 18 ff.

958 Grundsätzlich wird sich bereits aufgrund der Etablierung und Wahrung einheitlicher konzernweiter Standards die Ausarbeitung einer allgemeingütigen Konzern Ethik- bzw. Compliance-Richtlinie anbieten.

959 Fett/Theusinger, BB Special 4, 2010, S. 6 (9 f.).

960 Fett/Theusinger, BB Special 4, 2010, S. 6 (9 f.); Mutter in: Bürkle/Compliance in Versicherungsunternehmen, § 2 Rn. 18 ff.

961 Dreher/Schaaf, WM 2008, S. 1765 (1770); Dück/Eufinger, CCZ 2012, S. 131 (136); Fett/Theusinger, BB Special 4, 2010, S. 6 (9 f.); Loff, WM 2009, S. 780 (781); Mutter in: Bürkle/Compliance in Versicherungsunternehmen, § 2 Rn. 18 ff.

962 Vgl. Fett/Gebauer, FS Schwark, S. 375 (386 f.). Bei der Übertragung der Compliance-Funktion auf die herrschende Gesellschaft ist jedoch zu beachten, dass diese nicht faktisch den Wirkungen eines Beherrschungsvertrages gleicht.

963 Bürkle in: Hauschka/Compliance, § 8 Rn. 58 ff; Kort, FS Hopt, S. 983 (988); Schaaf, Risikomanagement und Compliance, S. 183 ff.; Schmidt-Husson in: Hauschka/Compliance, § 7 Rn. 7.

964 Für das Beispiel einer externen Aufgabendelegation bereits: Bürkle in: Hauschka/Compliance, § 8 Rn. 58; Fleischer in: Spindler/Stilz, § 76 Rn. 60; Kort, FS Hopt, S. 983 (989); Stein, ZGR 1988, S. 163 (171); Turiaux/Knigge, DB 2004, S. 2199 (2206).

nerhalb der Konzerngesellschaft. Die obigen Ausführungen zu den Besonderheiten bei zentralen Konzernstrukturen gelten insoweit entsprechend.[965]

(cc) Pflicht zur Auflösung des Beteiligungsverhältnisses als ultima ratio?

Die aktive Gestaltung der Personalpolitik ist im faktischen Konzern – zumindest im Falle einer abhängigen AG – das probateste Mittel zur Erreichung des Compliance-Mindeststandards. In der Praxis wird der Vorstand Anregungen der Muttergesellschaft regelmäßig folgen und die Implementierung des Mindeststandards weder boykottieren noch obstruieren. Unter Ausblendung der praktischen Virulenz bleibt gleichwohl die Frage offen, ob die Unternehmensleitung der herrschenden Gesellschaft ihre compliance-spezifischen Pflichten verletzen, wenn sie an der Durchsetzung des Mindeststandards scheitert.

Der Gesetzgeber hat bereits in Ziffer 4.1.3 DCGK und der Gesetzesbegründung zum KonTraG[966] eine Wertung integriert, welche diese Frage implizit beantwortet. An beiden Stellen wird betont, dass rechtliche Pflichten ihre Grenzen in den vorhandenen gesellschaftsrechtlichen Möglichkeiten finden. Übertragen auf die hiesige Fragestellung bedeutet dies, dass den Organen eine Hinwirkungspflicht obliegt, welche zumindest auf die Erreichung des obigen Mindeststandards gerichtet ist. Scheitern diese Bemühungen und kommt langfristig auch keine Vergrößerung der gesellschaftsrechtlichen Einwirkungsmöglichkeiten – z.B. in Gestalt eines Beherrschungsvertrages – in Betracht, so kann daraus als Ultima ratio eine Pflicht zur Veräußerung der Beteiligung erwachsen.[967] Diese ist gerechtfertigt, da die geschäftsführenden Organe im Falle einer vollständigen Obstruktion ihrer Compliance-Bemühungen, nicht zu einer angemessenen Bezifferung der der Beteiligung innewohnenden wirtschaftlichen Risiken befähigt sind. Die Kenntnis der wesentlichen Haftungsrisiken ist jedoch sowohl Grundlage einer unternehmerischen Entscheidung als auch Voraussetzung des Privilegs der Business Judgment Rule. Andererseits wird man den Organen für die Durchführung ihrer Hinwirkungsmöglichkeiten einen Zeitraum zubilligen müssen. Dieser richtet sich wiederum nach dem unternehmerischen Ermessen, welches maßgeblich durch die wirtschaftlichen Vorteile einer Beibehaltung der Beteiligung und den möglichen wirtschaftlichen Risiken bestimmt wird.

B. Arbeitsrechtliche Beschränkungen mit Konzernbezug

I. Konzernweite Richtlinien als wesentliches Gestaltungsmerkmal von Compliance

Arbeitsrechtliche Aspekte wirken sich in vielerlei Hinsicht auf die Implementierung und den Betrieb eines Compliance-Systems aus. So zeichnet sich eine

965 Siehe hierzu oben Teil 5.§ 1.B.II.6(b)(cc).
966 BT-Drucks. 13/9712, S. 15. Für den genauen Wortlaut siehe oben unter Fn. 558.
967 Bürkle in: Hauschka/Compliance, § 8 Rn. 65; Huber, Compliance-Pflichten, S. 154; Fett/Gebauer, FS Schwark, S. 375 (385).

Tendenz in Literatur und Rechtsprechung ab, welche eine faktische Sanktionierungspflicht im Falle von Zuwiderhandlungen vertritt.[968] Das Petitum einer Sanktionierung setzt hierbei die Wahrung der Schranken des Arbeitsrechts voraus.[969] Weitere rechtliche Friktionen bestehen zwischen Arbeitsrecht und sog. „Internal Investigations". Im Zuge von Internal Investigations beauftragt ein Unternehmen externe oder interne Spezialisten mit der offenen oder verdeckten Aufklärung von vermuteten Gesetzesverstößen im Unternehmen.[970] Naturgemäß können derartige Ermittlungsmaßnahmen in ein Spannungsverhältnis zu der arbeitsvertraglichen Rechtsstellung des Arbeitnehmers treten.[971] Im Kern handelt es sich bei diesen und ähnlichen Fallkonstellationen um arbeitsrechtliche Fragestellungen, welche typischerweise im Verhältnis zwischen den Konzerngesellschaften und ihren Arbeitnehmern wurzeln. Arbeitsrechtliche Beziehungen im Konzernverbund bestehen regelmäßig zwischen Arbeitnehmern und konzernverbundenen Unternehmen.[972] Dem Konzern als Rechtsubjekt oder Pflichtenadressat kommt dagegen keine tragende Bedeutung zu. Der Arbeitgeber, eines innerhalb einer Konzerngesellschaft beschäftigten Mitarbeiters, ist häufig die konkrete Konzerngesellschaft. Auch wenn dieser Befund nicht in jedem Einzelfall, insbesondere für die unternehmerische Leitungsebene eines Konzernverbundes, gelten muss,[973] bietet diese Untersuchung nicht den Raum einer erschöpfenden Darstellung des arbeitsrechtlichen Beziehungsgeflechts im Konzern.

Vor dem Hintergrund konzernweiter Compliance-Maßnahmen reduziert sich die eigentliche Virulenz des Arbeitsrechts primär auf die Implementierung von konzernweiten Richtlinien, Ethikkodizes oder sog. Codes of Conduct.[974] Fraglich ist zunächst, warum den vorstehend genannten Regelungen, welche im Folgenden zusammenfassend als Richtlinien bezeichnet wer-

---

968 OLG Düsseldorf, NJW 2008, S. 930 (931); Bock, Criminal Compliance, S. 666 f.; Bussmann/Matschke, CCZ 2009, S. 132 (136.); Bohnert in: Bohnert/OWiG, § 130 Rn. 20; Göpfert/Drägert, CCZ 2011, S. 25 (25); Kolbe, NZA 2009, S. 228 (231); Pampel, BB 2007, S. 1636 (1637); Rogall in: KK/OWiG, § 130 Rn. 61; Voigt, NJW 2009, S. 3755 (3755); Ziemons in: Oppenländer/Trölitzsch, § 22 Rn. 20; ablehnend dagegen: BGH, wistra 1982, S. 34; Hüneröder, Aufsichtspflichtverletzung, S. 108.

969 Zu den Fragen, welche sich im Zuge einer außerordentlichen Kündigung bei Compliance-Verstößen stellen vgl. Göpfert/Drägert, CCZ 2011, S. 25 ff.

970 Grützner/Jakob in: Grützner/Jakob, Internal Investigation.

971 Siehe hierzu Klengel/Mückenberger, CCZ 2009, S. 81 ff.; Momsen, ZIS 2011, S. 508 ff. mit einem instruktiven Überblick über den Themenkreis sowie weiterführenden Überlegungen zum Widerstreit zwischen arbeitsrechtlicher Mitwirkungspflicht des Arbeitnehmers und strafprozessualer Selbstbelastungsfreiheit.

972 Statt aller Henssler, Arbeitsvertrag im Konzern, S. 38 ff.

973 Gerade Mitarbeiter gehobener hierarchischer Ebenen können in einer Konzerngesellschaft beschäftigt sein und dabei gleichzeitig in einer arbeitsrechtlichen Beziehung zur herrschenden Gesellschaft stehen.

974 Zu diesen Begriffen siehe bereits Teil 2.§ 2.B.I.2(c). Vgl. zu Richtlinien Dzida, NZA 2008, S. 1265 ff.; Mengel, Compliance u. ArbeitsR., Teil. 1 Kap. 3 Rn. 1 ff.; dies., CCZ 2008, S. 85 ff.; dies./Hagemeister, BB 2007, S. 1386 ff.; Schreiber, NZA-RR 2010, S. 617 ff.

den, diese maßgebliche Bedeutung zukommt. Hierfür ist eine ganze Reihe von Gründen verantwortlich.

Zunächst gilt es sich zu vergegenwärtigen, dass die Richtlinien umfangreiche Regelungsgegenstände enthalten können. Die inhaltliche Palette reicht von tätigkeitsbezogenen Weisungen[975] über konkretisierte Nebenpflichten des Arbeitnehmers,[976] einer Manifestation der konzernweiten Compliance-Philosophie bis hin zu der Begründung eigenständiger Verhaltensgebote.[977] In der Praxis hat sich ein gewisser inhaltlicher Standard von Compliance-Richtlinien herausgebildet. Zum Kern ist insoweit das sog. Commitment zu zählen, welches das Bekenntis der unternehmerischen Führungsebene zur Rechtstreue – oder weitergehend zu einer an ethischen und moralischen Grundsätzen ausgerichteten – Unternehmens- und Konzernkultur enthält.[978] Typischerweise konkretisieren Richtlinien diese Verhaltensmaxime und wiederholen bzw. erläutern in einem deskriptiven Teil die maßgebliche Gesetzeslage.[979] Im Hinblick auf die Tatsache, dass insbesondere Korruptionsskandale die Debatte um und das Bewusstsein für Compliance prägten, ist es nicht verwunderlich, dass auch Regelungen für die Annahme von Geschenken und Bewirtungsverbote regelmäßig eine weitergehende Präzisierung erfahren.[980] Neben normativen Vorgaben können aber auch unternehmensinterne Aspekte und Ziele Bestandteil von Richtlinien sein. So ist es keinesfalls unüblich, dass Anti-Diskriminierungs-, Verschwiegenheits- und Vertraulichkeitsregelungen Eingang finden. Darüber hinaus kann auch der Umgang mit Medien, Interessenkonflikten, Betriebseigentum sowie die Privatnutzung von betrieblichen Telekommunikationsgeräten zum Gegenstand der Richtlinie gemacht werden.[981]

Die bisherige Untersuchung konnte herausstellen, dass keine allgemeingültige Rechtspflicht einen Richtlinienerlass zwingend gebietet. Eine Ausnahme bilden lediglich partielle Sonderregelungen und ausländische Normen – wie SOX, FCPA und Börsenregularien, welche zumindest eine faktische Ver-

975 Mengel, Compliance u. ArbeitsR., Teil. 1 Kap. 1 Rn. 8.

976 Mengel, Compliance u. ArbeitsR., Teil. 1 Kap. 1 Rn. 9 ff.

977 Borgmann, NZA 2003, S. 352 ff. mit einer Kategorisierung potentieller Regelungsgegenstände. Zu weiteren Einzelheiten siehe auch sogleich unter Teil 5.§ 2.B.II.3.

978 Zu diesem Begriff siehe bereits Teil 5.§ 1.B.II.7. Bürkle, BB 2007, S. 1797 (1799); Grüninger, Der Aufsichtsrat 2008, S. 4 (6); Hauschka, GesR in der Disk., S. 59; Klindt/Pelz/Theusinger, NJW 2010, S. 2385 (2385); Pape, CCZ 2009, S. 233 (235 f.); Wieland, CCZ 2008, S. 15 (17). Mitbestimmungsrechtlich ist dieses insbesondere relevant, wenn sich der regelungsgehalt nicht in einem reinen Appellcharakter erschöpft. Siehe hierzu Mengel, Compliance u. ArbeitsR., Teil. 1 Kap. 2 Rn. 28 f.

979 Vgl. z.B. die veröffentlichten Siemens Business Conduct Guidelines (Stand Januar 2009), welche u.a. auf Seite 8 die normativen Schranken des Wettbewerb- und Kartellrechts darstellen, abrufbar unter: http://www.siemens.com/sustainability/pool/cr-framework/business_conduct_guidelines_d.pdf., letzter Abruf 21.08.2012.

980 Vgl. z.B. Siemens Business Conduct Guidelines (Stand Januar 2009), S. 9 ff., abrufbar unter: http://www.siemens.com/sustainability/pool/cr-framework/business_conduct_guidelines_d.pdf., letzter Abruf 21.08.2012.

981 Siehe zu den vorstehend genannten Inhalten mit Musterformulierungen entsprechender Klauseln Mengel, Compliance u. ArbeitsR., Teil. 1 Kap. 2 Rn. 40 ff.

pflichtung statuieren.[982] Sowohl weiche Kriterien als auch handfeste Fakten legen die Einführung von Richtlinien im Einzelfall jedoch nahe. So kann von integritätsbetonten Richtlinien ein positiver Marketingfaktor ausgehen, welcher sich auf den gesamten Stakeholderkreis auswirkt. Daneben bieten Richtlinien ein effizientes und operables Mittel zur Präzisierung und Aufstellung von Verhaltenspflichten. Werden die Richtlinien zu vertraglichen Pflichten der Konzernmitarbeiter transformiert,[983] so erleichtert dies die Einleitung arbeitsrechtlicher Sanktionierung im Falle von Zuwiderhandlungen und Richtlinienverstößen.[984] Diese Effekte lassen sich zwar auch bei einer isolierten Implementierung bei einer Konzerngesellschaft beobachten, doch gewährleistet ein verbundweiter Ansatz einen gemeinsamen einheitlichen Außenauftritt. Gerade im Konzern gehört die Vermeidung von Disparitäten und einer möglichen Ethikarbitrage, zu den wesentlichen identitätsstiftenden Merkmalen.[985] Zwar sind Richtlinien nicht darauf ausgelegt, ein gesamtes Compliance-System zu tragen, da sich ihr Wirkungsgrad auf Konzernmitarbeiter beschränkt und eine Erstreckung auf Konzernexterne ausscheidet, gleichwohl kann ihre immense praktische Bedeutung nicht vernachlässigt werden. es ist daher nicht verwunderlich, dass die Compliance-Richtlinien in der Praxis häufig eine ausdrückliche konzernweite Erstreckung erfahren.[986] Konnte damit die konzernweite Bedeutung von Richtlinien ausgeleuchtet werden, so ist nunmehr fraglich, wie sich die Umsetzung der Richtlinien vollzieht bzw. welche Beschränkungen hierfür bestehen.

II. Arbeitsrechtliche Gestaltungsoptionen zur Einführung von Richtlinien

1. Vertragliches Direktionsrecht

Grundsätzlich kann sich die verbindliche Einführung von Richtlinien auf drei verschiedenen Wegen vollziehen.[987] Diese sind jeweils abzugrenzen von einer einfachen Bekanntgabe der Richtlinie gegenüber den Arbeitnehmern. Die alleinige Bekanntgabe entfaltet noch keinen bindenden Charakter und kann im Falle einer Zuwiderhandlung gegen enthaltene Compliance-Verhaltensgebote keine Sanktionierung legitimieren.

Eine Gestaltungsoption stellt die Nutzung des dem Arbeitgeber zustehenden Direktionsrechts dar. Hierbei handelt es sich um eine konkretisierende Ausformung der §§ 315 ff. BGB, welche in § 106 GewO normiert ist. Das

---

982 Siehe S. 20 ff. und S. 81.

983 Zu den arbeitsrechtlichen Gestaltungsoptionen zur Einführung von Richtlinien siehe sogleich.

984 Mengel, CCZ 2008, S. 85 (85 f.); dies./Hagemeister, BB 2007, S. 1386 (1393).

985 In diese Richtung bereits BAG, NZA 2009, S. 318 (321 f.).

986 Siehe hierzu z.B. Siemens Business Conduct Guidelines (Stand Januar 2009), S. 6 Fn. 1, abrufbar unter: http://www.siemens.com/sustainability/pool/cr-framework/business_conduct_guidelines_d.pdf., letzter Abruf 21.08.2012.

987 Zu diesen Alternativen Mengel, CCZ 2008, S. 85 (86 ff.).

Direktions- oder Weisungsrecht ermöglicht dem Arbeitgeber eine weitergehende Präzisierung der im Arbeitsvertrag zumeist nur rudimentär beschriebenen Leistungspflichten des Arbeitnehmers. Sowohl Ort, Zeit und Inhalt der Arbeitsleistung als auch Ordnung und Verhalten der Arbeitnehmer im Betrieb sind Gegenstand des Direktionsrechts.[988] Konkrete Direktiven müssen sich jedoch innerhalb eines Rahmens bewegen, welcher durch gesetzliche Vorschriften, anwendbare Betriebsvereinbarungen oder Tarifverträge sowie Bestimmungen der individuellen Arbeitsverträge abgesteckt ist. Inhalt und Umfang des Direktionsrechts stehen somit in Abhängigkeit zu bereits vorhandenen Tätigkeitskonkretisierungen, welche sich insbesondere aus dem Arbeitsvertrag ergeben. Anders ausgedrückt: enthält z.B. der Arbeitsvertrag bereits eine eingehende Beschreibung der Tätigkeit, so verengt sich der Anwendungsbereich des Direktionsrechts.[989] Dies wirkt sich auf den zulässigen Inhalt von Richtlinien aus, deren Einführung auf das Direktionsrecht gestützt werden soll. Vom Direktionsrecht können nur solche Regelungen gedeckt werden, welche die arbeitsvertragliche Leistungspflicht präzisieren oder konkretisieren und dabei keine eigenständigen Erweiterungen des Pflichtenkreises der betroffenen Mitarbeiter enthalten.[990] Insbesondere bei älteren Arbeitsverträgen ist zudem zu berücksichtigen, dass diese häufig keine eingehende Präzisierung der geschuldeten Tätigkeiten enthalten, sich die Leistungspflichten und damit auch das Weisungsrecht jedoch mittlerweile auf bestimmte Strukturen verfestigt haben.[991] Ausreichend hierfür ist jedoch nicht alleine der Zeitablauf. Hinzutreten müssen daneben besondere Umstände, welche die Vorstellung der Parteien nahelegen, dass die Tätigkeit in Zukunft auf eine bestimmte Art ausgeübt werden soll.[992]

Im Kern reduzieren sich zulässige Direktionsrechte daher häufig auf eine Konkretisierung bereits bestehender arbeitsvertraglicher Nebenpflichten i.S.v. § 241 Abs. 2 BGB.[993] Wesentlicher Inhalt der Nebenpflichten ist u.a. die Wahrung des Integritätsinteresses des Arbeitgebers, was – angesichts drohender Haftungsrisiken – auch ein vertrags- und gesetzestreues Verhalten der Arbeitnehmer verlangt bzw. voraussetzt.[994] Steht jedoch fest, dass sich das

---

988 Vgl. § 106 S. 1, 2 GewO.

989 LAG Rheinland-Pfalz, NZA 1988, S. 471 (472); LAG Köln, NZA 1985, S. 258 (258); Preis in: Erfurter Kommentar z. Arbeitsrecht, § 106 GewO Rn. 5; Lakies, BB 2003, S. 364 (364); Tillmanns in: Rolfs/Giesen/Arbeitsrecht, § 106 GewO Rn. 11; Wank in: Tettinger/Wank/Ennuschat, § 106 GewO Rn. 7 ff.

990 LAG Rheinland-Pfalz, NZA 1988, S. 471 (472); LAG Köln, NZA 1985, S. 258 (258); Borgmann, NZA 2003, S. 352 (354); Mengel, CCZ 2008, S. 85 (86); dies./Hagemeister, BB 2007, S. 1386 (1387); Meyer, NJW 2006, S. 3605 (3608); Schuster/Darsow, NZA 2005, S. 273 (273).

991 BAG, NZA 1990, S. 226 (227); Wank in: Tettinger/Wank/Ennuschat, § 106 GewO Rn. 24 m.w.N.

992 Wank in: Tettinger/Wank/Ennuschat, § 106 GewO Rn. 24 m.w.N.

993 Mengel, Compliance u. ArbeitsR., Teil. 1 Kap. 1 Rn. 9 ff.; Schreiber, NZA-RR 2010, S. 617 (622); Schuster/Darsow, NZA 2005, S. 273 (273).

994 Joussen in: Rolfs/Giesen/Kreikebohm, § 611 Rn. 384 ff.; Meyer, NJW 2006, S. 3605 (3608); Schuster/Darsow, NZA 2005, S. 273 (273).

Direktionsrecht in einer Konkretisierung der Nebenpflichten erschöpft und nicht die Begründung neuer eigenständiger Pflichten trägt, so steht damit zugleich fest, dass das Direktionsrecht nur eingeschränkt für die Einführung von Richtlinien fruchtbar zu machen ist. Richtlinien erschöpfen sich regelmäßig nicht in der Wiedergabe und Erläuterung der geltenden Rechtsordnung, sondern stellen eigenständige Gebote, wie z.B. die Verpflichtung zur Meldung von Zuwiderhandlungen auf. Eine weitere Hürde ist zudem darin zu erblicken, dass die Konkretisierung einen inneren Bezug zum Arbeitsverhältnis aufweisen muss. Daraus folgt bereits, dass Direktiven betreffend das außerdienstliche Verhalten grundsätzlich keine Rechtfertigung durch § 106 GewO erfahren.[995]

2. Umsetzung im Arbeitsvertrag

Die zweite Alternative bildet die Umsetzung durch Arbeitsvertrag. Grundsätzlich bildet der Arbeitsvertrag die Grundlage sämtlicher Rechte und Pflichten von Arbeitgeber und Arbeitnehmern. Bei Neueinstellung wirft dies keine grundsätzlichen Schwierigkeiten auf. Eine Einbeziehung bei Formulararbeitsverträgen ist zulässig, wenn die Richtlinie einer Inhaltskontrolle nach § 307 BGB standhält. Bei einer individualvertraglichen Regelung gelten die §§ 134, 138 BGB als Prüfungsmaßstab.[996] Schwieriger gestaltet sich dagegen die Einbeziehungen von Richtlinieninhalten in bereits laufende Arbeitsverhältnisse. Eine Einbeziehung setzt nicht nur einen zulässigen Richtlinieninhalt voraus, sondern verlangt darüber hinaus die Zustimmung der betroffenen Arbeitnehmer bzw. wahlweise das Vorliegen der Voraussetzungen einer Änderungskündigung.[997] Dies ist problematisch, da eine Änderungskündigung nur zulässig ist, wenn dringende betriebliche Erfordernisse vorliegen und die Änderung für den Arbeitnehmer zumutbar ist.[998] Verlangen gesetzliche Anforderungen die verbindliche Einführung von Richtlinien, so stellt dies regelmäßig ein dringendes betriebliches Erfordernis sowie eine zumutbare Veränderung der Arbeitsbedingungen dar.[999] Das alleinige Streben nach einer konzernweiten Vereinheitlichung der Arbeits- und Compliancebedingungen

995 Statt aller Borgmann, NZA 2003, S. 352 (354); Schuster/Darsow, NZA 2005, S. 273 (273) jeweils m.w.N. Lediglich in Ausnahmefällen kommt die Erstreckung des § 106 GewO auf außerdienstliches Verhalten in Betracht. Diese Ausnahmefälle sind dadurch geprägt, dass ein besonderes und erhebliches Interesse des Arbeitgebers an der Beachtung bestimmter Driektiven im außerdienstlichen Verhalten bestehen muss. Siehe hierzu ebenfalls Schuster/Darsow, NZA 2005, S. 273 (273) m.w.N.

996 Meyer, NJW 2006, S. 3605 (3608).

997 Mengel, CCZ 2008, S. 85 (86); dies. in: Hauschka/Compliance, § 12 Rn. 31 ff.; Meyer, NJW 2006, S. 3605 (3608); Schreiber, NZA-RR 2010, S. 617 (620) jeweils m.w.N.

998 BAG, NZA 2002, S. 1416 (1416); ders., NZA 1999, S. 1336 (1338); Berkowsky, NZA-RR 2003, S. 449 (450); Borgmann, NZA 2003, S. 352 (354); Mengel, CCZ 2008, S. 85 (86); Meyer, NJW 2006, S. 3605 (3608).

999 Borgmann, NZA 2003, S. 352 (355); Mengel, CCZ 2008, S. 85 (86); Meyer, NJW 2006, S. 3605 (3608).

dürfte dagegen nicht ausreichend sein[1000] und im Rahmen einer Interessenabwägung hinter den schutzwürdigen Interessen der Arbeitnehmer zurückstehen. Im Extremfall setzt die verbindliche Richtlinienimplementierung daher die Zustimmung der betroffenen Konzernmitarbeiter voraus.

3. Konzernbetriebsvereinbarungen

Die ersten zwei Gestaltungsoptionen sind jeweils mit praktischen Durchführungshemmnissen behaftet und weisen darüber hinaus keinen besonderen Bezug zu Konzernstrukturen auf. Anders ist dies bei der dritten Variante, der Konzernbetriebsvereinbarung. Verglichen mit den beiden vorstehenden Optionen weisen Konzernbetriebsvereinbarungen verschiedene Vorteile auf. Zum einen erhöht die Einbeziehung des Betriebsrates die Richtlinienakzeptanz im Mitarbeiterkreis[1001] zum anderen entfällt eine aufwendige Einholung einzelner Zustimmungserklärungen.[1002] Vertragspartner der Konzernbetriebsvereinbarung sind die herrschende Gesellschaft und der Konzernbetriebsrat.[1003] Konzernbetriebsvereinbarungen erzeugen gemäß § 77 Abs. 4 BetrVG eine unmittelbare und zwingende Wirkung für einbezogene Arbeitsverhältnisse, d.h. unabhängig von Willen und Kenntnis der Vertragsparteien des Arbeitsverhältnisses. Nach dem Günstigkeitsprinzip gilt eine Ausnahme lediglich für solche Richtlinienbestimmungen, welche durch günstigere arbeitsvertragliche Regelungen überlagert werden.[1004] Die bindende Wirkung erstaunt zunächst, da sie auch Arbeitsverhältnisse in Konzerngesellschaften erfasst, welche an den Verhandlungen der Konzernbetriebsvereinbarung nicht mitgewirkt haben. Auf die Intensität der Konzernleitung kommt es in diesem Fall nicht an. Gleichwohl ist die weite Verhandlungs- und Abschlusskompetenz der herrschenden Gesellschaft nur konsequent. Unstreitig repräsentiert der Konzernbetriebsrat sämtliche Arbeitnehmer im Konzern. Vertragspartner des Konzernbetriebsrates ist demgegenüber die herrschende Gesellschaft. Die Grundkonstellation ist damit gerade auf eine Repräsentierung sämtlicher Konzerngesellschaften durch die herrschende Gesellschaft ausgelegt.[1005] Ihre dogmati-

---

1000 Siehe hierzu die Nachweise in der vorherigen Fn.

1001 Eich, NZA 2010, S. 1389 (1390); Mengel, CCZ 2008, S. 85 (86); dies. in: Hauschka/Compliance, § 12 Rn. 46; Passarge in: Martinek/Semler/Habermeier/Flohr, § 82 Rn. 139.

1002 Passarge in: Martinek/Semler/Habermeier/Flohr, § 82 Rn. 139.

1003 BAG, NZA 2002, S. 1224 (1226) m.w.N.

1004 Ständige Rechtsprechung vgl.: BAG, NZA 2002, S. 276 (278); ders., NZA 2000, S. 592 (594 f.); ders., NZA 1990, S. 816 (819); ders., NZA 1987, S. 168 (172); Mengel in: Hauschka/Compliance, § 12 Rn. 47 m.w.N. Ausführlich und modifizierend Kania in: Erfurter Kommentar z. Arbeitsrecht, § 77 BetrVG Rn. 70 ff.

1005 Bachner, NZA 1995, S. 256 (259); Buchner, FS Zöllner, S. 697 ff.; Hanau, ZGR 1984, S. 468 (493 f.); Kort, NZA 2009, S. 464 (470) mit Nachweisen zur Gegenansicht; Monjau, BB 1972, S. 839 (842); differenzierend zwischen Vertrags- und faktischen Konzernen Bauckhage-Hoffer/Katko, WM 2012, S. 486 (489 f.).

sche Rechtfertigung bezieht die Kompetenz der herrschenden Gesellschaft damit aus dem Telos der §§ 54 ff. BetrVG.[1006]

III. Mitbestimmungsrechte des (Konzern-) Betriebsrates

1. Der Mitbestimmung unterliegende Regelungsgegenstände

Der Geltungsanspruch des Mitbestimmungsrechts steht nicht in Abhängigkeit zur Wahl einer der obigen Gestaltungsoptionen, sondern hängt einzig und allein vom Inhalt der geplanten Konzernbetriebsvereinbarung ab.[1007] In der Praxis ist den Mitbestimmungsrechten ein besonderes Augenmerk zu widmen, da die ordnungsgemäße Beteiligung des Betriebsrates Wirksamkeitsvoraussetzung der Richtlinien ist, sofern und soweit diese der Mitbestimmung unterliegen.[1008] Mitbestimmugsrechte stehen damit in direkter Abhängigkeit zur inhaltlichen Ausgestaltung der Richtlinien. Mögliche themenspezifische Regelungsgegenstände von Konzernbetriebsvereinbarungen erstrecken sich u.a. auf die oben unter Teil 5.§ 2.B.I. illustrierten Inhalte. Bei den nachfolgenden Regelungsgegenständen ist zudem der Grundsatz zu beachten, dass einzelne mitbestimmungspflichte Inhalte nicht zu einem Mitbestimmungsrecht an der gesamten Richtlinie führen.[1009] Es besteht demgemäß kein unauflösbarer Gesamtzusammenhang zwischen einzelnen Klauseln einer Richtlinie, so dass sich die Mitbestimmungspflicht aus einer differenzierenden Einzelbetrachtung der Klauseln ergibt.

Kristallisationspunkt der Mitbestimmung ist § 87 Abs. 1 BetrVG. Nach § 87 Abs. 1 Nr. 1 BetrVG hat der Betriebsrat ein Mitbestimmungsrecht zu Fragen der Ordnung des Betriebs und des Verhaltens der Arbeitnehmer im Betrieb. Gegenstand des Mitbestimmungsrechts ist das betriebliche Zusammenleben und Zusammenwirken der Arbeitnehmer. Der Arbeitgeber kann dieses durch Richtlinien und die in ihnen enthaltenen Verhaltensregeln oder sonstige Maßnahmen beeinflussen und koordinieren. Die Mitarbeiter sollen an dieser Gestaltungsfunktion teilhaben und gleichberechtigt an der Gestaltung des betrieblichen Zusammenlebens partizipieren.[1010] § 87 Abs. 1 Nr. 1 BetrVG unterliegen dagegen nicht solche Inhalte, welche lediglich das so genannte Arbeitsverhalten regeln sollen. Hierbei handelte es sich um Richtlinien, mit denen die Ar-

---

1006 Statt vieler Kort, NZA 2009, S. 464 (470). Vgl. zudem die Nachweise in der vorherigen Fn.

1007 BAG, NZA 2008, S. 1428 (1252 f.) m.w.N. Siehe hierzu auch LAG Düsseldorf, NZA-RR 2006, S. 81 (84 ff.); Kort, NJW 2009, S. 129 (129 ff.); Mengel, Compliance u. ArbeitsR., Teil. 1 Kap. 2 Rn. 3; dies./Hagemeister, BB 2007, S. 1386 (1392).

1008 BAG, NZA 1987, S. 168 (176 f.); Kania in: Erfurter Kommentar z. Arbeitsrecht, § 87 BetrVG Rn. 136; Mengel in: Hauschka/Compliance, § 12 Rn. 53; dies., CCZ 2008, S. 85 (87); Wisskirchen/Jordan/Bissels, DB 2005, S. 2190 (2192) jeweils m.w.N.

1009 BAG, NZA 2008, S. 1248 (1253).

1010 BAG, NZA 2008, S. 1248 (1254); ders., NZA 2003, S. 166 (167); ders., NZA 2002, S. 1299 (1299); LAG Düsseldorf, NZA-RR 2006, S. 81 (84); Kania in: Erfurter Kommentar z. Arbeitsrecht, § 87 BetrVG Rn. 18; Mengel in: Hauschka/Compliance, § 12 Rn. 58; Werner in: Rolfs/Giesen//Arbeitsrecht, § 87 BetrVG Rn. 11.

beitspflicht unmittelbar konkretisiert und abgefordert wird.[1011] Gleichwohl verdeutlicht der Wortlaut des § 87 Abs. 1 BetrVG die bestehenden Parallelen zu Compliance-Regelungen. Mitbestimmungspflicht sind demnach unter anderem die folgenden Regelungsgegenstände. Die Verpflichtung, Verstöße von Konzernmitarbeitern gegen Compliance-Grundsätze zu melden, löst ein Mitbestimmungsrecht aus, sofern sie nicht im pflichtgemäßen Ermessen des Anzeigenden steht.[1012] Aufgrund dieser Regelung sind Richtlinien, welche die Implementierung von Whistleblowing-Hotlines begleiten einer besonders sensiblen Prüfung zu unterziehen. Im Zweifelsfall ist die Beteiligung des Konzernbetriebsrates zu gewährleisten. Mitbestimmungspflichtig nach § 87 Abs. 1 Nr. 1 BetrVG ist ferner die Einrichtung von getrennten Vertraulichkeitsbereichen (sog. Chinese Walls),[1013] die Einführung einer betrieblichen Bußordnung zur Sanktionierung von Verstößen,[1014] die Verhängung eines pauschalen Geschenkannahmeverbotes[1015] sowie Beschränkungen des Mitarbeiter Wertpapierhandels, sofern zugleich standardisierte Meldeverfahren implementiert werden.[1016] Ein weiteres zentrales Einfallstor des Mitbestimmungsrechts ist in § 87 Abs. 1 Nr. 2 BetrVG normiert. Dieses bezieht sich auf die Einführung und Anwendung von technischen Einrichtungen, welche dazu bestimmt sind, das Verhalten oder die Leistung der Arbeitnehmer zu überwachen. Die Norm dient dem Schutz des Persönlichkeitsrechts und bezweckt die Einschränkung technischer[1017] Überwachungseinrichtungen. Voraussetzung ist, dass die Überwachungsmaßnahme bestimmten Arbeitnehmern zugeordnet werden kann.[1018] Es versteht sich von selbst, dass Compliance-Richtlinien bisweilen auch Regelungen über die Überwachung von Konzernmitarbeitern enthalten. Insoweit ist unter Zugrundelegung der umfangreichen gerichtlichen Kasuistik zu untersuchen, ob die geplante Neurege-

---

1011 Statt aller Mengel in: Hauschka/Compliance, § 12 Rn. 59 m.w.N.

1012 BAG NZA 2008, S. 1248 (1256); Junker, BB 2005, S. 602 (604); Kock, MDR 2006, S. 673 (675); Mengel in: Hauschka/Compliance, § 12 Rn. 61; dies./Hagemeister, BB 2007, S. 1386 (1392); Wisskirchen/Jordan/Bissels, DB 2005, S. 2190 (2191).

1013 Statt aller Borgmann, NZA 2003, S. 352 (355) m.w.N. Chinese Walls existieren vornehmlich in der Finanzwelt und dienen der Unterbindung des Informationsflusses und der Vermeidung von Interessenkonflikten zwischen Unternehmens- oder Konzernabteilungen mit unterschiedlicher Zielrichtung. Siehe hierzu Eisele, WM 1993, S. 1021 (1024 f.).

1014 Kania in: Erfurter Kommentar z. Arbeitsrecht, § 87 BetrVG Rn. 22.

1015 LAG Düsseldorf NZA-RR 2006, S. 81 (85 f.); Eisenbeis/Nießen, FS Leinemann, S. 697 (745 f.); Mengel in: Hauschka/Compliance, § 12 Rn. 62; a. A. Schuster/Darsow, NZA 2005, S. 273 (276); Wisskirchen/Jordan/Bissels, DB 2005, S. 2190 (2191).

1016 BAG NZA 2003, S. 166 (171); Eisenbeis/Nießen, FS Leinemann, S. 697 (716); Mengel in: Hauschka/Compliance, § 12 Rn. 62.

1017 Technische Einrichtung im Sinne der Norm ist jedes optische, mechanische, akustische oder elektronische Gerät. Vgl. Kania in: Erfurter Kommentar z. Arbeitsrecht, § 87 BetrVG Rn. 48.

1018 Werner in: Rolfs/Giesen//Arbeitsrecht, § 87 BetrVG Rn. 94 m.w.N.

lung der Mitbestimmung unterliegt.[1019] Weitere mitbestimmungsrelevante Regelungsgegenstände können sich zudem aus den § 94 f. BetrVG ergeben.

2. Zuständigkeit und Rechte des Konzernbetriebsrates

Für die Ausübung der Mitbestimmungsrechte nach dem Betriebsverfassungsgesetz ist grundsätzlich der Betriebsrat zuständig. Die Zuständigkeit des Konzernbetriebsrates ist dagegen gemäß § 58 Abs. 1 BetrVG ausschließlich gegeben, wenn die Richtlinie den Konzern oder mehrere Konzernunternehmen betrifft und nicht durch einzelne Gesamtbetriebsräte innerhalb ihrer Unternehmen geregelt werden kann.[1020] Die ausschließliche Zuständigkeit des Konzernbetriebsrates ist für die herrschende Gesellschaft vorteilhaft, da sie die Notwendigkeit isolierter Verhandlungen mit einzelnen Betriebsräten vermeidet. Aufgrund der geringen Anzahl an Verhandlungen und Verhandlungspartnern dürfte sich die Umsetzung von Compliance-Richtlinien tendenziell einfacher vollziehen lassen. Dieses Bedürfnis hat auch die Rechtsprechung erkannt und in mehreren Entscheidungen die originäre Zuständigkeit des Konzernbetriebsrates bestätigt.[1021] Dies ist bedeutsam, da der alleinige Wunsch der herrschenden Gesellschaft nach einer einheitlichen Konzernrichtlinie nicht die Zuständigkeit des Konzernbetriebsrates begründet.[1022] Der BAG führte in einem konzernspezifischen Sachverhalt insoweit zur Begründung aus, dass „[...] die von den Arbeitgeberinnen beabsichtigte Einführung des Verhaltenskodexes den gesamten Konzern und nicht lediglich einzelne Konzernunternehmen oder Betriebe [betrifft]. Durch den Verhaltenskodex soll eine konzerneinheitliche „Unternehmensphilosophie" umgesetzt und für ein „ethisch-moralisch einheitliches Erscheinungsbild" und eine konzernweite Identität gesorgt werden. Dies ist im Wege unterschiedlicher Regelungen auf Unternehmens- oder gar auf Betriebsebene nicht möglich. Ein konzernbezogenes identitätsstiftendes „ethisch-moralisches Erscheinungsbild" ist nur einheitlich umsetzbar (vgl. Eisenbeis/Nießen, in: Festschr. f. Leinemann, S. 697 [713])."[1023]

Grundsätzlich erstreckt sich das Mitbestimmungsrecht auf das „Ob" und „Wie" der Regelungsgegenstände.[1024] Aufgrund dieser weitreichenden Beteiligungsrechte steht die Durchsetzung einer Richtlinie nicht im alleinigen Belieben der herrschenden Gesellschaft und kann sich Beschränkungen ausgesetzt sehen.

1019 Vgl. hierzu mit umfangreichen Nachweisen Werner in: Rolfs/Giesen//Arbeitsrecht, § 87 BetrVG Rn. 90.

1020 BAG, NZA 2008. S. 1248 (1255); für den Gesamtbetriebsrat auch BAG, NZA 2007, S. 399 (401); ders., NZA 2005, S. 234 (235); LAG Düsseldorf NZA-RR 2006, S. 81 (83).

1021 Siehe hierzu die Nachweise in der vorherigen Fn. Einzelne Entscheidungen beziehen sich auf die Zuständigkeit des Gesamtbetriebsrates. Die grundlegende Argumentation ist jedoch übertragbar auf Konzernsachverhalte.

1022 BAG, NZA 2008. S. 1248 (1255); Dzida, NZA 2008, S. 1265 (1266); wohl a.A. LAG Frankfurt, AuR 2007, S. 394 (394).

1023 BAG, NZA 2008. S. 1248 (1255).

1024 Werner in: Rolfs/Giesen//Arbeitsrecht, § 87 BetrVG Rn. 96.

C. Grenzen der Informationsweitergabe und Datenschutz

I. Informationsfluss und dessen Schranken im Konzern

1. Eingliederungs- und Vertragskonzerne

Wesentliches Anforderungskriterium einer effizienten Compliance-Organisation ist ein angemessener Informationsfluss. Dieser muss die Unternehmenshierarchie sowohl von „unten“ nach „oben“ durchziehen und für eine sachgerechte Informationsbasis auf Ebene der Unternehmensleitung sorgen als auch von „oben“ nach „unten“. Vor dem Hintergrund der Compliance Thematik dient der Informationsfluss von „oben“ nach „unten“ häufig der Kommunikation von Unternehmensgrundsätzen, einem Commitment der Unternehmensleitung[1025] oder Risiko- bzw. Arbeitshinweisen an Unternehmensmitarbeiter. Trotz seiner damit nicht zu verhehlenden Bedeutung steht der Informationsfluss von „oben“ nach „unten“ nicht im Zentrum dieser Untersuchung, da er seine primäre Relevanz erst bei der konkreten Ausgestaltung von Compliance-Systemen erlangt. Wendet sich der Blick damit auf den Informationsfluss von „unten“ nach „oben“ im Eingliederungs- und Vertragskonzern zu, so ist zunächst fraglich welche Informationsansprüche und evtl. Beschränkungen hierfür bestehen.

Eine Darstellung sämtlicher möglicher Informationsansprüche kann aber zunächst unterbleiben,[1026] da ein vollumfänglicher Anspruch auf Auskunft und Information von § 308 AktG umfasst ist.[1027] Sowohl bei Abschluss eines Beherrschungsvertrages als auch in Fällen der Eingliederung – über die Verweisung in § 323 Abs. 1AktG – wird das Weisungsrecht von einem Informations- und Auskunftsrecht flankiert. Inhaltlich bezieht sich das Recht auf sämtliche Umstände, welche für Ausübung des Weisungsrechts relevant sein können.[1028] Aufgrund der Weite des Weisungsrechts, welches sich wiederum unstreitig auf Compliance-Maßnahmen als Bestandteil der Leitungsaufgabe

1025 Der Begriff beschreibt letztendlich nichts anderes als ein von der Unternehmensleitung ausgehendes Bekenntnis zur Rechtstreue. Vgl. hierzu z.B. Hölters in: Hölters/AktG, § 93 Rn. 100 m.w.N.; Kuhlen in: Maschmann/Compliance, S. 29; Wagner in: Maschmann/Compliance, S. 69.

1026 Auf einzelne Normen und Normkomplexe wird im Rahmen der Untersuchung faktischer Konzernverhältnisse zurückzukommen sein.

1027 Statt aller jeweils m.w.N. Emmerich in: Emmerich/Habersack, § 308 Rn. 39; Grundmeier, Compliance im Konzern, S. 87; Huber, Compliance-Pflichten, S. 189; Leuering/Goertz in. Hölters/AktG, § 308 Rn. 23; Huber, Compliance-Pflichten, S. 110;. Koppensteiner in: KK/AktG, § 308 Rn. 27 f.; Krieger in: Münchener/Hdb.GesR, § 70 Rn. 146 f.; Kort, ZGR 1987, S. 46 (71); Schneider, S., Informationspflichten, S. 151 f.; Veil in: Spindler/Stilz, § 308 Rn. 20. Im Ergebnis ebenso aber auf § 309 AktG rekurrierend Wittmann, Informationsfluss, S. 65 f. sowie eine ergänzende Auslegung des Beherrschungsvertrages anwendend Löbbe, Unternehmenskontrolle, S. 150.

1028 Fleischer, ZGR 2009, S. 505 (530); Emmerich in: Emmerich/Habersack, § 308 Rn. 39; Leuering/Goertz in. Hölters/AktG, § 308 Rn. 23; Koppensteiner in: KK/AktG, § 308 Rn. 27 f.; Krieger in: Münchener/Hdb.GesR, § 70 Rn. 151.; Kort, ZGR 1987, S. 46 (61); Wittmann, Informationsfluss, S. 65 f.

beziehen kann, können damit auch Informationen über die Compliance innerhalb der Konzerngesellschaft erlangt werden. Vorteilhaft – und sachlich vollkommen gerechtfertigt – ist daneben, dass die Ausübung des Rechts nach weit überwiegender Ansicht nicht zu einem Anspruch anderer Aktionäre aus § 131 Abs. 4 AktG führt.[1029] Mangels weiterer Aktionäre in Fällen der Eingliederung, erlangt diese Frage ohnehin nur bei einem Beherrschungsvertrag Bedeutung. Inhaltlich ist die Beschränkung gerechtfertigt, da die Informationen auf Grundlage des Beherrschungsvertrages unabhängig von einer möglichen Aktionärseigenschaft erteilt werden.[1030] Resümierend steht der herrschenden Gesellschaft damit ein hinreichender Informationsanspruch zu, welcher mit einem Informationserteilungsrecht bzw. -pflicht auf Seiten der Konzerngesellschaft korrespondiert.[1031] Seine Schranken findet der Anspruch lediglich in den allgemeinen Grenzen des Datenschutzrechts. Hierauf ist sogleich zurückzukommen.

2. Faktischer Konzern

(a) Abhängige Gesellschaft in der Rechtsform der GmbH

Weitgehend unproblematisch sind weiterhin die Informationsansprüche und deren Durchsetzung im Falle einer faktisch abhängigen GmbH. Die herrschende Gesellschaft ist Gesellschafterin der GmbH. In dieser Eigenschaft stehen ihr zahlreiche extensive Auskunfts- und Informationsrechte zu. Zur Verdeutlichung mag die folgende – keinen Anspruch auf Vollständigkeit erhebende – Aufzählung dienen.

Zunächst verfügen die Gesellschafter über ein allgemeines Informationsrecht im Vorfeld der Abfassung von Gesellschafterbeschlüssen.[1032] Die Geschäftsführer sind weiterhin verpflichtet den Jahresabschluss, den Lagebericht sowie ggfs. einen Prüfungsbericht des Abschlussprüfers und Bericht des Aufsichtsrates vorzulegen.[1033] Zudem können den Geschäftsführern gesellschaftsinterne Berichtspflichten mittels Satzung oder Gesellschafterbeschluss aufer-

---

1029 LG Düsseldorf, AG 1992, S. 461 (462); Decher, ZHR (158) 1994, S. 473 (486); Emmerich in: Emmerich/Habersack, § 308 Rn. 39; Fleischer, ZGR 2009, S. 505 (538); Götz, ZGR 1998, S. 524 (527); Hüffer in: Hüffer/AktG, § 131 Rn. 38; Leuering/Goertz in. Hölters/AktG, § 308 Rn. 23; Lutter, ZIP 1997, S. 613 (617 f.); Mutter in: Bürkle/Compliance in Versicherungsunternehmen, § 2 Rn. 25; Veil in: Spindler/Stilz, § 308 in Fn. 51; a.A. jdfs. für faktische Konzernverhältnisse Kort, ZGR 1987, S. 46 (60).

1030 § 131 Abs. 4 AktG setzt dagegen voraus, dass ein Aktionär aufgrund seiner Eigenschaft als Aktionär eine Auskunft außerhalb der Hauptversammlung erhält. Statt vieler Emmerich in: Emmerich/Habersack, § 308 Rn. 39 m.w.N.

1031 Es ist einsichtig, dass ein Anspruch der herrschenden Gesellschaft auf Informationserteilung zwangsläufig mit einem Recht auf Informationserteilung der Konzerngesellschaft korrespondieren muss. Jede andere Ansicht führt zu einem unauflösbaren Pflichtenwiderspruch. Vgl. hierzu Hölters in. Hölters/AktG, § 93 Rn. 147; Kubis in: MüKo/AktG, § 131 Rn. 156 ff.

1032 Zöllner in: Baumbach/Hueck, § 51a Rn. 56 f.

1033 Vgl. § 42a Abs. 1 GmbHG.

legt werden.[1034] Abschließend steht jedem Gesellschafter ein in § 51a GmbHG normiertes extensives Auskunfts- und Informationsrecht zu.

In den meisten Fällen wird bereits § 51a GmbHG zu einer Befriedigung des Informationsbedürfnisses der herrschenden Gesellschaft führen.[1035] Die Norm gewährt das Recht „jedem Gesellschafter" und damit auch einem einzelnen Gesellschafter. Sofern Minderheitengesellschafter vorhanden sind ist dies für die Ausübung des Rechts unschädlich. Der Auskunftsanspruch selbst erstreckt sich auf alle Angelegenheiten der Gesellschafter, wobei dieser Begriff nach allgemeiner Meinung weit zu interpretieren ist.[1036] Inhaltlich umfasst ist alles, was mit der Geschäftsführung der Gesellschaft, ihren wirtschaftlichen Verhältnissen und den Beziehungen zu Dritten zusammenhängt.[1037] Hiervon umfasst sind auch Umstände, welche für die Beurteilung der Geschäftsführung und ihre evtl. notwendige Sanktionierung – z.B. aufgrund von mangelhafter Erfüllung ihrer Compliance Verantwortung – erheblich sind.[1038] Ausgehend von der weiten Formulierung bezieht sich das umfassende Informationsrecht auch auf Compliance Aspekte. Namentlich können Auskünfte zu Compliance-Verstößen in der Vergangenheit, den ergriffenen Gegenmaßnahmen sowie aktuellen Entwicklungen des Compliance-Risikoprofils eingefordert werden. Die Konzerngesellschaft, welche trotz der missglückten Formulierung in § 51a GmbHG Informationsschuldner ist, ist zur Auskunftserteilung berechtigt und verpflichtet.[1039]

(b) Abhängige Gesellschaft in der Rechtsform der AG

(aa) Ablehnung eines allgemeinen Informationsanspruches der herrschenden Gesellschaft

Die herrschende Gesellschaft verfügt aufgrund ihrer Eigenschaft als Aktionärin der faktisch abhängigen AG, über verschiedene spezialgesetzlich normierte Auskunftsansprüche. Zu nennen sind hier insbesondere Auskunftsrechte im Zusammenhang mit dem Abschluss und der Änderung von Unternehmensverträgen,[1040] Eingliederungen,[1041] Verschmelzungen durch Aufnahme bzw. zur Neugründung[1042] oder der Spaltung zur Aufnahme bzw. zur Neugründung.[1043]

1034 Zöllner in: Baumbach/Hueck, § 51a Rn. 59.

1035 Lang, Corporate Compliance, S. 220 f. sowie Mutter in: Bürkle/Compliance in Versicherungsunternehmen, § 2 Rn. 9 ff. unter Verweis auf BGH, AG 1997, S. 372 (373).

1036 OLG Düsseldorf, GmbHR 1991, S. 18 (18 f.); Hillmann in: MüKo/GmbhG, § 51a Rn. 26; Römermann in: Michalski/GmbHG, § 51a Rn. 25; Roth in: Roth/Altmeppen, § 51a Rn. 5; Schindler in: Ziemons/Jaeger, § 51a Rn. 18; Zöllner in: Baumbach/Hueck, § 51a Rn. 10 f. jeweils m.w.N.

1037 Siehe hierzu die Nachweise in der vorherigen Fn.

1038 OLG Düsseldorf, NJW-RR 1996, S. 414 (414 f.); Roth in: Roth/Altmeppen, § 51a Rn. 5.

1039 Statt aller Römermann in: Michalski/GmbHG, § 51a Rn. 70 m.w.N.

1040 Vgl. §§ 293g Abs. 3, 295 Abs. 1 S. 2, Abs. 2 S. 3 AktG.

1041 Vgl. §§ 319 Abs. 3 S. 5, 320 Abs. 4 S. 3, 326 AktG.

1042 Vgl. §§ 64 Abs. 2, 73 UmwG.

Die vorstehend aufgeführten Auskunftsrechte setzen jedoch besondere gesellschaftsrechtliche Maßnahmen voraus und enthalten kein grundsätzliches Informationsrecht bezüglich der Compliance innerhalb der AG.

Ein allgemeines Auskunfts- und Informationsrecht der Aktionäre statuiert daneben § 131 AktG. Die Norm betrifft das Auskunftsrecht der Aktionäre in ihrer Eigenschaft als Teilnehmer der Hauptversammlung. Inhaltlich gewährt die Norm jedem Aktionär auf Verlangen in der Hauptversammlung ein Auskunftsrecht über Angelegenheiten der Gesellschaft, sofern dies für die sachgemäße Beurteilung eines Gegenstandes der Tagesordnung erforderlich ist. Das Auskunftsrecht ist zwar denkbar weit gefasst, da Angelegenheit der Gesellschaft so ziemlich alles sein kann, was sich auf die AG und ihre Tätigkeit bezieht,[1044] doch steht es nur innerhalb von Hauptversammlungen zur Verfügung. Die für ein konzernweites Compliance-Management notwendige Informationsbasis, wird die herrschende Gesellschaft jedoch nicht alleine aus jährlich stattfindenden Hauptversammlungen gewinnen können.[1045]

Vor dem Hintergrund der Publizitätspflichten normiert § 294 Abs. 3 HGB ein Informationsrecht, welches die Erstellung konsolidierter Jahresabschlüsse ermöglicht.[1046] Die Konzernterminologie des HGB weicht zwar geringfügig von der Konzeption der §§ 15 ff. AktG ab, doch ist an dieser Stelle von der Anwendbarkeit der Vorschrift auszugehen.[1047] Demnach sind Tochtergesellschaften zur Vorlage bestimmter – für die Konzernrechnungslegung notwendiger – Dokumente verpflichtet.[1048] Unabhängig davon, ob das Rechnungslegungsinteresse einen allgemeingültigen Vorrang vor der Verschwiegenheits-

---

1043 Vgl. §§ 125, 135, 64 Abs. 2 UmwG.

1044 Heidel in: Heidel/AktG, § 131 Rn. 28; Hüffer in: Hüffer/AktG, § 131 Rn. 11; Kubis in: MüKo/AktG, § 131 Rn. 35 ff.; Siems in: Spindler/Stilz, § 131 Rn. 23 ff.

1045 Huber, Compliance-Pflichten, S. 106 f. m.w.N. Zwar steht der herrschenden Gesellschaft die Einberufung einer außerordentlichen Hauptversammlung frei – hierfür genügt bereits eine Beteiligung i.S.v. § 122 Abs. 1 AktG – doch muss das entsprechende Verlangen bereits den Zweck der Hauptversammlung zu erkennen geben. Zulässige Zwecke sind solche, welche der Beschlusskompetenz der Hauptversammlung unterliegen. Das Verlangen trägt jedoch keine Einberufung zu Tagesordnungspunkten, die von Gesetz wegen keine Beschlussfassung erfordern.

1046 § 294 Abs. 3 HGB enthält folgende Regelung: „Die Tochterunternehmen haben dem Mutterunternehmen ihre Jahresabschlüsse, Einzelabschlüsse nach § 325 Abs. 2a, Lageberichte, Konzernabschlüsse, Konzernlageberichte und, wenn eine Abschlussprüfung stattgefunden hat, die Prüfungsberichte sowie, wenn ein Zwischenabschluß aufzustellen ist, einen auf den Stichtag des Konzernabschlusses aufgestellten Abschluß unverzüglich einzureichen. Das Mutterunternehmen kann von jedem Tochterunternehmen alle Aufklärungen und Nachweise verlangen, welche die Aufstellung des Konzernabschlusses und des Konzernlageberichts erfordert".

1047 § 294 Abs. 3 HGB beruht ausgehend von der Klammerdefinition des § 290 Abs. 2 HGB auf dem Controlkonzept, welches nicht mit den §§ 15 ff. AktG gleichzusetzen ist. Unterschiede ergeben sich auch im Hinblick darauf, dass die §§ 290 ff. HGB eine Kapitalgesellschaft als Mutterunternehmen voraussetzen. Siehe zu diesem Differenzierungen Hüffer, FS Schwark, S. 185 (187 f.).

1048 Zu den vorzulegenden Dokumenten siehe Bauckhage-Hoffer/Katko, WM 2012, S. 486 (487 f.).

pflicht genießt,[1049] verschaffen die vorzulegenden Dokumente keine hinreichende Informationsgrundlage im Hinblick auf Compliance-Risiken. Dies ergibt sich bereits aus ihrem alleinigen Fokus auf die Konzernrechnungslegung sowie ihrem vornehmlich retroperspektivischem Charakter.[1050]

Es scheint sich damit die Erkenntnis zu festigen, dass der herrschenden Gesellschaft gegenüber einer faktisch abhängigen AG keine normativ gesicherten Auskunfts- und Informationsansprüche zustehen, welche einen hinreichenden Informationsfluss sichern. Fraglich ist damit letztlich, ob sich aus der Tatsache der faktischen Konzernierung weitergehende Informationsrechte der herrschenden Gesellschaft herleiten lassen. Das Weisungsrecht, welches im Eingliederungskonzern und bei Vorliegen eines Beherrschungsvertrages die notwendige Grundlage vermittelte, findet keine Entsprechung in § 311 AktG. Ein Informationsanspruch kann aus der Norm nicht abgeleitet werden. Die Existenz eines Informationsweitergabeanspruchs in faktischen Konzernverhältnissen – genauer gesagt im Falle eines Informationsflusses von „unten" nach „oben" – ist daher auch umstritten. Während teilweise ein umfassendes Informationsrecht der herrschenden Gesellschaft mit wechselnden Argumentationsansätzen bejaht wird,[1051] verfolgt die wohl vorherrschende Meinung einen restriktiveren Ansatz. Demnach soll ein Anspruch insoweit bestehen, wie die herrschende Gesellschaft aufgrund eigener besonderer Rechtspflichten mit konzernweitem Bezug, über ein im Einzelfall gesteigertes Informationsbedürfnis verfügt.[1052] Der Ansatz der herrschenden Meinung ist

1049 Zu diesem Meinungsstreit vgl. Wittmann, Informationsfluss, S. 88 ff.

1050 Bauckhage-Hoffer/Katko, WM 2012, S. 486 (487 f.); Huber, Compliance-Pflichten, S. 105; Hüffer, FS Schwark, S. 185 (188); im Ergebnis auch Mutter in: Bürkle/Compliance in Versicherungsunternehmen, § 2 Rn. 13 f. Vgl. hierzu auch Grundmeier, Compliance im Konzern, S. 90 mit Nachweisen zur Begründung eines Informationsanspruches mittels Rechtsanalogie, welcher im Ergebnis abzulehnen ist.

1051 Fabritius, FS Huber, S. 705 (710) folgert die Existenz eines Informationsrechts aus einer auch im faktischen Konzern bestehenden Konzernleitungspflicht. Da die Existenz dieser Pflicht jedoch erheblichen Zweifeln ausgesetzt ist, vermag dieser Ansatz nicht zu überzeugen. Löbbe, Unternehmenskontrolle, S. 155 ff. stützt seine Argumentation dagegen auf ein zwischen herrschender und abhängiger Gesellschaft bestehendes Sonderrechtsverhältnis, welches aus den §§ 311 ff. AktG folge. Angesichts der fehlenden Konturierung eines Sonderrechtsverhältnisses, setzt sich die Argumentation dem Vorwurf der Ergebnisorientiertheit aus. Semler, Leitung und Überwachung, Rn. 300 ff. bildet dagegen eine Analogie zu § 294 Abs. 3 HGB i.V.m. § 320 Abs. 3 HGB, § 145 AktG. Auch dieser Ansatz vermag nicht vollends zu überzeugen, da § 294 Abs. 3 HGB als Ausnahmeregelung vor dem besonderen Hintergrund der Publizitätspflichten zu werten ist. Mittelbarer Normtelos ist letztlich die Sicherung von Informationsansprüchen Dritter. Diese Interessenlage ist nicht vergleichbar mit einem Informationsbedürfnis der herrschenden Gesellschaft, so dass die Voraussetzungen einer Analogie nicht vorliegen. Umfangreiche Nachweise zum Streitstand bei Fleischer, ZGR 2009, S. 505 (532 f.); Wittmann, Informationsfluss, S. 67 ff.

1052 Hölters in: Hölters/AktG, § 93 Rn. 148; Huber, Compliance-Pflichten, S. 111 ff.; Lang, Corporate Compliance, S. 217 f.; Schneider, S., Informationspflichten, S. 152; Schneider, U., FS Brandner, S. 565 (573 f.); Wittmann, Informationsfluss, S. 107. In diese Richtung auch Fleischer, ZGR 2009, S. 505 (532).

vorzugswürdig und wird im Folgenden der Untersuchung zugrunde gelegt. Zu fragen ist demnach, welche Rechtspflichten mit konzernweitem Bezug ein gesteigertes Informationsbedürfnis rechtfertigen und der herrschenden Gesellschaft einen Anspruch auf Informationserteilung verschaffen. Dabei ist bereits an dieser Stelle voranzustellen, dass diese Untersuchung weder den Anspruch verfolgt noch den geeigneten Rahmen für eine abschließende Darstellung der vorgenannten Rechtspflichten bietet. Es kann daher nur um eine Identifizierung der prägnantesten und themenspezifischsten Normen gehen.

(bb) Gesteigertes Informationsbedürfnis und -recht aufgrund konzernweiter Rechtspflichten

(aaa) Gesellschaftsrechtliche Informationspflichten mit Konzernbezug

Das Gesellschaftsrecht enthält an verschiedenen Stellen Rechtspflichten der herrschenden Gesellschaft, welche die Erteilung von Unternehmensinformationen – unter Einschluss von Konzerngesellschaften – anordnen. Fraglich ist, ob die normierten Informationspflichten einen impliziten umfassenden Informationsanspruch gegen eine abhängige Gesellschaft begründen bzw. voraussetzen.

§ 90 Abs. 1 AktG normiert eine Berichtspflicht des Vorstandes gegenüber dem Aufsichtsrat. Diese hat sich auf die in § 90 Abs. 1 Nr. 1 bis Nr. 4 AktG genannten Aspekte zu erstrecken und erfährt in § 90 Abs. 1 Nr. 1, S. 2 AktG eine Erweiterung auf Tochterunternehmen und Gemeinschaftsunternehmen. Teilweise wird die umfassende Berichtspflicht als Grundlage eines umfassenden Auskunftsrechts des Vorstandes angesehen.[1053] Diese Ansicht ist jedoch abzulehnen. Bereits die Gesetzesbegründung statuiert eine Informationspflicht, welche sich im Rahmen des nach den gesetzlichen Bestimmungen Zulässigen, des dem Vorstand faktisch Möglichen und konkret Zumutbaren bewegt.[1054] Die Formulierung lässt erkennen, dass der Gesetzgeber mit der Norm kein eigenständiges und umfassendes Informationsrecht des Vorstandes intendierte.[1055] Vielmehr sollen die Berichte Tochterunternehmen – unter Ausnutzung der bereits vorhandenen rechtlich gesicherten und faktischen Informationskanäle – einbeziehen. Gegen die Annahme eines Informationsanspruchs spricht zudem die Weite der Berichtspflichten. Ausgehend von den in § 90 Abs. 1 Nr. 1 bis Nr. 4 AktG vorausgesetzten Berichtsinhalten, wäre der notwendige Informationsanspruch ebenfalls nahezu schrankenlos.[1056]

Die herrschende Gesellschaft selbst sieht sich Auskunftsansprüchen ihrer Gesellschafter und Aktionäre ausgesetzt. Namentlich kann es sich hierbei um § 51a GmbHG und § 131 Abs. 1 S. 2 AktG handeln. § 131 Abs. 1 S. 2 AktG lässt sich ein expliziter konzernweiter Bezug entnehmen. Demnach erstreckt

1053 Kropff in: MüKo/AktG, § 311 Rn. 299; wohl auch Mutter in: Bürkle/Compliance in Versicherungsunternehmen, § 2 Rn. 14.
1054 BT-Drucks. 14/8769, S. 14.
1055 Huber, Compliance-Pflichten, S. 104 m.w.N.
1056 Wittmann, Informationsfluss, S. 67 ff. Im Ergebnis ebenso Schneider, S., Informationspflichten, S. 159.

sich die Auskunftspflicht auch auf die rechtlichen und geschäftlichen Beziehungen der Gesellschaft zu einem verbundenen Unternehmen. Damit drängt sich eine notwendige Differenzierung auf. Zu unterscheiden ist zwischen Angelegenheiten der herrschenden Gesellschaft, welche sich in ihren rechtlichen und geschäftlichen Beziehungen zu einer Konzerngesellschaft ausdrücken können und solchen Angelegenheiten, die in der Sphäre der Konzerngesellschaft selbst wurzeln.[1057] Letztere können nach allgemeiner Ansicht zu Angelegenheiten der herrschenden Gesellschaft erstarken, sofern sie aufgrund ihrer Bedeutung und Erheblichkeit Auswirkungen auf diese zeigen.[1058] Dies gilt sowohl für Auskunftsverlangen i.S.v. § 51a GmbHG als auch für § 131 Abs. 1 AktG. Der Mediatisierungseffekt hält sich bei besonders intensiven Formen der Unternehmensverbindung in Grenzen,[1059] so dass das Auskunftsrecht sich weitgehend auf Angelegenheiten und Geschehnisse in einer Konzerngesellschaft erstrecken kann. Rahmendaten zur Compliance der abhängigen Gesellschaft, insbesondere wenn wirtschaftliche Risiken für die herrschende Gesellschaft in Rede stehen, können demnach unproblematisch erfasst sein. Da die Auskunftspflichtigen darüber hinaus die Pflicht trifft, sich fehlende relevante Informationen zu beschaffen, ist fraglich, ob dies einen impliziten Informationsanspruch gegenüber der Konzerngesellschaft begründet. Dies ist jedoch abzulehnen. Sowohl § 51a GmbHG als auch § 131 Abs. 1 AktG greifen nicht ein, sofern das Organ die benötigten Informationen – trotz pflichtgemäßen Bemühens – nicht erhalten konnte.[1060] Die Rechtsprechung hat dies bereits für Fälle entschieden, in welchen die Informationsbeschaffung bei einem Mutterunternehmen scheiterte.[1061] Auf die vorliegende Konstellation lässt sich die zugrunde liegende Argumentation übertragen. Richtigerweise verlangen die Normen nur eine Erteilung von Informationen im Rahmen vorhandener Informationsbeschaffungsmöglichkeiten, begründen aber selbst keine eigenständigen Informationsansprüche gegenüber den Konzerngesellschaften.[1062] Resümierend lässt sich daher zumindest im

---

1057 Schneider, S., Informationspflichten, S. 132;

1058 Umfang und Grenze der Informationspflicht liegen im Streit, ohne dass dies zu erkennbaren praktischen Differenzierungen führt. So wird teilweise auf die Erheblichkeit bzw. Relevanz abgestellt, teilweise aber auch auf ein allgemeines Informationsinteresse. BGH, NZG 2003, S. 396 (397); OLG Köln, AG 2002 S. 89 (90 f.); OLG Düsseldorf, NJW 1988, S. 1033 (1034); Drinhausen in: Hölters/AktG, § 131 Rn. 19; Decher in: GroßK/AktG, § 131 Rn. 117 ff.; Hillmann in: MüKo/GmbHG, § 51a Rn. 34; Hüffer in: Hüffer/AktG, § 131 Rn. 16; Lutter/Bayer in: Lutter/Hommelhoff, § 51a Rn. 13; Römermann in: Michalski/GmbHG, § 51a Rn. 39; Schmidt, K. in: Scholz/GmbHG, § 51a Rn. 20; Schneider, S., Informationspflichten, S. 133 f.; Siems in: Spindler/Stilz, § 131 Rn. 23 ff.; Spindler in: Schmidt/Lutter, § 131 Rn. 41.

1059 Zu diesem Kriterium siehe z.B. Hillmann in: MüKo/GmbHG, § 51a Rn. 34; Römermann in: Michalski/GmbHG, § 51a Rn. 39 m.w.N.

1060 Decher in: GroßK/AktG, § 131 Rn. 126; Huber, Compliance-Pflichten, S. 108; Lutter/Bayer in: Lutter/Hommelhoff, § 51a Rn. 15 m.w.N.

1061 BayObLG, NJW 1975, S. 740 (741); Decher in: GroßK/AktG, § 131 Rn. 126 m.w.N.

1062 Huber, Compliance-Pflichten, S. 108.

Hinblick auf die gesellschaftsrechtlichen Rechtspflichten mit konzernweitem Bezug die Feststellung treffen, dass diese keine weitergehenden Informationsansprüche gegenüber Konzerngesellschaften begründen, welche den für den Betrieb eines konzernweiten Compliance-Systems nötigen Informationsfluss sicherstellen.

(bbb) Bilanzrechtliche Publizitätspflichten

Die Publizitätspflichten dienen dem Informationsbedürfnis von Stakeholdern und sollen eine Übersicht über die wirtschaftliche Lage des Konzerns ermöglichen. Das für eine Konsolidierung erforderliche Informationsrecht findet sich in dem bereits angesprochenen § 294 Abs. 3 HGB. Es konnte bereits festgestellt werden, dass die Norm keine geeignete Grundlage für die Erreichung eines angemessenen Informationsstandes bietet.[1063] Nichts anderes gilt für internationale Publizitätspflichten nach IFRS.[1064]

(ccc) Bank- und kapitalmarktrechtliche Meldepflichten mit Konzernbezug

Zahlreiche Meldepflichten, welche konzernweite Informationsansprüche bedingen, finden sich verstreut im Bank- und Kapitalmarktrecht. Zu nennen sind hier insbesondere die §§ 21 ff. und § 15 WpHG sowie § 30 WpÜG.[1065] Allerdings sind den §§ 21 ff. WpHG und § 30 WpÜG keinerlei Informationen über die Compliance innerhalb der abhängigen Aktiengesellschaft zu entnehmen. Beide Normen bzw. Normkomplexe verfolgen eine gänzlich andere Intention und können nicht fruchtbar gemacht werden.

Für die in § 15 WpHG normierte Ad-hoc-Publizität gilt Ähnliches. Es ist bereits fraglich, ob sich die Publizitätspflicht auf Sachverhalte innerhalb einer faktisch verbundenen AG erstreckt. Angesichts der beschränkten gesellschaftsrechtlichen Einflussmöglichkeiten ist dies zweifelhaft.[1066] Zudem dürfte es sich bei den veröffentlichungspflichtigen Insiderinformationen allenfalls in Sonderkonstellationen um compliance-spezifische Aspekte innerhalb einer Tochtergesellschaft handeln. Ein Beispiel für derartige Sonderkonstellation sind Kartellverstöße innerhalb einer Tochtergesellschaft, welche das Risiko einer Haftung der herrschenden Gesellschaft begründen.[1067] Resümierend vermitteln daher auch die bank- und kapitalmarktrechtlichen Meldepflichten kein ausreichendes Informationsbedürfnis zur Gewinnung von Erkenntnissen über die Compliance innerhalb einer faktisch abhängigen AG.

1063 Vgl. oben Teil 5.§ 2.C.I.2(b)(aa).

1064 § 315a HGB.

1065 Zu deren allgemeiner informationsspezifischen Bedeutung vgl. Schneider, S., Informationspflichten, S. 137 ff.; Wittmann, Informationsfluss, S. 98 ff.

1066 Siehe zu dieser Thematik m.w.N. Zimmer/Kruse in: Schwark/Zimmer, § 15 WpHG Rn. 45 ff.

1067 Hierbei ist zudem zu berücksichtigen, dass die Insidertatsache bereits eine hinreichende Konkretisierung aufweisen muss. Diffuse Erwartungen und Möglichkeiten allein genügen nicht.

(cc) Zwischenergebnis zu Informationsansprüchen gegenüber einer faktisch abhängigen AG

Es stellt sich damit wiederum die Frage, ob fehlende Informationserteilungen bzw. ein weitgehendes Versiegen des Informationsflusses ultima ratio eine Pflicht zur Auflösung des Beteiligungsverhältnisses begründet. Hierzu ist auf die obigen Erwägungen, im Zusammenhang mit den Reaktionsmöglichkeiten der herrschenden Gesellschaft bei Obstruktion zu verweisen.[1068] Die dortigen Grundsätze sind entsprechend heranzuziehen. Den Organen obliegt daher zunächst eine Hinwirkungspflicht, welche auf die Erreichung des Mindeststandards gerichtet ist. Scheitert diese und zeichnet sich auch keine Änderung des Status quo ab, so kann daraus tatsächlich als ultima ratio eine Pflicht zur Veräußerung der Beteiligung erwachsen.[1069]

(dd) Zulässigkeit der Informationsweitergabe

(aaa) Vornehmliche Relevanz der Zulässigkeitsfrage in der Praxis

Wurde bisher nach Informationsansprüchen der herrschenden Gesellschaft gefahndet, so geht die Untersuchung nunmehr zu Informationsweitergaberechten über. In der Praxis ist häufig nicht die Frage eines Informationsanspruches virulent, sondern das Eingreifen und die Reichweite von Informationsweitergabebeschränkungen. Dies liegt zum einen daran, dass die geschäftsführenden Organe in den Konzerngesellschaften die vollständige Obstruktion konzernweiter Compliance-Maßnahmen scheuen. Ihre arbeitsrechtliche Stellung und Organbestellung lassen sich regelmäßig auf die herrschende Gesellschaft zurückführen, so dass die Personalkompetenz ein faktisches und wirtschaftliches Abhängigkeitsverhältnis begründet. Stehen Veranlassungshandlungen der herrschenden Gesellschaft daher keine zwingenden rechtlichen Schranken entgegen, wird das geschäftsführende Organ der Konzerngesellschaft tendenziell kooperieren. Die Frage nach evtl. Informationsansprüchen der herrschenden Gesellschaft erlangt dann erst gar keine Relevanz.[1070]

Ein weiteres probates Mittel und geübte Praxis ist die Absicherung des Informationsflusses mittels Doppelmandaten.[1071] Im Wesentlichen bieten sich hierfür zwei Gestaltungsmöglichkeiten hierfür an. Zum einen kommt eine Doppeltätigkeit als geschäftsführendes Organ sowohl in der herrschenden als auch in der abhängigen Gesellschaft in Betracht. Zum anderen ist eine Ent-

---

1068 Vgl. Teil 5.§ 2.A.II.2(b)(cc).

1069 Ohne einen hinreichenden Informationsfluss ist das geschäftsführende Organ einer herrschenden Gesellschaft wiederum nicht in der Lage, die einer Beteiligung innewohnenden Compliance-Risiken angemessen zu beziffern. Die Kenntnis der Haftungsrisiken ist jedoch sowohl Grundlage eines kontinuierlich laufenden unternehmerischen Entscheidungsprozesses als auch Voraussetzung der Business Judgment Rule. Bürkle in: Hauschka/Compliance, § 8 Rn. 65; Fett/Gebauer, FS Schwark, S. 375 (385).

1070 Parallele Erwägungen bei Grundmeier, Compliance im Konzern, S. 91.

1071 Siehe hierzu bereits Teil 5.§ 1.B.II.2(b)(aa).

sendung in den Aufsichtsrat der Konzerngesellschaft möglich.[1072] Das Doppelmandat wird in beiden Konstellationen zu einer maßgeblichen Erweiterung der Informationsbasis führen. Gleichwohl drängt sich insoweit die Frage nach möglichen Informationsweitergabebeschränkungen auf, da sich die Tätigkeit in zwei streng voneinander zu differenzierenden Pflichtenkreisen vollzieht.[1073]

(bbb) Anwendbarkeit der Verschwiegenheitspflicht gemäß § 93 Abs. 1 S. 3 AktG?

Einschränkungen könnten sich aus der in § 93 Abs. 1 S. 3 AktG normierten Verschwiegenheitspflicht der Vorstandsmitglieder im Hinblick auf vertrauliche Angaben und Geheimnisse der Gesellschaft ergeben.[1074] Inhaltlich gilt dieses Gebot über die Verweisung in § 116 AktG auch für Aufsichtsratsmitglieder. Geschützte Geheimnisse im Sinne der Norm sind solche Tatsachen, welche nicht offenkundig sind und nach dem geäußerten oder mutmaßlichen Willen der Gesellschaft auch nicht offenkundig werden sollen.[1075] Um vertrauliche Angaben handelt es sich dagegen bei Umständen, deren Bekanntwerden sich für die Gesellschaft negativ auswirken könnte.[1076] Die für ein effizientes konzernweites Compliance-System notwendigen Informationen – z.B. das Auftreten von Zuwiderhandlungen in der Vergangenheit sowie ergriffene Sanktionen – werden sich häufig unter diese Definitionen subsumieren lassen und unterfallen damit grds. dem Normanwendungsbereich von § 93 Abs. 1 S. 3 AktG. Es ist jedoch umstritten, ob und inwieweit die Verschwiegenheitspflicht auf die Informationsweitergabe in faktischen Konzernen Anwendung findet.[1077] Die hierzu vorhandenen Stellungnahmen reichen von einer umfangreichen Zulässigkeit der Informationsweitergabe[1078] über eine wi-

---

1072 Vgl. zu beiden Konstellationen Huber, Compliance-Pflichten, S. 117 ff.

1073 BGH, NJW 1980, S. 1629 (1629 f.); Hopt, GroßK/AktG, § 93 Rn. 75; Huber, Compliance-Pflichten, S. 117 f.; Mutter in: Bürkle/Compliance in Versicherungsunternehmen, § 2 Rn. 21.

1074 Neben § 93 Abs. 1 S. 3 AktG ergeben sich weitere Verschwiegenheitspflichten z.B. aus dem Datenschutz-, Kapitalmarkt- und Wettbewerbsrecht. Im Gegensatz zum Datenschutz zeigen kapitalmarkt- und wettbewerbsrechtliche Aspekte der Verschwiegenheitspflicht keine wesentlichen Auswirkungen auf den Zweck dieser Untersuchung und werden nicht weiter vertieft.

1075 BGHZ 64, S. 325 (329); Hüffer in: Hüffer/AktG, § 93 Rn. 7; Spindler in: MüKo/Akt, § 93 Rn. 100 jeweils m.w.N.

1076 OLG Stuttgart, AG 2007, S. 218 (219); Fleischer in: Spindler/Stilz, § 93 Rn. 166; Hopt in: GroßK/AktG, § 93 Rn. 196; Hüffer in: Hüffer/AktG, § 93 Rn. 7; Spindler in: MüKo/Akt, § 93 Rn. 103.

1077 Der Hinweis auf die oben dargestellten Informationsansprüche rechtfertigt kein grundsätzliches Entfallen der Verschwiegenheitspflicht. Es geht schließlich um die Rechtslage, wenn die herrschende Gesellschaft gerade keinen Anspruch hat und ihre Informationen mittels Doppelmandaten einholt. Besteht dagegen ein Anspruch auf Informationserteilung, so tritt die Verschwiegenheitspflicht – zwecks Vermeidung einer unauflösbaren Pflichtenkollision – zurück.

1078 Aschenbeck, NZG 2000, S. 1015 (1021); Drygala in: Schmidt/Lutter, § 116 Rn. 31; Epe/Liese in: Hauschka/Compliance, § 10 Rn. 69 f.; Grundmeier, Compliance im Konzern, S. 92; Habersack in: Emmerich/Habersack, § 311 Rn. 51a; Hoffmann-

derlegbare Vermutung der Zulässigkeit i.S.v. § 93 Abs. 1 S. 3 AktG[1079] bis hin zu weitgehend restriktiven Stellungnahmen.[1080]

Richtigerweise ist – insbesondere für die hier in Rede stehende Weitergabe von compliance-spezifischen Informationen durch die Konzerngesellschaft – von einer teleologischen Reduktion des § 93 AktG auszugehen. Zwar richtet sich die Leitung der Tochtergesellschaft am Primat des eigenen unternehmerischen Interesses aus, doch ist nicht zu verkennen, dass dieses durch die faktische Konzernierung eine Erweiterung erfährt. Es liegt gerade auch im ureigenen Interesse der Konzerngesellschaft, dass Veranlassungshandlungen im Sinne der § 311 AktG auf Basis einer hinreichenden Informationsgrundlage erfolgen.[1081] Demnach ist eine Einschränkung der Verschwiegenheitspflicht berechtigt. Der Schutz der Konzerngesellschaft wird hinreichend gewahrt, wenn im Rahmen der Informationserteilung der Maßstab des § 311 AktG Beachtung findet.[1082] Dies gilt insbesondere dann, wenn die herrschende Gesellschaft eine vertrauliche Behandlung der Informationen zusichert und diese lediglich in Bezug auf die konzerninterne Kontrolle einfordert und einsetzt.[1083] Richtigerweise sind diese Grundsätze auch im Falle einer direkten Informationsweitergabe durch ein Mitglied des Aufsichtsrates heranzuziehen.[1084]

(ccc) Vorgaben aus § 311 AktG

Findet demnach § 311 AktG Beachtung, so ist zu hinterfragen, ob die Veranlassung zur Informationserteilung zu einem Nachteil der Konzerngesellschaft

---

Becking, ZHR (159) 1995, S. 325 (337); Hopt in: GroßK/AktG, § 93 Rn. 214; Hüffer in: Hüffer/AktG, § 131 Rn. 38; ders., FS Schwark, S. 185 (192 f.); Mutter in: Bürkle/Compliance in Versicherungsunternehmen, § 2 Rn. 15; Bezogen auf Aufsichtsratsmitglieder Lutter, Information und Vertraulichkeit, S. 151 f. Jdfs. „gelockert“ Lutter/Krieger, Rechte und Pflichten des Aufsichtsrats, Rn. 282.

1079 Schneider, S., Informationspflichten, S. 183.

1080 Windbichler, Hommelhoff/Hopt/Werder, S. 605 (616); Einschränkend auch Spindler in: MüKo/Akt, § 93 Rn. 108. Vgl. auch Fleischer, ZGR 2009, S. 505 (533 f.) mit weiteren Nachweisen zum Streitstand.

1081 So z.B. auch Hüffer, FS Schwark, S. 185 (192 f.).

1082 Fleischer, ZGR 2009, S. 505 (534); Grundmeier, Compliance im Konzern, S. 92 m.w.N.

1083 Habersack in: Emmerich/Habersack, § 311 Rn. 51a; Hüffer, FS Schwark, S. 185 (192 f.); ders. in: Hüffer/AktG, § 311 Rn. 48; Löbbe, Unternehmenskontrolle, S. 112 ff.; Lutter, ZIP 1997, S. 613 (617 f.); Menke, NZG 2004, S. 697 (699); Spindler in; MüKo/Akt, § 93 Rn. 108; Vetter in: Schmidt/Lutter, § 311 Rn. 72 jeweils m.w.N.

1084 Teilweise wird dies mit dem Hinweis verneint, dass die alleinige Kompetenz zur Informationserteilung dem Vorstand der abhängigen AG zukomme. Vgl. hierzu Spindler in: Spindler/Stilz, § 116 Rn. 102 f. Im praktisch wichtigeren Fall, der Ausübung einer Aufsichtsratstätigkeit, hätte dies die bleibende Geltung der Verschwiegenheitspflicht zur Konsequenz. Dieser Einschränkung ist nicht zu folgen. Siehe hierzu z. B. Mertens in: KK/AktG, § 116 Rn. 39. Berechtigterweise wird der Ansicht vorgeworfen, dass sie so „lebensfremd“ sei, „dass aus ihr kein Rechtsgebot gemacht werden sollte.“ Roth in: GroßK/AktG, § 116 Rn. 274 unter Hinweis auf Mertens in: KK/AktG, §. Auflage, § 116 Rn. 39.

führt. Teilweise wird angenommen, dass die Erteilung von Informationen einen nicht zu quantifizierbaren Nachteil begründe und daher unzulässig sei. Aufgrund des prognostischen Charakters sei die Verwendung der Informationen durch die herrschende Gesellschaft nicht vorhersehbar.[1085] Dem wird man entgegenhalten müssen, dass die Weitergabe von Erkenntnissen – z.B. über die Compliance der Konzerngesellschaft, eingetretene Zuwiderhandlungen, eingeleitete Gegenmaßnahmen, Änderungen des Risikoprofils und ähnlichem – in der Sicherung der konzernweiten Compliance mündet. Dies ist letztlich auch für die Konzerngesellschaft vorteilhaft.[1086] Insoweit stehen den möglichen Nachteilen erhebliche Vorteile gegenüber. Über jeden Zweifel erhaben ist diese Argumentation dann, wenn die herrschende Gesellschaft sich zu einer vertraulichen Behandlung der Informationen verpflichtet hat und diese lediglich für Zwecke der Konzernüberwachung nutzt.[1087] Eine Rechtspflicht zu einer Vertraulichkeitsvereinbarung wird man demgegenüber nicht annehmen können, da die herrschende Gesellschaft bereits aufgrund der ihr obliegenden Treuepflicht zu einer Vertraulichkeit angehalten ist.[1088] Letztlich kann diese Frage aber dahinstehen. Es liegt in der ureigenen Kompetenz der herrschenden Gesellschaft eine Vertraulichkeitsvereinbarung abzuschließen, um damit den Vorwurf eines Nachteils zu entkräften. Eventuelle Hemmnisse des Informationsflusses kann sie daher aus eigener Kraft beseitigen. Da die Informationserteilung kein Nachauskunftsrecht anderer Gesellschafter begründet,[1089] ist für die Annahme eines Nachteils lediglich dann Raum, wenn die konkrete Gestaltung des Informationsweitergabeprozesses aufgrund der Datenmenge oder der Anzahl der Datenabfragen zu erheblichen Kosten bei einer Konzerngesellschaft führt.[1090] Doch ist auch in diesem Fall die Weiterleitung von Daten grundsätzlich zulässig, sofern der ökonomische Nachteil – in Gestalt der mit dem Datentransfer verbundenen Kosten – durch die herrschende Gesellschaft ausgeglichen wird.

(ddd) Insiderrechtliche Informationsweitergabeverbote

In § 14 WpHG ist das Verbot von Insidergeschäften normiert, welches der Integrität und Funktionsfähigkeit des Kapitalmarkts dient. § 14 Abs. 1 Nr. 2 WpHG listet als verbotene Tathandlung die unbefugte Zu-

---

1085 Schneider, T., Risikomanagement auf Gruppenebene, S. 188 ff.

1086 Habersack, FS Möschel, S. 1175 (1190); Verse, ZHR (175) 2011, S. 401 (420); in diese Richtung auch Altmeppen in: MüKo/AktG, § 311 Rn. 439, Lang, Corporate Compliance, S. 215 und Schneider, S., Informationspflichten, S. 183 mit einer parallelen Wertung zu den Grenzen der Verschwiegenheitspflicht.

1087 Fleischer, ZGR 2009, S. 505 (535); Habersack in: Emmerich/Habersack, § 311 Rn. 51a; ders., FS Möschel, S. 1175 (1190 f.); Hüffer, FS Schwark, S. 193 f.; Lang, Corporate Compliance, S. 215; Löbbe, Unternehmenskontrolle, S. 114 f.; Verse, ZHR (175) 2011, S. 401 (420).

1088 Verse, ZHR (175) 2011, S. 401 (421) mit Nachweisen zum Streitstand.

1089 Dies gilt nach vorherrschender Ansicht nicht nur für den Vertrags- sondern auch für den faktischen Konzern. Siehe hierzu bereits S. 220 f. sowie die Nachweise bei Fleischer, ZGR 2009, S. 505 (538 f.).

1090 So z.B. Bauckhage-Hoffer/Katko, WM 2012, S. 486 (487).

gänglichmachung oder Mitteilung einer Insiderinformation auf. Insiderinformationen sind konkrete Informationen über nicht öffentlich bekannte Umstände, die sich auf einen oder mehrere Emittenten von Insiderpapieren oder auf Insiderpapiere selbst beziehen und geeignet sind, im Falle ihres öffentlichen Bekanntwerdens den Börsen- oder Marktpreis der Insiderpapiere erheblich zu beeinflussen.[1091] Handelt es sich bei der abhängigen AG um eine Emittentin von Insiderpapieren i.S.v. § 13 WpHG, können sich hieraus mögliche Schranken einer Informationsweitergabe an die herrschende Gesellschaft ergeben.

Grundsätzlich unterliegt der Informationsfluss im Konzern ebenfalls einem insiderrechtlichen Informationsweitergabeverbot.[1092] Von wesentlicher Bedeutung ist jedoch, wann von einer unbefugten Handlung auszugehen ist. Nach allgemeiner Ansicht genießt die betriebsinterne Weitergabe von Informationen Privilegierungen. Demnach erfolgt eine befugte Weitergabe von Insiderinformation im Rahmen des innerbetrieblichen Informationsflusses, wenn sie zur Gewährleistung ordnungsgemäßer betrieblicher Abläufe erforderlich ist.[1093] Nach weit überwiegender Ansicht findet dieser Ansatz auch Anwendung auf Konzernsachverhalte.[1094] Die Weitergabe ist demnach zulässig, wenn sie zur Wahrnehmung berechtigter Interessen des Konzerns erforderlich ist. Die Erforderlichkeit kann sich z.B. aus der Gewährleistung einer einheitlichen Konzernleitung oder zur Ermöglichung einer konzernweiten Überwachung ergeben. Unter dieser Voraussetzung lässt sich die Informationsweitergabe im Zuge eines konzernweites Compliance-Systems subsumieren. Somit handelt es sich insoweit um eine befugte Informationsweitergabe. Aus dem Insiderrecht ergeben sich folglich keine Beschränkungen.

II. Datenschutz

1. Konfliktpotential von Compliance-Maßnahmen und Datenschutzbestimmungen

Stehen die soeben erläuterten Beschränkungen der Informationsweitergabe im Zeichen des Schutzes der Konzerngesellschaften, so rückt der Datenschutz demgegenüber die Interessen einzelner Individuen in den Mittelpunkt. § 4 Abs. 1 BDSG enthält die Normierung, dass die Erhebung, Verarbeitung und Nutzung personenbezogener Daten nur zulässig sind, soweit das BDSG oder eine andere Rechtsvorschrift dies erlaubt bzw. anordnet oder der Be-

1091 Vgl. § 13 Abs. 1 WpHG.

1092 Hopt in: Schimansky/Bunte/Lwowski, Bankrechts-Handbuch, § 107 Rn. 60; Schneider, U., FS Wiedemann, S. 1255 (1263 ff.); Schwark/Kruse in: Schwark/Zimmer, § 14 Rn. 54.

1093 Schwark/Kruse in: Schwark/Zimmer, § 14 Rn. 48 m.w.N.

1094 Hopt in: Schimansky/Bunte/Lwowski, Bankrechts-Handbuch, § 107 Rn. 60; Mutter in: Bürkle/Compliance in Versicherungsunternehmen, § 2 Rn. 15; Schneider, U., FS Wiedemann, S. 1255 (1264); Schwark/Kruse in: Schwark/Zimmer, § 14 Rn. 54; Ziemons, AG 1999, S. 492 (499). Kritisch demgegenüber Schneider, S., Informationspflichten, S. 190 f.

troffene eingewilligt hat. Personenbezogene Daten sind nach § 3 Abs. 1 BDSG Einzelangaben über persönliche oder sachliche Verhältnisse einer bestimmten oder bestimmbaren natürlichen Person. Es ist offensichtlich, dass der Betrieb eines konzernweiten Compliance-Systems zu einer Datenerhebung, -verarbeitung oder -nutzung führen kann. Beim Betrieb einer Whistleblowing-Hotline fallen personenbezogene Daten an. Die Entgegennahme von Anzeigen stellt eine datenschutzrechtlich relevante Datenerhebung dar, die Dokumentation der Meldung dagegen eine datenschutzrechtlich relevante Verarbeitung. Erfassungs- und Verarbeitungsprozesse treten auch im Zuge investigativer Maßnahmen auf. Gleicht die herrschende Gesellschaft z.B. Stammdaten der Konzernmitarbeiter mit Lieferantendaten ab, um fingierte Rechnungen und Scheinbuchungen zu enttarnen,[1095] so sind beide Merkmale erfüllt.

Die beiden Beispiele verdeutlichen den Grundsatz, dass sich die Datenweitergabe im Konzern unter Beachtung des BDSG vollziehen muss. Dies gilt grundsätzlich für jede Datenübermittlung. Die Legaldefinition der Datenverarbeitung in § 3 Abs. 4 S. 1 BDSG gibt zu erkennen, dass Verarbeitung auch die Übermittlung erfasst.[1096] Um eine Übermittlung handelt es dagegen bei der Bekanntgabe gespeicherter oder gewonnener Daten an einen Dritten.[1097] Dritter in diesem Sinne kann auch eine andere Konzerngesellschaft sein, da das BDSG kein Konzernprivileg enthält.[1098] Eine Ausnahme besteht lediglich für den Fall der Auftragsdatenverarbeitung nach § 11 BDSG. In diesem Fall wird der Auftragnehmer als „verlängerter Arm" der verantwortlichen Stelle zur Datenverarbeitung tätig. Die Tätigkeit beschränkt sich auf eine bloße Hilfsfunktion, da der Auftragnehmer über keinen eigenständigen Entscheidungsspielraum hinsichtlich der Datenverarbeitung verfügt. Diese Ausnahme bestätigt die Regel, dass eine konzerninterne Datenweitergabe eine datenschutzrechtlich relevante Datenübermittlung darstellt.

1095 So geschehen z.B. bei der Deutschen Bahn. Vgl. zu dieser Fallgestaltung Kock/Francke, NZA 2009, S. 646 ff.

1096 Vgl. § 3 Abs. 4 S. 1 BDSG: „Verarbeiten ist das Speichern, Verändern, Übermitteln, Sperren und Löschen personenbezogener Daten".

1097 Vgl. § 3 Abs. 4 S. 2 Nr. 3 BDSG: „Im Einzelnen ist, ungeachtet der dabei angewendeten Verfahren: [...] Übermitteln das Bekanntgeben gespeicherter oder durch Datenverarbeitung gewonnener personenbezogener Daten an einen Dritten in der Weise, dass a) die Daten an den Dritten weitergegeben werden oder b) der Dritte zur Einsicht oder zum Abruf bereitgehaltene Daten einsieht oder abruft,".

1098 Statt aller Mackenthun, WM 2004, S. 1713 (1713); Schmidl in: Hauschka/Compliance, § 29 Rn. 280; Schneider, S., Informationspflichten, S. 193; Trittin/Fischer, NZA 2009, S. 343 (344); Wittmann, Informationsfluss, S. 161 f. Vgl. auch § 3 Abs. 8 BDSG und die darin enthaltene Verweigerung eines Konzernprivilegs.

2. Zulässigkeitstatbestände i.S.v. § 4 Abs. 1 BDSG

(a) Betriebsvereinbarungen

Die datenschutzrechtlichen Beschränkungen sind als Verbot mit Erlaubnisvorbehalt ausgestaltet. Da die Einholung einer Zustimmung des Betroffenen für jeden einzelnen Datenverarbeitungsvorgang mangels Praktikabilität ausscheidet, ist fraglich, welche sonstigem legitimierenden Erlaubnistatbestände in Betracht kommen. Die Informationspflichten, welche der herrschenden Gesellschaft obliegen,[1099] scheiden weitestgehend aus, da sie regelmäßig nicht die Weiterleitung und Bekanntgabe personenbezogener Daten erfordern.[1100] Der Blick richtet sich daher auf sonstige normative Grundlagen.

Nach allgemeiner Ansicht kann eine Konzernbetriebsvereinbarung eine andere Rechtsvorschrift im Sinne von § 4 Abs. 1 BDSG sein.[1101] Wesentlicher Vorteil von Konzernbetriebsvereinbarungen ist die fehlende Notwendigkeit zur Einholung individueller Zustimmungen. Eine Beteiligungspflicht des Konzernbetriebsrates bei Einrichtung von Datenverarbeitungsvorgängen folgt ohnehin aus § 87 Abs. 1 Nr. 6 BetrVG, da Mitarbeiterdaten regelmäßig mittels technischer Einrichtungen verarbeitet werden.[1102] Insoweit könnten Konzernbetriebsvereinbarungen nicht nur als Erlaubnisnorm i.S.v. § 4 Abs. 1 BDSG fungieren, sondern zugleich den mitbestimmungsrechtlichen Beteiligungsanforderungen genügen. Allerdings wirft das Verhältnis von Konzernbetriebsvereinbarungen zu zwingenden Vorgaben des BDSG in praxi Fragen auf. Es ist umstritten, ob die Vorgaben des BDSG einen bindenden Mindeststandard bilden, welchen auch Konzernbetriebsvereinbarungen wahren müssen.[1103] Ausgehend von der Formulierung des § 4 BDSG, welche die Legitimation durch eine andere Rechtsvorschrift erfordert, ist von der grundsätzlichen Zulässigkeit negativer Abweichungen vom BDSG-Standard auszugehen. Die rechtspraktischen Auswirkungen dieser Meinungsverschiedenheiten werden jedoch durch § 75 Abs. 2 BetrVG nivelliert. Nach dieser Vorschrift haben Arbeitgeber und Betriebsrat die freie Entfaltung der Persönlichkeit der im Betrieb beschäftigten Arbeitnehmer zu schützen und zu fördern. Unabhängig davon, ob Konzernbetriebsvereinbarungen negative Abweichung vom Schutzniveau des BDSG legitimieren, verlangt

1099 Siehe hierzu S. 225 ff.

1100 Ebenso Schneider, S., Informationspflichten, S. 194.

1101 BAG, NZA 1996, S. 945 (947); Bauckhage-Hoffer/Katko, WM 2012, S. 486 (489); Kock/Francke, NZA 2009, S. 646 (647); Trittin/Fischer, NZA 2009, S. 343 (344).

1102 Kock/Francke, NZA 2009, S. 646 (649); Trittin/Fischer, NZA 2009, S. 343 (343).

1103 Für einen Vorrang von Konzernbetriebsvereinbarungen: BAG, NJW 1987, S. 674 (677); Simitis, FS Dieterich, S. 601; Bauckhage-Hoffer/Katko, WM 2012, S. 486 (490) mit Ausnahme von erheblichen Eingriffen in das Recht auf informationelle Selbstbestimmung; Kania in: Erfurter Kommentar z. Arbeitsrecht, § 87 BetrVG Rn. 61 m.w.N. zur Gegenauffassung; Kock/Francke, NZA 2009, S. 646 (647); a.A. Trittin/Fischer, NZA 2009, S. 343 (344) m.w.N. unter Verweis auf die EG-Datenschutzrichtlinie (Richtlinie 95/46/EG), welche keine entsprechenden Abweichungsmöglichkeiten vorsieht.

§ 75 Abs. 2 BetrVG Schutz- und Förderpflichten im Lichte des Art. 2 Abs. 1 GG. Dies führt dazu, dass faktisch kaum Fallkonstellationen existieren, in denen zulässige Konzernbetriebsvereinbarungen von den Grundwertungen anderer anerkannter Erlaubnistatbeständen abweichen können. Erlaubnistatbestände in diesem Sinne sind insbesondere die §§ 28, 32 BDSG.

(b) § 32 BDSG

§ 32 BDSG enthält eine spezielle Rechtfertigung von Eingriffen in die geschützte Sphäre der Betroffenen. § 32 Abs. 2 S. 2 BDSG scheint bei der ersten unbefangenen Durchsicht ein Eingriffsrecht im Falle von drohenden Straftaten bzw. deren Ermittlungen zu verleihen.[1104] Eine genauere Lektüre offenbart jedoch die restriktive Fassung. Erforderlich ist demnach das Vorliegen konkreter Verdachtsmomente, eine in der Vergangenheit liegende Straftat – Verbrechen oder Vergehen, aber keine Ordnungswidrigkeit – sowie eine Abwägung mit den berechtigten Interessen des Betroffenen. Unabhängig davon welche Anforderungen an den Verdachtsgrad zu stellen sind,[1105] wird deutlich, dass die Norm keine präventiven verdachtsunabhängigen Datenerhebungen und -verarbeitungen rechtfertigt. Gerade diese Maßnahmen gewährleisten jedoch die präventive Komponente von Compliance.

Die allgemeinere Grundnorm enthält daher auch § 32 Abs. 1 S. 1 BDSG, welcher die Erhebung, Verarbeitung und Nutzung von Daten gestattet,[1106] sofern dies für die Begründung, Durchführung oder Beendigung eines Beschäftigungsverhältnisses erforderlich ist. In der Mehrzahl der Fälle dürfte es sich bei den Beschäftigten i.S.v. § 3 Abs. 11 BDSG um Personen handeln, welche in einem direkten Beschäftigungsverhältnis zu einer Konzerngesellschaft stehen. Aufgrund dieses einschränkenden Wortlauts steht damit bereits an dieser Stelle fest, dass die Norm grundsätzlich keine Eingriffshandlungen der herrschenden Gesellschaft legitimieren kann, da es zumeist an einem Beschäftigungsverhältnis zwischen herrschender Gesellschaft und einem Mitarbeiter der Konzerngesellschaft fehlen wird. Demgegenüber können sich einzelne Konzerngesellschaften sehr wohl auf die Norm berufen, sofern sie Eingriffe in die geschützte Sphäre ihrer Beschäftigten vornehmen. Voraussetzung für

---

1104 Vgl. den Wortlaut: „Zur Aufdeckung von Straftaten dürfen personenbezogene Daten eines Beschäftigten nur dann erhoben, verarbeitet oder genutzt werden, wenn zu dokumentierende tatsächliche Anhaltspunkte den Verdacht begründen, dass der Betroffene im Beschäftigungsverhältnis eine Straftat begangen hat, die Erhebung, Verarbeitung oder Nutzung zur Aufdeckung erforderlich ist und das schutzwürdige Interesse des Beschäftigten an dem Ausschluss der Erhebung, Verarbeitung oder Nutzung nicht überwiegt, insbesondere Art und Ausmaß im Hinblick auf den Anlass nicht unverhältnismäßig sind".

1105 Es ist umstritten, ob ein dringender Tatverdacht erforderlich ist oder bereits ein einfacher Tatverdacht genügt. Vgl. Seifers in: Simitis/BDSG, § 32 Rn. 104

1106 Insbesondere gestattet § 32 Abs. 1 S. 1 BDSG den Dateneingriff ebenfalls in Compliance Sachverhalten, da § 32 Abs. 1 S. 2 BDSG nicht im Sinne einer exklusiven Zuweisung zu verstehen ist. Vgl. z.B. Bauckhage-Hoffer/Katko, WM 2012, S. 486 (491).

den Umgang mit Beschäftigtendaten ist das Merkmal der „Erforderlichkeit“. Erforderlich sind die Maßnahmen, wenn der Arbeitgeber die Daten für die Erfüllung seiner Pflichten oder für die Wahrnehmung seiner Rechte benötigt.[1107] An dieser Stelle kommt der dem BDSG immanente Charakter des Abwägungsrechts zum Ausdruck. Der Eingriff in Beschäftigtenrechte ist gegen das Informationsinteresse des Arbeitgebers abzuwägen. Dies erfordert eine zweistufige Prüfung der Verhältnismäßigkeit.[1108] Auf der ersten Stufe ist zu fragen, ob weniger eingriffsintensive Maßnahmen zum gewünschten Ziel führen, während auf der zweiten Stufe eine Angemessenheitsprüfung – im Sinne einer konkreten Abwägung – erfolgt. Hierbei gilt die Grundregel, dass Eingriffe einer intensiveren Rechtfertigung bedürfen, je weniger die Daten mit der Durchführung des Arbeitsverhältnisses im Zusammenhang stehen.[1109] Die Weiterleitung von Daten an die herrschende Gesellschaft ist vor diesem Hintergrund nicht gänzlich unproblematisch, da sie nicht den Kern des Arbeitsverhältnisses betrifft. Für die Interessen der Konzerngesellschaft ist die Erfassung und Auswertung personenbezogener Daten bereits ausreichend. Eine Weiterleitung dient ausschließlich einem Interesse der herrschenden Gesellschaft und tangiert das konkrete Arbeitsverhältnis höchstens mittelbar.[1110] Im Zweifelsfall sollte daher einer Anonymisierung oder idealerweise Pseudonymisierung[1111] angewendet und damit auf die ungefilterte Weiterleitung personenbezogener Daten verzichtet werden. Die zukünftige Bewertung der datenschutzrechtlichen Zulässigkeit von Compliance-Maßnahmen wird zudem ein neues Gepräge durch die geplante Einführung des Gesetzes zur Regelung des Beschäftigtendatenschutzes erlangen.[1112] Der Gesetzesentwurf soll zu einer grundlegenden Neuerung der §§ 32 ff. BDSG führen und sieht weitere Einschränkungen für die Unternehmen im Vergleich zur geltenden Rechtslage vor.[1113]

(c) § 28 BDSG

§ 28 BDSG enthält weitere zentrale Erlaubnistatbestände. Für das hier in Rede stehende Informationsinteresse der herrschenden Gesellschaft, ist im Wesentlichen nur § 28 Abs. 1 S. 1, Nr. 2 BDSG fruchtbar zu machen.[1114] Die

---

1107 BT-Drucks. 16/13657 S. 20.

1108 Zöll in: Taeger/Gabel, § 32 Rn. 17.

1109 Bauckhage-Hoffer/Katko, WM 2012, S. 486 (491).

1110 Ein mittelbarer Bezug könnte damit gerechtfertigt werden, dass sich ein funktionierendes konzernweites Compliance-Systems auch auf die einzelnen Arbeitsverhältnisse innerhalb der Konzerngesellschaften auswirkt. Vor dem Hintergrund der restriktiven Fassung des BDSG und der Existenz weiterer Erlaubnistatbestände ist diese Argumentation allerdings nicht zwingend.

1111 Zu den Vorzügen einer Pseudonymisierung gegenüber einer Anonymisierung vgl. Kock/Francke, NZA 2009, S. 646 (648).

1112 BT-Drucks. 17/4230.

1113 Zu den Inhalten der Gesetzesnovellierung vgl. Tinnefeld, ZD Aktuell 2011, S. 1 ff.; Thüsing, NZA 2011, S. 16 ff.

1114 Die Übermittlung und Verarbeitung von Arbeitnehmerdaten durch die herrschende Gesellschaft, ist regelmäßig nicht für die Begründung, Durchführung oder Beendi-

Norm gestattet das Erheben, Speichern, Verändern oder Übermitteln personenbezogener Daten oder ihre Nutzung als Mittel für die Erfüllung eigener Geschäftszwecke, soweit dieses zur Wahrung berechtigter Interessen der verantwortlichen Stelle erforderlich ist und kein überwiegendes Schutzbedürfnis des Betroffenen besteht. Insbesondere ist damit keine arbeitsrechtliche Verbundenheit im Sinne eines Beschäftigungsverhältnisses zwischen Betroffenem und der verarbeitenden Stelle notwendig. Trotz der damit grundsätzlichen Öffnung des Normanwendungsbereiches für die herrschende Gesellschaft ist festzustellen, dass das Informationsbedürfnis wiederum einem Abwägungsvorgang zu unterziehen ist. Im Rahmen der Abwägung ist dabei eine restriktive Auslegung der Ermächtigung aus § 28 Abs. 1 S. 1, Nr. 2 und 3 BDSG vorzunehmen.[1115] Dies verlangt wiederum den Hinweis, dass im Zweifel auf die ungefilterte Weiterleitung personenbezogener Daten verzichtet werden sollte, will man sich nicht auf das brüchige Eis eines Abwägungsprozesses begeben.

§ 3. Zusammenfassung wesentlicher Erkenntnisse

Der Katalog konzernweiter Compliance-Maßnahmen setzt sich grundsätzlich aus fünf Komponenten zusammen. Diese reichen von der Einrichtung einer organisatorischen Konzern-Compliance-Funktion, über die erstmalige und laufende Erfassung von Compliance-Risiken, der Überprüfung von Compliance-Maßnahmen der Konzerngesellschaften sowie einer ggfs. einsetzenden Handlungspflicht bis hin zu einer – zumindest partiellen – Dokumentationspflicht. Besondere Umstände führen zu einer Verdichtung und Intensivierung des Pflichtenkanons. Bei diesen Umständen handelt es sich namentlich um eine Gefahrschaffung auf Ebene der herrschenden Gesellschaft, kartellrechtliche Haftungsrisiken sowie die freiwillige Übernahme der Compliance-Zuständigkeit für eine Konzerngesellschaft.

Im Vertragskonzern und faktischen Konzern mit abhängiger GmbH stehen der Durchsetzung der Mindestanforderung keine Hindernisse entgegen. Dagegen verfügt der Vorstand einer faktisch abhängigen AG über ein gewisses Obstruktionspotential, welches aufgrund der faktischen und rechtlichen Einwirkungsmöglichkeiten der herrschenden Gesellschaft nur selten praktische Relevanz erlangt. Parallelen Einschränkungen ist der Informationsfluss von den Konzerngesellschaften an die Konzernspitze ausgesetzt. Bestehen für die übrigen Konzernierungsformen umfassende Ansprüche auf Informationserteilung, so ist die Rechtsposition gegenüber einer faktisch abhängigen AG deut-

---

gung eines rechtsgeschäftlichen oder rechtsgeschäftsähnlichen Schuldverhältnisses erforderlich. Damit scheidet § 28 Abs. 1 S. 1, Nr. 1 BDSG als Legitamtion aus. Eine Zulässigkeit nach § 28 Abs. 1 S. 1, Nr. 3 BDSG scheidet bereits im Ansatz aus, da sich diese Regelung nur auf allgemein zugängliche Daten bezieht. Vgl. hierzu Trittin/Fischer, NZA 2009, S. 343 (344).

1115 Statt aller Simitis in: Simitis/BDSG, § 28 Rn. 98

lich schwächer. Die insoweit existierenden Informationsansprüche und Auskunftsrechte sind nicht hinreichend für die Erfüllung des Mindeststandards konzernweiter Compliance-Maßnahmen. Kommt eine Erfüllung – trotz pflichtgemäßer Bemühungen des geschäftsführenden Organs – auf absehbare Zeit nicht in Betracht, so kann daraus eine Pflicht zur Veräußerung der Beteiligung erwachsen. Im Übrigen ist die Erteilung von Informationen durch die Konzerngesellschaft weitgehend zulässig. Friktionen können lediglich im Zusammenhang mit der Erhebung und Verarbeitung personenbezogener Daten i.S.d. BDSG eintreten. Aufgrund des Abwägungscharakters und der damit verbundenen Unsicherheiten, ist nach Möglichkeit eine Anonymisierung oder Pseudonymisierung vorzunehmen. Eine begrenzte datenschutzrechtliche Legitimierung kann von Konzernbetriebsvereinbarungen ausgehen, welche allerdings der Mitbestimmung unterliegen. Dieses Schicksal teilen konzernweite Richtlinien, Ethikkodizes oder sog. Codes of Conduct in vielen Fällen. Auch wenn keine rechtliche Verpflichtung zur Einführung dieser Konzernleitungsmittel besteht, so weisen sie eine hohe Praxisrelevanz auf. Die mitbestimmungsrechtlichen Anforderungen verlangen jedoch eine Einigung mit den Betriebsräten bzw. dem Konzernbetriebsrat, was ggfs. zu Umsetzungs- und Durchsetzungshemmnissen führt.

Teil 6. Weitere Haftungsvoraussetzungen und Rechtsfolgen einer mangelhaften Compliance-Organisation

Die alleinige Attestierung einer Pflichtverletzung des geschäftsführenden Organs ist für den Eintritt der Haftung nicht ausreichend. Erst weitere Haftungsvoraussetzungen, wie die haftungsbegründende und haftungsausfüllende Kausalität, ein Verschulden sowie die Widerrechtlichkeit der Pflichtverletzung, führen zur Begründung konkreter Haftungsansprüche. Themenspezifische Bedeutung weisen insbesondere Fragestellungen rund um die Kausalität und den konkreten Schaden auf. Im Folgenden werden diese Aspekte unter Einbeziehung der jeweiligen Beweislast näher erörtert. Eine separate und rege geführte Diskussion hat sich um die Frage entsponnen, ob die Implementierung eines Compliance-Systems Auswirkungen auf die Bemessung von Bußgeldern hat. Dem wird systematisch folgerichtig im Zusammenhang mit der Darstellung des Schadens nachzugehen sein.

§ 1. Tatbestandsvoraussetzungen

A. Gesellschaftsrechtliche Haftung

I. § 93 Abs. 2 AktG und § 43 GmbHG

(a) Haftungsadressaten

Die tatbestandlichen Voraussetzungen einer gesellschaftsrechtlichen Haftung folgen bereits in weitem Umfang aus den zugrundeliegenden Haftungstatbeständen. Konstitutive Voraussetzung ist demnach der Vorwurf einer Pflichtverletzung, welcher sich gegen den in §§ 93 Abs. 2 AktG und § 43 GmbHG benannten Haftungsadressaten – das geschäftsführende Organ – richtet. Basierend auf den vorherigen Kapiteln dieser Untersuchung soll der Eintritt einer Pflichtverletzung als Prämisse vorausgesetzt werden und bedarf keiner näheren Erörterung. Alleinige Haftungsadressaten sind grundsätzlich die bestellten geschäftsführenden Organe der Gesellschaft. Die Haftung findet daher keine direkte oder entsprechende Erweiterung auf nachgeordnete unternehmerische Hierarchieebenen oder professionelle Berater.[1116]

In zeitlicher Hinsicht bildet sowohl für die Haftung des Vorstandes als auch für die Haftung des Geschäftsführers das Wirksamwerden des Bestel-

1116 Statt aller Fleischer in: Spindler/Stilz, § 93 Rn. 177; Hopt in: GroßK/AktG, § 93 Rn. 32; Haas/Ziemons in: Ziemons/Jaeger, § 43 Rn. 13 jeweils m.w.N.

lungsaktes die maßgebliche Zäsur.[1117] Dies bedeutet zugleich, dass das schuldrechtliche Anstellungsverhältnis oder die Eintragung des Bestellungsaktes im Handelsregister für die Haftung keine Relevanz aufweisen.[1118] Korrespondierend hierzu endet der zeitliche Anwendungsbereich der Binnenhaftung mit der Beendigung der Organbestellung.[1119]

(b) Verschulden

Weitere Haftungsvoraussetzung ist ein Verschuldensvorwurf. Richtigerweise begründet die Binnenhaftung nach § 93 Abs. 2 AktG und § 43 GmbHG keine Erfolgshaftung. Vor dem Hintergrund des wirtschaftlichen Entscheidungen immanenten Prognoserisikos wäre dies unbillig. Die praktische Relevanz des Tatbestandsmerkmals ist gleichwohl gering, da die Haftung bereits eine objektive Pflichtverletzung voraussetzt und für die Frage des Verschuldens ein typisierter Schuldmaßstab Anwendung findet, welcher keinen Raum für individuelle Defizite lässt.[1120]

(c) Kausalität

(aa) Grundsätzliche Anforderungen

Die Feststellung einer Pflichtverletzung ist für die Haftung der Organe allein nicht ausreichend. Wie im allgemeinen Deliktsrecht so muss auch im Rahmen der gesellschaftsrechtlichen Haftung nach § 93 Abs. 2 AktG bzw. § 43 GmbHG die festgestellte Pflichtverletzung kausal für den eingetretenen Schaden sein. Für die Beurteilung der Kausalität gelten die allgemeinen

---

1117 BGH, NJW 1994, S. 2027 (2027 f.); Fleischer in: Spindler/Stilz, § 93 Rn. 178; Haas/Ziemons in: Michalski/GmbHG, § 43 Rn. 34; Paefgen in: Ulmer/GmbHG, § 43 Rn. 17; Spindler in: MüKo/AktG, § 93 Rn. 11; Zöllner /Noack in: Baumbach/Hueck, § 43 Rn. 2.

1118 Siehe z.B. zur Eintragung im Handelsregister BGH, NJW 1994, S. 2027 (2027 f.); Fleischer in: Spindler/Stilz, § 93 Rn. 178.

1119 Statt aller Spindler in: MüKo/AktG, § 93 Rn. 13; Zöllner /Noack in: Baumbach/Hueck, § 43 Rn. 2 jeweils m.w.N.

1120 Vgl. hierzu z.B. Fleischer in: Spindler/Stilz, § 93 Rn. 205; Spindler in: MüKo/AktG, § 93 Rn. 158. Zu berücksichtigen ist insoweit, dass im Rahmen der Prüfung des Tatbestandsmerkmales "Pflichtverletzung" die Privilegerierung der business judgment rule Anwendung findet. Praktische und themenspezifische Relevanz erlangt im Rahmen des Verschuldens daneben noch die Frage, ob sich das Organ unter Hinweis auf die vorherige Einholung einer fachlichen Expertise exkulpieren kann. Die hierzu ergangene Rechtsprechung hat zu einer Konkretisierung der Voraussetzungen einer Haftungsbefreiung geführt. Notwendig ist demnach die sorgfältige Auswahl eines fachlichen und unabhängien Experten. Insoweit wird insbesondere die Auslegung des Merkmals "unabhängig" und dessen Erstreckung auf unternehmensinterne Syndikusanwälte diskutiert (siehe hierzu Fleischer, NZG 2010, S. 121 (123) und Loritz/Wagner, DStR 2012, S. 2189 (2191 f.) jeweils m.w.N.). Weiterhin ist eine vollumfängliche und zutreffende Sachverhaltskenntnis des fachlichen Experten notwendig. Abschließend muss das Organ die eingeholte fachliche Expertise einer eigenen kritischen Plausibilitätskontrolle unterziehen. Siehe zu den vorstehenden Anforderungen z.B. die Leitsätze BGH, NZG 2007, S. 545 sowie zusammenfassend Fleischer, NZG 2010, S. 121 (122 ff.).

Grundsätze und damit auch die Adäquanztheorie.[1121] Steht die Pflichtverletzung daher fest, muss die Gesellschaft die adäquate Verursachung des Schadens durch das Organ beweisen.[1122] Bei der Haftung für Compliance-Verstöße in Tochtergesellschaften ist dieser Kausalitätsnachweis nicht unproblematisch, da regelmäßig nicht die Kausalität einer Handlung, sondern die Kausalität der Unterlassung von angemessenen Compliance-Maßnahmen in Rede steht. Gleichwohl ist auch im Falle des Unterlassens von Aufsichtsmaßnahmen zunächst von dem Grundsatz auszugehen, dass die Gesellschaft beweisbelastet ist.[1123] Es ist daher grundsätzlich nicht ausreichend, wenn die Gesellschaft darlegt, dass Anstrengungen nur in einem geringen Umfang erfolgten. Vielmehr ist der substantiierte Beleg notwendig, dass die Beachtung der gesetzlich gebotenen Compliance-Anforderungen einen konkret eingetretenen und identifizierbaren Schaden verhindert hätte.[1124]

Die Darlegungs- und Beweislast wird jedoch abgemildert, wenn eine unzureichende Buchführung, welche das Organ zu verantworten hat, einer finalen Aufklärung der Geschehnisse entgegensteht.[1125] Die Ausnahme führt wiederum vor Augen, dass das geschäftsführende Organ im ureigenen Interesse zu einer Dokumentation sämtlicher Abwägungs- und Entscheidungsvorgänge sowie den zugrunde liegenden Informationen im Zusammenhang mit Compliance-Maßnahmen angehalten ist.[1126] Darüber hinaus wird dem Organ der Nachweis der Einhaltung der business judgment rule regelmäßig nur bei Vornahme einer angemessenen Dokumentation gelingen. Raum für eine Kausalitätsvermutung besteht darüber hinaus, wenn die Art des Schadens eine deutliche Vermutung trägt, dass der Ursprung in einem Handeln oder Unterlassen des Organs liegt.[1127] Prima facie begründet das vollständige Unterlassen von Compliance-Maßnahmen die Vermutung, dass der Pflichtenverstoß für den eingetretenen Schaden kausal war.[1128] Wurden dagegen Compliance-Maßnahmen getroffen, so kann die Vermutung nur auf deren evidenter fehlender Effektivität basieren. Angesichts fehlender betriebswirtschaftlicher oder rechtlicher Standards wird dieser Nachweis jedoch selten zu führen sein. Eine grundsätzliche Verschiebung der Darlegungs- und Beweislast über die beiden geschilderten Ausnahmen hinaus zuungunsten der Unternehmenslei-

---

1121 Fleischer in: Spindler/Stilz, § 93 Rn. 215; Hopt in: GroßK/AktG, § 93 Rn. 266; Altmeppen in: Roth/Altmeppen, § 43 Rn. 103 f.; Spindler in: MüKo/AktG, § 93 Rn. 156 jeweils m.w.N.

1122 Statt aller Hopt in: GroßK/AktG, § 93 Rn. 289; Loritz/Wagner, DStR 2012, S. 2189 (2189) jeweils m.w.N.

1123 Mertens/Cahn in: KK/AktG, § 93 Rn. 142.

1124 Mertens/Cahn in: KK/AktG, § 93 Rn. 142.

1125 BGH, NJW 1986, S. 54 (55); ders., NJW-RR 1991, S. 485 (486); OLG Frankfurt, NJW-RR 1993, S. 546 (547); Altmeppen in: Roth/Altmeppen, § 43 Rn. 112; Hopt in: GroßK/AktG, § 93 Rn. 289; Hüffer in: Hüffer/AktG, § 93 Rn. 17.

1126 Siehe insoweit bereits Teil 5.§ 1.B.II.4.

1127 Altmeppen in: Roth/Altmeppen, § 43 Rn. 112; Bachmann, GesR in der Disk., S. 83; Krieger//Sailer-Coceani in: Schmidt/Lutter, § 93 Rn. 32; Meier-Greve, BB 2009, S. 2555 (2558 f.) jeweils m.w.N.

1128 Bachmann, GesR in der Disk., S. 83 f.; Meier-Greve, BB 2009, S. 2555 (2558 f.)

tung ist dagegen nicht geboten.[1129] Diese Beweislast obliegt dem Organ nur insoweit er vorbringen will, dass der Schaden auch bei Vornahme der notwendigen Compliance-Maßnahmen eingetreten wäre.[1130]

(bb) Kausalität bei Kollegialentscheidungen

Häufig ist der Vorstand einer AG – im Einzelfall auch die Geschäftsführung einer GmbH – als Kollegialorgan organisiert. Knüpft der Vorwurf der Pflichtverletzung an einen Beschluss der geschäftsführenden Organe,[1131] z.B. dem Beschluss darüber, eine Konzerngesellschaft zum Einsatz von Bestechungsgeldern zur Erlangung eines Auftrages in Somalia[1132] anzuhalten an, so wirft dies besondere Fragen im Hinblick auf die notwendige Kausalität auf.[1133] Tragen sämtliche Organmitglieder einen entsprechenden Beschluss, so könnte die Kausalität zwischen Stimmabgabe und Schaden für jedes Mitglied grundsätzlich mit dem Argument verneint werden, dass der Schaden auch bei Hinwegdenken des zustimmenden Votums eingetreten wäre. Voraussetzung hierfür ist, dass der Beschluss auch ohne die einzelne Stimme die notwendigen Mehrheitserfordernisse erfüllt hätte. Dieses Ergebnis wird berechtigterweise durch Rechtsprechung und Literatur nicht akzeptiert. Im Zivilrecht bietet die direkte – bei Fahrlässigkeitsdelikten analoge – Anwendung des § 830 Abs. 1 S. 1 BGB, im Falle einer deliktischen Außenhaftung einen Ausweg.[1134] Für die organschaftliche Binnenhaftung werden spezifische aktienrechtliche Wertungen, in Gestalt der Solidarhaftung in § 93 Abs. 2 AktG und dem darin zum Ausdruck kommendem Prinzip einer parallelen Aufgabenerfüllung bemüht.[1135] Abseits dieser rechtssicheren Pfade ist allerdings fraglich, welche Verhaltenspflichten einem Organmitglied obliegen, welches den Beschluss im Beispiel nicht mittragen will. Hierzu ist zunächst zu sagen, dass die reine Enthaltung zur Vermeidung von Haftungsrisiken nicht ausreichend ist.[1136] Die innere Ablehnung muss daher in einem negativen Votum des einzelnen Mit-

---

1129 A.A. Meier-Greve, BB 2009, S. 2555 (2560).

1130 BGHZ 152, S. 280; Bachmann, GesR in der Disk., S. 84.

1131 Parallel zur Vertretungsregelung des § 78 Abs. 2 AktG geht auch § 77 Abs. 1 s. 1 AktG davon aus, dass die Mitglieder eines mehrköpfigen Vorstandes nur gemeinschaftlich zur Geschäftsführung berufen und ermächtigt sind. Grundsätzlich ist demnach ein Beschluss des Kollegialorgans notwendig. In der Praxis wird die gesetzliche Regelung zur Geschäftsführung zumeist abweichend vertraglich geregelt. Dieser Grundsatz beansprucht gleichermaßen Geltung in der GmbH. Auch dort gilt – abseits einer besonderen Bestimmung – Gesamtgeschäftsführungsbefugnis. Vgl. hierzu: Schneider, U. in. Scholz/GmbHG, § 37 Rn. 21 m.w.N.

1132 Die Auswahl des Landes ist auf die Tatsache zurückzuführen, dass Somalia im Korruptionswahrnehmungsindex 2011, welcher von Transparency International ermittelt wurde, den 182. und damit letzten Platz belegte.

1133 Siehe zu diesem Themenkreis insbesondere Fleischer, BB 2004, S. 2645 ff. (2645 ff.); Röckrath, NStZ 2003, S. 641 (641 ff.).

1134 Umfassend zu den Argumentationsansätzen im allgemeinen Deliktsrecht und Strafrecht: Fleischer, BB 2004, S. 2645 (2646 f.); Röckrath, NStZ 2003, S. 641 (641 ff.).

1135 Vgl. z.B. Fleischer, BB 2004, S. 2645 (2647).

1136 Fleischer, BB 2004, S. 2645 (2647); Kiethe, BKR 2005, S. 177 (181 f.). A.A. LG Berlin, ZIP 2004, S. 73 (76).

gliedes ihren Ausdruck finden. Im Falle von gesetzes- oder satzungswidrigen Beschlüssen ist das Organmitglied darüber hinaus dazu angehalten, die Umsetzung des Beschlusses mit allen zur Verfügung stehenden Mitteln zu verhindern. Wobei zwischen gesellschaftsinternen und subsidiären -externen Maßnahmen zu differenzieren ist.[1137]

II. §§ 309 Abs. 2, 317 Abs. 3 AktG

Die Haftung der geschäftsführenden Organe nach §§ 309 Abs. 2, 317 Abs. 3 AktG weist eine weitgehende Parallelität mit den soeben erläuterten Voraussetzungen der Binnenhaftung auf. Die Normen rekurrieren ebenfalls auf den Sorgfaltsmaßstab eines ordentlichen und gewissenhaften Geschäftsleiters nach § 93AktG.[1138] Zudem muss die Sorgfaltspflichtverletzung kausal für den entstandenen Schaden der abhängigen Gesellschaft gewesen sein. Die Beweislast hierfür obliegt demjenigen, der einen entsprechenden Anspruch geltend macht.[1139] Grundsätzlich beruht die Haftung auf einer aktiven Einwirkung bzw. Einflussnahme auf die Konzerngesellschaft.[1140] Untersuchungsspezifisch wird die Haftung daher erst virulent, wenn die herrschende Gesellschaft die Konzerngesellschaft zur Implementierung eines Compliance-Systems anweist bzw. veranlasst, welches den praktischen und rechtlichen Bedürfnissen nicht genügt. Für die Kausalität gelten darüber hinaus die allgemeinen Grundsätze.

B. Haftung nach dem Recht der Ordnungswidrigkeiten

Die faktischen Haftungsrisiken, welche u.a. aus der Auslegung von § 130 OWiG durch das Bundeskartellamt resultieren, zwingen zu einer kursorischen Auseinandersetzung mit den Kausalitätserfordernissen im Recht der Ordnungswidrigkeiten. Der Inhalt des objektiven Tatbestandes, bei welchen es sich strukturell um ein echtes Unterlassungsdelikt handelt, setzt zunächst als objektive Bedingung der Strafbarkeit eine konkrete Zuwiderhandlung voraus.[1141] Eine Aufsichtspflichtverletzung liegt ausweislich des Wortlautes von § 130 OWiG nur vor, wenn diese Zuwiderhandlung bei Beachtung und Vornahme der gehörigen Aufsicht verhindert oder wesentlich erschwert worden wäre. Erforderlich ist entgegen der früheren Rechtsprechung nicht, dass die Zuwiderhandlung mit an Sicherheit grenzender Wahrscheinlichkeit hätte verhindert werden können.[1142] Vielmehr stellt das geltende Recht zwei gleichwertige Alternativen auf. Neben der „potentiellen Verhinderung“ – als erster Variante – genüg auch die zweite Alternative einer „wesentlichen Erschwe-

1137 Umfassend zu diesem Themenkreis mit zahlreichen weiteren Nachweisen Fleischer, BB 2004, S. 2645 (2648 ff.).
1138 Statt aller Fleischer in: Spindler/Stilz, § 309 Rn. 25.
1139 Kritisch hierzu Emmerich in: Emmerich/Habersack, § 309 Rn. 36.
1140 Siehe hierzu bereits Teil 4.§ 2.B.I.1
1141 Siehe hierzu bereits Teil 3.§ 2.B.II.3.
1142 Vgl. z.B. BGH, wistra 1982, S. 34 ff.; ders., MDR 1976, S. 505 ff.

rung der Zuwiderhandlung", welche sich aufgrund des abgesenkten Anforderungsmaßstabes leichter nachweisen lassen wird.

Das Erfordernis einer Erschwerung der Zuwiderhandlung beruht auf dem Grundsatz der Risikoerhöhungslehre.[1143] Zur Feststellung der Kausalität ist zunächst die Identifizierung einer konkreten Zuwiderhandlung notwendig. In einem zweiten Schritt ist dann zu bewerten, welche Aufsichtsmaßnahmen im konkreten Einzelfall aus einer ex-ante-Sichtweise geboten gewesen wären.[1144] Die Vorgehensweise vermeidet zugleich den häufig zu beobachtenden und verfehlten Rückschluss von der Zuwiderhandlung auf eine Aufsichtspflichtverletzung. Kommt eine Prognose auf Basis dieser Rahmendaten zu dem Ergebnis, dass die hinzugedachten gebotenen Aufsichtsmaßnahmen geeignet gewesen wären die Gefahr der Zuwiderhandlung zu beseitigen, so ist die Ursächlichkeit zu bejahen.[1145] Exzesstaten, die selbst durch extensive Aufsichtsmaßnahmen kaum zu verhindern sind, begründen damit keine Haftung.[1146] Nach vorherrschender und richtiger Ansicht muss zwischen der konkreten Aufsichtspflichtverletzung und der Zuwiderhandlung zudem ein sog. Pflichtwidrigkeits- oder spezifischer Schutzzweckzusammenhang bestehen.[1147]

Im subjektiven Tatbestand ist eine vorsätzliche oder fahrlässige Verletzung der Aufsichtspflicht erforderlich.[1148] Von untersuchungsspezifischer Bedeutung ist es daneben, dass die Zuwiderhandlung nicht in ihrer konkreten Gestalt bekannt sein musste. Es genügt vielmehr, dass der Aufsichtspflichtige die Gefahr eines betriebstypischen Compliance-Verstoßes – in seinem Pflichtenkreis – erkannte oder hätte erkennen können.[1149] An einer konkreten Kenntnis einer bevorstehenden Zuwiderhandlung auf nachgeordneten Konzernebenen wird es zumeist fehlen. Aufgrund der vorstehenden Ausführungen wird jedoch deutlich, dass dies das Haftungsrisiko nicht gänzlich beseitigt.

1143 Gürtler in: Göhler/OWiG, § 130 Rn. 22; Schaefer/Baumann, NJW 2011, S. 3601 (3604); Rogall in: KK/OWiG, § 130 Rn. 100.

1144 Siehe hierzu z.B. Rogall in: KK/OWiG, § 130 Rn. 100.

1145 Achenbach, wistra 1998, S. 296 (300); Gürtler in: Göhler/OWiG, § 130 Rn. 22a. A.A. Rogall in: KK/OWiG, § 130 Rn. 101 wonach es ausreichen soll, wenn die Vornahme der gebotenen Maßnahmen die Wahrscheinlichkeit der Zuwiderhandlung substantiell reduziert hätte. Wobei eine Absenkung des Wahrscheinlichkeitswertes um 25% ausreichen soll.

1146 Gürtler in: Göhler/OWiG, § 130 Rn. 22a; Rogall in: KK/OWiG, § 130 Rn. 101. Die Zuwiderhandlung muss sich demnach als Realisierung der betriebstypischen Gefahr darstellen, die von dem Betriebsinhaber hätte bekämpft werden müssen. Unterlässt das geschäftsführende Organ der herrschenden Gesellschaft z.B. die Überwachung der Einhaltung von Arbeitsschutzbestimmungen innerhalb der Konzerngesellschaften, so begründet dies isoliert keine Haftung für Kartellabsprachen einer Konzerngesellschaft.

1147 Gürtler in: Göhler/OWiG, § 130 Rn. 22b; Rogall in: KK/OWiG, § 130 Rn. 102; ders., ZStW, (98) 1986, S. 573 (612).

1148 Stall aller Rogall in: KK/OWiG, § 130 Rn. 103.

1149 Rogall in: KK/OWiG, § 130 Rn. 103.

C. Haftung nach allgemeinem Deliktsrecht

Mittelbare Verletzungshandlungen – verkörpert in einer unzureichenden Organisation – knüpfen an eine bestehende Verkehrspflicht an. Die Verkehrspflicht erfüllt eine haftungsbegründende Wirkung im Falle eines Unterlassens. Basierend auf den bisherigen Untersuchungserkenntnissen soll an dieser Stelle die Verletzung einer Verkehrspflicht als Prämisse zugrunde gelegt werden. Wiederum erweisen sich insoweit insbesondere Fragen der Kausalität als erörterungsbedürftig. Eine Haftung tritt nämlich nur mit Verletzung einer für den Schaden kausal gewordenen Verkehrspflicht ein. Anders ausgedrückt und auf den Vorwurf des Organisationsfehlers bezogen, muss der an einem absolut geschützten Rechtsgut eines Dritten eingetretene Schaden, auf die Verletzung einer Organisationspflicht rückführbar sein. Da sich Umfang und Intensität der Organisationspflichten in einem durch die Begriffe der Zumutbarkeit und Erforderlichkeit vorgegebenem Raum bewegen, kann letztendlich auch von gebotenen Aufsichtsmaßnahmen gesprochen werden. Die Parallele zu den Kausalitätserwägungen im Anwendungsbereich des § 130 OWiG ist offensichtlich. Die dort aufgestellten Erwägungen sind mangels einer ausdifferenzierten Rechtsprechung zum betrieblichen Organisationsverschulden, entsprechend auf das allgemeine Deliktsrecht zu übertragen. So ist im Rahmen des § 823 Abs. 1 BGB zunächst, ausgehend von der Identifizierung des verletzten Rechtsgutes, eine Ermittlung der ex-ante gebotenen Organisationsmaßnahmen anzustellen. Kommt man ausgehend von diesem Maßstab zu dem Ergebnis, dass die Gefahr der Verletzung des geschützten Rechtsgutes – bei Einhaltung der hypothetischen Anforderungen – beseitigt worden wäre, so ist die Kausalität zu bejahen. Die übrigen Haftungsvoraussetzungen, wie z.B. das notwendige Verschulden, weisen dagegen keine untersuchungsspezifischen Besonderheiten auf.

§ 2. Schadensumfang und Bemessung von Bußgeldern

A. Gesellschaftsrechtliche und deliktsrechtliche Haftung

I. Schadensberechnung und Beweislast

Voraussetzung einer Inanspruchnahme der Konzernleitung ist der Eintritt eines Schadens. Für die Präzisierung des gesellschaftsrechtlichen Schadensbegriffes, der den § 93 Abs. 2 AktG bzw. § 43 GmbHG zugrunde liegt, findet die in den §§ 249 ff. BGB normierte Differenzhypothese Anwendung.[1150] Ein Schaden der Gesellschaft ist daher gegeben, wenn der tatsächliche Wert des Gesellschaftsvermögens geringer ist als der Wert, welchen das Vermögen oh-

1150 OLG Düsseldorf, AG 1997, S. 231 (237); Fleischer in: Spindler/Stilz, § 93 Rn. 211; Hopt in: GroßK/AktG, § 93 Rn. 261; Hüffer in: Hüffer/AktG, § 93 Rn. 15; Krieger/Sailer-Coceani in: Schmidt/Lutter, § 93 Rn. 30; Zöllner/Noack in: Baumbach/Hueck, § 43 Rn. 15 jeweils m.w.N.

ne die Pflichtverletzung hypothetisch aufweisen würde. Nicht gefordert ist demgegenüber eine dem Gesellschaftszweck widersprechende Vermögensbeeinträchtigung,[1151] da dieses Kriterium bereits bei der Frage, ob überhaupt eine Pflichtverletzung vorliegt angemessene Berücksichtigung findet.[1152] Maßgeblicher Zeitpunkt für die Berechnung des Schadens ist im Prozess der Zeitpunkt der letzten mündlichen Verhandlung.[1153] Die Beweislast für Eintritt und Umfang des Schadens obliegt dem Anspruchsteller. Gerade im Hinblick auf Reputationsschäden und deren fehlende monetäre Präzisierung wirft dies praktische Schwierigkeiten auf. Im Einzelfall steht dem Gericht über § 287 ZPO jedoch die Möglichkeit der Schadensschätzung offen. Dagegen wird die Bezifferung des Schadens unproblematisch gelingen, wenn sich dieser in der Belastung mit einem Bußgeld oder einer – auf den Compliance-Verstoß kausal zurückzuführenden – erhöhten Verlustausgleichspflicht bzw. einer geringeren Gewinnabfuhr konkretisiert.

Hinsichtlich der Haftung nach allgemeinem Deliktsrecht ergeben sich keine Besonderheiten. Die Differenzhypothese beansprucht insoweit ebenfalls Geltung, weshalb auf eine eingehende Darstellung des Schadens nach § 823 Abs. 1 BGB an dieser Stelle verzichtet wird.[1154]

II. Vorteilsanrechnung und besondere Schadenspositionen

1. Anrechnung von Vorteilen

Im juristischen Schrifttum wird eine umfangreiche Diskussion über die Anrechenbarkeit von sog. rechtswidrigen Vorteilen – d.h. solchen, die im Zusammenhang mit der Pflichtverletzung stehen – geführt.[1155] Die compliancespezifische Bedeutung dieser Diskussion liegt auf der Hand, da zahlreiche Compliance-Verstöße wie Kartellabsprachen, Bestechungs- und Korruptionsdelikte, nicht nur in der Absicht eines unternehmerischen Vorteils erfolgen, sondern diesen teilweise auch erzielen. Dogmatisch verbirgt sich hinter der Vorteilsanrechnung eine Korrektur der Differenzhypothese, deren innere Rechtfertigung auf verschiedenen Wertungsgesichtspunkten beruht. So muss zwischen dem schädigenden Ereignis und dem Vorteil ein adäquat kausaler Zusammenhang bestehen. Weiterhin darf die Anrechnung nicht dem Zweck des Ersatzanspruches zuwiderlaufen und zu keiner unangemessenen Belas-

---

1151 So aber: OLG Naumburg, NZG 1999, S. 353 (355); ders., GmbHR 1998, S. 1180 (1182); Mertens/Cahn in: KK/AktG, § 93 Rn 59.

1152 Hüffer in: Hüffer/AktG, § 93 Rn. 15 sowie die weiteren Nachweise in Fn. 1150.

1153 Loritz/Wagner, DStR 2012, S. 2189 (2190); Mertens/Cahn in: KK/AktG, § 93 Rn. 60; Zöllner/Noack in: Baumbach/Hueck, § 43 Rn. 15 jeweils m.w.N.

1154 Zu beachten ist insoweit lediglich, dass sich der Schaden nicht auf eine Vermögensbeeinträchtigung beschränken darf, sondern an einem absolut geschützten Rechtsgut i.S.d. § 823 Abs. 1 BGB eintreten muss.

1155 Siehe z.B. Fleischer, ZIP 2005, S. 141 (151 f.); Haas/Ziemons in; Michalski/GmbHG, § 43 Rn. 210 ff.; Mertens/Cahn in: KK/AktG, § 93 Rn 63; Schneider, U. in: Scholz/GmbHG, § 43 Rn. 229; Spindler, FS Canaris, Bd. II., S. 403 (425 f.); Zimmermann, M., WM 2008, S. 433 (438 f.).

tung des Geschädigten bzw. unangemessenen Entlastung des Schädigers führen.[1156]

Adäquanz besteht, wenn die schädigende Handlung allgemein und nicht nur unter besonders eigenartigen, unwahrscheinlichen und nach dem regelmäßigen Verlauf der Dinge außer Betracht zu lassenden Umständen zur Begründung des eingetretenen Vorteils geeignet ist.[1157] Negativ formuliert müssen solche Schädigungen ausscheiden, welche ihrer Natur nach für die Entstehung des Vorteils gleichgültig sind und nur durch die Verkettung außergewöhnlicher Umstände zum Eintritt eines Vorteils führten.[1158] Die Feststellung eines adäquat kausalen Zusammenhanges zwischen Schädigung – in Gestalt unzureichender konzernweiter Compliance-Maßnahmen – und einem korrespondierenden Vorteil erscheint bei der Bewertung von Compliance-Verstößen innerhalb von Tochtergesellschaften nicht gänzlich trivial. Ausgangspunkt ist zunächst die Feststellung, dass der adäquat kausale Vorteil im Rahmen der Organhaftung selbstverständlich auf Ebene der herrschenden Gesellschaft eintreten muss. Beschränkt sich dagegen der Vorteil isoliert auf eine Konzerngesellschaft, so besteht kein Raum für eine Anrechnung. Verschiedene Faktoren können jedoch einen Vorteil auf Ebene der herrschenden Gesellschaft begründen. Im faktischen Konzern ist dies denkbar, wenn die unzureichende konzernweite Compliance zu einem Vorteil der Konzerngesellschaft führt, welcher sich bei der herrschenden Gesellschaft in einem gestiegenen Beteiligungswert niederschlägt. Bilden herrschende Gesellschaft und Konzerngesellschaft einen Vertragskonzern so können Compliance-Verstöße zu einer verringerten Verlustausgleichspflicht gemäß § 302 Abs. 1 AktG bzw. zu einer erhöhten Gewinnabfuhr bei zusätzlicher Existenz eines Gewinnabführungsvertrages führen. Die Beispiele verdeutlichen, dass die Anrechnung von Vorteilen ggfs. nicht am Merkmal eines adäquat kausalen Zusammenhanges zwischen Pflichtverletzung und Vorteil scheitert, sondern dass aufgrund des mittelbaren Charakters der Vorteile zunächst die eigentliche Schwierigkeit darin besteht, originäre Vorteile auf Ebene der herrschenden Gesellschaft zu identifizieren. Mangelhafte konzernweite Compliance-Maßnahmen sind dagegen grundsätzlich zur Begründung von Compliance-Verstößen innerhalb der Tochtergesellschaften und den daraus entstehenden Vorteilen adäquat kausal geeignet.

Damit ist bisher jedoch nur gesagt, dass unzureichende Compliance-Maßnahmen und Vorteile in einem inneren Zusammenhang stehen können. Die Anrechnung muss zudem unter Wertungsgesichtspunkten zulässig sein. Zu berücksichtigen ist hierbei nicht nur die Schwere des Verstoßes, sondern

1156 So z.B. BGHZ 91, S. 206 (209 f.); 136, S. 52 (54 f.); 173, S. 83 (87); NJW 2010, S. 675 (676); NZG 2010, S. 1029 (1030); Oetker in: MüKo/BGB, § 249 Rn. 235.

1157 BGH, NJW 1952, S. 1010 (1011); ders., NJW 1990, S. 2882 (2883); BVerwG, DÖV 1999, S. 645 (646); Oetker in: MüKo/BGB, § 249 Rn. 109 ff.

1158 BGHZ 59, S. 139 (144); ders., NJW 1976, S. 1143 (1144); OLG Köln, VersR 2001, S. 1577 (1578); Oetker in: MüKo/BGB, § 249 Rn. 109 ff.

auch insbesondere der Verschuldensgrad.[1159] So wird insbesondere bei einer lediglich fahrlässigen Verletzung konzernweiter Compliance-Pflichten eine Anrechnung zu befürworten sein. Angesichts der Fülle von zu beachtenden Vorschriften und den schwach konturierten Leitlinien zur Ausgestaltung von Compliance-Systemen im Konzern, besteht erhöhte Schutzbedürftigkeit, so dass sich eine Anrechnung nicht als unbillige Entlastung darstellt. Hiermit ist auch keine unbillige Belastung der geschädigten herrschenden Gesellschaft verbunden, da die ratio legis der Organhaftung im Schutz wirtschaftlicher Interessen besteht.[1160] Können auf Ebene der herrschenden Gesellschaft Vorteile identifiziert werden, so tragen diese dem Schutzzweck bereits hinreichend Rechnung. Eine andere Ansicht ist selbst dann nicht geboten, wenn die Schädigung zu einer Verletzung externer Pflichten führt oder eine solche begünstigt.[1161] Tritt ein Compliance-Verstoß auf Ebene der Tochtergesellschaft ein, so ist der Verstoß gegen externe Pflichten primär zunächst dort zu lokalisieren. Die Schädigungshandlung der Konzernleitung besteht dagegen in der unzureichenden oder fehlenden Ausübung von Konzern Compliance-Maßnahmen, die im Wesentlichen bereits durch eine interne Haftung gegenüber der herrschenden Gesellschaft sanktioniert wird. Die Verletzung externer Pflichten erlangt daher ohnehin nur in Sonderkonstellationen Virulenz, welche die Untersuchung extrahieren konnte.[1162] Der Pflichtenursprung – sei dieser extern oder intern – berührt jedoch nicht die Tatsache, dass die Organhaftung dem Schutz der Gesellschaft dient. Diese wird durch die Anrechnung nicht unbillig belastet, sondern ihre Vermögensverhältnisse entsprechen gerade der hypothetischen Situation unter Außerachtlassung der Schädigung und vermeiden ungewollte „windfall profits“.[1163]

Das Ergebnis der Beurteilung vorsätzlicher Verstöße ist damit bereits vorgezeichnet. Es sprechen sehr gute Gründe dafür, dass die Abwägung unter Wertungsgesichtspunkten im Falle einer vorsätzlichen Schädigung zulasten des Organs ausgeht. Die Organhaftung erfüllt zugleich eine Präventivfunktion

---

1159 Mertens/Cahn in: KK/AktG, § 93 Rn. 63.

1160 Zum Schutzzweck vgl. Glöckner/Müller-Tautphaeus, AG 2001, S. 344 (345).

1161 In dieser Richtung aber Fleischer, DStR 2009, S. 1204 (1210); ders., ZIP 2005, S. 151 f. Von besonderen Situationen der Insolvenznähe abgesehen, ist in diesem Zusammenhang auch die Auffassung abzulehnen, dass zwar eine Vorteilsanrechnung scheitern soll, das Organ aber im Gegenzug einen Anspruch auf Abtretung bzw. Herausgabe des erhaltenen Vorteils erhalten soll. Vgl. zu dieser Bewertung OLG München, NZG 2000, S. 741 (741); Haas/Ziemons in: Michalski/GmbHG, § 43 Rn. 211 m.w.N. Es sind keine Gründe dafür ersichtlich warum das Organ abseits einer Insolvenznähe mit dem Insolvenzrisiko der Gesellschaft belastet werden sollte. Zu diesem Sonderfall und den anzustellenden maßgeblichen Erwägungen siehe auch BGH, DStR 2007, S. 961 (963).

1162 Neben der Verletzung von Spezialvorschriften des Aufsichtsrechts zählt hierzu die Verantwortung für mittelbare Rechtsverletzungen im allgemeinen Deliktsrecht. Darüber hinaus kommen – unter Berücksichtigung der Prämissen dieser Bearbeitung – Fahrlässigkeitsdelikte aus dem Recht der Ordnungswidrigkeiten und dem Strafrecht in Betracht.

1163 Jeweils am Beispiel eines Kartellverstoßes: Glöckner/Müller-Tautphaeus, AG 2001, S. 344 (346); Zimmermann, M., WM 2008, S. 433 (439).

und verdeutlicht dem Organ im Vorfeld einer Zuwiderhandlung die drohenden haftungsrechtlichen Sanktionen. Diese Funktion ist beeinträchtigt, wenn selbst die bewusste Überschreitung geltender Verhaltensgebote nicht angemessen geahndet bzw. das Risiko durch eine Anrechnung nivelliert wird.[1164]

2. Kosten der Rechtsverfolgung und Sachverhaltsaufklärung

Zum Schadensersatzanspruch werden grundsätzlich auch die Kosten gezogen, welche zur Wahrnehmung der Rechte notwendig sind. Dies gilt jedenfalls für solche Kosten, die aus der Sicht des Geschädigten erforderlich und zweckmäßig waren.[1165] Unabhängig davon, dass die ARAG-Garmenbeck-Entscheidung des BGH die Motivation des Aufsichtsrates zur Anstrengung einer Schadensersatzklage merklich beflügelte, werden der Einreichung einer Klage zahlreiche Gutachten vorausgehen. Es erscheint mehr als unwahrscheinlich, dass der Aufsichtsrat eine Zerrüttung der Beziehungen zum Vorstand auf ungesicherter rechtlicher und faktischer Basis riskiert. In diesem Zusammenhang ist fraglich, ob die bisweilen umfangreichen Kosten der Sachverhaltsaufklärung sowie notwendige Gutachten zur Beurteilung der Pflichtverletzung vom Schadensersatzanspruch gedeckt sind.[1166]

Für die Hinzuziehung zum Schaden wird vorgebracht, dass sich einschlägige Haftungsfälle durch eine außerordentliche Komplexität auszeichnen. Angesichts der fehlenden gerichtlichen Präzisierung der unternehmerischen Pflichten seien Sachverhaltsaufklärung und deren rechtliche Bewertung eng miteinander verbunden, sodass es sich um grundsätzlich ersatzfähige Sachgutachten[1167] handele.[1168] Die Gegenansicht verweist darauf, dass es sich bei der Sachverhaltsaufklärung und deren rechtlicher Bewertung um die ureigene Aufgabe des Aufsichtsrats handele. Da es sich bei den Gutachten um Kosten handele, welche im Aufgabengebiet des Aufsichtsrats wurzeln, sei die Ersatzpflicht kritisch zu beurteilen.[1169]

Richtigerweise kommt es im Hinblick auf die Ersatzfähigkeit auf eine sachgerechte Trennung zwischen der Aufklärung in tatsächlicher und rechtlicher Hinsicht an. Unabhängig vom Vorwurf eines Compliance-Verstoßes ist der Aufsichtsrat zur Erfüllung seiner Aufgaben auf eine sachgerechte Informationsversorgung und -aufbereitung durch den Vorstand angewiesen.[1170]

1164 Mertens/Cahn in: KK/AktG, § 93 Rn. 63.

1165 BGH, NJW 2006, S. 1065 (1065); ders., NJW 2004, S. 444 (446); ders., NJW 1995, S. 446 (447); Meier-Greve, BB 2009, S. 2555 (2558).

1166 Meier-Greve, BB 2009, S. 2555 (2558). Zur Ersatzfähigkeit im Rahmen des prozessualen Kostenerstattungsanspruchs vgl. Lackmann in: Musielak/ZPO, § 91 Rn. 59 f.

1167 Zur Unterscheidung von Sachgutachten und Gutachten zur vorprozessualen Klärung von Rechtsfragen vgl. OLG Stutgart, NJW-RR 1999, S. 1374 (1374 f.).

1168 Meier-Greve, BB 2009, S. 2555 (2558).

1169 Unentschieden daher Meier-Greve, BB 2009, S. 2555 (2558).

1170 Vgl. insoweit § 90 AktG und Ziffer 3.1 DCGK in der Fassung vom 13.06.2013, abrufbar unter: http://www.corporate-governance-code.de/ger/kodex/4.html., letzter Abruf 01.08.2013.

Nichts anderes gilt für das Verhältnis zwischen Geschäftsführer und Gesellschaftern einer GmbH. Erfüllt das Organ seine Informationsaufgabe sachgerecht – gerade auch im Hinblick auf einen gegen ihn erhobenen Vorwurf der Pflichtverletzung – und stellt notwendige Informationen zur Verfügung, so besteht kein Raum für eine unnötige Aufblähung des Schadensersatzanspruches. Steht das Geschehen in tatsächlicher Hinsicht fest, handelt es sich bei der Untersuchung der Frage der Pflichtverletzung um eine vorweggenommene Prüfung der Erfolgsaussichten einer Klage. Die dadurch entstandenen Kosten sind dann nicht ersatzfähig.

3. Besonderheiten des Innenregresses bei Geldbußen

(a) Maßgebliche Bedeutung des Kartellrechts

Bußgeldrechtliche Sanktionen beschränken sich nicht nur auf das Kartellrecht. Gleichwohl verfügt dieses Haftungsszenario über eine literarische Prädominanz. Treffen insoweit die Folgen der ARAG-Garmenbeck-Entscheidung[1171] mit tendenziell steigenden Bußgeldern zusammen,[1172] so wirft dies zwangsläufig die Frage auf, ob sich Unternehmen bei ihren verantwortlich handelnden Organen schadlos halten können. Grundsätzlich ist die Leitung einer Einzelgesellschaft zur Wahrung der Legalitätspflicht als Grenze des unternehmerischen Handlungsspielraumes angehalten.[1173] Besteht die Gefahr einer Inanspruchnahme der herrschenden Gesellschaft, so muss die Konzernleitung – unabhängig von der fehlenden Legalitätskontrollpflicht im Hinblick auf Geschehnisse innerhalb der Konzerngesellschaften – ebenfalls diesen Pflichtenrahmen beachten. Insoweit scheinen einem Innenregress im Hinblick auf dem Unternehmen bzw. Konzern auferlegte Geldbußen keine tragenden Bedenken entgegenzustehen. Dies gilt insbesondere vor dem Hintergrund, dass dem Gesetz keine Anhaltspunkte für eine Beschränkung des internen Sorgfaltsmaßstabes – etwa auf Strafvorschriften oder sonstige Vorschriften, die für das Allgemeinwohl eine ähnliche Bedeutung aufweisen[1174] – zu entnehmen ist.

(b) Adäquat kausaler Schaden

Eine besondere Problematik bei der Überwälzung der Geldbuße stellt die Bewertung des durch die Pflichtverletzung adäquat verursachten Schadens dar.[1175] Im Einzelfall mag zwar die Verletzung konzernweiter Aufsichtspflichten ursächlich – im Sinne einer sine qua non Voraussetzung – für ein gegen die herrschende Gesellschaft gerichtetes Bußgeld sein, damit ist jedoch

1171 BGHZ 135, S. 244 ff. Vgl. bereits Teil 2.§ 2.A.I.

1172 Vgl. hierzu die auf das Kartellrecht beschränkte statistische Darstellung der Kommission, abrufbar unter: http://ec.europa.eu/competition/cartels/statistics/statistics.pdf., letzter Abruf 01.08.2013.

1173 Siehe hierzu und zu den Ausnahmen bereits Teil 3.§ 1.A.II.2.

1174 Nachweise bei Fleischer, ZIP 2005, S. 141 (149). A.A. Glöckner/Müller-Tautphaeus, AG 2001, S. 344 (345).

1175 Ausführlich hierzu: Werner, CCZ 2010, S. 143 (145 ff.).

nicht zugleich gesagt, dass ein vollumfänglicher Innenregress zulässig ist. Eine Ausnahme muss z.B. dann gelten, wenn die Bebußung auf einer Einigung zwischen Unternehmen und nationalen oder internationalen Behörden beruht, die im Gegenzug weitere Ermittlungen einstellen, bevor der zugrundeliegende Sachverhalt bzw. das Verschulden der Gesellschaft vollends feststeht.[1176] Abseits dieser eindeutigen theoretischen Ausnahmekonstellation sollen jedoch weitere Gründe eine Einschränkung des Innenregresses nach sich ziehen.

So wird argumentiert, dass ein hypothetischer Schadensersatzanspruch der Gesellschaft gegenüber dem Organ nicht vom Schutzbereich des § 93 Abs. 2 AktG und § 43 GmbHG[1177] umfasst sei.[1178] Kristallisationspunkt der Diskussion ist wiederum die praktisch relevante Frage nach einer Überwälzung von kartellrechtlichen Bußgeldern. Da der Fokus im europäischen und nationalen Kartell- und Ordnungswidrigkeitenrecht auf die Geldbuße gegen das Unternehmen gerichtet ist, widerspreche es der Spezialprävention, wenn sich dieses durch eine Überwälzung von der Haftung entlasten könne.[1179] Unter dem Gesichtspunkt der Generalprävention sei zu berücksichtigen, dass eine Haftung des Organs für die gegen das Unternehmen gerichtete Geldbuße zu einer unbilligen Entlastung führe, welche der Ratio der Geldbuße zuwiderlaufe.[1180] Gegen eine Überwälzung spreche zudem die regelmäßig differierende wirtschaftliche Leistungsfähigkeit von Organen und Gesellschaft, welche auch innerhalb des Bußgeldrahmens zum Ausdruck komme.[1181]

Die Argumente weisen eine rechtspolitische Ausrichtung auf und bemühen sich um ein interessengerechtes Ergebnis. Im Zuge dieser Bemühungen wird jedoch vernachlässigt, dass eine Haftung § 93 Abs. 2 AktG bzw. § 43 GmbHG in Rede steht, deren Voraussetzungen losgelöst von der Haftung nach Kartell- und Ordnungswidrigkeitenrecht zu beurteilen ist.[1182] Die Bußgeldentscheidungen der Kommission oder des Bundeskartellamtes treffen keine Aussage darüber, wer letztendlich wirtschaftlich die Geldbuße tragen

---

1176 Hierbei handelt es sich entgegen ersten Erwartungen keineswegs um eine theoretische Konstellation. Die Siemens AG beendete im Dezember 2008 die Verfahren wegen des Vorwurfes der Bestechung von Amtsträgern zeitgleich in Deutschland und den USA durch eine Einigung und die Zahlung einer Geldbuße von rund 1 Milliarde Euro.

1177 Der Bezug auf § 43 GmbHG findet sich zwar nicht expressis verbis, doch bestehen keine Zweifel daran, dass das Argumentationsmuster der Autoren einer Übertragung auf die Haftung des Geschäftsführers zugänglich sein soll.

1178 Dreher, FS Konzen, S. 85 (103 ff.). In diese Richtung auch Horn, ZIP 1997, S. 1129 (1136). Horn stellt zwar auch auf den Sanktionszweck des Bußgeldbescheides ab, argumentiert anschließend aber primär mit der unterschiedlichen Höhe des Bußgeldrahmens und Verhältnismäßigkeitserwägungen.

1179 Siehe zum vorstehenden Dreher, FS Konzen, S. 85 (104 f.).

1180 Dreher, FS Konzen, S. 85 (106).

1181 Dreher, FS Konzen, S. 85 (105); Horn, ZIP 1997, S. 1129 (1136).

1182 Fleischer, BB 2008, S. 1070 (1073); Glöckner/Müller-Tautphaeus, AG 2001, S. 344 (345 f.); Kapp/Gärtner, CCZ 2009, S. 168 (170); Thole, ZHR (173) 2009, S. 504 (533); Werner, CCZ 2010, S. 143 (146); Zimmermann, M., WM 2008, S. 433 (437).

soll.[1183] Aus der Perspektive des Kartellrechts und der öffentlich rechtlich charakterisierten Geldbuße steht allein die Einhaltung und Bewahrung des Kartellrechts im Mittelpunkt. Zivilrechtliche Haftungsfolgen weisen demgegenüber nur eine untergeordnete Relevanz auf und betreffen einen weiteren Entscheidungs- und Handlungsprozess, der sich regelmäßig der Kenntnis der zuständigen Behörden entzieht. Es ist auch nicht davon auszugehen, dass die Abwälzung der Geldbuße negative Auswirkungen auf die Effektivität des Kartellrechts hat. Gerade das gesteigerte Haftungsrisiko der unternehmerischen Entscheidungsträger – in ihrer Eigenschaft als potentielle Adressaten eines Bußgeldes sowie Schuldner eines Regressanspruches – kann einen Beitrag zur Beachtung des Kartellrechts leisten. Eine ebenfalls rechtspolitische Akzentuierung weisen Versuche auf, welche die Haftung der Unternehmensleitung auf absolute Höchstwerte begrenzen wollen.[1184] De lege ferenda mag dieses Ergebnis wünschenswert sein, doch lässt es sich derzeit nicht normativ begründen.[1185] Die besseren Argumente gebieten daher die grundsätzliche Gestattung des Innenregresses.[1186]

Die praktischen Auswirkungen dieser apodiktischen Feststellung sollten jedoch nicht überschätzt werden. In rechtstatsächlicher Hinsicht gehen zunächst von D&O Versicherungen Schutzwirkungen aus. Hier ist nicht der Ort, für eine erschöpfende Darstellung der versicherten Risiken und Ausschlüsse, gleichwohl ist nicht zu verkennen, dass entsprechende Versicherungen – innerhalb der jeweiligen Deckungssummen – zu einer Begrenzung des Haftungsrisikos führen.[1187] Auch kann der im Zivilrecht anerkannte – und bereits angesprochene – Grundsatz der Vorteilsanrechnung zu einer Abmilderung der Geldbuße führen. Eng verbunden hiermit ist die Tatsache, dass ein Schaden der Gesellschaft und damit auch ein möglicher Regressanspruch gegen das Organ anteilig entfällt, sofern die Geldbuße zur Abschöpfung unrechtmäßig erzielter Gewinne dient.[1188] Die Bestimmung des Vorteils wird teilweise dadurch erleichtert, dass bereits im Bußgeldbescheid anzugeben ist, in welcher Höhe die Geldbuße der Abschöpfung eines wirtschaftlichen Vorteils dient.[1189]

1183 Glöckner/Müller-Tautphaeus, AG 2001, S. 344 (346); Zimmermann, M., WM 2008, S. 433 (437).

1184 Koch, GS Winter, S. 327 (338) bedient sich hierfür einer Adaption der Grundsätze der privilegierten Arbeitnehmerhaftung. In diese Richtung auch Bayer, FS Schmidt, S. 85 (97).

1185 Umfassend hierzu und m.w.N. Hauger/Palzer, ZGR 2014, im Erscheinen.

1186 Statt vieler Werner, CCZ 2010, S. 143 (145) m.w.N.

1187 Zu dem Themengebiet D&O Versicherung vgl. die umfassende Darstellung bei Beckmann in: Beckmann/Matusche-Beckmann, § 28 Rn. 1 ff.

1188 Glöckner/Müller-Tautphaeus, AG 2001, S. 344 (346); Horn, ZIP 1997, S. 1129 (1136); Mertens/Cahn, KK/AktG, § 93 Rn. 63; Werner, CCZ 2010, S. 143 (145); Zimmermann, M., WM 2008, S. 433 (438 ff.)

1189 Werner, CCZ 2010, S. 143 (145). Neben dem Aspekt der Ahndungsfunktion bildet insbesondere die Gewinnabschöpfung ein wesentliches Kriterium für die Bemessung einer Geldbuße. Dies gilt sowohl für eine Haftung nach § 81 GWB – vgl. hierzu z.B. Cramer/Pananis in: Loewenheim/Meessen/Riesenkrampff, § 81 Rn. 70 ff.

III. Konzeptionelle Besonderheiten der Haftung nach §§ 309 Abs. 2, 317 Abs. 3 AktG

Die Haftung gegenüber abhängigen Konzerngesellschaften basiert ebenfalls auf dem Schadensbegriff der §§ 249 ff. BGB[1190] und weist damit grundsätzlich keine Besonderheiten auf. Scheidet eine Naturalrestitution im Wege der Rückgängigmachung einer nachteiligen Maßnahme aus, so ist Schadensersatz in Geld zu leisten, dessen Schätzung unter Anwendung von § 287 ZPO erfolgt. Eine zusätzliche Komplexität der Schadensberechnung entsteht jedoch bei Anwendbarkeit der in § 302 AktG normierten Verlustausgleichspflicht sowie bei Existenz eines Gewinnabführungsvertrages. Eine Haftung der Konzernleitung könnte ausscheiden, da der Schaden der Konzerngesellschaft in einem entsprechend erhöhten Verlustausgleichsanspruch bzw. einer reduzierten Pflicht zur Gewinnabführung bereits seine Kompensation findet.[1191] Berechtigterweise versagt die herrschende Ansicht dem Schädiger diese Argumentation.[1192] Die Gegenansicht führt nicht nur zu einer unzulässigen Einschränkung des Anwendungsbereiches des § 309 AktG,[1193] sondern berücksichtigt darüber hinaus nicht, dass der Schadensersatzanspruch nach § 309 AktG bereits mit Erteilung einer nachteiligen Weisung eintreten kann, wogegen die vermeintliche Kompensation erst mit Abschluss des Geschäftsjahres fällig ist.[1194] Eine Anrechnung der verminderten Gewinnabführung bzw. des erhöhten Verlustausgleiches findet daher nicht statt. Im Rahmen einer Haftung nach § 309 AktG ist der Konzernleitung zudem die Anrechnung von Vorteilen des Gesamtkonzernes, welche aus der Vornahme einer nachteiligen Weisung herrühren, verwehrt.[1195]

Der Inhalt des Schadensersatzanspruches nach § 317 Abs. 2 AktG bestimmt sich ebenfalls unter Heranziehung der Differenzhypothese. Inhaltlich bestehen keine gewichtigen Abweichungen zur Haftung aus § 309 AktG. Umstritten ist lediglich, ob sich eine nachträgliche Diskrepanz zwischen erwarte-

---

m.w.N. – als auch für die allgemeine Haftung nach dem Recht der Ordnungswidrigkeiten. Eine entsprechende Bewertung ist bereits § 17 Abs. 4 OWiG zu entnehme. Statt vieler insoweit Rogall in: KK/OWiG, § 130 Rn. 123 m.w.N.

1190 Emmerich in: Emmerich/Habersack, § 309 Rn. 37; Veil in: Spindler/Stilz, § 309 Rn. 26.

1191 Koppensteiner in: KK/AktG, § 309 Rn. 14; Krieger in: Münchener/Hdb.GesR, § 70 Rn. 159; Langenbucher in: Schmidt/Lutter, § 309 Rn. 25.

1192 Altmeppen in: MüKo/AktG, § 309 Rn. 84 ff.; Emmerich in: Emmerich/Habersack, § 309 Rn. 40 f.; Hüffer in: Hüffer/AktG, § 309 Rn. 18; Veil in: Spindler/Stilz, § 309 Rn. 27.

1193 Nach Argumentation der Gegenansicht könnte die Haftung nach § 309 AktG nur nach Beendigung des Unternehmensvertrages Bedeutung erlangen. Vgl. hierzu Altmeppen in: MüKo/AktG, § 309 Rn. 87; Emmerich in: Emmerich/Habersack, § 309 Rn. 40; Hüffer in: Hüffer/AktG, § 309 Rn. 18 m.w.N.

1194 Emmerich in: Emmerich/Habersack, § 309 Rn. 40a; Hüffer in: Hüffer/AktG, § 309 Rn. 18.

1195 Altmeppen in: MüKo/AktG, § 309 Rn. 95 ff.; Emmerich in: Emmerich/Habersack, § 309 Rn. 41; Mertens, AcP (168) 1968, S. 225 (231); Veil in: Spindler/Stilz, § 309 Rn. 27. A.A. Koppensteiner in: KK/AktG, § 309 Rn. 20.

tem Nachteil und eingetretenem Schaden auf die Anspruchshöhe auswirkt. Zu differenzieren ist hierbei zwischen zwei verschiedenen Szenarien. Für die erste Konstellation – der Schädigung einer Konzerngesellschaft, welche den Nachteil aus ex-ante-Sicht übersteigt – geht die weit überwiegende Meinung von einer Erhöhung des Schadensersatzanspruches aus.[1196] Dies ist sachgerecht, da Gläubiger und Gesellschafter nicht mit dem Risiko von nicht absehbaren negativen Folgen der nachteiligen Veranlassung belastet werden sollen. Umstritten ist das zweite Szenario, d.h. im Falle des Zurückbleibens des Schadens hinter dem Nachteil. Auch hier nimmt die überwiegende Auffassung an, dass als Mindestschaden der Betrag des Nachteils zu ersetzen sei.[1197] Dies folge aus dem Schutzzweck des § 317 AktG und der Tatsache, dass das herrschende Unternehmen bzw. seine Organe den rechtlich gebotenen Schadensausgleich unterlassen haben.[1198] Die Folgerichtigkeit dieser Konklusion ist zweifelhaft, da unerwartet positive Entwicklungen im übrigen System der Binnenhaftung Berücksichtigung finden.[1199] Zwingende Gründe warum der Schutzzweck des § 317 AktG Abweichendes gebieten soll, sind nicht ersichtlich.

B. Auswirkungen von Compliance-Systemen auf die Bemessung von Bußgeldern

I. Fragestellung und notwendige Differenzierungen

Bei der Annahme, dass ein effizientes und theoretischen Anforderungen genügendes Compliance-System allen denkbaren Zuwiderhandlungen präventiv entgegenwirken könne, handelt es sich um eine Utopie. Dermaßen gesteigerte Erwartungen werden dementsprechend in Literatur und Rechtsprechung auch nicht gehegt. Es drängt sich daher die logische Folgefrage auf, ob die reine Existenz entsprechender Systeme bei der Bemessung von Strafen bzw. Bußgeldern Berücksichtigung findet. Diese Frage kann sich dabei nur auf anforderungsgerechte Compliance-Systeme beziehen. Verfügt ein konkretes Unternehmen über ein System, dessen fehlende Effizienz aus offensichtlichen systemimmanenten Defiziten herrührt, so scheidet eine positive Berücksichtigung bereits im Ansatz aus.

Im Hinblick auf die rechtstatsächliche Bedeutung und dem zunehmenden Umfang der Geldbußen, konzentriert sich die Diskussion in der Praxis auf die Folgen von Wettbewerbsverstößen. Diese Fokussierung verdeutlicht zugleich,

---

1196 Habersack in: Emmerich/Habersack, § 317 Rn. 17 mit Nachweisen zur teilweise vertretenen Gegenansicht; Hüffer in: Hüffer/AktG, § 317 Rn. 7; Krieger in: Münchener/Hdb.GesR, § 69 Rn. 122; Müller in: Spindler/Stilz, § 317 Rn. 10.

1197 Beuthien, DB 1969, S. 1781 (1783 ff.); Habersack in: Emmerich/Habersack, § 317 Rn. 17; Hüffer in: Hüffer/AktG, § 317 Rn. 7; Krieger in: Münchener/Hdb.GesR, § 69 Rn. 122; Müller in: Spindler/Stilz, § 317 Rn. 10; Walchner in: Heidel/AktG, § 317 Rn. 8.

1198 So explizit Hüffer in: Hüffer/AktG, § 317 Rn. 7; Müller in: Spindler/Stilz, § 317 Rn. 10.

1199 Altmeppen in: MüKo/AktG, § 317 Rn. 40 m.w.N.

dass zwischen einer Beurteilung nach deutschem Recht und einer gemeinschaftsrechtlichen Perspektive zu unterschieden ist. Abhängig von der jeweiligen Tätergruppe, können sich Compliance-Systeme unterschiedlich auf die Bemessung von Bußgeldern auswirken, so dass eine zweite Differenzierung zwischen den Auswirkungen auf das Unternehmen und denen auf geschäftsführende Organe angezeigt ist. Für die Zielsetzung dieser Untersuchung ist der Umfang der Unternehmenshaftung zwar nur von untergeordneter Relevanz, doch entfaltet eine positive Berücksichtigung organisatorischer Maßnahmen wiederum Rückwirkungen auf den Pflichtenmaßstab der Konzernleitung. Insbesondere die bereits erläuterte positive Berücksichtigung von Compliance-Programmen im angloamerikanischen Rechtskreis verdeutlicht die erheblichen Anreizmechanismen einer Bußgeldminderung.

II. Haftung der Organe

Im Kontext der Haftung geschäftsführender Organe ist die Rechtslage eindeutig. Die Implementierung von Compliance-Systemen, erweist sich als geeignete Maßnahme zur Begegnung von Haftungsrisiken. Sämtliche in Betracht zu ziehende Normen mit Sanktionscharakter basieren auf dem Vorwurf einer persönlichen Verfehlung. Diese Feststellung greift nicht nur für das Strafrecht oder das Recht der Ordnungswidrigkeiten Raum. Das allgemeine Deliktsrecht verknüpft, wie auch gesellschaftsrechtliche Haftungsnormen, die Haftung mit dem Vorwurf der Außerachtlassung erforderlicher Sorgfalt. Sind monetäre, arbeitsrechtliche und freiheitsbeschränkende Sanktionen daher von einer Verfehlung abhängig, so scheiden diese aus, sofern das Organ angemessene und effiziente Compliance-Maßnahmen – unter Beachtung des jeweiligen unternehmerischen Risikoprofils – ergriffen hat. Wesentliche Voraussetzung hierbei ist jedoch, dass die Beurteilung der Angemessenheit nicht der Versuchung einer retroperspektiven Bestimmung der Angemessenheit – ausgehend von einer Zuwiderhandlung – unterliegt.[1200] Ein Blick auf die rechtstatsächliche Entwicklung der Organhaftung verdeutlicht, dass diese triviale Erkenntnis nicht überall angekommen ist.

III. Haftung der Unternehmen

1. Beurteilung nach nationalem Recht

Unternehmen haften für ihre Repräsentanten. Unter Anwendung von § 30 OWiG kommt die Auferlegung eines Bußgeldes in Betracht, sofern ein für die Betriebsleitung Verantwortlicher eine Straftat oder Ordnungswidrigkeit begeht, durch die Pflichten, welche die juristische Person treffen, verletzt werden. Existiert ein anforderungsgerechtes Compliance-System so scheidet – wie bereits anhand der Organhaftung ausgeführt wurde – zumindest § 130 OWiG als praktisch wichtigste Bezugstat der Norm aus. Neben der damit angesprochenen Verletzung der Aufsichtspflicht, kommen jedoch weitere Tatbestände in Betracht, die, sofern sie durch einen tauglichen Täter i.S.v.

1200 Statt vieler BGHZ 75, S. 96 (113); 126, S. 181 (193); ders., NZG 2008, S. 389 (390).

§ 30 OWiG begangen werden, die Verhängung einer Geldbuße gegen das Unternehmen ermöglichen. Von praktisch herausragender Relevanz sind insoweit Verstöße gegen das Wettbewerbs- bzw. Kartellrecht.

Für die Bemessung der Unternehmensgeldbuße ist grundsätzlich die gegen den Haupttäter verhängte Geldbuße relevant. Dieser Orientierungsmaßstab folgt aus § 30 Abs. 2 OWiG. Liegt in der Person des Handelnden ein erschwerender Umstand z.B. ein bewusster Rechtsverstoß vor, so findet dies gleichfalls für das Unternehmen Berücksichtigung. Die Existenz von Compliance-Systemen kann sich dementsprechend sogar zu Lasten des Unternehmens auswirken. Verstößt der Haupttäter etwa gegen Rechtsvorschriften, deren Verbindlichkeit und Bedeutung z.B. im Rahmen von unternehmensinternen Schulungen oder Anweisungen herausgestellt wurden, so kann dies als erschwerender Umstand bei der Bemessung des Bußgeldes Berücksichtigung finden. Die in der Tat zum Ausdruck kommende gesteigerte Missachtung der Rechtsordnung fällt dann letztlich dem Unternehmen zur Last.

Die bisherige Bußgeldpraxis des Bundeskartellamts verweigert die positive Berücksichtigung von Compliance-Systemen. Eine ausdrückliche Stellungnahme seitens des Bundeskartellamtes liegt soweit ersichtlich noch nicht vor. Die auf Grundlage von § 81 Abs. 7 GWB erlassenen Bußgeldrichtlinien erlauben jedoch einen Rückschluss auf die Sichtweise des Amtes. Diesen Leitlinien sind fakultative oder obligatorische Minderungen der Geldbuße, im Falle von implementierten Compliance-Systemen, fremd. Das Schweigen der Bußgeldrichtlinien zu einer positiven Berücksichtigung von ergriffenen organisatorischen Maßnahmen muss, insbesondere vor dem Hintergrund der bisherigen Entscheidungspraxis, somit als Indiz für eine grundsätzliche Ablehnung des Bundeskartellamtes bewertet werden. Vertreter des Schrifttums kritisieren diese Praxis.[1201] Angesichts des präventiven Wertes von Compliance-Systemen, welche zumindest die Hemmschwelle zur Begehung von Zuwiderhandlungen erhöhen und somit bereits positive Auswirkungen auf die Gesamtwirtschaft – selbst im Falle ihres Versagens – entfalten, ist dies nicht unproblematisch.

Gleichwohl wäre es verkehrt, den Nutzen organisatorischer Maßnahmen im Hinblick auf die Bußgeldpraxis vollständig zu negieren. Neben der grundsätzlichen Präventionswirkung und der Exkulpation der Geschäftsleitung, vermittelt Compliance einen Informationsvorsprung gegenüber weiteren Kartellbeteiligten. Monetäre Bedeutung entfaltet dieser spätestens dann, wenn es um die Inanspruchnahme von Bonusregelungen geht. Das Bundeskartellamt kann Kartellbeteiligten, die Geldbuße ganz oder zum Teil erlassen, sofern diese durch ihre Kooperation dazu beitragen ein Kartell aufzudecken.[1202] Ein Erlass der Geldbuße kommt demnach grundsätzlich für das Unternehmen in Betracht, welches sich als erster der Kartellbeteiligten an das Bundeskartellamt wendet,

---

1201 Bosch/Colbus/Harbusch, WuW 2009, S 740 (745); a.A. Pampel, BB 2007, S. 1636 (1638 f.).

1202 Siehe hierzu Bekanntmachung Nr. 9/2006 – über den Erlass und die Reduktion von Geldbußen in Kartellsachen – Bonusregelung – vom 07. März 2006.

bevor dieses über ausreichende Beweismittel verfügt, um einen Durchsuchungsbeschluss zu erwirken. Daneben können Compliance-Bemühungen im Sinne einer tätigen Reue positive Berücksichtigung finden. Die hierzu vorhandene Rechtsprechung weist zwar bisher den Charakter einer isolierten Einzelfallentscheidung auf,[1203] doch erweist sich eine Minderung des Bußgeldes, zumindest für nach einer Zuwiderhandlung eingeführte Systeme, als möglich.

2. Gemeinschaftsrecht

Bei einer Untersuchung der Berücksichtigung von Compliance-Programmen im Gemeinschaftsrecht, richtet sich der Fokus zwangsläufig auf die Spruchpraxis in Kartellbußgeldverfahren. Aufgrund der Menge an Entscheidungen und Stellungnahmen bietet die Rechtsprechung einen reichhaltigen Fundus von Hinweisen. Einstiegsnorm ist insoweit Art. 23 Abs. 2 VO 1/2003, welcher – in Abweichung zum nationalen Recht – die Voraussetzungen schafft, Unternehmen direkt mit einer Geldbuße zu belegen,[1204] sofern diese gegen die Verbotsnormen der Art. 101 f. AEUV verstoßen. Angesichts der extensiven Auslegung des Begriffs der wirtschaftlichen Einheit, besitzt die Frage der Berücksichtigung von Compliance-Systemen dabei insbesondere für herrschende Gesellschaften eine herausgehobene Relevanz. So reichhaltig der angesprochene Fundus ist, so ambivalent ist allerdings auch das Resümee, welches aus den Entscheidungen zu ziehen ist. Aus Gründen der besseren Übersicht bietet es sich an, zwischen Compliance-Systemen zu differenzieren, die erst nach einer Zuwiderhandlung eingeführt wurden und solchen die bereits vor diesem Zeitpunkt bestanden.

In ihrer früheren Entscheidungspraxis honorierte die Kommission die nachträgliche Einführung von Systemen wiederholt als mildernden Umstand.[1205] Motivation der Milderung war in den jeweiligen Verfahren nicht nur die Be-

---

1203 KG, WuW/E OLG, S. 2330 (2332). Das Kammergericht führte hierzu folgendes aus: „Die von den Geschäftsführern der Nebenbetroffenen begangenen systematischen Hinwegsetzungshandlungen wiegen nach Art, Umfang und Dauer schwer und haben den freien Wettbewerb empfindlich gestört. Auf der anderen Seite muss zugunsten der Nebenbetroffenen berücksichtigt werden, dass sie nach dem Wechsel ihrer Gesellschafter organisatorische Maßnahmen getroffen hat, um derartigen Handlungen in ihrem Unternehmen künftig zu unterbinden“.

1204 Selbstverständlich stellt auch das nationale Recht der Ordnungswidrigkeiten die bereits näher ausgeführten Instrumentarien zur Bebußung eines Unternehmens zur Verfügung. Bei der Verwendung der §§ 30, 130 OWiG handelt es sich letztlich jedoch um einen Umweg. Ein mit § 130 OWiG vergleichbarer eigenständiger Tatbestand der Aufsichtspflichtverletzung, welcher einen direkten Zugriff ermöglicht, ist dagegen im Gemeinschaftsrecht weder vorhanden noch besteht ein entsprechendes Bedürfnis.

1205 Kommission v. 05.06.1991, IV/32.879 – Viho/Toshiba, Abl. 1991 Nr. L 287, S. 39 ff.; ders., v. 18.07.1988, IV/30.178 – Napier Brown/British Sugar, Abl. 1988 Nr. L 284, S. 41 ff.; v. 22.12.1987, IV/30787 – Eurofix-Bauco/Hilti, Abl. 1988 Nr. L 65, S. 19 ff.; ders., v. 18.12.1987, IV/31.017 – Fisher-Price/Quaker Oats Ltd. – Toyco, Abl. 1988 Nr. L 49, S. 19 ff.; ders., v. 07.12.1982, IV/30070 –National Panasonic, Abl. 1982 Nr. L 354, S. 28 ff.

rücksichtigung der Compliance-Maßnahme im Sinne einer tätigen Reue, sondern die Prävention von zukünftigen Verstößen.[1206] Von dieser Praxis ist die Kommission jedoch zunehmend abgerückt.[1207] Eindeutig bestimmend für die Bemessung der Geldbuße, sind dagegen nunmehr die Kriterien der Art und Dauer des Verstoßes. In künftigen Verfahren ist die Kommission daher nicht daran gehindert, die nachträgliche Implementierung eines Compliance-Systems positiv zu berücksichtigen, ein Automatismus ist hiermit jedoch keinesfalls verbunden.[1208]

Im Hinblick auf die positive Berücksichtigung von Compliance-Systemen, die bereits zum Zeitpunkt der Zuwiderhandlung bestanden, ergeben die vorhandenen Entscheidungen dagegen ein homogenes Bild. Verstöße gegen Compliance-Programme werden weitestgehend als Indiz für deren Wirkungslosigkeit aufgefasst.[1209] Akzeptiert man diesen Rückschluss, so ist offensicht-

---

1206 Vgl. hierzu z.B. den Originalwortlaut in Kommission v. 05.06.1991, IV/32.879 – Viho/Toshiba, Abl. 1991 Nr. L 287, S. 39 ff. Rn. 28 f.: „(28) In determining the amount of the fine to be imposed on TEG, the Commission has taken into account, in particular, the following factors: [...] 6. Toshiba has now drawn up, and introduced from October 1989, a wide-ranging EEC competition law compliance programme for its EC subsidiaries, including TEG, in order to help ensure future compliance with the competition rules. (29) Implementation of this compliance programme is designed, inter alia, to familiarize relevant employees with the group's policy to comply with the letter and the spirit of EEC competition law, and to make sure that they are adequately motivated to adhere to the policy.“

1207 Z.B. Kommission v. 30.12.2002, COMP/35.587, 35.706, 36.321 – Video Games Nintendo, Abl. 2003 Nr. L 255, S. 33 ff.; ders., v. 18.07.2001, COMP/E-1/36.490 – Graphitelektroden, Abl. 2002 Nr. L 100, S. 1 ff.; ders., v. 07.06.2000, 36.545/F3 – Aminosäuren, Abl. 2001 Nr. L 152, S. 24 ff.

1208 Einer verpflichtenden Berücksichtigung ebenfalls eine Absage erteilend: EuG, Urteil v. 20.03.2002, Slg. 2002, I. 1633 ff. „Ferner kann der Kommission nicht vorgeworfen werden, dass sie die Durchführung eines internen Programms zur Befolgung des Gemeinschaftsrechts durch die Klägerin nicht als mildernden Umstand berücksichtigt hat. Es ist zwar wichtig, dass die Klägerin Maßnahmen ergriffen hat, um künftige erneute Zuwiderhandlungen ihrer Mitarbeiter gegen das Wettbewerbsrecht der Gemeinschaft zu verhindern, doch ändert dies nichts an der Tatsache der Zuwiderhandlung, die vorliegend festgestellt worden ist […]. Außerdem zeigt nach der Rechtsprechung die Einführung eines Programms zur Befolgung der Wettbewerbsregeln der Gemeinschaft zwar, dass das fragliche Unternehmen gewillt ist, künftige Zuwiderhandlungen zu verhindern, und stellt somit einen Faktor dar, der der Kommission die Erfüllung ihrer Aufgabe erleichtert, die u. a. darin besteht, im Bereich des Wettbewerbs die im Vertrag verankerten Grundsätze anzuwenden und die Unternehmen entsprechend anzuleiten; die bloße Tatsache, dass die Kommission in ihrer früheren Entscheidungspraxis in einigen Fällen die Einführung eines solchen Programms als mildernden Umstand berücksichtigt hat, bedeutet jedoch nicht, dass sie verpflichtet wäre, in einem bestimmten Fall ebenso vorzugehen.“ Ebenso mit ähnlichen Worten z.B. auch EuG, Urteil v. 14.05.1998, Slg. 1998, II. 1331 ff.

1209 Statt vieler: EuG, Urteil v. 14.05.1998, Slg. 1998, II. 1373 ff. Vgl. hierzu insbesondere den Originalwortlaut der Entscheidung EuG, Urteil v. 20.03.2002, Slg. 2002, II. 1881 ff. „In that regard, it should be observed that, in the circumstances of the present case, the Commission was entitled not to take account of the strengthening of the applicant's compliance programme as a mitigating circumstance because of the failure of previous attempts to ensure that the activities of its district heating division compiled with Communitiy law.”

lich, dass sich die Bereitschaft, derartige Compliance-Systeme mit einer Herabsetzung des Bußgeldes zu honorieren, naturgemäß in Grenzen hält.[1210] Die ablehnende Haltung der Kommission findet ihre Fortsetzung in jüngeren Entscheidungen der Kommission. Diese lassen zudem die Tendenz erkennen, dass der Zeitpunkt der Zuwiderhandlung bzw. der Implementierung des Compliance-Systems für die Bemessung der Geldbuße irrelevant ist.[1211] Demnach werden eingeleitete bzw. vorhandene Maßnahmen zur Gewährleistung der unternehmerischen Rechtskonformität zwar ausdrücklich begrüßt, jedoch nicht weiter berücksichtigt. In einem besonderen Einzelfall wertete die Kommission die Existenz eines Compliance-Systems gar als erschwerenden Umstand.[1212]

Den aktuellen Schlusspunkt dieser Entwicklung setzte die Kommission am 24.11.2011 mit der Veröffentlichung eines Handbuches zu kartellrechtlichen Compliance-Strategien sowie der Veröffentlichung von weitergehendem Informationsmaterial.[1213] Ziel dieser Veröffentlichungen war es, insbesondere kleineren und mittleren Unternehmen eine Leitlinie für die Implementierung von Compliance-Systemen anzubieten. Neben allgemeinen Hinweisen enthält das Handbuch unter Punkt 4.6 die Klarstellung, dass die reine Existenz eines Compliance-Systems im Falle eines Verstoßes keinen Einfluss auf die von den Unternehmen zu zahlende Geldbuße hat und weder als mildernder noch als erschwerender Umstand zu werten ist. Diese konsequente und strikte

1210 In der Literatur wird die eingeschränkte positive Berücksichtigung von Compliance-Systemen zum Teil heftig kritisiert. Im Hinblick auf den präventiven Wert der Systeme sei die Entscheidungspraxis zu pauschal. Weiterhin werden Widersprüche zur Kronzeugenregelung als Argument ins Feld geführt. Siehe zu dieser Thematik m.w.N. Bosch/Colbus/Harbusch, WuW 2009, S. 740 ff.; bedauernd auch Dannecker/Biermann in: Immenga/Mestmäcker/EG/2, Art. 23 VO 1/2003 Rn. 217 mit zahlreichen weiteren Nachweisen zur Entscheidungspraxis.

1211 Eindeutig insoweit Kommission v. 03.12.2003, C 38.359 – Elektrotechnische und mechanische Kohlenstoff- und Graphitprodukte, Abl. 2004 Nr. L 125, S. 45 ff.: „The Commission welcomes this initiative on the part of Carbone Lorraine, which will hopefully prevent any new infringements. However, the Commission considers that it is not appropriate to take the existence of a compliance programme into account as an attenuating circumstance for a cartel infringement, whether committed before or after the introduction of such a programme."

1212 Kommission v. 14.10.1998, IV/F-3/33.708 – British Sugar, Abl. 1999 Nr. L 76, S. 1 ff. Die Besonderheit bestand darin, dass in einem vorherigen Verfahren bereits eine Geldbuße gegen British Sugar verhängt worden war. Im Rahmen der Bemessung dieser Buße wurde die nachträgliche Einführung eines Compliance-Systems noch als bußgeldmindernder Faktor berücksichtigt. Angesichts dieser Besonderheiten ist daher eher davon auszugehen, dass die Kommission keinen Präzedenzfall aufstellen, sondern die Zuwiderhandlung mit größtmöglicher Härte sanktionieren, wollte. Siehe hierzu auch Bosch/Colbus/Harbusch, WuW 2009, S. 740 (744 f.).

1213 Compliance Matters – What Companies can do better to respect EU competition rules, abrufbar unter: http://ec.europa.eu/competition/antitrust/compliance/index_en.html., letzter Abruf 21.08.2012.

Sichtweise steht dabei in bewusster Abweichung zu anderen Jurisdiktionen, ist aber als solche hinzunehmen.[1214]

§ 3. Zusammenfassung wesentlicher Erkenntnisse

Im Zusammenhang mit Compliance-Verstößen sind insbesondere die Kausalität sowie der Umfang des Schadens mit weiteren Fragestellungen verbunden. Die Gesellschaft ist – im Rahmen der im Zentrum dieser Untersuchung stehenden Binnenhaftung gemäß § 93 Abs. 2 AktG und § 43 GmbHG – beweisbelastet hinsichtlich eines möglicherweise pflichtwidrigen Organverhaltens, eines eingetretenen Schadens sowie der notwendigen Kausalität. Dies erfordert insoweit den substantiierten Beleg, dass die Beachtung der gesetzlich gebotenen Compliance-Anforderungen einen konkret eingetretenen und identifizierbaren Schaden verhindert hätte. In Einzelfällen, z.B. bei einer unzureichenden Buchführungen, ergeben sich Erleichterungen der Darlegungslast. Bei Kollegialentscheidungen kann sich das Organ zudem grds. nicht darauf berufen, dass ein etwaiger Schaden auch unter Hinwegdenkung seines Votums eingetreten wäre. Im Falle eines gesetzes- oder satzungswidrigen Beschlüssen ist das Organmitglied dazu angehalten, die Umsetzung des Beschlusses nach Möglichkeit zu verhindern.

Im Rahmen der Schadensberechnung findet die Differenzhypothese Anwendung. Ein Schaden der Gesellschaft ist daher gegeben, wenn der tatsächliche Wert des Gesellschaftsvermögens geringer ist als der Wert, welchen das Vermögen ohne die Pflichtverletzung hypothetisch aufweisen würde. Im Einzelfall kommt die Anrechenbarkeit von Vorteilen in Betracht, welche im Zusammenhang mit der Pflichtverletzung stehen. Voraussetzung hierfür ist jedoch, dass dem Organmitglied keine vorsätzliche Pflichtverletzung zur Last gelegt wird. Der Schaden kann zudem in einer – der herrschenden Gesellschaft – auferlegten Geldbuße bestehen. Dies eröffnet die Möglichkeit eines gesellschaftsinternen Innenregresses. Gegen eine Überwälzung von Geldbußen sprechen weder der Schutzbereich der Organbinnenhaftung noch Erwägungen der Spezial- oder Generalprävention.

Im Kontext einer strafrechtlichen Verantwortung oder einer Geldbuße nach dem Recht der Ordnungswidrigkeiten ist anzumerken, dass die Implementierung eines anforderungsgerechten Compliance-Systems eine geeignete Maßnahme zur Widerlegung eines Verschuldens darstellt. Dies gilt jedenfalls für die geschäftsführenden Organe. Dagegen führt die Implementierung – aus Sicht der Gesellschaft – nicht zu einer Herabsetzung des Bußgeldes bzw. stellt keinen positiven Faktor im Rahmen der Bußgeldbemessung dar. Dies gilt sowohl für das nationale Recht als auch auf europäischer Ebene.

1214 Neben der bereits dargestellten Anreizfunktion der USSG, gewährt auch das britische OFT eine Reduzierung der Bußgeldsumme um bis zu 10 Prozent.

Teil 7. Zusammenfassung der Ergebnisse

Vergegenwärtigt man sich die aktuelle Diskussion um Compliance, so wird deutlich, dass die Pflichten der geschäftsführenden Organe im Konzernverbund ein Schattendasein führen. Dies ist problematisch da die Untersuchung gezeigt hat, dass rechtliche Verpflichtungen und Verantwortungsbereiche nicht unbesehen von einer Einzelgesellschaft auf Konzernverhältnisse transformiert werden können. Grundsätzlich stellt sich die Legalitätspflicht bzw. Legalitätskontrollpflicht im Konzern nicht als eherner Fels dar, sondern ist einer genauen Untersuchung zu unterziehen. Eine direkte normative Verantwortung des geschäftsführenden Organs für Compliance-Verstöße in Tochtergesellschaften besteht nur in Sonderkonstellationen. Im Übrigen kommt den geschäftsführenden Organen bei der Gestaltung des konzernweiten Compliance-Systems ein weitgehender unternehmerischer Ermessensspielraum zu, welcher sich insbesondere auf die Auswahl organisatorischer Maßnahmen – und damit das „Wie“ einer konzernweiten Compliance – bezieht. Treten Compliance-Verstöße in Tochtergesellschaften auf, können konzernweite organisatorische Maßnahmen eine Pflichtverletzung und damit die Haftung des geschäftsführenden Organs widerlegen. Dies gilt sowohl für eine gesellschaftsrechtliche Binnenhaftung als auch für delikts-, straf- und ordnungswidrigkeitenrechtliche Sanktionen. Die unternehmerischen Einschätzungsprärogative setzt jedoch einen Mindeststandard von Compliance-Maßnahmen voraus, welchen das geschäftsführende Organ der herrschenden Gesellschaft beachten muss, um eine Haftung zu vermeiden. In Abhängigkeit von der Konzernstruktur und gesellschaftsrechtlichen Einwirkungsmöglichkeiten weist der Mindeststandard Differenzierungen auf. Ausgehend von den vorstehenden Erwägungen lassen sich die im Hinblick auf das Untersuchungsziel gewonnenen Erkenntnisse wie folgt formulieren:

1. Geschäftsführende Organe einer Einzelgesellschaft trifft sowohl eine eigene Legalitätspflicht als auch eine Legalitätskontrollpflicht. Inhalt dieser Pflicht ist es – im Rahmen des Erforderlichen und Zumutbaren – für ein rechtmäßiges Verhalten der für die Gesellschaft handelnden Personen Sorge zu tragen. Die unternehmerische Leitungs- und Sorgfaltspflicht und die darin enthaltenene Legalitätskontrollpflicht bilden die rechtliche Grundlage für Compliance-Maßnahmen.

2. Themenspezifische Veröffentlichungen, internationale Standards und aufsichtsrechtliche Normen haben dazu geführt, dass an ein umfassendes Compliance-System organisatorische und personelle Mindestanforderungen gestellt werden. Eine allgemeingültige Rechtspflicht zur Implementierung eines entsprechenden Systems lässt sich dem Gesellschaftsrecht jedoch nicht entnehmen. Die fortwährende Diskussion um

eine Rechtspflicht zur Ergreifung von Compliance-Maßnahmen wurde mittlerweile nicht nur von der Realität überholt, sondern stellt sich in der Einzelgesellschaft nicht mit der gleichen Virulenz wie im Konzern. Gesellschaftsrechtliche Pflichten und Gebote führen im Zusammenspiel mit Sanktionsnormen des Ordnungswidrigkeitenrechts dazu, dass zahlreiche Maßnahmen, welche typischerweise mit einem Compliance-System verbunden werden, ohnehin schon zum Pflichtenkanon einer ordnungsgemäßen Unternehmensleitung zählen. Welche konkrete organisatorische Ausgestaltung diese Maßnahmen erfahren sollen, kann weder Gesetzen noch Rechtsprechung entnommen werden. Aufgrund der Vielgestaltigkeit unternehmensindividueller Faktoren liegt das „Wie" der Maßnahmen daher berechtigterweise allein im Ermessen der Unternehmensleitung.

3. Die Tatsache der Konzernierung lässt den Pflichtenrahmen des geschäftsführenden Organs der herrschenden Gesellschaft nicht unberührt. Die Konzernleitung ist zu einer Nutzung des unternehmerischen Potentials der Beteiligungen angehalten. Diese Pflicht folgt aus der unternehmerischen Leitungs- und Sorgfaltspflicht. Kehrseite und logische Folge dieser Verantwortung ist eine parallele Pflicht, Schädigung der herrschenden Gesellschaft soweit möglich zu verhindern, welche aus ihren Beteiligungen resultieren bzw. dort ihren Ursprung haben. Schädigungen der herrschenden Gesellschaft können aus Compliance-Verstößen innerhalb der Konzerngesellschaften resultieren. Diese ökonomisch wirtschaftliche Konzernkontrolle greift unabhängig von der konkreten Konzernstruktur oder der Konzernierungsform. Von der ökonomisch wirtschaftlich geprägten Verpflichtung sind die Legalitäts- und Legalitätskontrollpflicht zu unterscheiden. Abseits aufsichtsrechtlicher Spezialregelungen verpflichtet das Gesellschaftsrecht zu keiner konzernweiten Legalitätskontrollpflicht. Diese Pflicht besteht zwar unstreitig wiederum isoliert für die herrschende Gesellschaft selbst, findet jedoch keine konzerndimensionale Erstreckung. Argumentationsversuche, welche eine entsprechende Pflicht mittels des Beteiligungsinteresses, einer konzernweiten Organfunktion oder über die Besetzung von Führungspositionen im Konzern herleiten wollen, sind abzulehnen.

4. Während das Strafrecht lediglich abgeschwächte Anreize für die Implementierung eines Compliance-Systems vermittelt, ist für das Recht der Ordnungswidrigkeiten zu differenzieren. Zahlreiche Compliance-Verstöße weisen eine ordnungswidrigkeitenrechtliche Relevanz auf. Treten die Verstöße jedoch isoliert auf Ebene einer Konzerngesellschaft auf, so begründet dies grundsätzlich keine Haftung für die herrschende Gesellschaft und ihre geschäftsführenden Organe. Ausnahmen können sich ergeben, wenn die herrschende Gesellschaft ein konzernweites Compliance-System implementiert und die Tochtergesellschaft von

Pflichten entbindet bzw. diese übernimmt. Rechtstatsächlich ist jedoch die Rechtsprechung des EuGH und die Bußgeldpraxis der Kommission in Kartellverfahren zu berücksichtigen. Diese gehen von einem funktional determinierten Unternehmensbegriff – der wirtschaftlichen Einheit – aus. Eine gesamtschuldnerische Mithaftung der herrschenden Gesellschaft für Kartellverstöße einer Tochtergesellschaft ist damit nicht nur möglich, sondern geübte Praxis.

5. Die Rechtsprechung zur konzerndimensionalen Anwendung des Deliktsrechts weist nur eine schwache Konturierung auf. Themenspezifische Relevanz erlangen insbesondere sog. „mittelbare Rechtsgutsverletzungen". Prinzipiell sind diese zur Begründung von Organisationspflichten geeignet. Eine gefestigte Rechtsprechung hat sich hierzu noch nicht herauskristallisiert. Grundsätzlich wird eine deliktische Haftung jedoch in Betracht zu ziehen sein, wenn die herrschende Gesellschaft steuernd in unternehmerische Prozesse auf Ebene der Konzerngesellschaften eingreift. Weitergehende Folgerungen für die konkrete konzerndimensionale Gestaltung von Compliance-Systemen lassen sich dem allgemeinen Deliktsrecht jedoch nicht entnehmen.

6. Aus der unternehmerischen Leitungs- und Sorgfaltspflicht folgt ein Mindeststandard konzernweiter Compliance-Maßnahmen, welcher in Abhängigkeit von der individuellen Konzernstruktur und den gesellschaftsrechtlichen Einwirkungsmöglichkeiten Differenzierungen aufweist. Die Differenzierungen beziehen sich insbesondere darauf, ob dem geschäftsführenden Organ der herrschenden Gesellschaft nur eine Hinwirkungspflicht obliegt oder eine weitergehende unbedingte Pflichterfüllung. Der Mindeststandard setzt sich aus fünf verschiedenen Einzelpflichten zusammen und erfährt unter bestimmten Umstände bzw. rechtlichen Rahmenbedingungen eine Erweiterung.

7. Grundvoraussetzung ist zunächst, dass klar definierte Zuständigkeits- und Verantwortungsbereiche für Compliance geschaffen werden, welche über die notwendigen personellen und sachlichen Mittel sowie über eine – für die Aufgabenerfüllung notwendige – interne hierarchische Kompetenz verfügen. Dies beinhaltet unter anderem eine Pflicht zur zeitnahen und lückenlosen Bestellung von Organmitgliedern in Tochtergesellschaften. In Abhängigkeit zu den gesellschaftsrechtlichen Einwirkungsmöglichkeiten, ist diese Pflicht konzernweit zu verstehen. Dies bedeutet, dass die geschäftsführenden Organe der herrschenden Gesellschaft auf eine Erfüllung dieser Anforderungen innerhalb der Konzerngesellschaften zumindest hinwirken müssen.

8. Es besteht weiterhin eine Pflicht zur erstmaligen und laufenden Ermittlung der bestehenden Compliance-Risiken im Konzernverbund, was ei-

nen die Grenzen der einzelnen juristischen Personen überschreitenden Informationsfluss an die Konzernspitze voraussetzt. Abstrakt bezieht sich diese Pflicht auf sämtliche Tatsachen, Entwicklungen und Informationen, welche für die Vorbereitung und Vornahme einer compliancespezifischen unternehmerischen Maßnahme oder Entscheidung notwendig sind. Die herrschende Gesellschaft hat zumindest auf die Informationserteilung hinzuwirken.

9. Die geschäftsführenden Organe sind weiterhin dazu verpflichtet, die Effizienz des gewählten konzernweiten Compliance-Systems einer anlassbezogenen und turnusgemäßen Überprüfung zu unterziehen. Die Verpflichtung beschränkt sich nicht nur auf eine Systemüberprüfung der herrschenden Gesellschaft, sondern schließt organisatorische Maßnahmen innerhalb der Konzernunternehmen ein. In Abhängigkeit von Risikopotential, Konzernstruktur und unternehmerischer Tätigkeit kann sich die herrschende Gesellschaft auf eine Meta-Überwachung beschränken. Die Überwachung sollte grundsätzlich durch eine geeignete prozessunabhängige Prüfinstanz erfolgen.

10. Die Kontrollpflicht mündet in eine Handlungspflicht, sofern Entwicklungen auf Ebene der Konzerngesellschaften eine wirtschaftliche Gefährdung der herrschenden Gesellschaft begründen. Gleiches gilt im Hinblick auf einen möglichen Verbesserungsbedarf der konzernweiten Compliance-Maßnahmen. Unter dem Begriff Handlungen sind im weitesten Sinne alle gesellschaftsrechtlich zulässigen Veranlassungen bzw. Weisungen an Konzerngesellschaften sowie Kooperationen mit Behörden zu verstehen. Die konkrete Ausformung der Handlungspflicht steht in Abhängigkeit zu den vorhandenen Risiken, gesellschaftsrechtlichen Einwirkungsmöglichkeiten und der Konzernstruktur und wird durch den unternehmerischen Ermessensspielraum determiniert. Aufgrund der maßgeblichen Einzelfallabhängigkeit entzieht sich die Handlungspflicht damit einer näheren sinnvollen Präzisierung.

11. Der Konzernleitung obliegt zudem eine Dokumentation sämtlicher Compliance-Entscheidungen. Dies bezieht sich nicht nur die Ergreifung oder das Unterlassen von bestimmten Maßnahmen, sondern auch auf die Grundlagen des jeweils maßgeblichen Entscheidungsprozesses. Rechtsdogmatisch treffen insoweit eine rechtliche Verpflichtung und eine faktische Verpflichtung zusammen. Die Rechtsprechung nimmt bereits de lege lata hinsichtlich einzelner Maßnahmen eines Compliance-Systems Dokumentationspflichten an. Dagegen ist die faktische Verpflichtung auf die der Binnenhaftung zugrunde liegende Beweislastverteilung zurückführen.

12. Zentrale Konzernstrukturen führen nicht automatisch zu einer Erweiterung und Intensivierung des Pflichtenmaßstabes. Dies ist nur unter bestimmten Umständen bzw. rechtlichen Rahmenbedingungen anzunehmen, welche allerdings tendenziell häufiger in zentralen Konzernstrukturen auftreten. Insbesondere ist die kartellrechtliche Haftungszurechnung im Konzern hervorzuheben. Bilden Konzerngesellschaften eine „wirtschaftlichen Einheit" i.S. der Rechtsprechung des EuGH, so erfolgt grundsätzlich eine Zurechnung des kartellrechtswidrigen Verhaltens einer Tochtergesellschaft. Allein diese Tatsache und die damit einhergehende Steigerung des Haftungsrisikos verlangen eine Intensivierung der notwendigen Compliance-Maßnahmen. Praktisch relevant ist daneben die freiwillige Übernahme einer konzernweiten Compliance-Funktion durch die herrschende Gesellschaft.

13. Praktischen Durchsetzungsschwierigkeiten begegnen der Compliance-Mindeststandard sowie mögliche darüber hinausgehende Maßnahmen unter Umständen im faktischen Konzern – mit einer abhängigen Gesellschaft in der Rechtsform der AG. Die in § 76 AktG angelegte Leitungsautonomie des Vorstandes verleiht diesem ein Obstruktionspotential, welches jedoch selten praktische Relevanz erlangen wird. Der herrschenden Gesellschaft stehen auch unter Zugrundelegung der Leitungsautonomie weitgehende Einwirkungsmöglichkeiten auf die Geschicke einer abhängigen Konzerngesellschaft zu. Das schärfste Schwert bietet insoweit die aktive Gestaltung der Personalpolitik. Daneben kommt die Ausnutzung von Doppelmandaten in Betracht. Da sich der hier entwickelte Compliance-Mindeststandard sofern nötig auf eine primäre Hinwirkungspflicht beschränkt, ist seine Durchsetzungsfähigkeit keinen durchgreifenden Bedenken ausgesetzt.

14. Vor dem Hintergrund konzernweiter Compliance-Maßnahmen tritt die Virulenz des Arbeitsrechts vornehmlich bei der Implementierung von konzernweiten Richtlinien, Ethikkodizes oder sog. Codes of Conduct auf. Zwar zählen entsprechende Regelungen nicht zum Mindeststandard konzernweiter Compliance-Maßnahmen, sie verfügen aber über eine hervorgehobene praktische Bedeutung. Ihre arbeitsrechtliche Einbeziehung erfolgt idealerweise über Konzernbetriebsvereinbarungen. Bei ihrer Vereinbarung sind die Beteiligungs- und Mitwirkungsrechte des Konzernbetriebsrates zu wahren.

15. Eine eigenständige Problematik betrifft die Informationsweitergabe im Konzern. Wiederum beschränken sich mögliche praktische Durchsetzungsschwierigkeiten des Compliance-Mindeststandards auf das Modell des faktischen Konzerns mit einer abhängigen AG. Die herrschende Gesellschaft verfügt grundsätzlich über keine Informationsansprüche, welche die laufend zu aktualisierende Tatsachengrundlage für die Ent-

scheidung über konzernweite Compliance-Maßnahmen tragen. Ein probates Mittel und geübte Praxis ist die Absicherung des Informationsflusses mittels Doppelmandaten. Praktisch virulent ist zumeist auch nicht die Frage eines Informationsanspruches, sondern die Zulässigkeit der Informationserteilung durch die Konzerngesellschaft. Sofern die herrschende Gesellschaft eine zweckgerichtete – für den Betrieb eines konzernweiten Compliance-Systems notwendige – Informationsverwendung gewährleistet, stehen der Zulässigkeit der Informationserteilung keine grundlegenden Bedenken entgegen. Im Hinblick auf Restriktionen des Datenschutzes ist bei der Erfassung und Verarbeitung personenbezogener Daten jedoch nach Möglichkeit eine Anonymisierung oder Pseudonymisierung vorzunehmen.

16. Im Falle einer Haftung erweisen sich insbesondere Aspekte der haftungsausfüllenden Kausalität sowie die konkrete Schadensberechnung als problematisch. Hierzu ist zunächst festzustellen, dass eine Anrechnung von rechtswidrigen Vorteilen – d.h. solchen, die im Zusammenhang mit der Pflichtverletzung stehen – zulässig ist, wenn dem geschäftsführenden Organ lediglich eine fahrlässige Verletzung seiner konzernweiter Compliance-Pflichten anzulasten ist. Darüber hinaus weist der Binnenregress im Falle von gegen die herrschende Gesellschaft gerichteten Geldbußen keine grundsätzlichen Besonderheiten auf. Dieser ist zum einen grundsätzlich zulässig und zum anderen nicht auf bestimmte absolute Höchstwerte limitiert.

17. Hinsichtlich der Auswirkung von Compliance-Systemen auf die Bemessung von gegen die herrschende Gesellschaft gerichteten Bußgeldern, ist zu differenzieren. Die Implementierung von Compliance-Systemen erweist sich für die Konzernleitung als geeignete Maßnahme zur Begegnung von Haftungsrisiken. Für die herrschende Gesellschaft selbst ergeben sich dagegen keine positiven Effekte. Sowohl das Gemeinschaftsrecht als auch die nationale Bußgeldpraxis lassen eine eindeutige Tendenz erkennen, die positive Berücksichtigung von Compliance-Systemen zu versagen.

●●●

Literaturverzeichnis

Abeltshauser, Thomas E.	Leitungshaftung im Kapitalgesellschaftsrecht, Köln u.a., 1998
Achenbach, Hans	Rezension: Günther Maschke, Aufsichtspflichtverletzung in Betrieben und Unternehmen – Die Sanktionierung von Verstößen gegen die Aufsichtspflicht in Betrieben und Unternehmen nach § 130 des Ordnungswidrigkeitengesetzes unter besonderer Berücksichtigung des Zusammenhanges zwischen Tatbestand und Zuwiderhandlung, in: wistra 1998, S. 296-300
Adam, Dirk H. V.	Die Begrenzung der Aufsichtspflichten in der Vorschrift des § 130 OWiG, in: wistra 2003, S. 285-292
Altmeppen, Holger	Besprechung: Frank Jungkurth, Konzernleitung bei der GmbH: Die Pflichten des Geschäftsführers, in: ZHR (164) 2000, S. 556–562
ders.	Die Auswirkungen des KonTraG auf die GmbH, in: ZGR 1999, S. 291–313
ders.	Die Haftung des Managers im Konzern, München 1998
ders.	Haftung der Geschäftsleiter einer Kapitalgesellschaft für Verletzung von Verkehrssicherungspflichten, in: ZIP 1995, S. 881–891
Amling, Thomas / Bantleon, Ulrich	Interne Revision – Grundlagen und Ansätze zur Beurteilung deren Wirksamkeit, in: DStR 2008, S. 1300–1306
Aschenbeck, Tanja	Personenidentität bei Vorständen in Konzerngesellschaften (Doppelmandat im Vorstand), in: NZG 2000, S. 1015–1024
Bachmann, Gregor	Compliance – Rechtsgrundlagen und offene Fragen, in: Gesellschaftsrecht in der Diskussion 2007 – Jahrestagung der gesellschaftsrechtlichen Vereinigung (VGR), Hrsg. v. der Gesellschaftsrechtlichen Vereinigung, Köln 2008, S. 65–101
ders. / Prüfer, Geralf	Korruptionsprävention und Corporate Governance, in: ZRP 2005, S. 109–113

Bachner, Michael Die Rechtsetzungsmacht der Betriebsparteien durch Konzernbetriebsvereinbarungen, in: NZA 1995, S. 256–260

Bälz, Ulrich Verbundene Unternehmen, in: AG 1992, S. 277–311

ders. Einheit und Vielheit im Konzern, in: Festschrift für Ludwig Raiser, Hrsg. v. Fritz Baur u.a., Tübingen 1974, S. 287–338

Ballerstedt, Kurt Schranken der Weisungsbefugnis aufgrund eines Beherrschungsvertrages, in: ZHR (137) 1973, S. 388–403

ders. Gesellschafts- und unternehmensrechtliche Probleme der Unternehmenskonzentration, in: Die Konzentration in der Wirtschaft, Hrsg. v. Helmut Arndt, Band 1, 2. Auflage, Berlin 1971, S. 603–644

Bamberger, Heinz G. / Roth, Herbert (Hrsg.) Kommentar zum Bürgerlichen Gesetzbuch, Beck'scher Online–Kommentar, Edition 28, Stand 01.08.2013, München 2013

Bauckhage-Hoffer, Florian / Katko, Peter Compliance-Systeme und Datentransfer im Konzern, in: WM 2012, S. 486–492

Bauer, Jobst H. / Herzberg, Dana Arbeitsrechtliche Probleme in Konzernen mit Matrixstrukturen, in: NZA 2011, S. 713–719

Baumbach, Adolf (Begr.) / Hueck, Alfred Gesetz betreffend die Gesellschaften mit beschränkter Haftung, 20. Auflage, München 2013

Baumbach, Adolf (Begr.) / Hopt, Klaus J. Handelsgesetzbuch, 35. Auflage, München 2012

Bayer, Walter Legalitätspflicht der Unternehmensleitung, „nützliche Gesetzesverstöße“ und Regreß bei verhängten Sanktionen, in: Festschrift für Karsten Schmidt, Hrsg. v. Georg Bitter u.a., Köln 2009, S. 85–105

Bechtold, Rainer / Bosch, Wolfgang Der Zweck heiligt nicht alle Mittel – Eine Erwiderung auf Ackermann, ZWeR 2010, 329, in: ZweR 2011, S. 160–168

Becker, Bernhard / Janker, Bernd / Müller, Stefan Die Optimierung des Risikomanagements als Chance für den Mittelstand, in: DStR 2004, S. 1578–1584

Beckmann, Michael / Beckmann-Matusche, Annemarie (Hrsg.) — Versicherungsrechts-Handbuch, 2. Auflage, München 2009

Behrendt, Markulf / Kaufmann, Mario — Whistleblowing-Hotlines aus arbeits- und datenschutzrechtlicher Sicht – Lösungswege im Unternehmen, CR 2006, S. 642–648

Berg, Cai — Korruption in Unternehmen und Risikomanagement nach § 91 Abs. 2 AktG, in: AG 2007, S 271–278

Bergmoser, Ulrich / , Theusinger, Ingo / Gushurst, Klaus-Peter — Corporate Compliance – Grundlagen und Umsetzung, BB Special 5, 2008, S. 1–11

Berkowsky, Wilfried — Die Änderungskündigung, in: NZA-RR 2003, S. 449–458

Berndt, Thomas / Hoppler, Ivo — Whistleblowing – ein integraler Bestandteil effektiver Corporate Governance, in: BB 2005, S. 2623–2628

Berwanger, Jörg / Kullmann, Stefan — Interne Revision: Wesen, Aufgaben und rechtliche Verankerung, Wiesbaden 2008

Beuthien, Volker — Art und Grenzen der aktienrechtlichen Haftung herrschender Unternehmen für Leitungsmißbrauch, in: DB 1969, S. 1781–1785

Bihr, Dietrich / Kalinowsky, Marc — Risikofrüherkennungssystem bei nicht börsennotierten Aktiengesellschaften – Haftungsfalle für Vorstand, Aufsichtsrat und Wirtschaftsprüfer, in: DStR 2008, S. 620–627

Birk, Axel — Corporate Responsibility, unternehmerische Selbstverpflichtungen und unlauterer Wettbewerb, in: GRUR 2011, S. 196–203

Bisson, Frank — Die Haftung des Organs für die Verletzung von Pflichten der juristischen Person, in: GmbHR 2005, S. 1453–1460

Blasche, Sebastian — Die Mindestanforderungen an ein Risikofrüherkennungs- und Überwachungssystem nach § 91 Abs. 2 AktG, in: CCZ 2009, S. 62–67

Bock, Dennis — Criminal Compliance, Baden-Baden 2011

ders. Strafrechtlich gebotene Unternehmensaufsicht (Criminal Compliance) als Absenkung des Schadenserwartungswerts aus unternehmensbezogenen Straftaten, in: HRRS 2010, S. 316–329

Bohnert, Joachim Kommentar zum Ordnungswidrigkeitengesetz, 3. Auflage, München 2010

Boos, Karl H. / Fischer, Reinfrid / Schulte-Mattler, Hermann (Hrsg.) Kreditwesengesetz, 4. Auflage, München 2012

Borgmann, Bernd Ethikrichtlinien und Arbeitsrecht, in: NZA 2003, S. 352–357

Bosch, Nikolaus Organisationsverschulden in Unternehmen, Baden-Baden 2002

Bosch, Wolfgang / Colbus, Birgit / Harbusch, Antonia Berücksichtigung von Compliance-Programmen in Kartellbußgeldverfahren, in: WuW 2009, S. 740–749

Brandes, Helmut Die Rechtsprechung des BGH zur GmbH & Co. KG und zur Publikumsgesellschaft, in: WM 1987, Sonderbeilage Nr. 1/1987, S. 3–19

Brüggemeier, Gert Anmerkung zu BGH, Urteil v. 12.12.2000 – VI ZR 345/99 (OLG Frankfurt/M), in: ZIP 2001, S. 381–383

Buchner, Herbert Die Zuständigkeit des Konzernbetriebsrats, in: Festschrift für Wolfgang Zöllner, Hrsg. v. Manfred Lieb u.a., Köln, Berlin, Bonn, München 1998, S. 697–714

von Bünau, Heinrich Beratungsverträge mit Aufsichtsratsmitgliedern im Aktienkonzern, Köln u.a. 2004

Bürkle, Jürgen (Hrsg.) Compliance in Versicherungsunternehmen, München 2009

ders. Die Compliance-Praxis im Finanzdienstleistungssektor nach Solvency II, in: CCZ 2008, S. 50–56

ders. Corporate Compliance als Standard guter Unternehmensführung des Deutschen Corporate Governance Kodex, in: BB 2007, S. 1797–1800 *ders.* Corporate Compliance – Pflicht oder Kür für den Vorstand der AG?, in: BB 2005, S. 565–570

ders. Auswirkungen der Unternehmensaufsicht nach dem KWG auf organisatorische Pflichten von Versicherungsunternehmen, in: WM 2005, S. 1496–1505

ders. Weitergabe von Informationen über Fehlverhalten in Unternehmen (Whistleblowing) und Steuerung auftretender Probleme durch ein Compliance-System, in: DB 2004, S. 2158–2161

Buff, Herbert Compliance, Zürich 2000

Bussmann, Kai D. / Matschke, Sebastian Die Zukunft der unternehmerischen Haftung bei Compliance Verstößen, in: CCZ 2009, S. 132–138

Campos Nave, José A. / Bonenberger, Saskia Korruptionsaffären, Corporate Compliance und Sofortmaßnahmen für den Krisenfall, in: BB 2008, S. 734–741

Cauers, Lutz / Haas, Klaus / Jakob, Alexander / Kremer, Friedhelm / Schartmann, Bernd / Welp, Oliver Ist der gegenwärtig viel diskutierte Begriff „Compliance“ nur alter Wein in neuen Schläuchen?, in: DB 2008, S. 2717–2719

Cooter, Robert Prices and Sanctions, Columbia Law Review 1984, S. 1523–1560

Dannecker, Gerhard / Dannecker, Christoph Die „Verteilung“ der strafrechtlichen Geschäftsherrenhaftung im Unternehmern, in: JZ 2010, S. 981–992

Decher, Christian E. Information im Konzern und Auskunftsrecht der Aktionäre gem. § 131 Abs. 4 AktG, in: ZHF1R (158) 1994, S. 473–494

Deselaers, Wolfgang Uferlose Geldbußen bei Kartellverstößen nach der neuen 10% Umsatzregel des § 81 Abs. 4 GWB?, in: WuW 2006, S. 118–127

Deutscher, Jörg Zur Strafbarkeit des Compliance Officer – Erhöhte Berufsrisiken nach dem Urteil des BGH vom 17.7.2009, in: WM 2010, S. 1387–1393

Dieners, Peter (Hrsg.) Handbuch Compliance im Gesundheitswesen, Hrsg. v. Peter Dieners, 3. Auflage, München 2010

Dreher, Meinrad	Die Vorstandverantwortung im Geflecht von Risikomanagement, Compliance und interner Revision, in: Festschrift für Uwe Hüffer, Hrsg. v. Peter Kindler u.a., München 2010, S. 161–177
ders.	Ausstrahlung des Aufsichtsrechts auf das Aktienrecht, in: ZGR 2010, S. 496–542
ders.	Das Risikomanagement nach § 64a VAG und Solvency II, in: VersR 2008, S. 998–1007
ders	Die kartellrechtliche Bußgeldverantwortlichkeit von Vorstandsmitgliedern – Vorstandshandeln zwischen aktienrechtlichem Legalitätsprinzip und kartellrechtlicher Unsicherheit, in: Festschrift für Horst Konzen, Hrsg. v. Barbara Dauner-Lieb u.a., Tübingen 2006, S. 85–107
ders.	Kartellrechtscompliance, in: ZweR 2004, S. 75–106
ders.	Die persönliche Verantwortlichkeit von Geschäftsleitern nach außen und die innergesellschaftliche Aufgabenteilung, in: ZGR 1992, S. 22–63
ders. / Schaaf, Martin	Versicherungsunternehmensrecht und Risikomanagement – Gesamtverantwortung der Geschäftsleitung, Outsourcing des Risikomanagements und konzernweites versicherungsaufsichtsrechtliches Risikomanagement, in: WM 2008, S. 1765–1774
Drygala, Tim / Drygala, Anja	Wer braucht ein Frühwarnsystem, in: ZIP 2000, S. 297–305
Dück, Hermann / Eufinger, Alexander	Dezentrale Antitrust-Compliance und europäische Entscheidungspraxis zur kartellrechtlichen Haftungszurechnung im Konzern, in: CCZ 2012, S. 131–136
Dzida, Boris	Die Mitbestimmung des Konzernbetriebsrates bei Ethik-Richtlinien, in: NZA 2008, S. 1265–1269
Easterbrook, Frank H. / Fischel, Daniel R.	Antitrust Suits by Targets of Tender Offers, in: Michigan Law Review 1982, S. 1155–1178
Ebenroth, Carsten T. / Boujong, Karlheinz / Joost, Detlev / Strohn. Lutz	Handelsgesetzbuch, Band 1, §§ 1–342e, 2. Auflage, München 2008

Eggemann, Gerd / Konradt, Thomas — Risikomanagement nach KonTraG aus dem Blickwinkel des Wirtschaftsprüfers, in: BB 2000, S. 503–509

Eich, Rolf A. — Betriebsvereinbarung – Das verkannte Medium, in: NZA 2010, S. 1389–1395

Eisenbeis, Ernst / Nießen, Christoph — Auf Kollisionskurs: Ethikrichtlinien nach US-amerikanischen Vorbild und deutsches Arbeitsrecht, in: Festschrift für Wolfgang Leinemann, Hrsg. v. Franz J. Düwell, Wolfgang Stückemann und Volker Wagner, Neuwied 2006, S. 697–721

Eisele, Dieter — Insiderrecht und Compliance, in: WM 1993, S. 1021–1026

Emmerich, Volker / Habersack, Mathias (Hrsg.) — Konzernrecht, 9. Auflage, München 2008

dies. — Aktien- und GmbH-Konzernrecht, 6. Auflage, München 2010

Endres, Michael — Organisation der Unternehmensleitung aus Sicht der Praxis, in: ZHR (163) 1999, S. 441–460

Erfurter Kommentar zum Arbeitsrecht — Herausgegeben von Rudi Müller-Glöge, Ulrich Preis und Ingrid Schmidt, 13. Auflage, München 2013

Eyles, Uwe — Funktionsauslagerung (Outsourcing) bei Kredit- und Finanzdienstleistungsinstituten – Bank- und wertpapieraufsichtsrechtliche Rahmenbedingungen, in: WM 2000, S. 1217–1234

Fabritius, Andreas — Zu den Grenzen der Durchsetzung eines kapitalmarktrechtlich begründeten Informationsinteresses des herrschenden Unternehmens im faktischen Konzern, in: Festschrift für Ulrich Huber, Hrsg. v. Theodor Baums u.a., Tübingen 2006, S. 705–718

Feddersen, Dieter — Nochmals – Die Pflichten des Vorstands zur Unternehmensplanung, in: ZGR 1993, S. 114–117

Fett, Torsten / Gebauer, Stefan — Compliance-Strukturen im faktischen Bankkonzern, in: Festschrift für Eberhard Schwark, Hrsg. v. Stefan Grundmann u.a., München 2009, S. 375–388

ders. / Theusinger, Ingo	Compliance im Konzern – Rechtliche Grundlagen und praktische Umsetzung, in: BB Special 4, 2010, S. 6–14
Fischer, Thomas	Strafgesetzbuch und Nebengesetze, 60. Auflage, München 2013
Fleischer, Holger	Vorstandshaftung und Vertrauen auf anwaltlichen Rat, in: NZG 2010, S. 121–125
ders.	Kompetenzüberschreitungen von Geschäftsleitern im Personen- und Kapitalgesellschaftsrecht. Schaden – rechtmäßiges Alternativverhalten – Vorteilsausgleichung, in: DStR 2009, S. 1204–1210
ders.	Investor Relations und informationelle Gleichbehandlung im Aktien-, Konzern- und Kapitalmarktrecht, in: ZGR 2009, S. 505–541
ders.	Corporate Compliance im aktienrechtlichen Unternehmensverbund, in: CCZ 2008, S. 1–6
ders.	Kartellrechtsverstöße und Vorstandsrecht, in: BB 2008, S. 1070–1076
ders. (Hrsg.)	Handbuch des Vorstandsrechts, Hrsg. v. Holger Fleischer, München 2006
ders.	Konzernleitung und Leitungssorgfalt der Vorstandsmitglieder im Unternehmensverbund, in: DB 2005, S. 759–766
ders.	Aktienrechtliche Legalitätspflicht und „nützliche“ Pflichtverletzungen von Vorstandsmitgliedern, in: ZIP 2005, S. 141–152
ders.	Zur Verantwortlichkeit einzelner Vorstandsmitglieder bei Kollegialentscheidungen im Aktienrecht, in: BB 2004, S. 2645–2652
ders.	Zum Grundsatz der Gesamtverantwortung im Aktienrecht, in: NZG 2003, S. 449–459
ders.	Zur Leitungsaufgabe des Vorstands im Aktienrecht, in: ZIP 2003, S. 1–11
ders.	Vorstandsverantwortlichkeit und Fehlverhalten von Unternehmensangehörigen – von der Einzelüberwachung zur Errichtung einer Compliance-Organisation, AG 2003, S. 291–300

Foerste, Ulrich — Nochmals: Persönliche Haftung der Unternehmensleitung – die zweite Spur der Produkthaftung?, in: VersR 2002, S. 1–6

Fonk, Hans J. — Vergütungsrelevante Zielvereinbarungen und – vorgaben versus Leitungsbefugnis des Vorstands, NZG 2011, S. 321–327

Freidank, Carl C. / Peemöller, Volker H. / (Hrsg.) — Corporate Governance und Interne Revision Handbuch für die Neuausrichtung des Internal Auditings, Berlin 2007

Geiser, Martina — Leitungspflichten des Vorstandes in der AG ' Grenzziehung zwischen der Business Judgment Rule und den notwendigen Anforderungen an eine Compliance-Organisation, Hamburg 2010

Gernoth, Jan P. — Die Überwachungspflichten des Aufsichtsrats im Hinblick auf das Risiko-Management und die daraus resultierenden Haftungsfolgen für den Aufsichtsrat, in: DStR 2001, S. 299–309

Glöckner, Jochen / Müller-Tautphaeus, Ken — Rückgriffshaftung von Organmitgliedern bei Kartellrechtsverstößen, in: AG 2001, S. 344–349

Göhler, Erich — Gesetz über Ordnungswidrigkeiten, 16. Auflage, München 2012

Göpfert, Burkhard / Drägert, Carolin — Außerordentliche Kündigung bei Compliance-Verstößen ohne Ausschlussfrist? – Ein Diskussionsbeitrag, in: CCZ 2011, S. 25–30

Görtz, Birthe — Der neue Compliance-Prüfungsstandard (EPS 980) Inhalte und Aussagen, in: CCZ 2010, S. 127–133

Goette, Wulf — Organisationspflichten in Kapitalgesellschaften zwischen Rechtspflicht und Opportunität, in: ZHR (175) 2011, S. 388–400

Götting, Horst P. — Die persönliche Haftung des GmbH-Geschäftsführers für Schutzrechtsverletzungen und Wettbewerbsverstöße, in: GRUR 1994, S. 6–12

Götz, Heinrich — Leitungssorgfalt und Leitungskontrolle der Aktiengesellschaft hinsichtlich abhängiger Unternehmen, in: ZGR 1998, S. 524–546

ders.	Die Pflicht des Aufsichtsrats zur Haftbarmachung von Vorstandsmitgliedern Besprechung des ARAG–Urteils des BGH, in: NJW 1997, S. 3275–3278
ders.	Die Überwachung der Aktiengesellschaft im Lichte jüngerer Unternehmenskrisen, in: AG 1995, S. 337–353
Gößwein, Georg / Hohmann, Olaf	Modelle der Compliance-Organisation in Unternehmen – Wider den Chief Compliance Officer als „Überoberverantwortungsnehmer", in: BB 2011, S. 963–968
Goll, Lothar / Haupt, Stephan	Corporate Governance, Risk- and Compliance Management in der Beschaffung, in: Best Practice in Einkauf und Logistik, Hrsg. v. Bundesverband Materialwirtschaft, Einkauf und Logistik, 2. Auflage, Wiesbaden 2008, S. 149–168
Grohnert, Stephan	Rechtliche Grundlagen einer Compliance-Organisation und ausgewählte Fragen der Umsetzung, Hamburg 1999
Großkommentar Aktiengesetz	Band 1, §§ 1–53, 4. Auflage, Berlin 2004; Band 3, §§ 76–94, 4. Auflage, Berlin 2008; Band 5, §§ 118–149, Hrsg. v. Klaus J. Hopt und Herbert Wiedemann, 4. Auflage, Berlin 2008
Grüninger, Stephan	Werteorientiertes Compliance Management-System, in: Handbuch Compliance-Management, Hrsg. v. Josef Wieland, Roland Steinmeyer und Stephan Grüninger, Berlin 2010, S. 39–69
ders.	Corporate Responsibility und Anti Corruption Compliance, in: Der Aufsichtsrat 2008, S. 4–6
Grützner, Thomas / Jakob, Alexander (Hrsg.)	Compliance von A–Z, München 2010
Grundmeier, Charlotte E.	Rechtspflicht zur Compliance im Konzern, Köln 2011
Grunewald, Barbara	Die Haftung von Organmitgliedern nach Deliktsrecht, in: ZHR (157) 1993, S. 451–463
Hanau, Peter	Fragen der Mitbestimmung und Betriebsverfassung im Konzern, in: ZGR 1984, S. 468–494

Haas, Ulrich Geschäftsführerhaftung und Gläubigerschutz, München 1997

Habersack, Mathias Gedanken zur konzernweiten Compliance-Verantwortung des Geschäftsleiters eines herrschenden Unternehmens, in: Festschrift Wernhard Möschel, Hrsg. v. Stefan Bechtold, Joachim Jickeli und Mathias Rohe, Baden-Baden 2011, S. 1175–1192

Harms, Wolfgang Konzerne im Recht der Wettbewerbsbeschränkungen, Köln u.a. 1968

Hasselbach, Kai / Nawroth, Christoph / Rödding, Adalbert (Hrsg.) Beck'sches Holding Handbuch, München 2011

Hauger, Nils F. W. / Palzer, Christoph Mehr Nachsicht als Vorsicht? Zum gesellschaftsrechtlichen Innenregress am Beispiel sanktionierter Kartellverstöße, in: ZGR 2014 (im Erscheinen)

Hauschka, Christoph E. (Hrsg.) Corporate Compliance Handbuch der Haftungsvermeidung im Unternehmen, 2. Auflage, München 2010

ders. Compliance im Gesellschaftsrecht und die aktuellen Entwicklungen in der Diskussion, in: Verbraucherschutz im Kreditgeschäft – Compliance in der Kreditwirtschaft, Hrsg. v. Walther Hadding, Klaus J. Hopt und Herbert Schimansky, Berlin 2009, S. 103–137

ders. Compliance – Praktische Erfahrungen und Thesen, in: Gesellschaftsrecht in der Diskussion 2007 – Jahrestagung der Gesellschaftsrechtlichen Vereinigung (VGR), Hrsg. v. der Gesellschaftsrechtlichen Vereinigung, Köln 2008, S. 51–63

ders. Die Voraussetzungen für ein effektives Compliance System i.S. von § 317 Abs. 4 HGB, in: DB 2006, S. 1143–1146

ders. Compliance am Beispiel der Korruptionsbekämpfung, ZIP 2004, S. 877–883

ders. Compliance, Compliance-Manager, Compliance-Programme: Eine geeignete Reaktion auf gestiegene Haftungsrisiken für Unternehmen und Management?, in: NJW 2004, S. 257–261

ders.	Der Compliance-Beauftragte im Kartellrecht, in: BB 2004, S. 1178–1182
ders. *Greeve, Gina*	Compliance in der Korruptionsprävention – was müssen, was sollen, was können die Unternehmen tun?, in: BB 2007, S. 165–173
Hefendehl, Roland	Corporate Governance und Business Ethics: Scheinberuhigung oder Alternativen bei der Bekämpfung der Wirtschaftskriminalität, in: JZ 2006, S. 119–125
von Hehn, Paul A. / Hartung, Wilhelm	Unabhängige interne Untersuchungen in Unternehmen als Instrument guter Corporate Governance – auch in Europa?, in: DB 2006, S. 1909–1914
Heidel, Thomas (Hrsg.)	Aktienrecht und Kapitalmarktrecht, 3. Auflage, Baden–Baden 2011
Heine, Günter	Die strafrechtliche Verantwortlichkeit von Unternehmen, Baden-Baden 1995
von Heintschel-Heinegg, Bernd	StGB, Stand 08.03.2013, Edition 22, München 2011
Hellmann, Uwe / Beckemper, Katharina	Wirtschaftsstrafrecht, 2. Auflage, Stuttgart 2008
Henssler, Martin	Der Arbeitsvertrag im Konzern, Berlin 1983
Henze, Hartwig	Leitungsverantwortung des Vorstands – Überwachungspflicht des Aufsichtsrats, in: BB 2000, S. 209–216
Hillebrandt, Werner	Das Früherkennungs- und Überwachungssystem bei Kapitalgesellschaften, Düsseldorf 2005
Hölters, Wolfgang (Hrsg.)	Aktiengesetz, München 2011
Hoffmann-Becking, Michael	Zur rechtlichen Organisation der Zusammenarbeit im Vorstand der AG, in: ZGR 1998, S. 497–519
ders.	Der Aufsichtsrat im Konzern, in: ZHR (159) 1995, S. 325–345
Holzborn, Timo / Foelsch, Eberhard	Schadensersatzpflichten von Aktiengesellschaften und deren Management bei Anlegerverlusten – Ein Überblick, in: NJW 2003, S. 932–940
Hommelhoff, Peter	Die Konzernleitungspflicht, Köln u.a. 1982

Hommelhoff, Peter / Mattheus, Daniela Risikomanagementsystem im Entwurf des BilMoG als Funktionselement der Corporate Governance, in: BB 2007, S. 2787–2791

dies. Risikomanagement im Konzern – ein Problemaufriß, in: BfuP 2000, S. 217–230

dies. Corporate Governance nach dem KonTraG, in: AG 1998, S. 249–259

Hommelhoff, Peter Risikomanagement im GmbH-Recht, in: Festschrift für Otto Sandrock, Hrsg. v. Klaus P. Berger u.a., Heidelberg 2000, S. 373–383

ders. / Hopt, Klaus J. / v. Werder, Axel (Hrsg.) Handbuch Corporate Governance, 2. Auflage, Köln 2009

Hopson, Mark D. / Graham Koehler, Kristin Effektive ethische Compliance-Programme im Sinne der United States Federal Sentencing Guidelines, in: CCZ 2008, S. 208–213

Hopt, Klaus J. Gemeinsame Grundsätze der Corporate Governance in Europa?, in: ZGR 2000, S. 779–818

ders. / Wohlmannstetter, Gottfried Corporate Governance von Banken, München 2011

Horn, Norbert Die Haftung des Vorstands der AG nach § 93 AktG und die Pflichten des Aufsichtsrats, in: ZIP 1997, S. 1129–1139

Horney, Jörg / Kuhlmann. Matthias Der Entwurf des IDW für einen Standard zur Prüfung von Compliance-Management-Systemen aus Sicht der Unternehmenspraxis, in: CCZ 2010, S. 192–195

Huber, Nikolaus Die Reichweite konzernbezogener Compliance-Pflichten des Mutter-Vorstands des AG-Konzerns, Berlin 2013

Huber, Ulrich Zur kartellrechtlichen Problematik der Zusammenfassung von Konzernunternehmen unter einer einheitlichen Leitung im Sinn des § 18 AktG, in: ZHR (131) 1968, S. 193–254

Hüffer, Uwe Aktiengesetz, 10. Auflage, München 2012

ders. Informationen zwischen Tochtergesellschaft und herrschendem Unternahmen im vertragslosen Konzern, in: Festschrift für Eberhard Schwark, Hrsg. v. Stefan Grundmann u.a., München 2009, S. 185–198

ders. Die leitungsbezogene Verantwortung des Aufsichtsrats, in: NZG 2007, S. 47–54

ders. Organpflichten und Haftung in der Publikums-Personengesellschaft – Besprechung der Entscheidungen BGH BB 1980, 546 und BGHZ 75, 321, in: ZGR 1980, S. 348–363

Hümmerich, Klaus / Reufels, Martin Gestaltung von Arbeitsverträgen, 2. Auflage, Baden-Baden 2011

Hüneröder, Johann F. Die Aufsichtspflichtverletzung im Kartellrecht – § 130 OWiG, Bergisch Gladbach 1989

Hütten, Christoph / Stromann, Hilke Umsetzung des Sarbanes-Oxley Act in der Unternehmenspraxis, in: BB 2003, S. 2223–2227

Huth, Mark A, Die Vorstandspflicht zur Risikoüberwachung, Baden-Baden 2007

Ihrig, Hans C. Reformbedarf beim Haftungstatbestand des § 93 AktG, in: WM 2004, S. 2098–2107

Immenga, Ulrich Compliance als Rechtspflicht nach Aktienrecht und Sarbanes–Oxley–Act, in: Festschrift für Eberhard Schwark, Hrsg. v. Stefan Grundmann u.a., München 2009, S. 199–207

Immenga, Ulrich / Mestmäcker, Ernst J. Wettbewerbsrecht, Band 1. EU/Teil 2, 5. Auflage, München 2012

Jauernig, Othmar Bürgerliches Gesetzbuch, 14. Auflage, München 2011

Jungkurth, Frank Konzernleitung bei der GmbH, Berlin 2000

Junker, Abbo Konzernweite "Ethikregeln" und nationale Betriebsverfassungen, in: BB 2005, S. 602–605

Kantzas, Ioannis Das Weisungsrecht im Vertragskonzern, Frankfurt am Main 1988

Kapp, Thomas / Gärtner, Daniel Die Haftung von Vorstand und Aufsichtsrat bei Verstößen gegen das Kartellrecht, in: CCZ 2009, S. 168–174

Karlsruher Kommentar zum Gesetz über Ordnungswidrigkeiten	Hrsg. v. Lothar Senge, 3. Auflage, München 2006
Kassebohm, Kristian / Malorny, Christian	Die strafrechtliche Verantwortung des Managements, in: BB 1994, S. 1361–1371
Kießling, Axel / Kießling, Erik	Kontrolle durch Interne Revision in Kreditinstituten, in: WM 2003, S. 513–523
Kellerbauer, Manuel / Weber, Olaf	Die gesamtschuldnerische Haftung für Kartellgeldbußen und ihre Grenzen: Das Urteil Siemens VA Tech, in: EuZW 2011, S. 666–670
Kiethe, Kurt	Vermeidung der Haftung von geschäftsführenden Organen durch Corporate Compliance, in: GmbHR 2007, S. 393–400
ders.	Die zivil- und strafrechtliche Haftung von Vorstandsmitgliedern einer Sparkasse für riskante Kreditgeschäfte, in: BKR 2005, S. 177–186
Kleindiek, Detlef	Deliktshaftung und juristische Person, Tübingen 1997
ders.	Strukturvielfalt im Personengesellschaftskonzern, Köln u.a. 1991
Klengel, Jürgen D. W. / Mückenberger, Ole	Internal Investigations – typische Rechts- und Praxisprobleme unternehmensinterner Ermittlungen, in: CCZ 2009, S. 81–87
Klindt, Thomas	Nicht-börsliches Compliance-Management als zukünftige Aufgabe der Inhouse-Juristen, in: NJW 2006, S. 3399–3400
Klindt, Thomas / Pelz, Christian / Theusinger, Ingo	Compliance im Spiegel der Rechtsprechung, in: NJW 2010, S. 2385–2391
Kling, Michael	Wirtschaftliche Einheit und Gemeinschaftsunternehmen – Konzernprivileg und Haftungszurechnung, in: ZweR 2011, S. 169–191
Koch, Benjamin	Ausgewählte Themen der IP-Compliance, in: CCZ 2010, S. 70–73

Koch, Jens	Beschränkungen des gesellschaftsrechtlichen Innenregresses bei Bußgeldzahlungen, in: Liber Amicorum für Martin Winter, Hrsg. v. Michael Hoffmann-Becking, Uwe Hüffer und Jochem Reichert, S. 327–350
ders.	Compliance-Pflichten im Unternehmensverbund, in: WM 2009, S. 1013–1020
ders.	Die Konzernobergesellschaft als Unternehmensinhaber i.S.d. § 130 OWiG, in: AG 2009, S. 564–574
ders.	Der kartellrechtliche Sanktionsdurchgriff im Unternehmensverbund, in: ZHR (171) 2007, S. 554–580
Kock, Martin	Einführung einer Ethikrichtlinie im Unternehmen, in: MDR 2006, S. 673–676
ders. / Francke, Julia	Mitarbeiterkontrolle durch systematischen Datenabgleich zur Korruptionsbekämpfung, in: NZA 2009, S. 646–651
Kölner Kommentar zum Aktiengesetz	Band 1, §§ 1–75 AktG, 3. Auflage, Köln 2011; Band 2.1, §§ 76–94 AktG, 3. Auflage, Köln 2010; Band 2.2, §§ 95–117 AktG, 3. Auflage, Köln 2013; Band 6, §§ 15–22 AktG, §§ 291–328 AktG, Hrsg. v. Wolfgang Zöllner und Ulrich Noack, 3. Auflage, Köln 2004
Kolbe, Sebastian	Unkündbarkeit für Korruptionstäter?, in: NZA 2009, S. 228–232
Konzen, Horst	Geschäftsführung, Weisungsrecht und Verantwortlichkeit in der GmbH und GmbH & Co KG, in: NJW 1989, S. 2977–2987
Kort, Michael	Compliance-Pflichten von Vorstandsmitgliedern und Aufsichtsratsmitgliedern, in: Festschrift für Klaus J. Hopt, Hrsg. v. Stefan Grundmann u.a., Berlin 2010, S. 983–1003
ders.	Bildung und Stellung des Konzernbetriebsrats bei nationalen und internationalen Unternehmensverbindungen, in: NZA 2009, S. 464–471
ders.	Ethik-Richtlinien im Spannungsfeld zwischen US-amerikanischer Compliance und deutschem Konzernbetriebsverfassungsrecht, NJW 2009, S. 129–133

ders. Verhaltensstandardisierung durch Corporate Compliance, in: NZG 2008, S. 81–86

ders. Das Informationsrecht des Gesellschafters der Konzernobergesellschaft, in: ZGR 1987, S. 46–75

Kreikebaum, Hartmut Grundlagen der Unternehmensethik, Stuttgart 1996.

Kremer, Thomas / Klahold, Christoph Compliance-Programme in Industriekonzernen, in: ZGR 2010, S. 113–143

Krieger, Gerd / Schneider, Uwe H. (Hrsg.) Handbuch Managerhaftung, Vorstand, Geschäftsführer, Aufsichtsrat, Pflichten und Haftungsfolgen, Typische Risikobereiche, 2. Auflage, Köln 2010

Krieger, Steffen / Günther, Jens Die arbeitsrechtliche Stellung des Compliance Officers – Gestaltung einer Compliance-Organisation unter Berücksichtigung der Vorgaben im BGH-Urteil vom 17.7.2009, in: NZA 2010, S. 367–373

Kropff, Bruno Der GmbH-Beherrschungsvertrag: Voraussetzung für den Vorrang von Konzerninteressen?, in: Festschrift für Johannes Semler, Hrsg. v. Marcus Bierich, Peter Hommelhoff und Bruno Kropff, Berlin, New York 1993, S. 517–540

ders. Zur Konzernleitungspflicht, in: ZGR 1984, S. 112–133

Küting, Karlheinz / Seel, Christoph Neukonzeption des Mutter-Tochter- Verhältnisses nach HGB – Auswirkungen des BilMoG auf die handelsrechtliche Bilanzierung, in: BB 2010, S. 1459–1464

Kuhlmann, Jens / Ahnis, Erik Konzern- und Umwandlungsrecht, 3. Auflage, Heidelberg u.a. 2010

Lakies, Thomas Das Weisungsrecht des Arbeitgebers (§ 106 GewO) – Inhalt und Grenzen, in: BB 2003, S. 364–369

Lang, Peter Corporate Compliance – Verantwortung, Implementierungspflichten und Umsetzung in der unverbundenen Aktiengesellschaft und im Konzern, Hamburg 2013

Lange, Knut W. / Wall, Friederike (Hrsg.) Risikomanagement nach dem KonTraG, München 2001

Langen, Eugen / Bunte, Hermann J.	Kommentar zum deutschen und europäischen Kartellrecht, Band 1, Deutsches Kartellrecht, 11. Auflage Köln 2011
Larenz, Karl	Methodenlehre der Rechtswissenschaft, 5. Auflage, Berlin u.a. 1983
Leipold, Klaus	Forensic Services, in: NJW-Spezial 2006, S. 375
Lemke, Michael / Mosbacher, Andreas	Ordnungswidrigkeitengesetz, 2. Auflage, Heidelberg 2005
Lensdorf, Lars	IT-Compliance – Maßnahmen zur Reduzierung von Haftungsrisiken von IT-Verantwortlichen, in: CR 2007, S. 413–418
Liese, Jens	Much Adoe Abou Nothing? oder: Ist der Vorstand einer Aktiengesellschaft verpflichtet, eine Compliance- Organisation zu implementieren?, in: BB Special 5, 2008, S. 17–22
ders. / Schulz, Martin	Risikomanagement durch Compliance-Audits, in: BB 2011, S. 1347–1353
Lippe, Donovan	Compliance in Banken und Bankkonzernen, Göttingen 2010
Lindermann, Edgar	Doppelmandat gleich Haftungsdurchgriff?, in: AG 1987, S. 225–239
Löbbe, Marc	Unternehmenskontrolle im Konzern, Heidelberg 2003
Lösler, Thomas	Zu Rolle und Stellung des Compliance-Beauftragten, in: WM 2008, S. 1098–1104
ders.	Spannungen zwischen der Effizienz der internen Compliance und möglichen Reporting-Pflichten des Compliance Officers, in: WM 2007, S. 676–683
ders.	Das moderne Verständnis von Compliance im Finanzmarktrecht, in: NZG 2005, S. 104–108
ders.	Compliance im Wertpapierdienstleistungskonzern, Berlin 2003
Loewenheim, Ulrich / Meessen, Karl M. / Riesenkampff, Alexander	Kartellrecht, 2. Auflage, München 2009

Loff, Detmar — Herausforderungen bei Auslagerungssachverhalten nach den MaRisk, in: WM 2009, S. 780–786

Loritz, Karl G. / Wagner, Klaus R. — Haftung von Vorständen und Aufsichtsräten, in: DStR 2012, S. 2189–2195

Lück, Wolfgang — Managementrisiken im Risikomanagementsystem, in: DB 2000, S. 1473–1477

Lutter, Marcus / Hommelhoff, Peter — GmbH Gesetz Kommentar, 18. Auflage, Köln 2012

Lutter, Marcus — Konzernphilosophie vs. konzernweite Compliance und konzernweites Risikomanagement, in: Festschrift für Wulf Goette, Hrsg. v. Mathias Habersack und Peter Hommelhoff, München 2011, S. 289–297

ders. — Die Business Judgment Rule und ihre praktische Anwendung, in: ZIP 2007, S. 841–848

ders. — Information und Vertraulichkeit im Aufsichtsrat, 3. Auflage, Köln u.a. 2006

ders. — Haftung und Haftungsfreiräume des GmbH-Geschäftsführers – 10 Gebote an den Geschäftsführer, in: GmbHR 2000, S. 301–312

ders. — Holding Handbuch, 3. Auflage, Köln 1998

ders. — Due diligence des Erwerbers beim Kauf einer Beteiligung, in: ZIP 1997, S. 613–620

ders. — Gefahren persönlicher Haftung für Gesellschafter und Geschäftsführer einer GmbH, in: DB 1994, S. 129–135

ders. — Zur persönlichen Haftung des Geschäftsführers aus deliktischen Schäden im Unternehmen, in: ZHR (157) 1993, S. 464–482

ders. — Stand und Entwicklung des Konzernrechts in Europa, in: ZGR 1987, S. 324–369

ders. — Organzuständigkeiten im Konzern, in Festschrift für Walter Stimpel, Hrsg. v. Marcus Lutter, Hans J. Mertens und Peter Ulmer, Berlin u.a. 1985, S. 825–854

ders. / Timm, Wolfram — Konzernrechtlicher Präventivschutz im GmbH-Recht, in: NJW 1982, S. 409–420

Lutter, Marcus / Krieger, Gerd — Rechte und Pflichten des Aufsichtsrats, 5. Auflage, Köln 2008

Maak, Thomas / Ulrich, Peter — Integre Unternehmensführung – Ethisches Orientierungswissen für die Wirtschaftspraxis, Stuttgart 2007

Mackenthun, Thomas — Datenschutzrechtliche Voraussetzungen der Verarbeitung von Kundendaten beim zentralen Rating und Scoring im Bank-Konzern, in: WM 2004, S. 1713–1717

Mahnhold, Thilo — „Global Whistle" oder „deutsche Pfeife" – Whistleblowing-Systeme im Jurisdiktionenkonflikt, in: NZA 2008, S. 737–743

Mansdörfer, Marco / Timmerbeil, Sven — Das Modell der Verbandshaftung im europäischen Kartellbußgeldrecht, in: EuZW 2011, S. 214–218

dies. — Zurechnung und Haftungsdurchgriff im Konzern – Eine rechtsgebietsübergreifende Betrachtung, in: WM 2004, S. 362–370

Martens, Klaus P. — Die Organisation des Konzernvorstands, in: Festschrift für Theodor Heinsius, Hrsg. v. Friedrich Kübler, Hans-Joachim Mertens und Winfried Werner, Berlin u.a. 1991, S. 523–544

Martinek, Michael / Semler, Franz J. / Habermeier, Stefan / Flohr, Eckhard (Hrsg.) — Handbuch des Vertriebsrechts, 3. Auflage, München 2010

Maschmann, Frank (Hrsg.) — Corporate Compliance und Arbeitsrecht, Baden-Baden 2009

Matusche-Beckmann, Annemarie — Das Organisationsverschulden, Tübingen 2001

Medicus, Dieter — Die Außenhaftung des Führungspersonals juristischer Personen im Zusammenhang mit Produktionsmängeln, in: GmbHR 2002, S. 809–821

ders. — Die Außenhaftung des GmbH-Geschäftsführers, in: GmbHR 1993, S. 533–540

ders. — Zur deliktischen Eigenhaftung von Organpersonen, in: Festschrift für Werner Lorenz, Hrsg. v. Bernhard Pfister und Michael R. Will, Tübingen 1991, S. 155–169

Meier-Greve, Daniel Vorstandshaftung wegen mangelhafter Corporate Compliance, in: BB 2009, S 2555–2560

Mengel, Anja Compliance und Arbeitsrecht, München 2009

dies. Arbeitsrechtliche Besonderheiten der Implementierung von Compliance-Programmen in internationalen Konzernen, in: CCZ 2008, S. 85–91

Mengel, Anja / Hagemeister, Volker Compliance und arbeitsrechtliche Implementierung in Unternehmen, in: BB 2007, S. 1386–1393

Menz, Michael Wirtschaftliche Einheit und Kartellverbot, Berlin 2004

Menzies, Christof (Hrsg.) Sarbanes-Oxley und Corporate Compliance, Stuttgart 2006

Mertens Hans J. Die Haftung wegen Mißbrauchs der Leitungsmacht nach § 309 AktG aus schadensersatzrechtlicher Sicht, in: AcP (168) 1968, S. 225–234

Mertens, Hans J. / Mertens, Georg Anmerkung zu BGH, Urteil v. 5.12.1989 – VI ZR 335/88 (OLG Zweibrücken), in: JZ 1990, S. 488–490

Meyer, Uwe Ethikrichtlinien internationaler Unternehmen und deutsches Arbeitsrecht, in: NJW 2006, S. 3605–3609

Michalski, Lutz (Hrsg.) Kommentar zum Gesetz betreffend die Gesellschaften mit beschränkter Haftung (GmbH-Gesetz), 2. Auflage, München 2010

Milde, Thomas Der Gleichordnungskonzern im Gesellschaftsrecht, Berlin 1996

Momsen, Carsten Internal Investigations zwischen arbeitsrechtlicher Mitwirkungspflicht und strafprozessualer Selbstbelastungsfreiheit, in: ZIS 2011, S. 508–516

Monjau, Herbert Der Konzernbetriebsrat, in: BB 1972, S. 839–843

Moosmayer, Klaus Compliance – Praxisleitfaden für Unternehmen, 2. Auflage, München 2012

Mosiek, Marcus Risikosteuerung im Unternehmen – zur Untreuestrafbarkeit Unternehmensverantwortlicher in Aktiengesellschaft und GmbH bei Verstößen gegen gesetzliche Risikosteuerungspflichten, in: wistra 2003, S. 370–375

Münchener Anwalts-Handbuch Arbeitsrecht	Hrsg. v. Wilhelm Moll, 3. Auflage, München 2012
Münchener Handbuch des Gesellschaftsrechts	Band 4, Aktiengesellschaft, Hrsg. v. Michael Hoffmann-Becking, 3. Auflage, München 2007
Münchener Kommentar zum Aktiengesetz	Band 1, §§ 1–75, 3. Auflage, München 2008; Band 2, §§ 76–117, 3. Auflage, München 2008; Band 3, §§ 118–178, 3. Auflage, München 2013; Band 5, §§ 278–328, 3. Auflage, Hrsg. v. Wulf Goette u. Mathias Habersack, München 2010
Münchener Kommentar zum Bürgerlichen Gesetzbuch	Band 2, §§ 241–432, Redaktion v. Wolfgang Krüger, 6. Auflage, München 2012; Band 5, §§ 705–853, Redaktion v. Mathias Habersack, 6. Auflage, München 2013
Münchener Kommentar zum GmbHG	Band 1, §§ 1–34, München 2010; Band 2, §§ 35–52, Hrsg. v. Holger Fleischer und Wulf Goette, München 2012
Münchener Kommentar zum StGB	Band 4, §§ 263–358 StGB §§ 1–8, 105, 106 JGG, Bandredakteure Roland Hefendehl und Olaf Hohmann, München 2006
Mülbert, Peter O.	Aktiengesellschaft, Unternehmensgruppe und Kapitalmarkt, 2. Auflage, München 1996
Musielak, Hans J.	Kommentar zur Zivilprozessordnung, 10. Auflage, München 2013
Oehler, Wolfgang	Produzentenhaftung im Konzern – Deliktsrecht und Haftungsbeschränkung, in: ZIP 1990, S. 1445–1455
Oltmanns, Martin	Geschäftsleiterhaftung und unternehmerisches Ermessen, Frankfurt u.a. 2001
Oppenländer, Frank / Trölitzsch, Thomas (Hrsg.)	Praxishandbuch der GmbH-Geschäftsführung, 2. Auflage, München 2011
Paefgen, Walter G.	Unternehmerische Entscheidung und Rechtsbindung der Organe in der AG, Köln 2002
Pahlke, Anne K.	Risikomanagement nach KonTraG – Überwachungspflichten und Haftungsrisiken für den Aufsichtsrat, in: NJW 2002, S. 1680–1688
Palandt, Otto (Begr.)	Bürgerliches Gesetzbuch, 72. Auflage, München 2013

Pampel, Gunnar. Die Bedeutung von Compliance-Programmen im Kartellordnungswidrigkeitenrecht, in: BB 2007, S. 1636–1640

Pananis, Panos Insidertatsache und Primärinsider, Berlin 1998

Pape, Jonas Zur Wirksamkeit von Corporate Compliance, in: CCZ 2009, S. 233–236

Passarge, Malte Grundzüge eines nachhaltigen Compliance-Programms – Was jeder Steuerberater zum Thema Compliance wissen sollte, in: DStR 2010, S. 1675–1680

ders. Risiken und Chancen mangelhafter Compliance in der Unternehmensinsolvenz, NZI 2009, S. 86–91

ders. Vorstands-Doppelmandate –ein nach wie vor aktuelles Thema!, in: NZG 2007, S. 441–444

Patzina, Reinhard / Bank, Stefan / Schimmer, Dieter / Simon-Widmann, Michaele Haftung von Unternehmensorganen, München 2010

Pellens, Bernhard / Hillebrandt, Franca / Ulmer, Björn Umsetzung von Corporate-Governance-Richtlinien in der Praxis, in: BB 2001, S. 1243–1250

Pittroff, Esther Whistle-Blowing-Systeme in deutschen Unternehmen, Wiesbaden 2011

Pörnbacher, Karl / Mark, Jonas Auswirkungen des UK Bribery Act 2010 auf deutsche Unternehmen, in: NZG 2010, S. 1372–1375

Pollanz, Manfred Konzeptionelle Überlegungen zur Einrichtung und Prüfung eines Risikomanagementsystems – Droht eine Mega-Erwartungslücke?, in: DB 1999, S. 393–399

Potrafke, Christian Kartellrechtswidrigkeit konzerninterner Vereinbarungen und darauf beruhender Verhaltensweisen, Baden-Baden 1991

Powilleit, Simone Compliance im Unternehmen: Rechtliches Risikomanagement als Wertschöpfungsfaktor, in: GWR 2010, S. 28–28

Preußner, Joachim Deutscher Corporate Governance Kodex und Risikomanagement, in: NZG 2004, S. 303–307

ders. Risikomanagement im Schnittpunkt von Bankaufsichtsrecht und Gesellschaftsrecht – Zur Schrittmacherrolle des Aufsichtsrechts am Beispiel der Organisation des Risikomanagements in Kreditinstituten, in: NZG 2004, S. 57–61

ders. / Zimmermann, Dörte Risikomanagement als Gesamtaufgabe des Vorstandes, in: AG 2002, S. 657–662

Preußner, Joachim / Becker, Florian Ausgestaltung von Risikomanagementsystemen durch die Geschäftsleitung – Zur Konkretisierung einer haftungsrelevanten Organisationspflicht, in: NZG 2002, S. 846–851

Ransiek, Andreas Untreue zum Nachteil einer abhängigen GmbH – "Bremer Vulkan" – Besprechung des Urteils des BGH wistra 2004, 341, in: wistra 2005, S. 121–125

ders. Strafrecht im Unternehmen und Konzern, in: ZGR 1999, S. 613–658

ders. Unternehmensstrafrecht, Heidelberg 1996

Rebmann, Kurt / Roth, Werner / Herrmann, Siegfried Gesetz über Ordnungswidrigkeiten, Band 2, 3. Auflage, 15. Lieferung, Stuttgart 2010

Reese, Jürgen Die Haftung von „Managern“ im Außenverhältnis, DStR 1995, S. 688–694

Rehbinder, Eckhard Besprechung: Peter Hommelhoff, Die Konzernleitungspflicht, Zentrale Aspekte eines Konzernverfassungsrechts, in: ZHR (147) 1983, S. 464–473

ders. Konzernaußenrecht und allgemeines Privatrecht, Bad Homburg v. d. H. 1969

Reichert, Jochen / Ott, Nicolas Non Compliance in der AG – Vorstandspflichten im Zusammenhang mit der Vermeidung, Aufklärung und Sanktionierung von Rechtsverstößen, in: ZIP 2009, S. 2173–2180

Reuter, Alexander Die Konzerndimension des KonTraG und ihre Umsetzung in Konzernobergesellschaften, in: DB 1999, S. 2250–2253

Rieble, Volker — Pädophile Priester und Kirchen–Compliance, in: CCZ 2010, S. 107–110

Rieger, Harald — Gesetzeswortlaut und Rechtswirklichkeit im Aktienrecht, in: Festschrift für Martin Peltzer, Hrsg. v. Marcus Lutter, Manfred Scholz und Walter Sigle, Köln 2001, S. 339–357

Ringleb, Henrik M. / Kremer, Thomas / Lutter, Marcus / v. Werder, Axel (Hrsg.) — Kommentar zum Deutschen Corporate Governance Kodex, 4. Auflage, München 2010

Röckrath, Luidger — Kollegialentscheidungen und Kausalitätsdogmatik Zurechnung überbestimmter Erfolge in Straf- und Haftungsrecht, in: NStZ 2003, S. 641–646

Rönnau, Thomas / Schneider, Frédéric — Der Compliance-Beauftrage als strafrechtlicher Garant, in: ZIP 2010, S. 53–61

Rogall, Klaus — Dogmatische und kriminalpolitische Probleme der Aufsichtspflichtverletzung in Betreiben und Unternehmen (§ 130 OWiG), in: ZStW 98 (1986), S. 573–623

Rolfs, Christian / Giesen, Richard / Kreikebohm, Ralf / Udsching, Peter (Hrsg.) — Arbeitsrecht, Edition 28, Stand 01.13.2013, München

Roth, Günter / Altmeppen, Holger. (Hrsg.) — Gesetz betreffend die Gesellschaften mit beschränkter Haftung (GmbHG), 7. Auflage, München 2012

Roth, Markus — Unternehmerisches Ermessen und Haftung des Vorstands, München 2001

Rütsch, Claus J. — Strafrechtlicher Durchgriff bei verbundenen Unternehmen?, Köln 1987

Schaaf, Martin — Risikomanagement und Compliance in Versicherungsunternehmen – aufsichtsrechtliche Anforderungen und Organverantwortung, Karlsruhe 2010

Schaefer, Hans / Baumann, Diethelm — Compliance-Organisation und Sanktionen bei Verstößen, in: NJW 2011, S. 3601–3605

Schäfer, Holger — Die MaComp und die Aufgaben von Compliance, in: BKR 2011, S. 187–199

ders.	Die MaComp und das Erfordernis der Unabhängigkeit, Wirksamkeit und Dauerhaftigkeit von Compliance, in: BKR 2011, S. 45–57
Schäfer, Philipp M.	Die Organstellung, Anstellungsverhältnisse und Haftung der Mitglieder des Vorstands und der Geschäftsführung abhängiger Gesellschaften, Berlin 2003
Schall, Hero	Grund und Grenzen der strafrechtlichen Geschäftsherrenhaftung, in: Festschrift für Hans J. Rudolphi, Hrsg. v. Klaus Rogall u.a., München 2004, S. 267–283
Scharpf, Paul	Die Sorgfaltspflichten des Geschäftsführers einer GmbH, in: DB 1997, S. 737–743
Schauss, Wolfgang	Das Weisungsrecht des herrschenden Unternehmens bei Bestehen eines Beherrschungsvertrages, Frankfurt am Main 1973
Scheffler, Eberhard	Controlling im Konzern unter Beachtung der rechtlichen Regeln für die Eigenständigkeit der konzernabhängigen juristischen Personen, AG 1991, S. 256–261
Schimansky, Herbert / Bunte, Hermann-J. / Lwowski, Hans-J.	Bankrechts-Handbuch, Band I, 4. Auflage. München 2011
Schlachter, Monika	Mitbestimmung bei der Einführung von „Ethikregeln“ in transnationalen Wirtschaftseinheiten, in: Festschrift für Reinhard Richardi, Hrsg. v. Georg Annuß, Eduard Picker und Hellmut Wissmann, München 2007, S. 1067–1080
Schmidt, Bernd	Compliance in Kapitalgesellschaften, Baden-Baden 2010
Schmidt, Karsten	Handelsrecht, 5. Auflage, Köln u.a. 1999
ders.	Zur Durchgriffsfestigkeit der GmbH, in: ZIP 1994, S. 837–844
Schmidt, Karsten / Lutter, Marcus (Hrsg.)	Aktiengesetz Kommentar, Band 1, §§ 1–149, 2. Auflage, Köln 2010; Band 2, §§ 150–410, 2. Auflage, Köln 2010
Schmidt-Salzer, Joachim	Konkretisierung der strafrechtlichen Produkt- und Umweltverantwortung, in: NJW 1996, S. 1–8
ders.	Strafrechtliche Produktverantwortung – Das Lederspray-Urteil des BGH, in: NJW 1990, S. 2966–2972

ders. Die Bedeutung der Entsorgung- und Schwimmschalterentscheidung des Bundesgerichtshofs für das Produkthaftungsrecht, in: BB 1979, S. 1–11

Schneider, David / Sittard, Ulrich Ethikrichtlinien als Präventivmaßnahmen i.S. des § 12 AGG?, in: NZA 2007, S. 654–657

Schneider, Hendrik / Gottschadt, Peter Grundsatzfragen der strafrechtlichen Verantwortlichkeit von Compliance-Beauftragten in Unternehmen, in: ZIS 2011, S. 573–577

Schneider, Sven H. Informationspflichten und Informationssystemeinrichtungspflichten im Aktienkonzern, Berlin 2006

ders. „Unternehmerische Entscheidungen" als Anwendungsvoraussetzungen für die Business Judgment Rule, in: DB 2005, S. 707–712

Schneider, Thomas Möglichkeiten und Grenzen der Umsetzung der gesellschaftsrechtlichen und bankaufsichtsrechtlichen Anforderungen an das Risikomanagement auf Gruppenebene, Berlin 2009

Schneider, Uwe H. Compliance im Konzern, in: NZG 2009, S. 1321–1326

ders. Die Führung von Insider-Verzeichnissen: Neue Compliance-Pflichten für Emittenten, in: ZIP 2004, S. 1621–1627

ders. Compliance als Aufgabe der Unternehmensleitung, in: ZIP 2003, S. 645–650

ders. Die Weitergabe von Insiderinformationen im Konzern – Zum Verhältnis zwischen Konzernrecht und Konzern-Kapitalmarktrecht, in Festschrift für Herbert Wiedemann, Hrsg. v. Rolf Wank u.a., München 2002, S. 1255–1270

ders. Die Überlagerung des Konzernrechts durch öffentlich-rechtliche Strukturnormen und Organisationspflichten, in: ZGR 1996, S. 225–246

ders. Die kapitalmarktrechtlichen Offenlegungspflichten von Konzernunternehmen nach §§ 21 ff. WpHG, in: Festschrift für Hans E. Brandner, Hrsg. v. Gerd Pfeiffer, Joachim Kummer und Silke Scheuch, Köln 1996, S. 565–578

ders.	Die vertragliche Ausgestaltung der Konzernverfassung, in: BB 1986, S. 1993–1999
ders.	Die Fortentwicklung des Handelsregisters zum Konzernregister, in: WM 1986, S. 181–189
ders.	Konzernleitung als Rechtsproblem, in: BB 1981, S. 249–259
ders.	Konzernbildung, Konzernleitung und Verlustausgleich im Konzernrecht der Personengesellschaften, in: ZGR 1980, S. 511–547
ders.	Die Personengesellschaft als herrschendes Unternehmen im Konzern, in: ZHR (143) 1979, S. 485–521
Schneider, Uwe H. / Schneider, Sven H.	Konzern-Compliance als Aufgabe der Konzernleitung, in: ZIP 2007, S. 2061–2065
dies.	Die zwölf goldenen Regeln des GmbH-Geschäftsführers zur Haftungsvermeidung und Vermögenssicherung, in: GmbHR 2005, S. 1229–1235
Schneider, Sven H. / Schneider, Uwe H.	Vorstandshaftung im Konzern, in: AG 2005, S. 57–66
Schönke, Adolf / Schröder, Horst	Strafgesetzbuch Kommentar, 28. Auflage, München 2010
Scholz, Franz	Kommentar zum GmbH-Gesetz, Band 2, §§ 35–52, 10. Auflage, Köln 2007
Schreiber, Alexander	Implementierung von Compliance-Richtlinien, in: NZA-RR 2010,S. 617–623
Schünemann, Bernd	Strafrechtliche Verantwortlichkeit der Unternehmensleitung im Bereich von Umweltschutz und technischer Sicherheit, in: Umweltschutz und technische Sicherheit im Unternehmen, Hrsg. v. Rüdiger Breuer u.a., Heidelberg 1994, S. 137–177
Schulz, Mike	Compliance – Internes Whistleblowing, in: BB 2011, S. 629–634
ders.	Ethikrichtlinien und Whistleblowing – Arbeitsrechtliche Aspekte der Einführung eines Compliance-Systems, Frankfurt u.a. 2010
Schuster, Doris M. / Darsow, Ingebjörg	Einführung von Ethikrichtlinien durch Direktionsrecht, in: NZA 2005, S. 273–277

Schwark, Eberhard / Zimmer, Daniel Kapitalmarktrechts-Kommentar, 4. Auflage, München 2010

Schwintowski, Hans P. Gesellschaftsrechtliche Anforderungen an Vorstandshaftung und Corporate Governance durch das neue System der kartellrechtlichen Legalausnahme, in: NZG 2005, S. 200–203

Seibert, Ulrich Die Entstehung des § 91 Abs. 2 AktG im KonTraG – „Risikomanagement“ oder „Frühwarnsystem“, in: Festschrift für Gerold Bezzenberger, Hrsg. v. Harm Peter Westermann und Klaus Mock, Berlin 2000, S. 427–438

Semler, Johannes Die Rechte und Pflichten des Vorstands einer Holdinggesellschaft im Lichte der Corporate Governance-Diskussion, in: ZGR 2004, S. 631–668

ders. Leitung und Überwachung der Aktiengesellschaft, 2. Auflage, Köln u.a. 1996

Sidhu, Karl Die Regelung zur Compliance im Corporate Governance Kodex – Welche Wirkung entfaltet der Sprung in die Kodifizierung der Compiance?, in: ZCG 2008, S. 13–16

Silverman, Michael G. Compliance Management for Public, Private, or Nonprofit Organizations, New York u.a. 2008

Simitis, Spiros (Hrsg.) Bundesdatenschutzgesetz, 7. Auflage, Baden-Baden 2011

ders. Zur Internationalisierung des Arbeitnehmerdatenschutzes – Die Verhaltensregeln der Internationalen Arbeitsorganisation, in: Festschrift für Thomas Dieterich, Hrsg. Peter Hanau, Friedrich Heither und Jürgen Kühling, München 1999, S. 601–627

Sina, Peter Grenzen des Konzern-Weisungsrechts nach § 308 AktG, in: AG 1991, S. 1–10

Spindler, Gerald Compliance in der multinationalen Bankengruppe, in: WM 2008, S. 905–918

ders. Die Haftung von Vorstand und Aufsichtsrat für fehlerhafte Auslegung von Rechtsbegriffen, in: Festschrift für Claus W. Canaris, Band 2., Hrsg. Katja Langenbucher u.a., München 2007, S. 403–428

ders.	Unternehmensorganisationspflichten, Köln 2001
Spindler, Gerald / Stilz, Eberhard (Hrsg.)	Kommentar zum Aktiengesetz, 2. Auflage, München 2010
Stein, Ursula	Konzernherrschaft durch EDV? – Gesellschaftsrechtliche und konzernrechtliche Probleme der EDV-Auslagerung auf ein konzernverbundenes Unternehmen, in: ZGR 1988, S. 163–191
Steinmeyer, Roland / Späth, Patrick	Rechtliche Grundlagen und Rahmenbedingungen („Legal Compliance"), in: Handbuch Compliance-Management, Hrsg. v. Josef Wieland, Roland Steinmeyer und Stephan Grüninger, Berlin 2010, S. 171–211
Stimpel, Walter	Die Rechtsprechung des Bundesgerichtshofes zur Innenhaftung des herrschenden Unternehmens im GmbH-Konzern, in: AG 1986, S. 117–123
Streck, Michael / Binnewies, Burkhard	Tax Compliance, in: DStR 2009, S. 229–234
Sudhoff, Heinrich	GmbH & Co. KG, 6. Auflage, München 2005
Taeger, Jürgen / Gabel, Detlev (Hrsg.)	Kommentar zum BDSG und zu den Datenschutzvorschriften des TKG und TMG, Frankfurt am Main 2010
Teichmann, Christoph	Corporate Governance in Europa, in: ZGR 2001, S. 645–679
Tettinger, Peter J. / Wank, Rolf / Ennuschat, Jörg (Hrsg.)	Gewerbeordnung, 8. Auflage, München 2011
Teubner, Gunther	Unitas Multiplex – Das Konzernrecht in der neuen Dezentralität der Unternehmensgruppen, in: ZGR 1991, S. 189–217
Theile, Hans / Petermann, Stefan	Die Sanktionierung von Unternehmen nach dem OWiG, in: JuS 2011, S. 496–501
Theisen, Manuel R.	Information und Berichterstattung des Aufsichtsrats, Stuttgart 2007
ders.	Der Konzern, 2. Auflage, Stuttgart 2000
ders.	Controlling und Konzernrecht, in: AG 1991, S. 262–268

Theusinger, Ingo / Liese, Jens Besteht eine Rechtspflicht zur Dokumentation von Risikoüberwachungssystemen i.S. des § 91 II 1 AktG?, in: NZG 2008, S. 289–291

Thiele, Dominic Zur Verfassungswidrigkeit des § 81 GWB, in: WRP 2006, S. 999–1007

Thielemann, Ulrich Compliance und Integrity – Zwei Seiten ethisch integrierter Unternehmenssteuerung, in: zfwu 2005, S. 31–45

Thole, Christoph Managerhaftung für Gesetzesverstöße, in: ZHR (173) 2009, S. 504–535

Thomas, Stefan Der Schutz des Wettbewerbs in Europa – Welcher Zweck heiligt die Mittel?, in: JZ 2011, S. 485–494

Thüsing, Gregor Verbesserungsbedarf beim Beschäftigtendatenschutz, in: NZA 2011, S. 16–20

ders. Arbeitnehmerdatenschutz und Compliance, München 2010

Tiedemann, Klaus Die strafrechtliche Vertreter- und Unternehmenshaftung, in: NJW 1986, S. 1842–1846

Timm, Wolfram Die Aktiengesellschaft als Konzernspitze, Köln u.a. 1980

Tinnefeld, Marie T. Die Reform des Beschäftigtendatenschutzes auf Abwegen?, in: ZD-Aktuell 2011, S. 1–2

Többens, Hans W. Die Bekämpfung der Wirtschaftskriminalität durch die Troika der §§ 9, 130 und 30 des Gesetzes über Ordnungswidrigkeiten, in: NStZ 1999, S. 1–8

Trittin, Wolfgang / Fischer, Esther D. Datenschutz und Mitbestimmung Konzernweite Personaldatenverarbeitung und die Zuständigkeit der Arbeitnehmervertretung, in: NZA 2009, S. 343–346

Turiaux, André / Knigge, Dagmar Vorstandshaftung ohne Grenzen? – Rechtssichere Vorstands- und Unternehmensorganisation als Instrument der Risikominimierung?, in: DB 2004, S. 2199–2207

Ulmer, Peter (Hrsg.) Gesetz betreffend die Gesellschaften mit beschränkter Haftung, Band 2, §§ 29–52, Tübingen 2006

Veelken, Winfried Der Betriebsführungsvertrag im deutschen und amerikanischen Aktien- und Konzernrecht, Baden-Baden 1975

Verse, Dirk A. Compliance im Konzern, in: ZHR (175) 2011, S. 401–424

Vetter, Eberhard Die Änderungen 2007 des Deutschen Corporate Governance Kodex, in: DB 2007, S. 1963–1968

Voet van Vormizeele, Philipp Die EG-kartellrechtliche Haftungszurechnung im Konzern im Widerstreit zu den nationalen Gesellschaftsrechtsordnungen, in: WuW 2010, S. 1008–1019

Vogler, Mathias / Gundert, Martin Einführung von Risikomanagementsystemen – Hinweise zur praktischen Ausgestaltung, in: DB 1998, S. 2377–2383

Vogt, Bianca Die Verbandsgeldbuße gegen eine herrschende Konzerngesellschaft, Baden-Baden 2009

Voigt, Volker Compliance und Investigations – Zehn Fragen aus Sicht der arbeitsrechtlichen Praxis, in: NJW 2009, S. 3755–3756

Wagner, Jens „Internal Investigations" und ihre Verankerung im Recht der AG, CCZ 2009, S. 8–17

Weber-Rey, Daniela Gesellschafts- und aufsichtsrechtliche Herausforderungen an die Unternehmensorganisation, in: AG 2008, S. 345–359

Wecker, Gregor / Galla, Stefan Pflichten der Geschäftsleitung & Aufbau einer Compliance Organisation, in: Compliance in der Unternehmenspraxis, Hrsg. v. Gregor Wecker und Hendrik v. Laak, 2. Auflage, Wiesbaden 2009, S. 49–72

Wellhöfer, Werner / Peltzer, Martin / Müller, Welf Die Haftung von Vorstand, Aufsichtsrat, Wirtschaftsprüfer, München 2008

Werner, Rüdiger Die zivilrechtliche Haftung des Vorstandes einer AG für gegen die Gesellschaft verhängte Geldbußen gegenüber der Gesellschaft, in: CCZ 2010, S. 143–147

Westermann, Harm P. Vertragsfreiheit und Typengesetzlichkeit im Recht der Personengesellschaften, Berlin u.a. 1970

Wiedemann, Gerhard (Hrsg.) Handbuch des Kartellrechts, 2. Auflage, München 2008

Wieland, Josef Unternehmensethik und Compliance Management – Zwei Seiten einer Medaille, in: CCZ 2008, S. 15–17

Wilhelm, Jan Kapitalgesellschaftsrecht, 2. Auflage, Berlin 2005

ders. Rechtsform und Haftung bei der juristischen Person, Köln u.a. 1981

Will, Frank Die Haftung des Geschäftsführers einer GmbH und der Geschäftsführungsorgane sonstiger juristischer Personen für Aufsichtsverschulden nach § 831 Abs. 2 BGB, in: BB 1975, S. 588–589

Willems, Heiko / Schreiner, Manja Anmerkungen zum Entwurf eines IDW Prüfungsstandards/EPS 980 aus der Sicht der deutschen Industrie, in: CCZ 2010, S. 214–216

Williams, Cynthia A. Corporate Compliance with the Law in the Era of Efficiency, in: North Carolina Law Review 1997-1998, S. 1265–1385

Wilsing, Hans U. / Ogorek, Markus Kündigung des Geschäftsführer-Anstellungsvertrags wegen unterlassener Konzernkontrolle, in: NZG 2010, S. 216–217

Wimmer, Richard Die Haftung des GmbH-Geschäftsführers – Insbesondere im Fall der Zahlungsunfähigkeit und Überschuldung, in: NJW 1996, S. 2546–2551

Windbichler, Christine Schadensersatzansprüche des stillen Gesellschafters – Besprechung der Entscheidung BGH WM 1987, S. 1193 ff., in: ZGR 1989, S. 434–444

Winter, Martin Die Verantwortlichkeit des Aufsichtsrats für „Corporate Compliance“, in: Festschrift für Uwe Hüffer, Hrsg. Peter Kindler u.a., München 2010, S. 1103–1127

Wirth, Christian / Paul, Frederik Organisationspflichten nach § 64a VAG – beginnende Vereinheitlichung der Organisationspflichten in der Finanzwirtschaft, in: CCZ 2010, S. 95–102

Wirtz, Markus M. Die Aufsichtspflichten des Vorstands nach OWiG und KonTraG, in: WuW 2001, S. 342–356

Wisskirchen, Gerlind / Dannhorn, Wolfgang / Bissels, Alexander — Haftung von Geschäftsführern in Matrixstrukturen von Konzernen, in: DB 2008, S. 1139–1143

Wisskirchen, Gerlind / Jordan, Christopher / Bissels, Alexander — Arbeitsrechtliche Probleme bei der Einführung internationaler Verhaltens- und Ethikrichtlinien, in: DB 2005, S. 2190–2195

Wittig, Petra — Wirtschaftsstrafrecht, München 2010

Wittmann, Martin — Informationsfluss im Konzern, Frankfurt u.a. 2008

Wolf, Klaus — Corporate Compliance – ein neues Schlagwort? Ansatzpunkte zur Umsetzung der Compliance in der Finanzberichterstattung, in: DStR 2006, S. 1995–2000

ders. — Erstellung eines Risikomanagementhandbuchs – Ziele und Funktionen, Inhalt und Aufbau, in: DStR 2002, S. 466–469

Wysong, Wendy / Pinto, Lindsay / Hugger, Heiner — SEC erstreckt ihre Zuständigkeit zur Durchsetzung des FCPA auf ausländische Emittenten, in: CCZ 2011, S. 30–32

Wundenberg, Malte — Compliance und die prinzipiengeleitete Aufsicht über Bankengruppen, Tübingen 2012

Ziemons, Hildegard / Jaeger, Carsten — GmbHG, Beck'scher Online–Kommentar, Edition 15, Stand 01.06.2013, München 2013

Ziemons, Hildegard — Die Weitergabe von Unternehmensinterna an Dritte durch den Vorstand einer AG, in: AG 1999, S. 492–500

Zimmermann, Martin — Kartellrechtliche Bußgelder gegen Aktiengesellschaft und Vorstand: Rückgriffsmöglichkeiten, Schadensumfang und Verjährung, in: WM 2008, S. 433–442

Zimmermann, Rudolf — Compliance – Grundlage der Corporate Governance, in: Handbuch Wertemanagement – Erfolgsstrategien einer modernen Corporate Governance, Hrsg. v. Josef Wieland, Hamburg 2004, S. 200–221

Zingel, Frank — Stellung und Aufgaben von Compliance nach den MaComp, in: BKR 2010, S. 500–504

Zöllner, Wolfgang — Die sogenannten Gesellschafterklagen im Kapitalgesellschaftsrecht, in: ZGR 1988, S. 392–440

Intradisziplinäre Forschung zur Compliance
Studien zur Rechtsentwicklung und -praxis

Herausgegeben von Andrea Lohse und Roman Seer

Band 1 Henrik Zapfe: Compliance und Strafverfahren. Das Spannungsverhältnis zwischen Unternehmensinteressen und Beschuldigtenrechten. 2013

Band 2 Christina Altemeier: Verantwortlichkeit des Vorstands für Kartellrechtsverstöße. Ein Beitrag zur Organhaftung und zur Organuntreue. 2013

Band 3 Kristof Nenninger: Kartellrechtliche Kronzeugenprogramme und Datenschutzrecht. Eine Untersuchung der datenschutzrechtlichen Voraussetzungen und Grenzen der Informationsweitergabe anlässlich einer freiwilligen Kooperation mit nationalen und U.S.-Behörden. 2013

Band 4 André Frischemeier: Die Haftung geschäftsführender Organe für Compliance-Verstöße in Tochtergesellschaften. 2014.

www.peterlang.com

www.ingramcontent.com/pod-product-compliance
Ingram Content Group UK Ltd.
Pitfield, Milton Keynes, MK11 3LW, UK
UKHW041825290926
8980IPUK00002B/65

9 783631 648384